H.-M. Sass H. Viefhues (Hrsg.)

Güterabwägung in der Medizin

Ethische und ärztliche Probleme

Mit Beiträgen von
F. Böckle J. F. Drane C. Frey R. Gross
L. Honnefelder G. Kimsma
M. Pfeiffer D. Ritschl H.-M. Sass H. von Schubert
H. ten Have R. M. Veatch H. Viefhues W. Wagner
H.-P. Wolff G. Wolfslast

Springer-Verlag
Berlin Heidelberg New York
London Paris Tokyo
Hong Kong Barcelona
Budapest

Professor Dr. Hans-Martin Sass
Institut für Philosophie, Ruhr-Universität
Postfach 102148, W-4630 Bochum, BRD

Professor Dr. Herbert Viefhues
Zentrum für Medizinische Ethik, Ruhr-Universität
Postfach 102148, W-4630 Bochum, BRD

ISBN-13: 978-3-540-53469-3   e-ISBN-13: 978-3-642-76292-5
DOI: 10.1007/978-3-642-76292-5

CIP-Titelaufnahme der Deutschen Bibliothek
Güterabwägung in der Medizin: ethische und ärztliche Probleme / H.-M. Sass;
H. Viefhues (Hrsg.). Mit Beitr. von F. Böckle ... – Berlin; Heidelberg; New York;
London; Paris; Tokyo; Hong Kong; Barcelona; Budapest: Springer, 1991
ISBN 3-540-53469-5 (Berlin ...) brosch.
NE: Sass, Hans-Martin [Hrsg.]; Böckle, Franz

Die Wiedergabe von Gebrauchsnamen, Handelsnamen, Warenbezeichnungen usw. in
diesem Werk berechtigt auch ohne besondere Kennzeichnung nicht zu der Annahme,
daß solche Namen im Sinne der Warenzeichen- und Markenschutz-Gesetzgebung als
frei zu betrachten wären und daher von jedermann benutzt werden dürften.

Produkthaftung: Für Angaben über Dosierungsanweisungen und Applikationsformen
kann vom Verlag keine Gewähr übernommen werden. Derartige Angaben müssen vom
jeweiligen Anwender im Einzelfall anhand anderer Literaturstellen auf ihre Richtigkeit
überprüft werden.

Satz: K+V Fotosatz GmbH, Beerfelden
19/3130-543210 – Gedruckt auf säurefreiem Papier

Vorwort

Güterabwägung ist Luxus und Last zugleich. Zu den Bedingungen der Möglichkeit von Güterabwägung gehört der Reichtum ökonomischer, technischer, zivilisatorischer und ethischer Güter. In weltanschaulich geschlossenen Gesellschaftssystemen gibt es keine individuell verantwortete Güterabwägung; Priester und Herren normieren Wertskalen und Rollenverhalten; ethische Expertise ist instrumentell der politischen und gesellschaftlichen Stabilisierung des Status quo oder der Optimierung von Uniformität und Paternalität nachgeordnet. Wo die ökonomischen und technischen Ressourcen einer Gesellschaft nur eben zum Überleben reichen, gibt es nicht viel abzuwägen; Raubbau an Ressourcen, schlecht funktionierende oder gefährliche Technologien sind besser als die Nichtverfügbarkeit von Ressourcen oder Werkzeugen. Der Luxus, welcher differenzierendes Abwägen zwischen kulturellen und ethischen Gütern und den Gebrauch oder Nichtgebrauch von Technologien erlaubt, wird aber zugleich als Last empfunden. Es ist nicht einfach, zwischen 2 oder gar mehr Alternativen zu wählen. Die Wahl wird zur Qual, v.a. dann, wenn die Kosten-Nutzen-Relationen zwischen den abzuwägenden Optionen sich nur geringfügig voneinander unterscheiden oder, wenn sehr hohen und hehren ethischen Gütern, große ethische Risiken oder gar Schäden gegenüberstehen, die es abzuwägen gilt zwischen den möglichen Subjekten der Abwägung: dem mündigen Bürger, dem Experten, der politischen, kulturellen oder gesellschaftlichen Solidargemeinschaft oder einer optimalen Kombination zwischen verschiedenen Verantwortungsträgern.

Güterabwägung ist nicht nur Luxus und Last; Güterabwägung ist eine kategorische Pflicht und eine unbedingte Notwendigkeit in der globalen technischen Zivilisation, in einer immer schneller zusammenwachsenden und miteinander für den rechten Gebrauch von Werten und Waren verantwortlichen Welt. Die Leistungsfähigkeiten moderner Spitzentech-

Vorwort

nologien können sowohl zum Guten wie zum Bösen angewandt werden; nur die individuelle und gesellschaftliche
Kompetenz der Beherrschung ethischer Risiken wird in der
Lage sein, Technikbewertung und Technikanwendung kulturell, ökologisch und ethisch verantwortbar zu machen. Die
Verantwortung für differenzierende Ethik gilt gleichermaßen
für alle Gebiete der modernen Technik; sie ist um so drin-
gender, je größer die Leistungen der Technik sind. Es ist niemals die Technik, die zerstört, heilt oder hilft; es ist immer
der Mensch als Feind, Freund oder Mitmensch, als Experte
oder Bürger, als Anbieter oder Nachfrager von Dienstleistungen, als Arzt oder Patient, der zerstört oder aufbaut,
heilt, hilft oder verletzt.
  Die ethische und kulturelle Geschichte des Abendlandes
und anderer Kulturkreise ist reich an Traditionen des Abwägens von Gütern und der kasuistischen Aufrechnung ethischer Kosten gegenüber ethischem Nutzen. Die neuere Entwicklung der differenzierenden Ethik scheint jedoch von einer noch schnelleren Entwicklung der differenzierenden
Techniken überholt und erschreckt worden zu sein. Insbesondere in Fragen des Umgangs mit dem Reichtum unterschiedlicher Wertbilder in pluralistischen Gesellschaften,
und mit den Reichtümern der Spitzenleistungen in neueren
Technologien wie Nukleartechniken, Informationstechniken
und Gentechniken, scheint oft Ethik mit Emotion verwechselt zu werden. Defensive Technophobie wird mit offensiver
ethischer Abwägung verwechselt. Die Differenzierung bleibt
auf der Strecke. Chancen der neuen Techniken werden nicht
genutzt; Technikbewertung ersetzt Verantwortungsbewer-
tung, staatliches Verbot die Pflicht und Chance zu ethischer
Expertise. Die Zukunft der technischen Zivilisation aber
wird vom Maß der ethischen Expertise zur individuellen, beruflichen und gesellschaftlichen Differentialethik abhängen.
Diese Differentialethik zu entwickeln ist sowohl ein akademisches als auch ein gesellschaftliches Programm.
  Die Beiträge des vorliegenden Bandes wollen eine Anregung für eine stärkere wissenschaftliche Beschäftigung mit
Fragen der differenzierenden ethischen Analyse, Bewertung
und Handlung sein. Das ist ein interdisziplinäres, aber auch
ein internationales und interkulturelles Programm. Die Vertreter der klassischen Wertwissenschaft – Philosophien,
Theologien, politische und juristische Wissenschaften –
werden in künftigen Forschungen zur Methode und Profes-
sionalisierung von Güterabwägung eine wichtige Rolle zu
spielen haben. Sie werden diese Rolle aber nicht ohne die
gleichberechtigte Beteiligung der technischen Experten in

Wirtschaft, Technik, Administration und Medizin tun können. Ethik ohne technische Expertise ist stumpf; Technik ohne Ethik ist blind. Deshalb gehören Ethik und Expertise zusammen.

Im 1. Teil dieses Bandes geben Vertreter der klassischen
Wertwissenschaften – Theologie, Philosophie, Rechtswissenschaft – einen Einblick in traditionelle Methoden der
Güterabwägung in ihren Disziplinen. Der 2. Teil beschäftigt
sich mit methodischen Fragestellungen und Problemlösun-
gen auf dem Gebiet der Differentialdiagnose und Differentialethik in der Medizin. Der 3. Teil stellt exemplarisch einige
Themen und Probleme der Güterabwägung in der Fachmedi-
zin vor. Der Kreis der Themen ist nicht vollständig; er kann
in diesem Rahmen nicht erschöpfend behandelt werden, soll
vielmehr Anregung zu weiteren und differenzierteren Arbeiten geben.

Wir danken dem Bundesministerium für Wissenschaft
und Forschung für die Förderung des IV. Bochumer For-
schungskolloquiums zur biomedizinischen Ethik, auf dem
im April 1989 die Mehrzahl der Beiträge dieses Bandes in einer ersten Fassung vorgetragen wurden. Frau Almuth Baier,
Konstanz, hat die Beiträge von Drane und Veatch aus dem
Englischen ins Deutsche übersetzt. Wir danken auch dem
Springer-Verlag für die Ermöglichung der Publikation einer
Thematik, die zunehmend an akademischem und öffentli-
chem Gewicht gewinnt, das aber kurzfristig in einem umge-
kehrten Verhältnis zum verlegerischen Gewinn stehen dürfte.

Bochum, Herbst 1990   Hans-Martin Sass
                                        Herbert Viefhues

Inhaltsverzeichnis

Autorenverzeichnis

Böckle, Franz, Prof. Dr. theol.
Moraltheologisches Seminar, Universität Bonn
Regina-Pacis Weg 1 a, W-5300 Bonn 1, BRD

Drane, James F., Prof. Dr. phil.
Russel Roth Professor für Biomedical Ethics
Edinboro University Pennsylvania
Edinboro, PA 16444, USA

Frey, Christofer, Prof. Dr. theol.
Fakultät für Evangelische Theologie
Ruhr-Universität Bochum
W-4630 Bochum, BRD

Gross, Rudolf, Prof. Dr. med. Dr. h.c.
Auf dem Römerberg 40, W-5000 Köln 51, BRD

Honnefelder, Ludger, Prof. Dr. phil.
Direktor des Philosophischen Seminars B
Universität Bonn
Am Hof 1, W-5300 Bonn, BRD

Kimsma, Gerrit, Dr. med.
Kerkbuurt 11, 1551 AB Westzaan, Niederlande

Pfeiffer, Martin, Priv.-Doz. Dr. med.
Bayer AG, PH Forschungszentrum
Aprather Weg 18, W-5600 Wuppertal 1, BRD

Ritschl, Dietrich, Prof. Dr. phil. Dr. theol.
Ökumenisches Institut, Universität Heidelberg
Plankengasse 1, W-6900 Heidelberg, BRD

Sass, Hans-Martin, Prof. Dr. phil.
Institut für Philosophie, Ruhr-Universität
Postfach 102148, W-4630 Bochum, BRD

Schubert, Hartwig von, Dr.
Forschungsstätte der Evangelischen Studiengemeinschaft
Schmeilweg 5, W-6900 Heidelberg, BRD

ten Have, Henk, Prof. Dr. phil.
Department of Health Care Ethics and Philosophy
University Limburg
P.O.B. 616, 6200 MD Maastricht, Niederlande

Veatch, Robert M., Prof. Dr. phil.
Direktor des Kennedy Institute of Ethics
Georgetown University
Washington, DC 20057, USA

Viefhues, Herbert, Prof. Dr. med. DMSA
Zentrum für Medizinische Ethik, Ruhr-Universität
Postfach 102148, W-4630 Bochum, BRD

Wagner, Wolfgang, Dr. med.
Medizinischer Direktor der Duphar Pharma GmbH & Co.
Freundallee 19 – 23, W-3000 Hannover 1, BRD

Wolff, Hanns-Peter, Prof. Dr. med.
Reichenhaller Straße 12A, A-5020 Salzburg, Österreich

Wolfslast, Gabriele, Dr. jur.
Juristisches Seminar, Universität Göttingen
W-3400 Göttingen, BRD

Güterabwägung

Güterabwägung – eine ethische Herausforderung

Franz Böckle

Moraltheologisches Seminar, Universität Bonn, Regina-Pacis-Weg 1 a,
W-5300 Bonn 1, BRD

Im November 1986 haben die für das Gesundheitswesen zuständigen Minister
und Senatoren der Länder in einer Entschließung an den Medizinischen Fakul-
tätentag und zugleich an jede medizinische Hochschule oder Fakultät appelliert, darauf hinzuwirken, daß Fragen der Ethik in der Medizin stärker Eingang und Berücksichtigung im gesamten Unterrichtsangebot sowie in der Fort-
und Weiterbildung finden, um auszuschließen, daß ethische Fragestellungen
infolge der fortschreitenden Spezialisierung und wegen des Einsatzes hochent-
wickelter Medizintechniken nicht in Gefahr geraten, vernachlässigt zu werden.
   Die individuelle Prognose aufgrund aktueller medizinischer Kenntnis und
deren nach bestem Wissen und Gewissen durchgeführte Auswertung sollte
Grundlage für ärztliche Therapie und im besonderen auch für Therapiever-
zicht sein. Bestes Wissen beinhaltet Fach- und Erfahrungswissen, erworben in
beruflicher Erkenntnis aus Erfahrung, weil Medizin v. a. Praxis und nicht
Technik ist. Beim Gewissen dagegen handelt es sich um eine letzte Gewißheit
individueller sittlicher Selbstbestimmung. Der Mensch selbst ist in die Pflicht
gesetzt, hat Rechenschaft abzugeben für von ihm getroffene Entscheidungen.
Nur wenn er begründet handelt, ist er frei. Und es wäre keine sittliche Selbstbestimmung, wenn der einzelne, bei der Rechenschaft vor sich selbst, sich nicht
an objektiven, objektivierbaren Kriterien orientieren würde. Doch bereits hier
kommen Probleme, denen wir heute gegenüberstehen, als Aspekte zum Ausdruck.
   Es geht um Entscheidungen in der Grundlagenforschung, gerade auch in der
Medizin und den Naturwissenschaften. Diese Forschung gerät im Hinblick auf
ihre Risiken wie der durch sie ermöglichten Anwendungen unter immer stärke-
ren Legitimationszwang. Ohne das Grundrecht der Forschungsfreiheit in Frage
zu stellen, wird an die Verantwortung der Forscher appelliert, die Folgen wis-
senschaftlich-technischer Innovationen zu bedenken. Die Technikfolgenab-
schätzung ist ein sehr komplexes, stets mit erheblichen Unsicherheitsfaktoren
belastet bleibendes Unterfangen, das nur in interdisziplinärer Zusammenarbeit
angegangen werden kann. Unsicherheitsfaktoren bilden das mit jeder sozialen
und technischen Innovation verbundene Risiko und die daran anknüpfende
ethische Frage ist die Frage nach der Zumutbarkeit für solche Risiken. Nicht
die Risikenakzeptanz im Einzelfall ist das Problem, sondern ob und wie ein begründeter Konsens über die Akzeptabilität unvermeidbarer Risiken auch in der

H.-M. Sass · H. Viefhues (Hrsg.)
Güterabwägung in der Medizin
© Springer-Verlag Berlin Heidelberg 1991

großen Öffentlichkeit gefunden werden kann. Akzeptabilität meint jenes Verhältnis von Nutzen und Belastungen auch verteilungspolitischer Art, das den Gesellschaftsmitgliedern unter bestimmten Bedingungen zugemutet werden kann.

Hier ist der Ethiker gefordert, und zwar dann, wenn es um die Beantwortung der heute äußerst kontrovers diskutierten Frage der gesellschaftspolitischen Verantwortung bei Forschung und Entwicklung wie auch bei Einführung moderner Techniken, im Hinblick auf deren schwer einschätzbaren längerfristigen indirekten positiven wie negativen Folgen, geht. Dabei scheint es völlig klar zu sein, daß sich der gesellschaftliche Umgang mit den Risiken großtechnischer Systeme in einem allumfassenden Risiko-Nutzen-Entscheidungs-Algorithmus nicht hinreichend fassen läßt. Die Risiken einer bestimmten Technik lassen sich in einer Industriegesellschaft nicht etwa durch den bloßen Verzicht auf diese Technik reduzieren und beherrschen, sondern nur durch die Entwicklung und Bereitstellung besser geeigneter Technologien. Die dazu notwendigen Entscheidungen fordern eine Abwägung der jeweiligen Chancen und Risiken und einen entsprechenden Risikovergleich, der ohne die Wertung von Zielen und die Festlegung von Prioritäten nicht möglich ist. Hierzu ist die Ethik gefordert, denn sie hat es mit der in Vernünftigkeit wertenden Entscheidung zu tun. Technische Möglichkeiten als soziale Optionen sind immer Möglichkeiten unter normativen Bedingungen. Das funktional Richtige ist integrales Teilmoment verantwortlichen Handelns. Verantwortliches Handeln erschöpft sich aber nicht in der Verwirklichung bloßer Funktionalitäten, hat doch das Handeln Konsequenzen in einem normativ geprägten gesellschaftlichen Zusammenhang, der im Bekenntnis zur Unantastbarkeit der Menschenwürde sowie der Grundrechte für unsere Gesellschaft vorgegeben ist.

Wissenschaftsorientierte Betrachtungen zum soziokulturellen Hintergrund einer medizinischen Ethik

Herbert Viefhues

Zentrum für Medizinische Ethik, Ruhr-Universität Bochum, Postfach 102148, W-4630 Bochum, BRD

Der Mensch in wissenschaftsorientierter Sicht

Ausgangspunkt für unsere Überlegungen muß die Gegenwart sein. Sie ist gekennzeichnet durch die wissenschaftliche Interpretation der Welt, welche die moderne Industriegesellschaft charakterisiert, eine, um mit Hegel zu sprechen, „Menschheitsgesellschaft", die sicher nur eine unter mehreren Weltbewältigungs- und Weltdeutungsmöglichkeiten ist und ebenso nur auf eine bestimmte Kultur zutrifft, und sei es die internationale Kulter der modernen „Menschheitsgesellschaft", welche mit dem „soziokulturellen Hintergrund" gemeint ist.

Die Welt ist selbstverständlich „unabhängig" von meinem Willen. Sie ist objektiv da. Es ist das Mystische, daß sie da ist. Aber *wie* sie da ist, die Ordnung in der Welt, ihre Konfiguration – dies bedarf einer jeweiligen Interpretation (Wittgenstein 1987). Für die wissenschaftliche Interpretation der Welt müssen die Phänomene, die uns erscheinen, zunächst in den Konstrukten von Raum und Zeit stattfinden, d. h. wir setzen den absoluten Raum (Newton) und die absolute Zeit und setzen beide voraus. Ebenso müssen alle Phänomene sich vollziehen aufgrund sog. „natürlicher Regeln" oder „geschichtlicher Regeln", wobei zu beachten ist, daß diese Regeln Konstrukte sind, d. h. Gedankenmodelle, die wir immer von neuem in die Wirklichkeit hineininterpretieren, um sie ordnen und somit bewältigen zu können. Wir lassen in der wissenschaftlichen Weltbewältigung nichts zu, was diesen beiden Maximen nicht gerecht wird. Es ist zu beachten, daß seit dem Beginn der Entwicklung der modernen Wissenschaft, die etwa mit der Aufklärung zusammenfällt und deren andere Seite die Industrialisierung ist, sich eine völlig neue Welterfahrung und ein eben solches Welterlebnis durchgesetzt hat, die vorher unbekannt waren. Das gilt auch für die Auffassung vom Menschen.

Es scheint – seit Herder (1985) – unumstritten, daß der Mensch, mit dessen Auftreten sich „die ganze Szene ganz ändert", im Gegensatz zu den Tieren das „verwaiste Kind der Natur" ist.

„Die Natur" hat dem Menschen alle tierischen wohlbewährten organischen Existenzgrundlagen, wie z. B. Instinktregulationen, vorenthalten. „Der Charakter seiner Gattung" besteht zunächst aus „Lücken und Mängeln". Mit seinem Dasein ist er vor die Aufgabe gestellt, als „unfertiges" Wesen, als „das

H.-M. Sass · H. Viefhues (Hrsg.)
Güterabwägung in der Medizin
© Springer-Verlag Berlin Heidelberg 1991

noch nicht festgestellte Tier" (Nietzsche), fortwährend aktiv „etwas aus sich zu machen". Oder noch einmal mit Herder:

Daß der Mensch den Tieren an Stärke und Sicherheit des Instinktes weit nachstehe, ja daß er das, was wir bei so vielen Tiergattungen angeborene Kunstfertigkeiten und Kunsttriebe nennen, garnicht habe, ist gesichert. . . . Jedes Tier hat seinen Kreis, in den es von Geburt an gehört, gleich eintritt, in dem es lebenslang bleibt und stirbt. [Dagegen ist] der Mensch . . . der erste Freigelassene der Schöpfung; er stehet aufrecht. . . Mit dem aufrechten Gange wurde der Mensch ein Kunstgeschöpf [und] mithin zur Freiheit organisiert. . . Je schärfer die Sinne der Tiere, je stärker und sicherer ihre Triebe und je wunderbarer ihre Kunstwerke sind, desto kleiner ist ihr Kreis, desto eigenartiger ist ihr Kunstwerk. . . Mit dem Menschen ändert sich die Szene ganz. . . Seine Sinne und Organisation sind nicht auf eins geschärft: Er hat Sinne für alles. . . Seine Seelenkräfte sind über die Welt verbreitet [Was seine Weltoffenheit ausmacht]. Eine Welt von Geschäften und von Bestimmungen liegt um ihn (Herder 1985).

Diese Herdersche Welt von Geschäften bedeutet: Der Mensch erfährt sich immer in der Wirklichkeit, d. h. er erfährt sich immer in einem Wirkungszusammenhang und muß sich zudem aktiv im Dasein erhalten: Er lebt nicht, sondern er führt sein Leben (Gehlen 1978). Das bedeutet, daß er die ihn umgebende Welt bewältigen muß. Er muß, im Gegensatz zum Tier, auf seine Weise seine Daseinsmöglichkeiten immerfort erst schaffen, wenn er mit der Wirklichkeit der Welt fertigwerden will. Die Sonderstellung des Menschen gegenüber aller „Natur" besteht eben darin, daß er selbst immer nur durch eigene Anstrengung sich im Dasein halten kann. Er bedarf also immer wieder einer „Selbstdeutung" und muß fortwährend die vorgefundene Welt ordnen, d. h. Ordnungsmuster erfinden, um sich in ihr zu orientieren, um so die ihn umgebende Welt zu bewältigen. Der Mensch ist also ein Lebewesen, das sowohl zu sich selbst als auch zur Welt fortwährend Stellung nehmen muß. Gerade eine biologische Betrachtung des Menschen muß diese Frage mit in Rechnung stellen, weil der biologisch so verfaßte Mensch, dessen Hauptmerkmal seine „Unfertiggestelltheit" ist, sich selbst und die Welt als Aufgabe vorfindet.

Ganz elementar, um zu überleben, bedarf der Mensch der Führungsgewalt über sich selbst und seine Welt. Diese aber steht ihm nur zur Verfügung, wenn er aus jeweiligen Ordnungsmustern zur Weltorientierung Handlungsanweisungen ableiten kann, um die Welt zu bewältigen, schon allein um im Dasein zu bleiben. Dieser Zusammenhang ist jeweils ein Denk- und Erfahrungssystem, das ihm als jeweilige Weltdeutung den Zugang zur Wirklichkeit erschließt. Herder beantwortet die Frage nach der „Schadloshaltung" der schon genannten „Lücken und Mängel" für den Menschen mit der Sprache und der „Vernunft und Besonnenheit", der Ersatz „aus der Mitte dieser Mängel", biete, die den „Charakter der Menschheit" ausmacht. Für Gehlen tritt neben die Sprache, einer „selbsttätig aufgebauten Symbolik der Welt" und das Bewußtsein, das nur im Zusammenhang mit Handlungen verstehbar ist, ein Satz von „Institutionen" der jeweiligen Kultur, der sowohl zeitlich, also historisch, als auch regional-räumlich unterschiedlich ausgestaltet ist.

„Wirklichkeit" ist für uns ein überaus vieldimensionales Phänomen. Das die „wirkliche Wirklichkeit" nichts mehr mit jener simplen Vorstellung zu tun hat, die wir in der Alltagswelt so benennen, – wir werden auf sie noch zurückkommen – ist schon ein Allgemeinplatz: „Ist das wirklich ein Gegensatz: das Wirkliche und das Fiktive? Oder ist er selber fiktiv? Oder ist das gar keine Alternative? Es war einmal eine Zeit, in der – womöglich vorübergehend – Reales und Fiktives in wirklichem Gegensatz standen; aber wir leben nicht mehr in dieser Zeit; heutzutage kommen Realität und Fiktion nur noch als Legierungen vor und nirgendwo mehr rein; das positive Stadium ist das fiktive" (Marquard 1989). Die Realität ist eine Collage von Wirklichkeitspartikeln: Fragmente von Wahrnehmungen, Vorstellungen, Assoziationen, Träumen und anderen Phantasmata. Im cartesischen Denken befangen glaubten wir, daß die Realität nur *eine* Interpretation zulasse. Die Realität gleicht einem Musikinstrument durch dessen Spielhandeln Wirklichkeiten sich in unterschiedlicher Weise „realisieren". Die offene Welt ermöglicht unzählige Wirklichkeiten.

Die Wirklichkeit vom Menschen und der Welt wird niemals primär erfahren, sondern immer nur unter bestimmten Voraussetzungen einer Kultur und damit einer „Theorie", nämlich einem jeweiligen Erklärungs- und Ordnungssystem seiner selbst und der Welt. Es gibt keine „Natur" des Menschen, d. h. eine Theorie vom Menschen mehr. „Daß sie in metaphorischen Verkleidungen auftritt – als Tier, als Maschine, als Sedimentschichtung oder als Bewußtseinsstrom, in Differenz oder als Konkurrenz zu einem Gott – berechtigt nicht zu der Erwartung, sie werde am Ende enthüllt vor uns liegen. Die kühnste Metapher hat vielleicht am meisten für die Selbstkonzeption des Menschen geleistet: Indem er Gott als das ganz andere von sich absolut wegzudenken versuchte, begann er unaufhaltsam den schwierigsten Akt, nämlich den, sich mit diesem Gott zu vergleichen". Die kühnste absolute Metapher „Gott" weit von sich zu weisen und gleichzeitig sich mit ihm zu identifizieren, verweist den Menschen in dieser paradoxen Situation auf die Transzendenz und auch auf die Mystik „Der Mensch begreift sich nur über das, was er nicht ist, hinweg" (Blumenberg 1981).

Die wissenschaftliche Industriekultur

„Modernisierung ist ein Begriff, der in den letzten 20 Jahren zu einem Modebegriff geworden ist. Andererseits wurde er zu einem Schlüsselbegriff der Universalgeschichte. Er soll den einmaligen Prozeß des ungeheuer schnellen ökonomischen, sozialen, kulturellen, politischen Wandel beschreiben, der sich in den letzten zweihundert Jahren seit ... der industriellen und demokratischen Revolution, zuerst in der europäisch-atlantischen Sphäre und dann in der ganzen Welt abgespielt hat" (Nipperday 1990, S. 2). Vor der von uns beschriebenen und als „Moderne" apostrophierbaren Weltbewältigung der vorindustriellen „alteuropäischen" Ordnung konnte die Situation etwa wie folgt beschrieben werden:

Es besteht das Universum als wohlgeordneter Kosmos – eine Vorstellung, die aus der Antike stammt. Gleichgültig, ob sie geo- oder heliozentrisch, ob sie theo- oder etwa seit der Renaissance anthropozentrisch ist, man ging vom unmittelbaren Erlebnis aus, das nicht vergegenständlicht, objektiviert wurde. Man kannte wohl die Möglichkeit einer logischen Durchdringung dieses Kosmos aber seine Analyse im modernen Sinne verbot sich. Der Kosmos war nur einer unmittelbaren ganzheitlichen Schau zugänglich und ein ontologisches Erlebnis. Ebenso verhielt es sich mit der Korrespondenz des Makrokosmos, des Universums, mit dem Menschen als Mikrokosmos. Die Philosophie erschaute den Sinn des Kosmos. Ihre Theorie war ein Abbild der Wirklichkeit. Sie konnte den Kosmos wohl durchmustern aber stellte ihn und seine Ordnung selbst nicht in Frage. Im vorgefundenen durch die Gottheit geordneten Kosmos entdeckte man die in ihm enthaltenen Naturgesetze und die Harmonie des Ganzen. Die Philosophen waren Entdecker des je schon vorhandenen aber verborgenen Gesetzes oder des Gesamtzusammenhanges. Die anschauende Teilhabe und Erhebung zum Ganzen ermöglichte das Wiederfinden dessen, was die Gottheit bestimmt hatte. Das Ziel war die reine Erkenntnis der letzten Gründe. Wer etwa den Kosmos in moderner Weise zu hinterfragen versucht hätte, mußte notwendigerweise in die Position der „Asébeia" oder eines „Ketzers" geraten.

Ganz anders dagegen die Weltinterpretation der Moderne: Erst die Tradition von Descartes bis zur Aufklärung brachte im Denken eine Wende, die sich dann in der Kantschen „Revolution der Denkart" deutlich vorstellt. Von hier aus unterschieden sich die Philosophie von den Einzelwissenschaften. Letztere beruhen in der Vergegenständlichung, d. h. auf Abstraktion und Reduktion der Wirklichkeit. Es wird nicht mehr vom unmittelbar Gegebenen ausgegangen sondern von mittelbar Vergegenständlichtem, wobei durch Abstraktion und Reduktion immer nur ein Teil der Wirklichkeit durch Modellbildung und Aspekthaftigkeit zum Gegenstand der Wissenschaft wird. Von Ganzheitsschauen sieht der Wissenschaftler ab, denn durch das Unterdrücken von Teilen der Wirklichkeit (Reduktion) gerät das Ganze außer Sicht. So ist es nicht mehr möglich, vom Ganzen zu sprechen. Damit kommt es zur Artifizialität der Aussagen über die Welt, da die Aussagen über die Welt als Summe von aspekthaften Modellen oder als je einem Modell unter denkbaren anderen Modellen gefaßt werden.

Die Wissenschaft gibt durch Herstellung der Welt die Praxis vor, stellt artifizell Zusammenhänge her. Nicht eine Praxis der unmittelbaren Erfahrung gibt den Theorierahmen vor, sondern die Theorie gibt den Rahmen für die Herstellung der Wirklichkeit in der Praxis vor (Ritter 1961). Somit hat der heutige Mensch kein unmittelbares Verhältnis zur „kosmologischen Natur" mehr, auch nicht zu irgendeiner anderen sonstigen Wirklichkeit, sofern er Wissenschaft betreibt oder in einem verwissenschaftlichten Alltagsumgang lebt. Er kann dies auch nicht haben, sondern hat zur „Natur" und zur „Wirklichkeit" ein durch Wissenschaft vermitteltes, also mittelbares Verhältnis. So kommt es, daß – nach den Worten des Physikers Eder – in den *Exakten Wissenschaften* der „Naturbegriff nicht mehr vorkommt", der „in seiner universalen Unverbindlichkeit keine Bedeutung hat". Wissenschaftliche Sätze sind daher aus einem umfassenden Naturbegriff nicht mehr ableitbar.

Für die alte kosmologische Wissenschaft war das Neue das unerlaubt Abweichende. Nachdem Wissenschaft nicht mehr Auffinden von Dingen ist, die sich im Kosmos oder in der Natur selbst befinden, sondern die intellektuelle Herstellung von verschiedenen Ordnungen, die sich an der Wirklichkeit bewähren müssen, ist Wissenschaft nicht mehr Rückgriff, sondern Ausgriff. Die Rückgriffhaftigkeit alles „Neuen" spiegelte sich auch vordem in den Worten, mit denen das Neue eingeführt wurde, wider. Es handelte sich immer um *Re*formatio oder *Re*volutio, d. h. Rückgriff auf das vorgegebene, ursprüngliche, recht Geordnete. Grundsätzlich Neues gab es also nicht, sondern immer nur Rückgängigmachen von fehlerhaften Anschauungen des ursprünglich ontologisch festgelegten und so erkennbaren Alten. Hierbei muß betont werden, daß es sich bei dem griechischen Kosmos, der griechischen „Physis", ebenfalls von heute aus betrachtet, nicht um Wirklichkeitsabbilder gehandelt hat, sondern um Modelle. Es kann sich daher auch nicht um die Frage nach der Wahrheit des antigen Kosmos handeln; festgestellt wird nur seine Unbrauchbarkeit zur Problemlösung heute.

Ritter (1961) zeigte sehr deutlich, daß „die Wissenschaft" jetzt nicht mehr Philosophie heißt, sondern daß es die einzelnen Wissenschaften gibt. In der Antike bezog sich die „Philosophie", genauso wie die „Techne" und das „Banausentum", jeweils auf die gesamte Wirklichkeit, die sich als solche in der Polis darstellte. Früher ging die Wirklichkeit aller Philosophie und der klassischen Art von Wissenschaft voraus, während jetzt die Wissenschaften der Wirklichkeit vorausgehen, um diese Wirklichkeit zu erstellen. Wir erfahren nicht mehr die Natur und ihre Gesetze, sondern stellen die Natur und ihre Gesetze nach den jeweiligen Aspekten der jeweiligen Wissenschaften her. Das „Naturwüchsige" gibt es nicht. Dadurch verliert die Wissenschaft ihre Eindeutigkeit, da sie nicht mehr nach der Wahrheit fragt, zugunsten der fortlaufenden Verbesserungsfähigkeit ihrer Hypothesen. Sie verliert ebenfalls an Endgültigkeit zugunsten eines endlosen Wissenschaftsprozesses (Popper 1973).

Unterschied zwischen der „alten" Wissenschaft und der „neuen" ist etwa der wie z. B. zwischen der Alchemie und der Chemie. In der Alchemie mußte der „Stein der Weisen" aufgefunden werden. Er war aber – dessen war man gewiß – vorhanden. Die Natur der verschiedenen Stoffe war ein Teil eines kosmischen Ganzen, ihre Bezeichnungen waren von hohem ontologischen Symbolgehalt. In der Chemie dagegen sind die 98 Elemente eines periodischen Systems dagegen ein künstliches Ordnungsgefüge, aus dessen Ordnung sich neue Elemente herstellen lassen. Dieses System und seine Periodik ist so lange „wahr" oder „gültig", als es dazu dient, bestimmte Probleme zu lösen. Würden Probleme auftauchen, die nicht mit Hilfe des periodischen Systems lösbar sind, so müßte ein anderes System gefunden werden. Man würde schadlos das „Paradigma" – im Sinne von Kuhn (1967) wechseln können. Ebenso steht es mit der Nutzung von zwei nebeneinander stehenden, unabhängig voneinander gesehenen Paradigmata wie z. B. bei der Lichttheorie. Sie stellen keine ontologischen Aussagen dar. Hieraus rührt auch die Methodenabhängigkeit der modellhaft zu interpretierenden Weltstücke, wie sie auch u. a. in der Unschärferelation Heisenbergs zum Ausdruck kommt.

Ausgangspunkt unserer Überlegungen ist also die „Menschheitsgesellschaft" Hegels, die zugleich die moderne Industriegesellschaft ist. Sie ist abstrakt, artifiziell und damit geschichtslos, da *die* Menschheit und *der* Mensch Konstrukte sind, die in der Wirklichkeit so selbstverständlich nicht vorkommen, weil die Menschen entweder Frauen oder Männer, Europäer oder Asiaten usw. sind. Diese so geartete Gesellschaft ist einerseits auf eine allseitige Befriedigung der Bedürfnisse und andererseits auf die neugestellte Sinnfrage begründet. Beide Kategorien – *Befriedigungsnotwendigkeit* und *Im-Sinn-Stehen* – sind fundamental verschiedene wertkonstituierende Begründungen. Hegels „Entzweiung", „die Entfremdung, welche darin besteht, in zweierlei Welten das Bewußtsein zu haben", stellt unter den Wissenschaften zwei verschiedene Wissenschaftszugriffsweisen dar: Die Wissenschaft spaltet sich in Naturwissenschaft und Geisteswissenschaft. Beiden Zugriffsweisen ist gemeinsam, daß sie für die Befriedigung der Grundbedürfnisse durch Arbeit „Welt" und „Institutionen" geschaffen werden müssen. Sie sind aber beide auch verschiedene Wahrnehmungsweisen, die nicht gleichzeitig vonstatten gehen können. Ihre Methoden können daher nicht mit der Kopula „und" oder „weil" verbunden oder gar irgendwie „überwunden" werden. Wir versuchen, diesen Tatbestand an einem Gleichnissatz zu verdeutlichen: „Die Katze hat fünf Buchstaben und kratzt und trägt Lasten." Dieser Satz ist offensichtlich nicht sinnvoll: Es gibt einerseits die „linguistische Katze", welche sich beispielsweise deklinieren läßt. Ebenso gibt es das feline Tier, daß man, selbst auf die Gefahr des Kratzens hin, streicheln kann. Bei der metaphorischen „Laufkatze" muß die Metapher für die Maschine interpretiert werden, damit man sie verstehen kann. Metaphern dürfen nach Blumenberg nicht „beim Wort" genommen werden, sondern bedürfen immer wieder der Interpretation. Keinesfalls aber läßt sich durch die Kopula „und" eine Art „Ganzheitskatze" hervorbringen.

Wie für die Naturwissenschaft die Welt zunächst einmal als ordnungslos, „chaotisch" betrachtet werden muß, wobei dieses „Chaos" dann durch die Konstrukte geordnet und damit bewältigungsfähig wird, sind auch die für die Bedürfnisse des Ens sociale geschaffene Institutionen, wie Staat und Recht, zunächst geschichtslose abstrakte Konstrukte, welche „Welt" für eine homogene Weltgesellschaft schaffen sollen, damit soziale Bedürfnisse befriedigt werden können, die allen Menschen gemeinsam sind. Diese Art der Weltschaffung wird von Hegel erstmals gesehen. Mit der Hegelzeit löst sich die alte kosmologische Ordnung auf, die vorindustrielle alteuropäische Ordnung: Die neue Ordnung wird abstrakt, konstruktivistisch, d. h. modellhaft und geschichtslos. Nunmehr kann der Mensch die Praxis des Sich-im-Dasein-Haltens nur noch dadurch bewältigen, daß er von den schon beschriebenen Ganzheitsschauen absieht und „Wissenschaft betreibt".

Die auch vom Menschen geschaffene „Gesellschaft" übt über die ebenso geschaffene „Natur" eine real unbeschränkte Herrschaft aus. Die „Natur" ist Material für den Bau der Welt, durch welchen der Mensch sich seine Wirklichkeit schafft, die sich von der alteuropäischen Wirklichkeit als artifizielle vollkommen unterscheidet, wie wir gesehen haben. Diese artifizielle Wirklichkeit der Industriegesellschaft verändert alle Lebensbedingungen durch die Wissenschaft, wie sie durch die Revolution der Denkart von Kant beschrieben wurde.

Vor Kant verabsolutierten Descartes, Spinoza und Leibnitz den Anteil des Verstandes an der Erkenntnis (rationalistische Erkenntnistheorien), während die englischen Empiristen den Anteil der Sinneserfahrung an der Erkenntnis hypostasierten. Kants Denkweg bestand nur darin, daß der Verstand (Ratio) diejenigen Bereiche „nach Begriffen" erhellen kann, welche ein Gegenstand möglicher Anschauung werden können. Die Geltung rationaler Erkenntnis beschränkt sich auf den empirischen, der Sinneserfahrung zugänglichen Bereich. Hierdurch werden andere Erfahrungsweisen nicht negiert, aber von der „Erkenntnis nach Begriffen", dem „Heeresweg der Wissenschaft" ausgeschlossen. Denn „als Galilei seine Kugeln die schiefe Fläche mit einer von ihm selbst gewählten Schwere herabrollen" ließ, „ging allen Naturforschern ein Licht auf". Sie begriffen, daß die Vernunft nur das einsieht, was sie selbst nach ihrem Entwurfe hervorbringt, daß sie mit Prinzipien ihrer Urteile nach beständigen Gesetzen vorangehen und die Natur nötigen müsse, auf ihre Fragen zu antworten, nicht aber sich vor ihr allein gleichsam am Leitbande gängeln lassen müsse. ... Die Vernunft muß mit ihren Prinzipien ... und mit dem Experiment ... an die Natur gehen, zwar um von ihr belehrt zu werden, nicht aber in der Qualität des Schülers, der sich alles vorsagen läßt, was der Lehrer will, sondern eines Richters, der die Zeugen nötigt, auf Fragen zu antworten, die er ihnen vorlegt." Diese „vorteilhafte Revolution ihrer Denkart" (nämlich der Physik) sucht nicht nach Gesetzmäßigkeiten, die in der Natur liegen, sondern überprüft an der Wirklichkeit, „was die Vernunft selber in die Natur hineinlegt... Hierdurch ist, die Naturwissenschaft zu allererst in den sicheren Gang einer Wissenschaft gebracht worden, da sie so viele Jahrhunderte durch nichts weiter als ein bloßes Herumtappen gewesen war" (Kant, S. 22–25). Die „Umänderung der Denkart, die ... so vorteilhaft geworden ist", nimmt ihre Methoden unter Ausblendung der Sinnfrage, insbesondere der Frage nach dem Weltsinn, als rationale Vorgehensweisen vor. Diese Ausblendung aller transzendenten Bezüge, auch aller Ganzheitsbezüge, war notwendig, um Wissenschaft im modernen Sinne möglich zu machen. Sie war „notwendig und legitim. Der Sinnverlust ist in Wahrheit ein selbstauferlegter Sinnverzicht" (Blumenberg 1981).

Die erst durch Sinnverzicht mögliche rationelle Vorgehensweise der Wissenschaft ist in ihren Aussagen universell, d. h. für jeden folgerichtig Urteilenden zugänglich. Es wird nicht mehr nach dem Wesen und der Wirklichkeit gefragt, sondern durch Hypothesenbildung und deren Bewährung an der Wirklichkeit Aussagen über Prozesse, über das „Wie", die Prognosen zulassen, erstellt. Somit hat der heutige Mensch kein unmittelbares Verhältnis zur „Natur", auch nicht zur sonstigen Wirklichkeit, sofern er Wissenschaft betreibt oder in einem verwissenschaftlichten Alltagsumgang lebt.

Gleichzeitig mit den Naturwissenschaften bilden sich auch die Geisteswissenschaften aus, die ihren Gegenstand in den „Menschenwerken", wie Sprache, Kunst, Dichtung und persönliches Leben, haben. Auch hier gibt es keinen unmittelbaren Zugang zu den Gegenständen, sondern nur einen durch Wissenschaft vermittelten Aspekt. Die Objektivierung, die Vergegenständlichung ist nötig, um die für den wissenschaftlichen Zugriff notwendige Distanz herzustellen. Das Ziel der Geisteswissenschaft ist das Aufweisen von Bedeutungszusammenhängen, die durch die hermeneutische Methode erschlossen werden. Das Entscheidende dieser Methode ist die erkennende Teilhabe. Ausgelegt werden – wiederum unabhängig von jeglicher Metaphysik – geistige Schöpfungen des Menschen. So gesehen ist Philosophie hier nur noch möglich als Geschichte der Philosophie, als Historie, die zeigt, wie Sinn sich jeweils darstellte und veränderte. Gehlen (1957) sprach davon, daß bei den Konstrukten vom „Geist" abgesehen wird: Wenden wir uns der geschaffenen Welt des Sinnes zu, blenden wir das Naturhafte aus. Wenden wir uns der artifiziellen Natur zu, sehen wir vom Sinn ab. Je eine Sicht abstrahiert von der anderen. Statt der Naturzusammenhänge, welche in die unerkennbare unabhängige Natur hineinkonstruiert werden, liefern uns die Geisteswissenschaften Bedeutungszusammenhänge, die in die Menschenwerke hineingedacht werden. Die Modelle beider Zugriffsweisen werden unabhängig von der Wirklichkeit erfunden und an der Wirklichkeit auf Bewährung überprüft. Die Frage nach dem Sinn des Ganzen wird nicht mehr gestellt. Die Sinnfrage ist also nur noch eine Frage nach dem einzelnen Sinn, dem Einzelsinn, des jeweiligen Menschenwerkes. Jetzt stiften wir den Sinn der Geschichte selbst: Wir heben den jetzt und heute, also in der Gegenwart erfahrenen Sinn in der Geschichte hervor. Durch den Verzicht des Erkennens des Ganzen verlieren wir die unbefangene Gläubigkeit, daß „die Natur" oder auch „die Geschichte" zu uns „sprächen". Wir gewinnen allerdings die verbesserten Prognosemöglichkeiten durch einen im Grunde endlosen Prozeß von immer neuen Hypothesenbildungen. Dies führt nicht zu Gewißheiten, sondern zu Brauchbarkeiten, zu probablen Lösungen. Was wir erhalten, sind reine Erkenntnisstrukturen, die so lange brauchbar sind, bis sie für die Praxis nichts mehr hergeben, um dann durch andere Hypothesen ersetzt zu werden. Es ist von entscheidender Wichtigkeit, daß immer ein namhafter Rest verbleibt, der nicht in diese Weise des Erkennens einbezogen ist. Heute fehlt vielfach noch die Anerkennung dessen, daß die Wirklichkeit ein undurchdringliches Geheimnis ist – vielleicht das Geheimnis Gottes – und es wird nicht zugegeben, daß der Anteil des durch Modelle und Hypothesenbildung praktisch Bewältigten gegenüber dem Undurchschaubaren, das in der Überzahl ist, sich als relativ klein darstellt. Die wichtige Vorfrage lautet: „Wenn wir schon einsehen müssen, daß wir nicht die Wahrheit von der Wissenschaft erwarten dürfen, so wollen wir doch wenigstens wissen, weshalb wir wissen wollen, was zu wissen nun mit Enttäuschung vorbunden ist" (Blumenberg 1981, S. 42). Wir fragen nach dem „Motivierungsrückhalt aller Theorie" in der Welt. Die Frage lautet: Warum wollte ich Zusammenhänge erfassen? Offensichtlich wollte ich den Gesamtzusammenhang der Welt erfahren, aus dem Motiv der theoretischen Neugierde heraus. Diese letzte Frage ist ein Faktum brutum des Menschen als Neugierwesen. Die Grundgestimmtheit, das Lebensgefühl, welches eine Grundhaltung als Einstellungshaltung bewirkt, ist eine andere Erfahrung von der Welt als die Erfahrung durch die Sinne. Die sinnliche Erfahrung allein genügt nicht. Das Reiz-Reaktions-Schema reicht nicht aus. Im praktischen Handeln wollen wir nicht nur bestimmte Ziele verwirklichen, sondern auch immer ein bestimmtes Lebensgefühl befriedigen. Denn es kommt neben den Erkenntnisstrukturen v. a. auf die Grundgestimmtheit an, denn nicht die

Einsichten der Wissenschaften wirken unmittelbar auf das Leben, sondern es wirken Bilder und Legenden, in welchen diese Einsichten Ausdruck finden. Diese Grundgestimmtheit ist „Bewußtsein", einmal als unmittelbares Haben, zum anderen als sich innewerdendes Bewußtsein. Als letzteres ist es „Vernunft, als der Vorstellung einer Vorstellung" und damit das „Organ zur Distanzierung von der Unmittelbarkeit des Lebens". Man achte hier auf die Doppeldeutigkeit des Begriffs „Bewußtsein", das wir hier im Sinne von Mentalität verstehen. Es handelt sich um den Unterschied von Abstraktem zu Konkretem. Wichtig ist zu sehen, daß der Mensch beide Bewußtseinsweisen zugleich hat, aber nicht zugleich vollziehen kann. Er ist zugleich Handelnder und Zuschauer seines Handelns. Als Zuschauer betrachtet er die Welt, aber handelt nicht. Um sie zu ordnen, brauchen wir die Distanz zum Handeln. Zum Zwecke des Ordnens selektieren wir reduktionistisch Weltstücke. In „der empirischen Anschauung findet immer und notwendig eine Selektion der Aspekte statt". Im Kontinuum der Abschattungen werden gleichsam Sprünge gemacht, weil das der reinen Anschauung im empirischen adäquaten Ideal des Durchlaufens aller möglichen Perspektiven unerfüllbar ist (Lorenzen 1968).

Es ist zu wiederholen, daß von dem unerkennbaren Ganzen der namhafte Rest zurückbleibt, wobei dieser die größere Menge der Phänomene umfaßt, als die, die solcherart erkennbar sind. Wir selektieren also, indem wir reduzieren und wir erkennen jeweils durch verschiedene Aspekte, die man nicht gleichzeitig haben kann. Die Wahrnehmungsweise ist dergestalt, daß, wenn wir einen Ordnungszusammenhang herstellen, alles übrige unpräzise und verschwommen wird. Wird die Unschärfe an der einen Stelle verringert, so tritt sie verstärkt an der anderen Stelle wieder auf (Blumenberg 1981, S. 43). Hierin scheint „eine sehr tiefe Einsicht zu stecken". „Entdeckung und Verdeckung sind in der Geschichte der Errungenschaften der Neuzeit untrennbar verschwistert". Während wir in der Naturwissenschaft durch „Begriffe" den Aspekt der Natur beschreiben können, ist uns dies bei den Grundgestimmtheiten, bei den „Lebensgefühlen", nicht so möglich. Während „Begriffe" in sich richtige Beschreibungsstücke zum Erfassen von Zusammenhängen sind, wie sie idealiter mathematische Formeln darstellen, sind die „Metaphern", nach Blumenberg (1981a) Bilder, die nicht exakt sind, aber Erlebnisse und Erfahrungen vermitteln. Metaphern bilden also Zusammenhänge nur unscharf ab. Die „absolute Metapher", nach Blumenberg, ist aber nicht weiter ausdefinierbar, sondern stellt die unmittelbare Erfahrung ohne vermittelnde Zusammenhänge her, z. B. Konzepte wie „Leben" oder „Freiheit". „Lebensgefühle" können nur von Metaphern umschrieben werden. Letztere sind änderbar und ändern sich im Laufe der Historie und der Biographie. Man kann jemanden „umstimmen", und man kann sich umstimmen lassen, z. B. indem man sich teilweise in die Gestimmtheit des anderen verstehend hineinbegibt. Das Lebensgefühl bewirkt Weltverhalten, welches sowohl der Weltorientierung, wie auch der Weltbewältigung dient. Ehedem hat sich das Weltverhalten grundsätzlich bei der Seßhaftwerdung der Menschen geändert. Im historischen Rückblick erfuhr sich der Mensch im Neolithikum als reagierendes Wesen, welches seine Reaktionen steuern konnte. Diese Reaktionssteuerungen stellte man sich im Grunde immer als an eine einfach faßbare Materie gebunden vor. Alle früheren Modelle, und dieses gilt bis zur Materiekritik der modernen Physik, sind „quasimaterialistische" Anthropologien eines „l'homme machine". Nach den neuesten Erfahrungen des Menschen mit sich selbst und seiner Welt ist dieses Modell nicht mehr zur Weltorientierung und als Weltbewältigungsweise brauchbar. Der Mensch bewältigt jetzt das eigentliche Dasein mit dem Bewußtsein, daß er sich entweder auf Formelhaftes oder auf Metaphern „verstehe": Der Mensch als ein „seinsoriginäres Wesen", als eine „notwendige Konsequenz und legitime Explikation der theologischen Auffassung vom Menschen als dem gottgewollten Ebenbilde Gottes, als dem in der Hermetik vorformulierten Alter deus" (Blumenberg 1979, S. 24−59). Der Mensch bewältigt nicht nur das Dasein mit so verändertem Bewußtsein, sondern auch sein Verhältnis zur Materie hat sich in dieser Weise geändert. Popper (1988) hat darauf hingewiesen, daß „Materie" und „Bewußtsein" keine Substanzen sind:

> Ich habe immer sehr betont, daß die moderne Physik uns gelehrt hat, daß die Materie keinen substantiellen Charakter hat. Die ganze Idee der Substanz ist durch die Entwicklung der modernen Physik mehr oder weniger in nichts zerflossen. Ein Feld hat keine Substanz, ein Feld besteht aus gerichteten abstrakten Kräften: An jedem Punkt des Feldes ist eine solche Kraft. Schon der Kraftbegriff, den ja Newton eingeführt hat, wurde von den Materialisten als ein okkulter Begriff abgelehnt. Mit Recht, denn er ist kein materieller Begriff mehr. Einstein hat von „Gespensterfeldern" gesprochen, „Gespensterfelder", die wirklich sind, das heißt nur da durch in Erscheinung treten können, daß sie mit anderen „Gespensterfeldern" Interferenzen bilden".

Die alte Materie der früheren Naturwissenschaften hat sich also zu Gedankendingen verflüchtigt, die denselben Sachverhalt vielfältig und nicht eindeutig behandeln können und müssen. „Der Mensch blickt nicht mehr auf die Natur, den Kosmos, um seinen Rang im Seienden abzulesen, sondern auf die Dingwelt, die sola humana arte entstanden ist" (Blumenberg 1981, S. 89). Hierdurch gibt es kein einheitliches und kein zuverlässiges Bild von der Welt mehr. Als Weltmetaphern oder als Welt nach Begriffen sind mehrere möglich und gleichzeitig unterschiedliche brauchbar. Dies führt aber nicht nach Schopenhauer zur Beruhigung über diesen Sachverhalt: „Die Größe der Welt, die uns vorher beunruhigte, ruht jetzt in uns: unsere Abhängigkeit von ihr wird aufgehoben durch ihre Abhängigkeit von uns" (Blumenberg 1981, S. 62). Dies führt zu einem Gefühl der Unsicherheit, weil Uneindeutigkeit, Unvollkommenheit und die Erkenntnis des Ganzen fehlt. Wir können bzw. müssen die Welt immer wieder innerhalb des Bewußtseins als probable Modelle, als Welten umbauen.

Wir sahen, daß es neben den Erkenntnisstrukturen v. a. auf Grundgestimmtheiten aus Lebensgefühlen, auf Mentalitäten ankommt, die durch einsichtsformende Legenden Ausdruck finden. Für die Moderne war eine wirksame Legende die Konzeption des „Fortschritts". In einer solchen Legende ist auch der Gedanke, daß durch wissenschaftliches Erkennen zunächst die „äußere Welt" (z. B. Krankheiten) beherrscht wird, um dann einen solchen Grad wissenschaftlicher Erkenntnis zu erreichen, der auch die Verbesserung der „inneren Welt", die „moralische Verbesserung" des Menschen eben mit diesen wissenschaftlichen Mitteln zulasse, enthalten. Dieser letztere Gedanke wird i. allg., durch Äquivokationen begründet, welche die sich ausschließenden verschiedenen Aspekte der Wissenschaft mit „und" oder mit „weil" verbinden.

Heute wird erkannt, daß die Legende des „Fortschritts" nur noch begrenzt brauchbar ist, um die Erkenntnisweisen der Moderne wirksam werden zu lassen. Diese neue Situation von der wissenschaftlichen Erkenntnis ist aber noch nicht Allgemeingut. Es fehlt die adäquate Legende. Statt dessen entstehen abenteuerliche Ersatzlegenden, wie z. B. New Age, die sich bei näherer Betrachtung als primitiver Rückgriff auf eine vormoderne oder außermoderne (z. B. asiatische), v. a. auch auf eine deutsch-romantische Pseudowissenschaft, im Sinne eines „gesunkenen Wissenschaftsgutes" entlarven. Einer adäquaten modernen Legende zur neuen Wissenschaftstheorie steht auch die Weise der vormodernen Sprache entgegen, in der wir als „Gebildete" immer noch unsere Welterfahrung artikulieren, die aber zur Beschreibung der Welterfahrung moderner Wissenschaft nicht mehr ausreichend ist. Aus dem alten überkommenen Lebensgefühl her wollen wir aber *eine* Welt: Aus einem antik-konzeptionierten Schöpfungsbegriff und der Berufung auf Plato und Aristoteles wollen wir „die Einheit der Welt herleiten" und nicht mit Demokrit die „Vervielfachung des Kosmos" anerkennen, die „Welt von Welten. . . . Daß wir nicht mehr in einer Welt leben, ist die Formel für Entdeckungen, die die philosophische Erregung dieses Jahrhunderts ausmachen" (Blumenberg 1981 a, S. 3). Man kann das als eine absolute Metapher lesen für die Schwierigkeiten, die uns anwachsend begegnen, auf die alltägliche Realität unserer Erfahrung und Verständnisfähigkeit zu beziehen, was in autonom gewordenen Regionen von Wissenschaft und Künsten, Technik, Wirtschaft und Politik, Bildungssystem und Glaubensinstitution „realisiert" und dem lebensweltlich verfaßten wie lebenszeitlich beschränkten Subjekt angeboten wird, um es schlichtweg begreifen zu lassen, in welchem Maße es unabdingbar schon dazugehört. „Wiederum scheint die Formel einer Welt von Welten das Erfordernis zu bestimmen, das sich angesichts solchen Weltzerfalls solcher Schwierigkeiten mit dem Wirklichkeitsbegriff stellt (Blumenberg 1981 a, S. 3). Seitdem also aus der unmittelbaren geschlossenen einheitlichen Welterfahrung, somit von der Antike bis etwa zur Goethezeit, das Wissen von der Welt von Welten wurde, hat die alte Metapher von der *einen* Welt ausgedient. „Zur Rhetorik von Lebenswelt gehört auch, daß sie suggeriert, es sei im Grunde noch und wieder erreichbar, die eine Welt, die man nur leben müsse, um in ihr zu leben." Dies ist eine „Rhetorik der Selbstüberredung". Das Lebensgefühl, das da sagt, wir befinden uns in einer – wie auch immer – vorgeordneten Welt, erweist sich in der Erlebnisweise der neuen Gestimmtheit als naiv. Die aus der einen Welt gewonnene Weltzuversicht weicht der „Sorge" Heideggers. Wir erleben keinen Kosmos, in dem wir einbezogen und aufgehoben sind, sondern die Krise als Dauerzustand, da jedes Modell, jede Metapher ihre absolute Gültigkeit verloren hat und immer wieder zugunsten anderer Modelle und Metaphern ablösbar ist. Von unserem gegenwärtigen Stand muß sich als Leitgedanke durchsetzen: Es könnte alles auch ganz anders sein. Man erwartet folgerichtige Entwicklungen und kann sie nicht mehr erfahren. Es gibt keine zutreffende Metapher mehr, die Geborgenheit ausdrückt, wenn von der Pluralität der Welten die Rede ist „angesichts solchen Weltzerfalls, solcher Schwierigkeiten mit dem Wirklichkeitsbegriff". Eine Wissenschaft, der die Eindeutigkeit fehlen muß, solange sie Wissenschaft ist, eine Philosophie, die „auf dem Felde der großen Vergeblichkeiten" nicht mehr von der Frage nach der Wahrheit, sondern der Last des Nachweises der Unbeantwortbarkeit ihrer Fragen bedrückt wurde, der nicht die „Idee einer überall endgültig erreichbare Evidenz" zugrunde liegt, sondern die sich in eine „komplizierte Pluralität von Evidenzen aufgespalten hat" (Blumenberg 1981 a, S. 59). Dies alles müßte das neue Lebensgefühl, die neue Legende, vermitteln. Selbstverständlich ist dieses anders als das der Antike. Diese hat ja auch nicht etwa die Welt nur als Kosmos erfahren, sondern auch als Kosmos gelebt. Weil und seitdem wir sie nicht mehr so leben können, interpretieren wir erst die alte Gestimmtheit als Kosmoserfahrung. Durch die eigentümlichen modernen Weltorientierungen werden Dinge zu Problemen, die früher niemals problematisch waren. Weil wir das alte Weltverhältnis nicht mehr haben, d. h. nicht mehr leben können, sind wir auch unserer Welterfahrung nicht mehr sicher. Eine Welt, die *Realität* ist, ist eine andere als die moderne, die eher *Wirklichkeit* ist, nämlich nicht eine solche der *Res* sondern solche *wirksamer Kräfte*. Diese neuartige Erfahrung ist durch das deutsche Wort wohl zu vermitteln, sonst aber schwer mitteilbar, weil unsere Sprache derzeit sozusagen „vorneolithisch" ist. Die Sprache in der wir leben und mit der wir uns auch häufig wissenschaftstheoretisch ausdrücken, ist noch inadäquat und ermutigt Rückfälle in die alteuropäische Kosmologie. Die meisten Ansätze für eine neue Sprache jedoch, die sicher notwendig ist, gehen ebenso fehl, weil die Unpräzision nicht verschwindet, sondern fluktuiert; daran scheitern auch Chomsky und der Wittgenstein des *Tractatus*. Ebenso verkennt Carnaps Fiktion einer aus sauberen „Atomsätzen" aufgebauten idealen Sprache", daß diese neben Formeln auch Metaphern von Lebensgefühl ausdrückbar machen müßte. „Der Substanzialismus der Identität ist zerstört. Identität wird zu einer Art Leistung, die Anthropologie hat nur noch eine menschliche Natur zum Thema, die niemals Natur gewesen ist und nie sein wird" (Blumenberg 1981 a, S. 41). „Naturwissenschaftliche Hypothesen waren und sind ihrem Anspruch nach Anweisungen zur Herstellung der Phänomene, die sie erklären wollen, und die im Experiment realisierte Identität der Phänomene ist die ideale Verifikation der Hypothesen" (Blumenberg 1981 a, S. 28). Alle Bemühungen, vom Wittgenstein des *Tractatus* über Carnap zu Chomsky und der modernen Linguistik, sind Ausdruck der Bestrebung, eine eindeutige Wissenschaftssprache zu erfinden. Diese Bestrebung ist aber nach unserer dargelegten Auffassung grundsätzlich zum Scheitern verurteilt. Es wird auch hier eine Pluralität von Wissenschaftssprachen geben müssen. Auch hier ist die Einheit nicht mehr möglich. Es ist Chomskys linguistische Sehnsucht nach dem Allgemeinen, nach der Idee der Besinnung auf das Allgemeine anstelle der Reflexion der jeweils einzelnen Wissenschaft. Es ist letztlich der Versuch, um eine phänomenologische Hermeneutik herumzukommen. Dies gilt v. a., wenn von der Gegensätzlichkeit von Natur und Technik gesprochen wird: „Natur kann nicht der Gegenbegriff der Technik sein, weil im Naturbegriff selbst schon eine Verformung der Weltstruktur vorliegt" (22).

Abgesehen von unserem geschilderten sprachlichen Unvermögen, bleibt festzuhalten: Es gibt außer der unmittelbaren Alltagserfahrung die mittelbare über Bewußtsein und Vernunft transportierte Erfahrung, die wir wissenschaftlich nennen. Sie vermittelt uns Teilzusammenhänge, Zusammenhänge von Weltstücken, die selektiv reduziert werden, abstrakt sind und aspektistisch gesehen werden müssen. Teils ist die Welt ein durch einen unendlichen Hypothesenregreß immer wieder neu zu lösendes Rätsel. Teils bleibt sie aber auch, und zwar in den entscheidendsten Stücken, ein Geheimnis. Die Bedeutung dieser Weltstücke ist die der reinen Theorie einer ästhetisch-theoretischen Gestimmtheit. Daher hat der Wissenschaftler, der nicht Handelnder ist, eine quasi kulinarische Haltung, die von der Praxis abgehoben ist: Als wissenschaftliche Gegenstände sind Nero und Albert Schweitzer gleich „genießbar". In diesem Sinne ist Max Webers Wertfreiheit unabdingbar; und Theodor Lessing verstellte sich nur durch seine eigenen Wertungen selbst den Weg bei der Erkenntnis der „Sinngebung des Sinnlosen" der Geschichte. Deskriptiv-treffend aber bleibt sein Schlagwort trotz allem, denn die Höhlenzeichnungen von Altamira können von uns nicht so verstanden werden, wie ihre Urheber sie erlebt haben. Wir sind also gezwungen, alle Historie in ihrer Bedeutung für uns stets neu einzuschätzen, ohne den Fehler zu begehen, diese unsere Gegenwartseinschätzung für eine vergangene *Wirklichkeit* und *Wahrheit* zu halten. Vorausgesetzt, daß es Leben gibt, menschliches Leben mit Anfang, mit Währen und Ende, versuchen wir, dieses unser Leben, in einer allseitigen Übersicht zu erfassen. Dadurch, daß der Mensch sein Leben überblicken will, wird er dasjenige Wesen, das die vergangenen Kräfte und Seiten immer neu einschätzt. Dies ist durch eine distanzierte, mittelbare Übersicht möglich, die die Geschichte aus dem gegenwärtigen Lebensgefühl beurteilt.

Alltagswelt

Die umgangssprachlich vorhandene Alltagswelt oder das alltägliche praktische Leben ist letztlich der einzige unmittelbare Umgang mit der Wirklichkeit. Somit unterscheidet sie sich von philosophischen Konzeptionen wie etwa der Heideggerschen „Alltäglichkeit". Sie ist auch nicht identisch mit Husserls „Lebenswelt". Unsere „Alltagswelt" hat mit der „Lebenswelt" nur gemeinsam, daß sie in Selbstverständlichkeit, in einem gewissen schwankenden Vertrautheitscharakter den unmittelbaren Umgang des einzelnen mit anderen und den Dingen gestattet. Ein interessantes Phänomen, das bisher kaum angesprochen wurde, ist die Rückwirkung des distanzierten Weltverhältnisses der Wissenschaft, das über Modelle geführt wird, welche sich an der Alltagswelt bewähren, auf die Alltagswelt selbst, also auf den alltäglichen Umgang. Die Folge dieses Penetrierens der Mentalität einer distanzierten Welt in die Welt des Alltagsumgangs ist die Trennung der Alltagswelt in einen Bereich der Mittelbarkeit, in dem sich auch hier Wissenschaft in der Weise von „Technologie" und „Bürokratie" (im Sinne Max Webers) auswirken, und einen Bereich des unmittelbaren Umgangs. Das Phänomen des Auseinanderdriftens dieser beiden Be-

reiche kann, wie wohl alle Phänomene der Moderne, genetisch weiter zurück-
verfolgt werden als die Konvention, die dies etwa mit der Wende vom 18. zum
19. Jahrhundert avisiert. Übrig bleibt eine Alltagswelt, die sowohl einen Sektor
des Funktionalismus (mittelbares Leben nach erdachten Modellen und ihren
Regeln) wie auch des Subjektivismus (unmittelbarer Umgang mit der Wirklichkeit im Sinne von Wirkungen eines diffus-komplexen Kräftefeldes, das wir
Eigenwelt nennen) aufweist.

Auch im Alltag leben wir in unterschiedlichen Welten. Wir haben da einmal
eine *Sozialwelt*, in der der Mensch auf eine gewisse funktionale Merkmalhaf-
tigkeit reduziert wird, die man bekanntlich als *soziale Rolle* bezeichnet. Diese
Rollenwelt hat streng vorgegebene soziale Verhaltenserwartungen. Nur ein ge-
wisses Maß an Eigengestaltung und Eigeninteresse ist zugelassen. Die Verhal-
tensweisen sind zwar personal prägbar, aber vom Rollenträger weitgehend unabhängig. Diese Welt ist wissenschaftlich fundiert, also artifiziell, rational und
in ihrer Effektivität überprüfbar oder mit einem Wort der Umgangssprache –
„sachlich". Gleichzeitig mit der Durchbildung der Sozialwelt bildete sich um
die Wende vom 18. zum 19. Jahrhundert als ihr Gegenpol die *Eigenwelt* heraus. Der Freiheit des einzelnen wurde plötzlich eine Ausdehnungsmöglichkeit
gegeben, die von der Einwirkung von außen und von anderen zunehmend geschützt wird.

Im ersten Bereich, der Sozialwelt, treffen wir die „Entfremdung" an. Im Bereich der Eigenwelt stoßen wir auf die „Verfremdung" Humboldts, d. h. eine
verstehende Toleranz bei einem Standhalten auf dem eigenen Standpunkt. Die
Entfremdung ist also nicht Gegensatz, sondern *Voraussetzung* für einen personalen Freiheitsraum, die Verfremdung notwendige Prämisse für das tolerante
Bestehen von verschiedenen Eigenwelten. Kant hat diese Trennung in eine Welt
der Sozietät und der Personalität als Bestandteil der neuen, wissenschaftlichen
Zivilisation exemplifiziert. Gegenüber der Wahrung von Funktionen tritt die
Freiheitlichkeit der eigenweltlichen Intimsphäre mit je eigenständiger Selbst-
darstellung, zu der auch die Wahl des Sinnes der Weltanschauung gehört, auf.
Durch diese Öffnung eines Raums der Intimsphäre ist die Gesellschaft in der
Tat eine offene und durch die Vielzahl möglicher Eigenwelten eine wertplurali-
stische, da sie sich durch „das Fehlen einer zentralen, mit politischen Sank-
tionsmöglichkeiten ausgestatteten Entscheidungsgewalt in Fragen der Daseins-
deutung und der Lebensvorschriften" auszeichnet (Schmidtchen 1969, S. 34).

Neben der geschilderten mittelbaren wissenschaftlichen Erfahrung steht also
die unmittelbare Alltagserfahrung. Was diese unmittelbare Alltagserfahrung
betrifft, so ist sie heute nur noch beschränkt als „unmittelbar" zu verstehen,
wie wir schon in der Sozialwelt sahen. Die Verwissenschaftlichung der Alltagswelt nimmt zu. Schon in der Alltagsumgangssprache spiegelt sich Wissenschaft wider. Trotzdem bleibt der Alltagsumgang, v. a. der eigenweltliche, die
einzige Möglichkeit einer restlichen ganzheitlichen Welterfahrung, wenn man
von der Kunst und der religiösen, spirituellen Erfahrung absieht. Unser Handeln aus der Alltagserfahrung ist also wohl zunächst unmittelbar, aber in einem teilweise verwissenschaftlichten Alltag hat es diese Unmittelbarkeit weitgehend eingebüßt. Wir handeln im Alltag nur noch in unserer Eigenwelt voll-

kommen unmittelbar, während in der sozialen Rollenwelt vermittelt gehandelt wird. In der Eigenwelt sind wir immer als ganzer Mensch einmalig gegenwärtig, wie alle Menschen, die diese Eigenwelt mit uns teilen. In Alteuropa, also von der Antike bis zu deren Nachfolge in der Goethezeit, handelte der Mensch insgesamt unmittelbar gegenwärtig, lebte dies und daher „war" die Wirklichkeit auch so. Wenn wir heute sagen, daß wir in einer Eigenwelt und in einer Rollenwelt zugleich leben, so leben wir auch hier nach der Formel Fontenells in einer „pluralité des mondes". In der Rollenwelt, also der Sozialwelt, leben wir sektorial, nicht als Ganzes, sondern partiell nach den verschiedenen Erwartungshorizonten der jeweils verschiedenen Rollen, mit denen wir uns teilidentifizieren und die wir individuell ausgestalten können, ohne aber den primären sozialen Erwartungszwang aufheben zu können. Es ist sozusagen ein Leben nach Konstrukten – kantisch gesprochen –, nach „Begriffen", die mittelbar gegenwärtig sind. Das völlig Neue im Welterlebnis macht sich auch deutlich an der verwissenschaftlichten Umgangserfahrung dadurch, daß wir eine Wirklichkeit nicht mehr auf uns einwirken lassen, daß wir eine unmittelbare Situation da nicht mehr wahrnehmen können, wo auch unser Alltagsleben verwissenschaftlicht ist. Wir lassen uns dann nicht mehr unmittelbar auf eine Welt ein, sondern wir wirken in die Welt handelnd hinein. Wir erfahren nicht mehr die sog. „Natur", sondern wir schaffen uns Situationen neuer Naturen. Dieser Befund wird auf weite Strecken als Verarmung empfunden, als eine Vertreibung aus dem alteuropäischen Paradiese. Wir können die Kategorien der Unmittelbarkeit aber nur noch in der Eigenwelt erfassen. Nachdem sich eine freie personale Kultur seit der Renaissance zuerst zögernd, dann mit der Aufklärung völlig durchgesetzt hat, ist die scharfe Trennung zwischen Eigen- und Rollenwelt Notwendigkeit geworden. In einer Welt, die sich bis hin zu den Alltagsvollzügen nur mittelbar erschließen und damit bewältigen läßt, wird Eigenwelt und Unmittelbarkeit immer bedeutsamer. Gegenreaktionen in Richtung einer totalen Vereigenweltlichung der Welt sind Nachhutgefechte der Unmittelbarkeit. Übrig bleibt uns nur das bewußte Leben in verschiedenen Welten. Die Gefahr der totalen Rollenwelt wird sehr stark gesehen, weniger aber die Gefahr der totalen Vereigenweltlichung, welche die gesamte Moderne wieder „zurückdrehen" möchte. Totale Welten sind immer enthumanisierende Aufhebungen unserer gegenwärtigen Kultur. Warum solche Kulturen wie die gegenwärtige aufeinander folgen und warum sie so sind, wie sie sind, ist keine Frage an die Wissenschaft. Sie ist aber eine Möglichkeit der Interpretation durch den Glauben, durch den dann Ganzheit und Unmittelbarkeit sowie Finalität der Geschichte für den je Einzelnen wieder ihren Sinn erhalten kann. Für die unmittelbare, handelnde Weltbewältigung bleibt so neben der Eigenwelt nur noch der Überstieg auf die Transzendenz als Weltbewältigungsmuster.

Institutionen und Organisationen

Die Mentalität der Moderne hat sich in Deutschland erst in der 2. Hälfte des 20. Jahrhunderts zwar spät aber um so radikaler durchgesetzt. Der Ausdruck findet sich v. a. in der Umstrukturierung unserer Gesellschaft von einer stratifikatorischen in eine funktionale. Einen hohen Stellenwert hatte in jeder vormodernen Gesellschaft eine akzeptierte Moral als Basis des Rechtes und als „Sitte" zur Grundregelung des konkreten alltäglichen Miteinanderumgehens und die Ethik als Reflexionstheorie der Moral. Infolge der Enthierarchisierung der Gesellschaft in der Industriekultur werden zunächst die „Institutionen" im Sinne von Arnold Gehlen mit ihrem Symbolgehalt und ihrem Charakter von „Mehr-als-Zweck-Instituten", für die man sich „verzehrt", aufopfert (etwa „Staat", „Sitte" usw.), in funktionale, also zweckmäßige Organisationen verwandelt. Man mag diesen Wandel mit Gehlen als „Enthemmung des Zwecksetzens" und als Verlust des Daseinsrechtes der „anspruchsvollsten und edelsten Motive" betrauern; die Tatsache selbst ist unbezweifelbar.

Dies betrifft in erster Linie auch unsere Auffassung von Staat. Wir haben schon auf das Konstrukt des „Vertragsstaates" hingewiesen, als welcher sich der demokratische Verfassungsstaat darstellt, von dem wir annehmen, daß er sich derzeit als beste Lösung in der Praxis bewährt hat und sich deshalb über die Welt verbreiten sollte. In diesem ist jeder einzelne ein Fall von Staatsbürger. Der Typ des Staatsbürgers unterstellt sich den Regeln, die durch den Mehrheitsprozeß einen Konsens finden. Das Mehrheitsprinzip selbst kann kaum logifiziert werden. Wir sehen auch in diesem derzeitigen Staatsgebilde, dem vertragsgemäßen Verfassungsstaat, von allen weiteren Sinnzusammenhängen ab. Das Apriori dieses Staates ist der Begriff der „Freiheit" und der damit zusammenhängende Begriff der „Menschenwürde", wie er etwa im Grundrechtskatalog des Grundgesetzes umschrieben wird. Selbstverständlich kann auch das artifizielle Konstrukt dieses Staates der „Nation" als Metapher geformt sein. Es ist dies aber dann nicht mehr die sich an der Wende vom 18. zum 19. Jh. durchbildende Konzeption der Nation in der als „Seele" das „Volk" lebt. Weder der moderne Staat noch die moderne Nation enthalten etwa eine „Wahrheit", sondern sind ausschließliche Funktionalität. Die „Vereinten Nationen" (UNO), die den Beginn der Weltzivilisation intendieren, sind ein Vertragskonstrukt von Organisationen, von „Staaten" und „Nationen", die ihrerseits vertragsmäßig fundierte Verfassungsstaaten sein sollen. Diese Weltzivilisation geht zwar vom „Menschen" aus, der aber in solcher Allgemeinheit eine Abstraktion ist. Alle Aussagen der UNO werden nur über diesen abstrakten und reduzierten Menschen gemacht, ohne auf das Fehlen seines realen Vorkommens in nur männlicher oder weiblicher Form, in verschiedenen Hautfarben sowie verschiedensten Kulturen einzugehen. Dieses Modell des „Menschen der Weltzivilisation" beschränkt sich im Grunde auf seine biologische Verfassung und seine Rolle als „Staatsbürger", d. h. dem mit Freiheit und Menschenwürde versehenen Menschen. Weitere Verallgemeinerungen sind nicht möglich, aber auch nicht notwendig.

Die so zu gestaltende Weltzivilisation schafft ihre eigene Mentalität, d. h. eine Einstellungs- und Erwartungshaltung, die auf dieser abstrakten Ebene allen Menschen gemein sein soll. Konkret aber zerfällt die Weltzivilisation in die verschiedensten Kulturkreise, weil die weltzivilisatorische Industriegesellschaft je kulturell verschieden ausgeformt ist. Unterhalb der allgemeinen Mentalität der

Weltzivilisation haben wir daher noch die partikularen Mentalitäten der Kulturkreise. Aber auch die Mentalitäten sind kein Abbild der Wirklichkeit, sondern „Idealtypen" im Sinne von Max Weber. Gerade hier bei den kulturellen Mentalitäten, genauso wie bei der Weltzivilisation, darf das Modell, der Idealtyp, nicht für die Realität gehalten werden. Für die Alltagsumgangswelt kann diese Frage auch ruhig unbeachtet bleiben. Hier brauchen wir zu diesem Komplex nur eine Art Orientierungswissen, d. h. wir müssen nur wissen, in welche Richtung zur vorläufigen Antwort auf bestimmte Fragen gesucht werden muß (Gehlen 1957). „Staat und Regierung sollen funktionieren, mehr wird nicht erwartet", betont Gross (1989). Er fährt fort, daß unbestritten sei, daß die „Verwaltung der politischen Daseinsvorsorge" eine „Spitze" haben muß. „Es wird dem Mann an der Spitze aber kein Bonus mehr eingeräumt, der über die Anerkennung hinausgeht, daß er dies Amt ausfülle, in seiner Funktion nicht versage" (23 a).

Fassen wir den bisherigen Gedankengang unserer Betrachtungen zusammen: „Welt und Mensch" sind nicht eindeutig definierbar. Zur Weltbewältigung benötigt der Mensch jedoch Weltorientierungsmuster, die allerdings kulturell und historisch wechseln. Gegenwärtig hat sich ein solches Weltorientierungsmuster durchgesetzt, das wir die wissenschaftsorientierte Industriekultur der Moderne nennen. In ihr erlebt sich der Mensch als jemand, der seine Welt selbst gestaltet. Hierzu bedient er sich v. a. der Wissenschaften. Da die Wissenschaften auf die Erkenntnis des Wesens von Mensch und Welt verzichtet haben, war es ihnen möglich, Modelle und Gedankengebilde zur Weltorientierung und Weltbewältigung zu bilden, die sich jeweils an der Wirklichkeit zu bewähren haben. Sie sind prinzipiell beliebig und tendenziell immer nur vorläufig; sie werden allerdings aus historisch vorhandenen Beständen zumeist fragmentarisch entnommen. Sie sind zwar „erfunden", haben sich aber in bestimmten Hinsichten bewährt. Sie sind jedoch grundsätzlich veränderbar und tatsächlich verändert geworden. Somit ist der Wissenschaftsprozeß immer offen und unbeendbar. Insofern ist es ein Grundtatbestand, daß der Mensch frei sein muß.

Die wissenschaftsorientierte Technik und die aus ihrer Reflexionskultur entstammende „Bürokratie" im Sinne von Max Weber haben sich global durchgesetzt. Daher zeitigen sie auch Probleme, welche die ganze Menschheit erfassen. Es bleibt selbstverständlich ein namhafter Rest an „Wirklichkeit" übrig, der nicht wissenschaftsfähig ist, denn es gibt neben der Wissenschaft eine Mannigfaltigkeit von schier unfaßlichen Freiheitsgraden an Inspirationen und Interpretationen, welche Mensch und Welt betreffen. Der Zweck dieser universalen Industriekultur ist es, dem „einzelnen" zu erlauben, sein Leben möglichst frei von Zwängen der „Natur" und der „Gesellschaft" zu gestalten. Das bedeutet: Der Mensch will sich möglichst lange, sicher, lustvoll und schmerzfrei im Dasein halten. Neben diesem materiellen Bedürfnissen kann der einzelne sein Leben nur in einer Gesellschaft, d. h. mit anderen einzelnen, führen. Hierzu dienen Regeln, welche die beschriebene prinzipielle Beliebigkeit in einer offenen Gesellschaft einschränken. Zur Friedenserhaltung in schweren Konflikten dient das Recht als ein Satz konsensfähiger Regeln. Dieser ist in Freiheit selbst gesetzt, veränderbar und mit Sanktionen des Gemeinwesens verbunden. Ein über dieses Recht hinausgehender Normensatz, um die Handlungen des einzelnen mit den anderen voraussehbar zu machen, ist die Ethik. Die Letztbegründung der Normen der Ethik müßte, von der Wirklichkeit als Ganzheit ausgehend, minimale Variabilität mit maximaler Universalität verbinden und tendenziell unveränderbar sein. Wir haben gezeigt, daß die Wissenschaft eine für eine solche Ethik kontraproduktive Struktur aufweist. Eine universal wenigstens in einem minimalen Konsens akzeptierte Metaphysik, welcher solche Letztbegründungen entnommen werden können, ist bisher nicht erbracht. Wer trotzdem die Notwendigkeit von Ethik bejaht, muß daher bestimmte Grundzüge einer innerweltlichen Ethik für erforderlich erachten. Gedanken zu solchen Grundzügen sollen im folgenden angedeutet werden.

Gedanken zu einer innerweltlichen Ethik

Im Mittelpunkt der Letztbegründung einer innerweltlichen Ethik steht heute der Begriff der „Menschenwürde". Nach seiner Ideengeschichte und der Interpretation des auch von der UNO in ihrem Grundrechtkatalog verwandten Begriffes gibt es vielfache Interpretationen der „Menschenwürde". Allgemein läßt sich feststellen, daß die Menschenwürde in der Freiheit, insbesondere der Gewissensfreiheit besteht, die „sich schützend vor unsere Identität stellt", vor die „Fähigkeit der Person, die innere Einheitlichkeit und Kontinuität − das Ich im Sinne der Psychologie − aufrechtzuerhalten". Dieser Freiheit „gebührt Priorität vor dem Recht und der Pflicht" (Böckle 1990). Diese Menschenwürde als Freiheit zur Durchbildung, Aufrechterhaltung und Intangentibilität der personalen Identität in einer „personalen Kultur" bedarf einer konkretisierenden Dogmatik.

Dogmatik ist Grenzziehung. Sie stellt eine Grenze her zwischen Zugehörigkeit und Nichtzugehörigkeit, in der Ethik zwischen erlaubter und unerlaubter Handlung. In der Ethik wie in jedem Bereich der praktischen Philosophie ist die Dogmatik etwas Ein- und Ausgrenzendes, das man unter der Metapher des „Zaunes" verbildlichen kann. Diese Begrenzungsmetapher ergibt bei aller anerkennenden Notwendigkeit einer Dogmatik in der Ethik dieser heute einen starken Akzent von Negativität. Verbote widersprechen zunächst einfach dem Freiheits- und Demokartiepostulat und bedürfen besonderer Begründungen. Man stößt sich nämlich auf den ersten Blick einmal an jeder wie auch immer gearteten Begrenzung der Selbstverwirklichung. Diese negative vormoderne Haltung ist zu beachten:

> Jede Ethik, die ihres Namens wert ist, erhält ihr imperativistisches Gewicht vorzugsweise dadurch, daß ihre Sätze dem zuwiderlaufen, was der Mensch seiner Neigung nach tun möchte. Ethik ist in ihrem Wesen nicht Bestätigung dessen, was der Mensch ohnehin tut und tun möchte, sondern gerade der pathetische Widerspruch dazu. Dann kann sie aber nur „von oben" kommen, nur „thetisch" gesetzt werden (Gigon 1952).

Die aus dem Freiheitspostulat begründete Negativität solcher „Ethik der Einschränkungen" kennt heute nicht mehr die früher weitverbreitete Empfindung der Geborgenheit „innerhalb des Zaunes": Ich weiß, daß hier an meinem Ort niemand meine Menschenwürde und damit Freiheit tangiert, es sei denn, er riskiert beträchtliche Sanktionen. Andererseits ist die in der „Menschenwürde" enthaltene Dogmatik eine solche, die sich aus der Bestimmung des „Unerlaubten" ergibt.

Von allen möglichen Dogmatiken haben sich die sozialdarwinistische unter Hitler und die des „realen Marxismus" unter Stalin am meisten desavouiert. Eine „ethologische", wie etwa von Lorenz, erscheint unbrauchbar, weil eben Graugänse keine verkleideten Menschen sind. Eine Dogmatik, die mit dem Streben nach Glück, insbesondere in Hutchensons Formel der Proklamation des größten Glücks der größten Zahl, sollte „nicht allzu hurtig allzu viele populäre Glücksempfindungen mit dem Stempel ‚Unerlaubt!' versehen, sondern umgekehrt möglichst wenige Glücksgefühle diskriminieren oder in der Entfaltung behindern und auch dies stets zögernd, denn das Recht auf Glück wäre nicht viel wert, wenn es alle umlaufenden Tugendlehren sich vereinleibte und daraufhin nur noch die Lust der Meditation, der Krankenpflege und des rheinischen Schunkelns übrigblieb" (Schneider 1978).

Hinter den beiden Positionen – derjenigen, daß das Moralische im Verzicht auf die Befriedigung der „Neigungen des Menschen" und deren Unerlaubtheit bestehe – und der Gegenthese, die den „persuit of happiness", das Streben nach Glück und damit die Verwirklichungen seiner Neigungen, soweit sie nicht anderen schaden, zum Grundrecht erhebt, steht folgende Problematik:

Die antike Philosophie, aus unzähligen Stellen bei Aristoteles belegbar, betont, daß jeder Zweck selbst Mittel zu einem weiteren Zweck ist und dieser wieder Mittel zu einem dritten usw. Es wird nun als These ohne weiteren Beweis selbstverständlich vorausgesetzt, daß diese Kette nicht ins Unbegrenzte weiterlaufen dürfe, sondern auf einen letzten Zweck, ein Telos, ein letztes Ziel menschlichen Lebens überhaupt zulaufe. Bekannt ist auch, daß ein komplementärer Gedankengang, daß jede Ursache selbst wieder Wirkung ist und so bis zu einer letzten Ursache führe, die selbst nur noch Ursache, aber nicht mehr Wirkung sei.

Dieses Gedankenpaar ist sowohl geschichtlich wie auch für die Ontologie ein sehr schwieriges Problem, denn die volle Parallelität, mit der aufgrund dieses Paares die Ontologie als Lehre von der ersten Ursache und die Ethik als Lehre vom letzten Zweck einander gegenübergestellt werden, muß starkes Mißtrauen erwecken. Ohne Zweifel ist eines der Glieder das Primäre, das andere dem einen nachgebildet. Zudem ist die These von der Undenkbarkeit eines Regressus ad infinitum logisch-mathematisch höchst zweifelhaft. Auf jeden Fall führt diese These zwangsläufig immer zu einem geschlossenen ethischen System. Nun kann man zwar die These vertreten, daß eine Ethik erst dann ihren Namen verdient, wenn sie sich in einem geschlossenen System äußert, von dem aus jede Handlung beurteilbar ist. Dieser zweifellos aus der Antike stammende „klassische" Gedankenkomplex setzt aber weitere Systemkonstruktionen voraus, nämlich die Interpretation des Kosmos als zeiträumliches Ganzes mit geschlossener Ordnung sowie des Staates als Kosmos und jedes einzelnen Menschen als Mikrokosmos, welchen alle dasselbe Gesetz unerbittlich auferlegt ist.

Geschlossene Ethiksysteme sind parallelisiert mit geschlossenen Gesellschaften. Auf die Unbrauchbarkeit dieses Modells haben wir schon hingewiesen. Wir suchen also weiter nach anderen Elementen für eine Dogmatik der innerweltlichen Ethik. In der Antike aber tritt der für uns viel näher stehende Aspekt der Anthropologie nämlich, daß der Mensch „vielmehr durch die Möglichkeit freier Entscheidung sich von allen anderen Wesen auszeichnet" (Gigon 1952), aber kaum hervor. Dieser Aspekt ist jedoch die zentrale Weltinterpretation unserer Zeit.

Möglichkeiten der Lösung von ethischen Kontroversen

Wir kommen zurück auf die Frage, welche Funktion die Ethik in einer funktional organisierten Gesellschaft haben könnte. Während das Recht die Funktion der Friedensbewahrung in schwerwiegenden Konflikten hat, soll die Ethik ein über die Rechtsregeln hinausgehendes Lösungssystem für sozial akzeptierte und sozial zurückgewiesene Handlungen darstellen. Sie soll als „Sitte" insofern vor willkürlichen Handlungen schützen, für bestimmte Konfliktsituationen durch soziale Wert- oder Unwertzuschreibungen die Voraussehbarkeit der Handlungen ermöglichen. Wir halten dabei immer im Auge, daß es sich bei unseren Überlegungen um eine innerweltliche Ethik handeln soll, womit Rückgriffe auf die Transzendenz oder andere metaphysische Letztbegründungen fortfallen.

Wenn wir trotzdem Elemente für eine Dogmatik zur Lösung von ethischen Kontroversen aufstellen, die sich etwa auf den Menschenrechtskatalog unseres Grundgesetzes oder der UNO beziehen, dann könnte man die zentralen Begriffe dieser Kataloge zunächst ebenfalls aus einer „Metaphysik des Pluralismus" entnommen glauben, oder man könnte den Vorwurf einer „Metaphysik des Metaphysikverzichtes" machen. Um diesen Vorwurf zu entkräften, rekurrieren wir auf Wittgensteins Begriff der Sprachspiele als „Systemen der Verständigung". Denn für diesen Sprachspielbegriff ist es wichtig, daß er keine Wesenseinsichten vermittelt, sondern eine bewußte Setzung von Spielregeln ist. Damit entgeht Wittgenstein der definitorischen Eigentlichkeit, dem essentialistischen Denken (Bezzel 1988): „Wir alle betrachten die Spiele unter dem Gesichtspunkt eines Spiels, das nach Regeln vor sich geht" (Wittgenstein 1984). Das Sprachspieldenken hat für die Ethik einige Vorteile, um eine Übereinkunft darüber zu erzielen, was nicht erlaubt sein soll, somit außerhalb des „dogmatischen Zauns" bleiben soll.

Zunächst ergibt sich daraus, daß viele ethische Sprachspiele möglich sind. In dem bis vor kurzem noch gültigen Sprachspiel einer innerweltlichen Ethik − der „überkommenen Sitte" − war nur eine einzige Regel Voraussetzung, nämlich die, daß „fair" gespielt werde; man rekurrierte also etwa auf Bollnows Tugend der „Anständigkeit". Infolge der großen und immer noch zunehmenden Komplexität von ethisch zu beurteilenden Situationen und der gleichzeitig ebenfalls wachsenden Pluralität der Wertvorstellungen bedarf heute das Sprachspiel eines Satzes von Spielregeln, welche dann die Dogmatik der Ethik ergeben. Man könnte sich etwa folgende Grundregeln vorstellen:

1. Bei der Lösung von Kontroversen wird auf Gewalt, einschließlich auf Gewalt der Indoktrination, verzichtet. „Terror" schafft zwar ethische Gleichförmigkeit; er muß aber aus Gründen der Menschenwürde ausgeschlossen werden. Weder „Gott" noch „Vernunft", weder „Rasse" noch „Klasse" können die Durchsetzung ethischer Doktrinen mittels der Gewalt rechtfertigen.
2. Das Spiel als solches ist nicht „zu gewinnen"; nur jeweils *ein* Spiel ist zu gewinnen: *„Das* Schachspiel" ist natürlich nicht gewinnbar, wohl aber ein jeweiliges und zeitweiliges Spiel.
3. Das Spiel wird konstituiert durch die Respektierung der Autonomie des einzelnen, also seiner Freiheit, indem wir den Menschen als das Lebewesen betrachten, das sich selbst aus verschiedenen ethischen Bindungen eine Bindung für sich selbst auswählen kann: *Standpunktwahl.*
4. Aus der Standpunktwahl folgert die Toleranz gegen andere Standpunkte. Es ist nicht die Frage, ob ich den Standpunkt des anderen billige, sondern ob ich es billige, daß der andere in Angelegenheiten, die nur ihn selbst betreffen, unbeschränkt seinen Standpunkt verwirklichen darf. In seiner Eigenwelt steht ihm das Feld zur Selbstgestaltung offen. Wird der jeweils „bedeutsame andere" mitbetroffen, so erfordert der Wertpluralismus der Kulturen und innerhalb unserer Kultur das Sprachspiel des ethischen Diskurses. Hierbei gibt es die Möglichkeit eines demokratischen Aushandelns, die das intersubjektiv tragbare Ergebnis, den Konsens, in einer Güterabwägung enthält. Die am wenigsten angezweifelten allgemeinen Lebensziele der gegenwärtigen demokratischen Kulturen, wie z. B. Freiheit, Gleichheit, Sicherheit, Wohlstand, sind in ihrer Unbestimmtheit interpretationsbedürftig. Das Sprachspiel geht in unserer Kultur um Fragen nach der Rangordnung der Werte, ihrer Prioritäten oder nach dem obersten Wert. Hierbei müssen Mehrheitsmeinungen bei starkem Minderheitenschutz herbeigeführt werden.

Trotz alledem wird es Bereiche geben, für die eine ethische Regelung erwünscht ist, wo wir aber zu keinem Mehrheitskonsens mehr kommen können. Auf den Fall, in dem die Problematik ausschließlich nur jeden einzelnen betrifft, haben wir schon hingewiesen. Wir halten diesen Fall unter Hinweis auf die Autonomie des einzelnen für nicht regelungsbedürftig, da er in die Eigenwelt eines jeden Menschen fällt. Wir folgen hier dem „Right to privacy" der Rechtsprechung des amerikanischen Obersten Gerichtshofes, welches dort den Rang eines Grundrechtes einnimmt. Viel schwieriger ist die Frage zu beantworten, wenn ein Konsens nicht möglich ist bei Problemen, die „den anderen" allgemein betreffen. Wenn wir hier ebenso die Pluralität von axiomatischen Systemen voraussetzen, kann zwar der Diskurs selbst über Regeln laufen. Dieser Diskurs kann auch die Differenzen aufweisen, muß aber nicht unbedingt zu einem Konsens führen, sondern kann mit einem aufgewiesenen Dissens enden. Er führt damit in einen Zustand der Paradoxie. Im Grunde führt auch der jeweilige, zeitweilige und aufhebbare Konsens mit starkem Minderheitenschutz schon zu diesen Paradoxien. Sie sind Voraussetzungen für weitere Diskurse, deren Ziel nicht ein stabiles ethisches System ist, sondern im fortwährenden Diskurs immer nur einen zeitweiligen „Waffenstillstand" hervorzubringen, aus dem nach einer gewissen Zeit der Diskurs erneut aufgenommen werden kann. Er wird dadurch legitimiert, daß nur so ohne revolutionäre Gewalt neue Ideen, damit neue Paradoxien und „neue Moralen" im Sinne der totalen Offenheit der Zukunft in einer offenen Gesellschaft hervorgebracht werden. Dieser Diskurs ist dann nicht auf der Suche nach einem unbedingten Konsens, sondern er verwaltet die Paradoxie unter partikularen und zeitweiligen Verträgen über einen ebenso partikularen und zeitweiligen Konsens mit der Tendenz der Akzeptanz von neuem Unbekannten im Sinne der beschriebenen Offenheit.

Es gehört also zu einer innerweltlichen Ethik ebenso die Fähigkeit zum Konsens, wie die zum Dissens, den auszuhalten eine der schwersten Aufgaben einer pluralen offenen Gesellschaft ist. In diesem Sinne könnte das Wort von Lyotard (1989) etwas durchaus Richtiges treffen: „Der Konsens ist ein veralteter und suspekter Wert". Wir können nur die Rationalität im gegenseitigen Umgang dann retten, wenn wir in der ethischen Theorie Paradoxien und in der moralischen Praxis Mehrdeutigkeiten zulassen. Die Behauptung, daß ein solcher Zustand nicht „lebbar" sei, erscheint voreilig und verweist eher auf eine Unfähigkeit, die bestehende und mithin gelebte Pluralität zu akzeptieren. Das „Lebbarkeitsargument" ist aber auch eine Mahnung, den Zuständigkeitsbereich des ethischen Raissonnements nicht unnötig auszudehnen. Dies führt zu einer letzten grundsätzlichen Frage.

Ist Moral ethisch gut?

Ethik ist die Theorie der Moral. Die Frage, die sich erhebt, lautet: Ist moralisches Etikettieren von Sachverhalten und Handlungen, die Einteilung in soziale Wert- und Unwertaussagen, in „erlaubte" und „unerlaubte" Handlungen, seinerseits ethisch gerechtfertigt? Auch diese lange vernachlässigte Frage ist nach unserer Einschätzung hochaktuell, was nicht nur Marquards „Tribunalisierungsproblematik" (1989) und Lübbes These (1987) von der Ersetzung der Rationalität durch Moral in der Politik anzeigen. Einen weiteren Hinweis auf das Bestehen dieser Fragestellung gab Luhmann (1989). Diese Problematik hat aber durchaus ihre Geschichte: Die Ökonomen des 17. Jahrhunderts kannten sie genau, wie Mandeville (1705) in seiner „Bienenfabel" gezeigt hat: „Private Laster" können „öffentliche Vorteile" hervorrufen und damit kann moralisch an sich verwerfliches Handeln moralisch gute Folgen haben, genauso wie man heute täglich in der Politik erleben kann, wie moralisch gutgemeinte Absichten schlechte Folgen zeitigen. Ethik kann durchaus darin bestehen, sich des moralischen Urteils zu enthalten im Gedenken an Pascals Diktum (1948): „La vraie moral se moque de la morale."

Literatur

Bezzel C (1988) Wittgenstein. Iunius, Hamburg

Blumenberg H (1979) Schiffbruch mit Zuschauer. Suhrkamp, Frankfurt am Main

Blumenberg H (1981a) Wirklichkeiten, in denen wir leben. Reclam, Stuttgart

Blumenberg H (1981b) Die Lesbarkeit der Welt. Suhrkamp, Frankfurt am Main

Blumenberg H (1984) Arbeit am Mythos. Suhrkamp, Frankfurt am Main

Böckle F (1990) Humanae vitae – Prüfstein des Glaubens? Stimmen der Zeit 1:9

Gehlen A (1957) Die Seele im technischen Zeitalter. Rowohlt, Hamburg

Gross J (1989) Über die Größe des Staatsmannes nach Hitler. FAZ Nr 88, 15 April

Herder JG (1985) Ideen zur Philosophie der Geschichte der Menschheit. Neudruck (hrsg. von B. Stephan) nach der historischen kritischen Ausgabe (1877–1913). Fourier, Wiesbaden

Kant I (1977) Kritik der reinen Vernunft. Werkausgabe in 12 Bänden (hrsg. von W. Weischedel), 1 Bd, III Suhrkamp, Frankfurt am Main

Kuhn T (1967) Structure of scientific revolutions (dt.: Die Struktur der wissenschaftlichen Revolutionen, 6. Aufl.). Suhrkamp, Frankfurt am Main

Lorenzen P (1968) Methodisches Denken. Suhrkamp, Frankfurt am Main

Lübbe H (1987) Politischer Moralismus – der Triumph der Gesinnung über die Urteilskraft. Siedler, Berlin

Luhmann N (1989) Paradigma lost. Über die ethische Reflexion der Moral. Suhrkamp, Frankfurt am Main

Lyotard J-F (1989) Der Widerstreit, 2. Aufl. Fink, München

Mandeville B (1705) Die Bienenfabel (engl.-dt. hrsg. von W. Euchner 1987). Suhrkamp, Frankfurt am Main

Marquard O (1989) Aesthetica und Anaesthetica. Schöningh, Paderborn

Nipperday T (1990) Nachdenken über die deutsche Geschichte. Beck, München

Pasqual B (1948) Pensées (Hrsg von Wasmuth E). Tübinger Verlagshaus, Tübingen

Popper K (1973) Die offene Gesellschaft und ihre Feinde, Bd 2, 2 Aufl. Franke, Bern

Popper K, Lorenz K (1988) Die Zukunft ist offen. Pieper, München Zürich

Ritter J (1961) Die Aufgabe der Geisteswissenschaften in der modernen Gesellschaft. Jahresschrift der Gesellschaft zur Förderung der Westfälischen Wilhelms-Universität zu Münster, Münster, 11, S 37

Ritter J, Gründer K (Hrsg) (1980) Historisches Wörterbuch der Philosophie, Bd 5, Sp 1124: „Menschenwürde". Schwabe, Basel

Schmidtchen G (1969) Gibt es eine protestantische Persönlichkeit? Die Arche, Zürich, S 34

Wittgenstein L (1984) Werkausgabe in 8 Bänden. – Philosophische Grammatik – Zettel. Suhrkamp, Frankfurt am Main

Angewandte Ethik: Tradition und Gegenwart *

Robert M. Veatch

Kennedy Institute of Ethics, Georgetown University, Washington, DC 20057, USA

Die Geschichte der angewandten Ethik reicht weit zurück. Schon seit der Zeit, in der sich Berufe differenzierter zu entwickeln begannen, finden ethische Denkweisen Anwendung im praktischen Bereich sozialer Beziehungen. Durch die Entstehung der Berufsstände wurden Denkmuster aufgebaut, nach denen sich ethisch begründete Urteile bilden sollten. Besonders in denjenigen Anwendungsbereichen, die als Berufe angesehen werden, spielt die Funktion der als Stand bezeichneten Gemeinschaft bei der Formulierung ethischer und anderer normativer Bewertungsmaßstäbe sowie der Urteilsfällung in ethischen Auseinandersetzungen innerhalb dieser Gemeinschaft bezüglich der Unterscheidung von Ständen und anderen, etwa einer gewöhnlichen Tätigkeit nachgehenden Gruppierungen eine entscheidende Rolle.

Während der letzten Generation begann sich jedoch ein bedeutender Wandel in der Art und Weise zu vollziehen, wie wir die Beziehung zwischen Ethik und ihrer Anwendung auf Berufe, sonstige Tätigkeiten und andere Bereiche, in denen Entscheidungen getroffen werden müssen, verstehen. Meiner Einschätzung nach führt dieser Wandel in der Konzeptualisierung der Art und Weise, in der Ethik in der Problemlösung angewandt wird, zwangsläufig zu revolutionären Veränderungen nicht nur in der Ethik selbst, sondern auch der Methoden, nach denen ethische und andere Werturteile gebildet werden.

Diese Entwicklung in unserem Verständnis von angewandter Ethik und Berufsethik hat einen Punkt erreicht, an dem es an der Zeit ist, durch die Darlegung zweier unterschiedlicher Auffassungen von angewandter Ethik die sich derzeit abzeichnenden Veränderungen darzulegen. Ich bezeichne diese beiden Auffassungen als „angewandte Ethik der Tradition" und „angewandte Ethik der Gegenwart".

Traditionelle angewandte Ethik

Allgemein ist bekannt, daß Berufe ihre Wurzeln in den alten Handwerksgilden haben (Durkheim 1983, S. 17; Larson 1977, S. 3; Sigerist 1960, S. 6). Die Gil-

---

* Eine überarbeitete Fassung dieses Beitrages wird im ersten Heft der Zeitschrift *Kennedy Institute of Ethics Journal* 1991 erscheinen.

H.-M. Sass · H. Viefhues (Hrsg.)
Güterabwägung in der Medizin
© Springer-Verlag Berlin Heidelberg 1991

den oder Zünfte standen mit kulturellen und sozioökonomischen Gemein-schaften unterschiedlicher Funktionen – Kasten, Kults oder Subkulturen – in enger Verbindung. So war die Ethik der Gilden und Zünfte, sofern man hier überhaupt von Ethik sprechen kann, letztendlich diejenige der das betreffende Handwerk ausübenden Kaste bzw. des Kultes oder der Subkultur. Es ergab sich von selbst, daß man sich zur Schaffung eines ethischen Rahmens, an dem sich die praktische Ausübung der Berufskunst orientieren sollte, an die entspre-chende Kultur wandte. Beispielsweise identifizierten sich die die Kunst der Me-dizin ausübenden Hippokratiker mit den Pythagoreern, einem religionsähnli-chen, philosophischen, wissenschaftlichen Kult, der eine eigene Philosophie, einen eigenen Glauben und einen eigenen ethischen Rahmen entwickelte (Edel-stein 1967). Allgemeiner ausgedrückt, war die Gilde (im alten Rom) nach der Darstellung Durkheims (1983, S. 20), der in seinem klassischen Werk über Be-rufsethik und bürgerliche Moral der geschichtlichen Entwicklung nachgeht, ein religiöses *Collegium*. Jede Gilde hatte ihren eigenen Gott und ihre eigene religiöse Zeremonie, die, sofern die notwendigen Mittel vorhanden waren, in einem speziell hierfür vorgesehenen Tempel vollzogen wurde. Ebenso hatte je-de Familie ihren *Lar familiaris*, jede Stadt ihren *Genius publicus*, und jedes Kollegium hatte seinen beschützenden Gott oder einen *Genius collegii*. Dem-nach war die Gilde im wesentlichen eine Subkultur, Teil der römischen Kultur; sie war der größeren Gesellschaftsstruktur untergeordnet. Nach der Darstel-lung Durkheims harrt die Gilde geduldig bis zum Ende des Römischen Reiches in ihrer Rolle als Dienerin aus (Durkheim 1983, S. 18). Über einen langen Zeit-raum hinweg waren die Zünfte nicht mehr als ein eher unbedeutendes, unter-geordnetes Element des Kollektivs in der Welt des alten Roms (a. a. O. S. 32).

Der ethische Standeskodex

Somit war der Rahmen gegeben, auf dessen Grundlage sich das Verständnis der Gilde bezüglich ihrer moralischen Verpflichtung in der Ausübung ihres Handwerks bildete. Die Stände begannen sich mehr und mehr von den Zünften sowie von den Gilden und Kulturgemeinschaften, aus denen diese hervorgin-gen, zu distanzieren. Entscheidend war das späte Mittelalter. In dieser Zeit ent-wickelte sich die von Durkheim als solche bezeichnete „neue Existenz", die den Moralbegriff neu akzentuierte und eine neue Unabhängigkeit anstrebte.

Nach Durkheim (1983, S. 19) kann sie ihren Zweck v. a. durch ihre morali-sche Wirkung erfüllen, da jede gewerbliche Vereinigung oder Zunft der Mittel-punkt eines durch eigene moralische Werte bestimmten Lebens werden muß. An diesem Punkt setzt eine komplexe Entwicklung der Gilde zu einem unab-hängigen Berufsstand ein. Da sich der Stand von der Kultur abwendet, aus der er hervorgegangen ist, muß er selbst nun als Reserve oder Quelle eines eigen-ständigen Glaubens- und Wertesystems fungieren. Die Ethik des Standes als ei-genständige Kultur bezeichne ich als angewandte Ethik der Tradition.

Sigerist (1960, S. 9–10) zeigt die Entwicklung vom 10. Jahrhundert an auf. In Salerno begann sich eine Schule für Medizin zu entwickeln, die im 12. Jahrhundert in voller Blüte stand. Sie wurde nicht von der Kirche gegründet, und Ärzte konnten sowohl Laien als auch Kleriker sein. Von 1131 an wurde den Klerikern per Gesetz die Tätigkeit in der Medizin verwehrt. Eine im späteren Mittelalter stattfindende, Veränderungen ähnlicher Form mit sich bringende Entwicklung im Bereich der Gesetzgebung zeigt Carpenter (1958) auf (s. auch Plunknett 1983). Mit der Gründung der Universitäten wurde das Standesmitglied zum Gelehrten, der sich immer mehr von der Gilde und dem religiös-philosophischen Hintergrund der jeweiligen Kultur, in der diese ihr Handwerk ausübte, entfernte (Carpenter 1958; Plunknett 1983; Larson 1977; Freidson 1970).

Die Stände begannen, ihre Unabhängigkeit in der Erzeugung und Formulierung von Normen und moralischen Grundsätzen einerseits und deren Umsetzung andererseits hervorzuheben. Ihre traditionelle Form wurde so durch die Erzeugung eines ethischen Kodex erweitert, welcher tatsächlich ein so herausragendes Merkmal darstellt, daß er häufig als das einen Beruf ausmachende Element angeführt wird (Barber 1963, S. 672).

Dieses Schaffen ethischer Normen war häufig in eine bestimmte Konstellation epistemologischer Annahmen und überzeugter Ansichten über die Natur des Wissens eingebettet. Diese wiederum hatten ihre Wurzeln in denjenigen philosophischen/religiösen Strukturen, aus welchen sie hervorgegangen waren. Im Kult der Hippokratiker z. B. spiegelte sich die Auffassung der Pythagoreer wider, daß Wissen in der Hand des Nichteingeweihten Macht und damit gefährlich sei. Für die Pythagoreer war typisch, daß sie diejenigen, die ihrem Kreis nicht angehörten, für unfähig hielten, zu den ihrem Denken entsprechenden Einsichten zu gelangen. Daher enthält der hippokratische Eid das Gelöbnis, Wissen nicht an Außenstehende weiterzugeben. Offensichtlich lagen diese Ansichten zwar ursprünglich in einem weitaus breiter angelegten kulturellen System als dem der praktizierten Medizin begründet, jedoch waren sie mit der beruflichen Position, die aus diesem erwachsen sollte, besonders gut vereinbar. Der aus diesem System heraus entstehende Berufsstand der Mediziner entlieh diese Position einer Kultur, von der er sich längst distanziert hatte. In ähnlicher Weise hält man auch in anderen Berufen und anderen Kulturkreisen berufsspezifisches Wissen für zu gefährlich, als daß es von Außenstehenden geteilt werden sollte. Die nach den Methoden der Ri-Shu-Schule praktizierenden Mediziner im Japan des 16. Jahrhunderts hielten sich an einen Kodex, der bezeichnet wurde mit „Die siebzehn Gebote des Enjuin". Eines dieser Gebote schreibt vor, das, was man im Unterricht gelernt oder was man über das Verschreiben von Medikamenten erfahren hat – sei es richtig oder falsch –, keinem anderen mitzuteilen (Veatch 1989).

Das Vorherrschen der Tugendtheorie

Ein weiteres Standardmerkmal der Berufsethik in ihrer traditionellen Form besteht darin, daß ihr normativer Inhalt vorwiegend auf die Tugend und weniger auf eine bestimmte Wertphilosophie oder eine Reihe bestimmter Verhaltensnormen gerichtet ist. Man kann für die normative Ethik wesentliche Fragen unterscheiden:

1. Welche Charakterzüge oder Tugenden eigenen sich für die Einschätzung der moralischen Werte eines Menschen (Tugendtheorie)?
2. Welches Gut gilt als erstrebenswert (Axiologie oder Wertphilosophie)?
3. Durch welche Eigenschaften erhält Handeln oder erhalten Regeln moralische Richtigkeit (Aktionstheorie)?

Demnach kann der Charakter eines Menschen betrachtet werden (unabhängig davon, ob er richtig handelt) oder es kann die Frage gestellt werden, ob er richtig handelt (unberührt davon, ob er aus einem guten Charakter heraus handelt). In gleicher Weise läßt sich bei der Frage unterscheiden, welches Ziel gut oder erstrebenswert ist und ob es moralisch richtig ist, dieses zu verfolgen. Einige Ethiktheorien treten der Auffassung entgegen, daß es immer richtig sei, durch Handeln die bestmögliche Wirkung anzustreben. Nach den Vertretern solcher Theorien (Deontologen) heiligt der Zweck nicht immer die Mittel.

Verschiedene Ethikansätze bewerten diese 3 Grundfragen unterschiedlich. Die angewandte Ethik der Tradition – besonders diejenige, welche sich in der Berufsethik manifestiert – legt, wenn sie auch die Fragen nach den richtiges Verhalten bestimmenden Grundsätzen und nach den vernunftgemäß wünschenswerten Zielen nicht außer acht läßt, besonderen Wert auf die Tugenden. Demnach verpflichtet der hippokratische Eid (wenn wir diesen von nun an als das Herzstück des *Berufsstandes* Medizin betrachten können, der sich aus der pythagoreischen Kultur heraus und dann von ihr fortentwickelt hat) den dem hippokratischen Kult Angehörenden zu „Reinheit und Heiligkeit". Da diese traditionelle Berufsethik sich aus kulturell – und manchmal kultisch – begründeten Glaubens- und Wertesystemen ableitete, leuchtet ein, daß sich in den im Kodex der traditionellen Berufsethik definierten Tugenden diejenigen der jeweils zugrundeliegenden Kultur widerspiegeln.

Seit Plato wird akzeptiert, daß selbst innerhalb einer philosophischen Weltansicht für verschiedene Personen je nach ihrer Funktion verschiedene Tugenden als gültig verstanden werden können. So sollten der Krieger und der König der Philosophie verschiedene Tugenden verkörpern. In vielen Fällen formuliert die Berufsethik die für die Ausübung eines bestimmten Berufes geltenden Tugenden entsprechend den Sichtweisen der jeweiligen Berufsgruppe, die nun als Quelle ihrer eigenen Kultur fungiert.

Die Konzeptualisierung des Expertenwissens

Schließlich hat innerhalb der traditionellen Systeme der angewandten Ethik eine wichtige und kennzeichnende Konzeptualisierung dessen stattgefunden, was das Expertenwissen ausmacht. In der breiten Bevölkerung werden die Experten der Rechts- oder Erziehungswissenschaften oder der Medizin (und in gewissem Maße der Wirtschaft und des Militärs) als diejenigen angesehen, die einen ganzen Bestand an komplexem und häufig schwer nachvollziehbarem technischem Wissen besitzen. Zudem werden sie für imstande gehalten, sich von diesem Wissen aus auch auf andere, über den rein technischen Bereich hinausgehende Gebiete zu begeben, auf denen sie ihr fachmännisches Urteil abzugeben wissen. Man betrachtet sie als Experten, die mit denjenigen ethischen Grundsätzen vertraut sind, welche für die Ausübung ihres Handwerks oder ihres Berufs leitend sein sollten. Von Journalisten beispielsweise könnte man erwarten, daß sie nicht nur wissen, wie man genaue Informationen aus vertraulichen Quellen erhält, sondern auch, wieweit sie als Journalisten moralisch verpflichtet sind, diese als vertrauliche Quelle zu erhalten.

Häufig nimmt man an, das Wissen der Experten reiche über das entweder praktische *oder* ethische Wissen hinaus bis zu einem Wissen darüber, was für die Zusammenfügung dieses praktischen und bewertenden Wissens zu einem Handlungsplan oder zu einer Entscheidung erforderlich ist. Daraus würde folgen, daß derjenige, der sowohl praktisches als auch moralisches Wissen über ein bestimmtes Gebiet in sich trägt, auch das Expertenwissen darüber besitzt, was auf diesem Gebiet getan werden muß. Nach dieser Auffassung ist ein Jurist nicht einfach ein Experte in den praktischen Fragen des Rechts. Er ist in bezug auf die Bewertung der verschiedenen Lösungsmöglichkeiten und die Entscheidung darüber, welche Lösung gewählt werden sollte, ebenso Experte.

So wendet sich beispielsweise ein Laie in der Angst, ein Verbrechen begangen zu haben, möglicherweise nicht nur an einen Anwalt, um zu wissen, was das Gesetz besagt, sondern auch um zu erfahren, ob es besser ist, zu gestehen oder, in der Hoffnung „davonzukommen", einen Prozeß zu führen. Der Anwalt soll, wenn sich sein Klient für ihn als schuldig erweist, nicht nur bezüglich der Rechtsverletzung Experte sein, sondern auch in der Frage danach, ob er moralisch verpflichtet ist, sein Wissen um die Rechtsverletzung nicht preiszugeben. Von einem Arzt wurde und wird erwartet, daß er nicht nur in bezug auf die tödliche Wirkung bestimmter Medikamente, sondern auch in der moralischen Frage, ob der Arzt Euthanasie betreiben sollte, Experte ist. Er wird als Experte betrachtet, der beurteilen kann, ob Medikamente im Hinblick auf ein bestimmtes Ziel verabreicht werden sollen; als Experte, der nicht nur abschätzen kann, was das Resultat sein wird, sondern auch, ob dieses Resultat erstrebenswert ist. Dies ist, als würde man durch die detaillierte Kenntnis der praktischen Aspekte eines Themas auch zum Experten im Bereich der zugehörigen Normen und in bezug auf die Richtigkeit der getroffenen Entscheidungen. Dieses Problem bezeichne ich als „generalisiertes Expertenwissen".

Ganz sicher haben viele von denjenigen, die sich bisher an das traditionelle Modell anlehnten, eine nicht ganz so naive Haltung eingenommen. Sie vertreten eine etwas differenziertere Auffassung, nach welcher die bloße Kenntnis der technischen Seiten eines Bereichs nicht zwangsläufig bedeutet, daß der Betreffende auch weiß, was zu tun ist. Diejenigen, die ihren Beruf in Anlehnung an das traditionelle Modell ausüben, sind vielmehr der Ansicht, daß bestimmten Formen der Berufsausübung bestimmte Werte oder Tugenden inhärent seien und daß die Experten in der Ausübung ihres Berufs auch in der Bestimmung dieser inhärenten Werte oder Tugenden Experten seien.

Im Gesundheitswesen z. B. werden Werte wie Erhaltung des Lebens, Heilung von Krankheiten, Verminderung des Leidens und Förderung des Wohlbefindens häufig als der praktizierten Medizin inhärente Werte angeführt. Der Tradition folgende Ärzte sind überzeugt davon, daß sie als Ärzte die Pflicht haben, diese als Ziele anzustreben. Manchmal wird sogar argumentiert, daß dies am besten oder sogar ausschließlich die den Beruf Ausübenden beurteilen könnten oder daß die Analyse des eigentlichen Konzepts der praktizierten Medizin zu diesem Ergebnis führe. Sofern der Arzt das Wesen seines Berufs begreift, sieht er auch die Existenz bestimmter Werte, von denen die normative Struktur der Ausübung seines Berufs durchsetzt sein muß.

Ein Problem dieser traditionellen Auffassung bezüglich der Rolle von Werten für die angewandte Ethik ergibt sich daraus, daß ihr zufolge Tugenden und Werte gegeben sind, die in den Augen der Gemeinschaft höchstens innerhalb der praktischen Ausübung des Berufs gelten. Jedoch würde kein vernünftig denkender Mensch für ihn lebenswichtige Entscheidungen ausschließlich aufgrund von Werten oder Tugenden getroffen wissen, die einem bestimmten Beruf inhärent sind. Kein Patient würde wünschen, daß über medizinische Eingriffe ausschließlich aufgrund irgendeiner Kombination von Zielen wie Erhaltung des Lebens, Verminderung des Leidens etc. entschieden würde. Er würde in Betracht ziehen wollen, welche außerhalb der Medizin existierenden Werte für die Verfolgung der medizinischen Ziele geopfert werden müßten. Der Laie, der einen Anwalt zu Rate zieht, würde wissen wollen, welcher Preis für das, was in den Augen des Anwalts die vom rechtlichen Standpunkt aus gesehen optimale Lösung wäre, auf anderen Gebieten bezahlt werden müßte. Wenn allgemein angenommen wird, daß der den Beruf Ausübende sich in seinen Beurteilungen auf eine in seinem Beruf begründete Konstellation von Überzeugungen und Werten zurückgreift, sollte der Laie, der der Definition nach nicht dem betreffenden religionsähnlichen oder kulturellen System angehört, die Untermauerung der Beurteilung nicht anerkennen.

Etwas weiter denkende Vertreter dieser traditionellen Lehre der angewandten Ethik räumen ein, daß es außerhalb der praktischen Berufsausübung stehende Werte gibt, welche wichtig sind für die Entscheidung darüber, ob man der Empfehlung des Experten folgen sollte. Diese – eine differenziertere Haltung einnehmenden – Vertreter der traditionellen Lehre glauben jedoch, daß die außerhalb der Berufsausübung stehenden Werte von allen, auch von den die verschiedenen Berufe Ausübenden, problemlos erkannt werden können, so daß sie wiederum in der Lage sind, diese Werte in ihre Entscheidungen einzubeziehen.

Betrachten wir den Arzt, der sein Expertenwissen für die Diagnose einer Pneumokokkenlungenentzündung verwendet und daraufhin, nach Ausschluß eines anaphylaktischen Schocks, Penizillin verschreibt. Nach dem traditionellen Ansatz wendet der Arzt sein praktisches Wissen an, um die Diagnose zu stellen und die in Frage kommenden vernünftigen Eingriffe aufzulisten. Er betrachtet dann die der praktizierten Medizin inhärenten Werte einschließlich der als anzustrebende Ziele geltenden Erhaltung des Lebens, Verminderung des Leidens und Heilung von Krankheiten, woraufhin er ggf. zu dem Schluß kommt, daß das Verschreiben von Penizillin der beste Weg ist, diese Ziele zu erreichen. Sofern er sich gründlich mit dem Problem auseinandersetzt, räumt er ein, daß von der Medizin entfernte Werte seine Entscheidung beeinflussen, schließt jedoch Überlegungen etwa hinsichtlich des Nutzenentgangs oder des Verstoßes gegen religiöse Normen aus und kommt sodann zu dem Schluß, daß die Einnahme von Penizillin der für den Patienten richtige Weg ist. Man geht davon aus, daß der seinen Beruf ausübende Mediziner in der Lage ist, seine Entscheidung keinesfalls durch außerhalb der Medizin stehende Werte ins Wanken geraten zu lassen. Der seinen Beruf Ausübende ist demnach nicht nur Experte in bezug auf die rein technischen Aspekte seiner Entscheidung; er ist auch derjenige, der die der praktischen Ausübung seines Berufs inhärenten Werte formuliert. Er ist sogar zu einer Einschätzung und Bewertung nichtmedizinischer Ziele imstande.

Zeitgenössische angewandte Ethik

Für eine traditionell bestimmte Kultur, insbesondere für eine Kultur, in der man generell von der Unwissenheit des Laien ausging, ist das oben beschriebene Modell einleuchtend. Vor allem in einer homogenen Kultur war es wohl möglich, den einen Beruf Ausübenden vertrauensvoll die Formulierung von Moralnormen zu überlassen, welche auf der kulturellen Tradition beruhten, mit der sowohl der seinen Beruf Ausübende als auch der Klient oder Patient verhaftet waren. Man konnte von ihnen erwarten, daß sie die für ihre berufliche Funktion relevanten Tugenden aus der jeweils zugrundeliegenden Kultur ableiten würden – welche sich letztendlich nicht allzusehr von der des Laien unterschied. Von den einen Beruf Ausübenden konnte erwartet werden, daß sie bestimmte als dem Rollenverständnis der betreffenden Kultur inhärent betrachtete Tugenden und Werte festlegten und diese sogar mit denjenigen außerhalb der praktischen Ausübung des Berufs stehenden Tugenden und Werten vergleichen würden, die möglicherweise zu ersteren im Wettbewerb stehen könnten.

In der pluralistischen Gesellschaft unserer Zeit werden die Probleme mit dem traditionellen Verständnis der Anwendung ethischer Grundsätze auf in Berufen und sonstigen Tätigkeiten geforderten Entscheidungen immer weniger nachvollziehbar. Die Stände entfernten sich im Laufe ihrer Entstehung allmählich von den Kults, Gilden oder Subkulturen, aus denen sie hervorgegangen waren. Die Ausübung der hippokratischen Kunst der Medizin war nicht mehr explizit in philosophischen und wissenschaftlichen Prämissen verankert. In irgendeiner Weise wurden die Berufe zu eigenständigen Kulturen, die häufig als universell angesehen wurden; – universell im Sinne eines weltweit akzeptierten Begriffs von Berufsausübung, aus dem heraus Normen erstellt, Tugenden geformt und von Experten auf dem jeweiligen Gebiet Entscheidungen getroffen werden können. Darüber hinaus existierten die Berufe in einer Welt, in der der Laie sich selbst als in vielen verschiedenen religiösen und philosophischen Traditionen verankert sah. Es war, als sei der Berufsethos zu einer weiteren „Religion" geworden, die im Wettbewerb mit anderen traditionellen Religionen und religionsähnlichen Philosophien diejenigen Aufgaben zu übernehmen versuchte, welche diese wiederum für sich beanspruchten.

Die Formulierung ethischer Normen

Religionen und freidenkerische Philosophien beanspruchen die Formulierung (oder Erzeugung) ethischer Normen für sich. Die Gelehrten des Talmud, Autoritäten der Kirche, Mystiker und Philosophen, die nach rationalen oder empirischen Methoden vorgehen, behaupten, daß sie durch ihre Methoden zu den Grundsätzen und Regeln des menschlichen Verhaltens gelangen. Für gewöhnlich sind sie der Meinung, daß – selbst wenn es für die Ausübenden eines Berufs besondere, für ihre jeweilige Funktion (wie z. B. Arzt, Anwalt, Lehrer, Priester oder Geschäftsmann) geltende Normen gibt – diese sich aus einer übergeordneten theologischen oder philosophischen Sichtweite ableiten. Die katholische Theologie mag beispielsweise anerkennen, daß für katholische Ärzte oder Anwälte besondere Normen gelten; jedoch geht sie davon aus, daß diese ihren Ursprung nicht in einem von der Theologie losgelösten, eigenständigen, Ärzten oder Anwälten gemeinsamen Denken, sondern in einer allgemeineren katholischen Moraltheologie haben. In gleicher Weise sollten diejenigen, die den philosophischen Traditionen der liberalpolitischen Philosophie, des Indeterminismus oder des Marxismus verhaftet sind, besondere, für die Ausübung verschiedener Berufe geltende Normen anerkennen – jedoch sollten sie sie nicht als Normen betrachten, die irgendeinem, speziell diesen Berufen eigenen normativen und epistemologischen System entstammen, sondern als solche, die aus dem jeweils übergeordneten System hervorgehen und durch dessen epistemologische Methoden übermittelt werden. In dem Maße, in dem einer Berufsgruppe Angehörende den Anspruch auf Unabhängigkeit in der Formulierung und im Grunde genommen der Neuerstellung der für ihren Beruf geltenden moralischen Normen erheben, wird man sie immer mehr als direkt mit anderen geistigen Schulen der philosophischen oder religiösen Richtung rivalisierend betrachten. Darüber hinaus sollte der Laie – da er der Definition nach nicht der Berufsgruppe angehören kann, die diese Unabhängigkeit in der Formulierung beruflicher Verhaltensnormen für sich beansprucht – sich stets darüber im klaren sein, daß die Normen, die er für jeden Beruf wählen würde (und die er aus seiner jeweiligen religiösen und philosophischen Verpflichtung abgeleitet hat), mit jenen im Wettbewerb stehen, die von der Berufsgruppe aus ihrem rivalisierenden normativen und epistemologischen Denken heraus formuliert wurden.

Die Tugenden in der angewandten Ethik der Gegenwart

Noch schwieriger wird die Problematik, wenn man die Bedeutung der Tugenden für die angewandte Ethik in Tradition und Gegenwart vergleicht. Die angewandte Ethik und Berufsethik der Tradition legt, wie bereits erwähnt, auf die Tugenden erheblichen Wert. Das entscheidende Element der Berufsethik sah man darin, daß der Charakter des beruflich Tätigen sich aufgrund einer Reihe von Tugenden bildete, auf die man sich, ausgehend von einer allen gemeinsamen Kultur mit gemeinsamen Denkkategorien, geeinigt hatte. Da es ursprünglich eine in der Kultur begründete, von allen geteilte Weltanschauung gab (z. B. der Pythagoreismus oder das Christentum des Mittelalters), war die Übereinstimmung in den für eine bestimmte Funktion als angebracht erachteten Tugenden naheliegend. Da es eine weitreichende Einigung auf Normen und Werte gab, konnte man mit gutem Grund davon ausgehen, daß der einen Beruf Ausübende sich, wenn er über die jeweiligen Tugenden verfügte, allein dadurch auch richtig verhielt.

Da die Berufsgruppen sich aus Gilden und Kults heraus entwickelten, ergaben sich kaum Probleme. Es existierte noch immer ein gemeinsames Tugendkonzept insofern, als die einen Beruf Ausübenden sich so einschätzten, daß sie eine eigenständige und untereinander vereinbarte gemeinsame Ansicht über die praktische Ausübung eines Berufs vertraten. In unserer gegenwärtigen Welt jedoch ist dieser ganze, für alle geltende Rahmen zusammengebrochen. Es gibt eine Vielzahl rivalisierender, auf Religion oder Philosophie aufbauender Systeme, denen sich Tugendkonzepte entnehmen lassen. Die pythagoreischen Tugenden sind grundverschieden von denen der christlichen oder der buddhistischen Ethik oder von denen radikal feministischer Sichtweisen. Dementsprechend überrascht nicht, daß die für verschiedene berufliche Funktionen als angemessen betrachteten Tugenden entsprechend den unterschiedlichen Weltanschauungen variieren und daß jede von ihnen mit dem im Wettbewerb stehen kann, was an gemeinsamem Denken, welches aus einer eigenständigen beruflichen Vereinigung hervorgegangen zu sein scheint, übrigbleibt. Die innerhalb einer Berufsgruppe geteilte Überzeugung wird immer mehr als eine von vielen rivalisierenden Ausdrucksformen einer Reihe von Tugenden betrachtet, wobei eine wichtige Voraussetzung ist, daß Laien keinesfalls die Weltanschauung der beruflich Tätigen teilen, die hinter der von diesen vorgenommenen Formulierung der für ihre Funktion wichtigen Tugenden steht. Immer mehr wird bewußt, daß es unrealistisch ist zu erwarten, daß ein militant marxistischer Schwarzer als Patient und ein orthodoxer Hippokratiker als Arzt sich darüber einig werden, welche Tugenden ein Arzt aufzuweisen hat. Dies ist letztendlich deshalb nicht möglich, weil jeder der beiden ein anderes Konzept der Arztfunktion hat.

Glücklicherweise stellt dies für die angewandte Ethik der Gegenwart kein unlösbares Problem dar. In der angewandten Ethik der Gegenwart verlieren Tugenden von Grund auf an Bedeutung. Der Austausch zwischen einen Beruf Ausübenden und Laien wird in zunehmendem Maße als Austausch zwischen einander fremden Personen begriffen, die unwiderruflich ihren Platz in Gemeinschaften mit unterschiedlichen moralischen Werten einnehmen. In derartigen Verhältnissen wird eine Übereinstimmung darüber, was als tugendhaftes Verhalten gilt, immer mehr als Luxus betrachtet werden, auf den man verzichten muß. Als entscheidend wird sich das Vertrauen herausstellen, mit dem jeder der Beteiligten in diesem Verhältnis zwischen Laien und den im Beruf Stehenden, die einander fremd sind, mit einem kalkulierbaren Verhalten rechnen kann. Man wird zu einer übergreifenden Einigung hinsichtlich der Verhaltensnormen gelangen müssen. Der Klient muß wissen, wieweit er sich auf die Verschwiegenheit des Anwalts verlassen kann. Der Buchhalter muß sich darauf verlassen können, daß die Buchführung des Kunden korrekt ist. Ob der Anwalt oder der Geschäftspartner eine Reihe von bestimmten Tugenden besitzt, wird weniger relevant sein – es sei denn, bestimmte Tugenden werden als Voraussetzung für ein kalkulierbares Verhalten betrachtet.

Demzufolge setzt die angewandte Ethik der Gegenwart ihren Schwerpunkt mehr und mehr auf die Aktionstheorie und, in gewissem Maße, auf die Axiologie. Die Tugendtheorie verliert an Bedeutung. Die einzige Ausnahme besteht dann, wenn diejenigen einen Beruf Ausübenden und Laien, zwischen denen ein Austausch stattfindet, mit einer gemeinsamen religiösen oder philosophischen Tradition verhaftet sind; in diesem Fall kann der Charakter der Handelnden erneut von Belang sein. Befindet man sich innerhalb einer von gemeinsamen moralischen Werten bestimmten Gemeinschaft, erhöht sich die Wahrscheinlichkeit, daß über die für bestimmte Funktionen erforderlichen Tugenden Übereinstimmung herrscht, ebenso wie sich das Gefühl verstärkt, daß es wichtig ist, sowohl guten Charakter zu zeigen als auch sich richtig zu verhalten.

Die Konzeptualisierung des Expertenwissens in der Gegenwart

In der angewandten Ethik der Gegenwart besteht letztendlich eine grundlegend andere Auffassung darüber, wie das Expertenwissen von Laien und von beruflich Tätigen aus verschiedenen Bereichen geartet ist. Nach dem traditionellen Verständnis wurden diejenigen, die auf einem praktischen Gebiet über Expertenwissen verfügten oder die man zumindest als auf diesem Gebiet beruflich ausgebildet betrachtete, für fähig gehalten, mit einer ganzen Menge technischen Wissens umzugehen, daraus die innerhalb der praktischen Ausübung ihres Berufes geltenden Tugenden und Werte abzuleiten sowie eine ausreichende Kenntnis der außerhalb ihres Berufs stehenden Werte zu besitzen – welche die endgültigen Entscheidungen über das korrekte Verhalten innerhalb ihres Bereichs ermöglicht. Man hielt Ärzte für in der Lage, eigenmächtig Medikamente zu verschreiben, – Anwälte, die jeweils angebrachten Rechtsstrategien zu wählen, – Architekten, Entscheidungen über Struktur und Design zu treffen.

Die angewandte Ethik der Gegenwart stellt all diese grundsätzlichen Annahmen in Frage. Am deutlichsten ist dies daran zu zeigen, daß die Ansicht, der Experte eines bestimmten Fachgebietes werde auch über eine ausreichende Kenntnis der außerhalb seines Fachbereichs stehenden Werte verfügen können, sich immer weniger als akzeptabel erweist. Die einfachsten Beispiele veranschaulichen dies am besten. Selbst wenn der Arzt dem Patienten die Erhaltung des Lebens und die Heilung von Krankheiten als innerhalb der praktizierten Medizin gegebene Werte nahebringen und ihm mitteilen kann, daß seine Lungenentzündung mit Penizillin zu heilen ist, besteht kein Grund, warum er auch darüber bestimmen können sollte, ob man aufgrund von außerhalb der Medizin geltenden Werten zu dem Schluß kommt, daß die Lungenentzündung geheilt werden sollte. Der einfachste Fall ist der der *Christian Scientists*, nach deren Wertvorstellungen Penizillin als richtige Heilungsmethode angezweifelt wird. Ein allgemeines Beispiel ist das des älteren Patienten mit Krebsmetastasen – für ihn ist keineswegs selbstverständlich, daß es vernünftig ist, die in der Medizin gegebenen Ziele der Erhaltung des Lebens oder der Heilung von Lungenentzündungen anzustreben. Noch differenzierter betrachtet ist es auch nicht selbstverständlich, daß ein junger und ansonsten gesunder, an Lungenentzündung erkrankter Patient Penizillin einnehmen sollte, wann immer es ihm verschrieben wird. Wenn wirtschaftliche oder andere Überlegungen in die Entscheidung einbezogen werden, kann man nicht unbedingt davon ausgehen, daß es immer richtig ist, genau das einzunehmen, was verschrieben wird. Erkennt man, daß eine Lungenentzündung auch mit anderen Mitteln und in anderen Dosierungen behandelt werden kann, scheint die richtige Entscheidung zwangsläufig von den nicht medizinspezifischen Wertvorstellungen des Patienten abzuhängen. Kein vernünftig denkender Patient oder Klient will sein Wohlbefinden stets nur in einem ganz bestimmten Bereich wie dem der Medizin, des Rechts oder der Erziehung maximieren. Das richtige Maß, in dem er sich einem dieser Bereiche widmet, wird sich in aller Regel sicherlich etwas unterhalb des für den optimalen Nutzen Notwendigen bewegen. Dies bedeutet, daß – selbst wenn der seinen Beruf Ausübende uns sagen kann, was zur Erreichung des optimalen Nutzens erforderlich ist – es in der Regel falsch wäre, seinem Rat zu folgen. Hängt das Konzept selbst dessen, was als optimaler Nutzen zu sehen ist, von der Weltanschauung oder vom jeweiligen Glaubens- oder Wertesystem des Klienten bzw. Konsumenten ab, wäre es für gewöhnlich falsch, sich wortwörtlich an den Rat des den Beruf Ausübenden zu halten – es sei denn, dieser geht zufälligerweise auf genau denselben Kompromiß ein. Jedoch dürfte es für den im Beruf Stehenden untypisch sein, sich auf derartige Kompromisse einzulassen. Die einen Beruf Ausübenden sind insofern unvergleichbar, als sie ihrem Fachgebiet einen so unvergleichlichen Wert beimessen, daß sie entschlossen sind, diesem ihr Leben zu opfern. Ein Arzt dürfte wohl medizinisches Wohlbefinden auf Kosten anderer Formen des Wohlbefindens überbewerten. Ein Anwalt dürfte das Wohlbefinden im juristischen Bereich, ein Priester geistiges Wohlbefinden überbewerten. Nur unter ganz besonderen Umständen wäre es vernünftig, dem Rat eines im Beruf Stehenden exakt zu folgen.

Das Problem wird zusätzlich durch die Erkenntnis erschwert, daß selbst der innerhalb der praktischen Ausübung eines Berufs bestehende Tugend- und Wertebegriff Schwierigkeiten bereitet. Die Medizin z. B. weist in der Regel eine bestimmte Konstellation von Werten auf: die Erhaltung des Lebens, die Heilung von Krankheiten, die Verminderung des Leidens und die Förderung des allgemeinen Wohlbefindens. Selbst wenn man annimmt, daß jemand so unvernünftig wäre, alle diese Werte auf Kosten anderer, nicht medizinspezifischer, Werte maximieren zu wollen, ist noch immer nicht garantiert, daß ein endgültig richtiges, angemessenes Verhältnis dieser medizinspezifischen Werte zueinander existiert. In der medizinischen Ethik der orthodoxen Juden hat die Erhaltung des Lebens Priorität, in anderen Systemen sind andere Güter vorrangig. Die Behauptung, es gebe ein endgültig festgelegtes, vom jeweiligen philosophischen oder religiösen Hintergrund unabhängiges Verhältnis dieser medizinischen Güter zueinander, scheint nicht haltbar zu sein. Und es wäre besonders verwunderlich, wenn der Laie ausgerechnet jenes Verhältnis akzeptieren würde, welches aufgrund der Weltanschauung der im Beruf Stehenden zustande gekommen ist.

Wenn auf moralischen Grundsätzen basierende und sonstige Werteinschätzungen zwangsläufig auf die Abwägung von innerhalb und außerhalb eines bestimmten Bereichs stehenden Werten und sogar in der Bestimmung der innerhalb dieses Bereichs bestehenden Werte einwirken, sind einige grundlegende Veränderungen erforderlich. Genau an diesem Punkt wird häufig die sog. „liberale Lösung" vorgeschlagen. Da die im Beruf Stehenden und andere Experten nicht in der Lage sind, den richtigen Weg zu finden, sollten sie ganz einfach dem Laien die notwendigen Fakten zukommen lassen, so daß dieser unter den möglichen Handlungsweisen die richtige wählen kann.

Diese Lösung könnte gut funktionieren, jedoch bringt sie zwei größere Probleme mit sich. Zunächst wird in der angewandten Ethik der Gegenwart immer deutlicher, daß diese wertbegründeten Entscheidungen überall existieren. Nicht nur dann und wann steht jemand vor der Entscheidung, ob er einen Rechtsbruch begehen oder Euthanasie betreiben möchte. Für jeden der Bereiche, in denen ein Beruf ausgeübt wird, gilt, daß buchstäblich so gut wie jede Entscheidung eine in irgendeiner Form bewertende Auswahl voraussetzt: jede Entscheidung über ein einzunehmendes Medikament, über die richtige Abrechnung, über ein zu entwerfendes Gebäude – worüber auch immer. Es wäre für jeden im Beruf Stehenden unmöglich, seine Arbeit zu unterbrechen und jede in Frage kommende Lösung mit allen Vorteilen und Risiken zu erklären. Wertvorstellungen fließen überall mit ein. Die Kommunikation würde damit stillgelegt. Die allermindeste Voraussetzung wäre, daß sich die zur Auswahl gestellten Lösungen auf die plausibelsten beschränkten, wobei deren Bestimmung wiederum von den so problematischen Werteinschätzungen abhängig wäre. Der Arzt sollte die Vor- und Nachteile des Selbstmordes nicht bei jedem Besuch eines Patienten vorbringen, wenn auch innerhalb bestimmter Wertekonstellationen Selbstmord im Bereich des Möglichen liegen mag.

Die liberale Lösung wirft ein weiteres Problem auf. Selbst wenn der einen Beruf Ausübende imstande wäre, das Problem der überall mit einfließenden Wertvorstellungen zu lösen und darüber zu bestimmen, welche Lösungsmöglichkeiten es wert sind, zur Auswahl gestellt zu werden, so bleibt noch immer die in der liberalen Lösung vorausgesetzte Annahme, daß es möglich ist, „die nackten Tatsachen" zu präsentieren. Tatsächlich jedoch lehrt uns die jüngere Philosophie der Wissenschaft, daß dies nicht möglich ist. Sicher haben die mit ihrem Beruf wirklich Verhafteten, die sich nach dem traditionellen Modell richteten, schon immer eingeräumt, daß Mißverständnisse in der Kommunikation möglich sind, und daß Fakten gelegentlich leicht verfälscht weitergegeben werden. Neu ist jedoch, daß dieses Problem in zunehmendem Maße als generell existentes Problem erkannt wird. Es ist logisch ausgeschlossen, alle Tatsachen vollkommen objektiv darzulegen, so sehr sich der Betreffende auch darum bemüht.

Um zu diesem Ergebnis zu kommen, muß man nicht unbedingt zu den Grundsatzfragen der Metaphysik Position beziehen. Im Grunde genommen kann durchaus eine von seiner eigenen entfernte Wirklichkeit existieren, die der seinen Beruf Ausübende zu beschreiben versucht. Das Problem besteht vielmehr in der Frage, wie er eine unvoreingenommene Beurteilung abgeben kann. Es gibt unendlich viele Aspekte, die er zur Beschreibung heranziehen kann. Er muß unter diesen die wichtigsten auswählen, und diese Auswahl muß durch ein Gefüge von Wertvorstellungen bestimmt sein. Es gibt eine große Zahl rivalisierender Begriffsschemata, die zur Strukturierung der gegebenen Information verwendet werden können, viele Ursachentheorien, viele Einsichten darüber, Informationen welcher Art für den Konsumenten von Interesse sein könnten. Tatsachen werden, so wie sie präsentiert werden, zwangsläufig durch eine ganze Reihe von konzeptuellen und bewertenden Filtern betrachtet. Selbst wenn der im Beruf Stehende und der Klient oder Kunde genügend Zeit hatten, jede zu treffende Entscheidung gründlich zu überprüfen, sind Tatsachen, so wie sie sich darstellen, zwangsläufig eine selektive Abbildung der realen Welt, deren Existenz vorausgesetzt wird. Ebenso wie es logisch unmöglich ist, das Problem der überall eingreifenden Wertvorstellungen zu lösen, ist auch die Lösung des Problems einer objektiven Darstellung aller Tatsachen ausgeschlossen.

Konsequenzen für den Unterricht in angewandter Ethik

Das Resultat ist, daß das gegenwärtige Verständnis der angewandten Ethik sich vom traditionellen auf grundlegende und bedeutende Weise unterscheidet. Es bestehen Unterschiede in der Moralepistemologie − in der Frage, wie man Moralnormen kennen kann, Unterschiede in der normativen Theorie −, in der Frage, ob die Tugend- oder die Aktionstheorie in der Entscheidung angewandt werden soll; sowie Unterschiede in der Theorie über das Expertenwissen. Diesen liegt ein jeweils unterschiedliches soziologisches Verständnis der angewandten Ethik zugrunde. In den Ursprüngen der angewandten Ethik griffen Gilden, Kults oder andere Subkulturen auf bestimmte Gefüge von Glaubens- und Wertvorstellungen zurück, um die für die praktische Ausübung ihres Berufs geltenden Normen zu formulieren. Mit einer differenzierten Entwicklung der Berufsgruppen verloren diese ihr ursprüngliches, durch die Kultur gegebenes Fundament; entwickelten jedoch letztendlich ihre Funktion als unabhängige, eigenständige Systeme mit eigenen Glaubens- und Wertvorstellungen, welche die Formulierung der für die ihnen eigenen Funktionen geltenden Normen für sich beanspruchten. In Zeiten, als die Kultur noch weitgehend homogen war, ergaben sich hieraus keinerlei unüberwindbare Schwierigkeiten, da der Laie seinen Platz in einer Kultur hatte, die derjenigen der im Beruf Stehenden so nahe stand, daß Unterschiede kaum zu spüren waren. In der pluralistischen Kultur der Gegenwart jedoch werden Berufsgruppen immer mehr als mit anderen religiösen und philosophischen Systemen rivalisierende Gemeinschaften betrachtet, von denen jede über eine Grundlage verfügt, auf der eine Reihe von für die praktische Ausübung verschiedener Berufe geltenden Normen erstellt werden können. Diese gesamte Entwicklung hat wichtige Konsequenzen für die Art und Weise, in der wir uns zukünftig mit der angewandten Ethik werden befassen können.

1. Die angewandte Ethik als Zweig der Ethik in Religion und Philosophie. Die angewandte Ethik wird zukünftig als Zweig der Ethik in Religion und Philosophie zu betrachten sein. Nur wenn implizit oder explizit ein philosophisches oder religiöses Gefüge von Wertvorstellungen formuliert wird, kann überhaupt irgendeine Basis vorhanden sein, aufgrund welcher das richtige Verständnis der Funktion eines Arztes, eines Anwalts, eines Lehrers, eines Architekten oder eines Priesters bestimmt werden kann. Berufsgruppen stellen sich, sofern sie über ein ethisches System verfügen, als zumindest teilweise Manifestation eines religiösen oder philosophischen Systems dar.

2. Unmöglichkeit der vom religiösen/philosophischen Hintergrund unabhängigen Entscheidung über das richtige Verhalten im Beruf. Es wird dem einzelnen einem Beruf oder einer sonstigen Tätigkeit Nachgehenden unmöglich sein, das ethisch definitiv richtige Verhalten zu kennen, ohne sich selbst dabei in einen bestimmten philosophischen oder religiösen Rahmen zu setzen. Zudem könnte er zwar seine eigene, durch seinen Beruf gegebene Weltanschauung zu diesem Rahmen machen; entsprechend dem Ausmaß, in dem er dies tun würde, erschiene es jedoch dem Laien, der die Sichtweise des im Beruf Stehenden nicht teilt, immer weniger sinnvoll, dessen Beurteilung zu akzeptieren.

Die einzige vernünftige Alternative für die einem Beruf oder einer sonstigen Beschäftigung nachgehenden Gemeinschaften besteht darin, daß sie nicht länger vorgeben, eigenständige Denkkategorien zu bilden und damit zur Erzeugung neuer, innerhalb der praktischen Ausübung ihres Berufs oder ihrer Tätigkeit geltender ethischer Systeme mit Tugenden, Wertvorstellungen und Normen imstande zu sein. Diese Alternative bedeutet grundlegende Veränderung, ist jedoch notwendig. Anstatt in der Medizin, Architektur oder Buchhaltung Tätige als autonome Berufsgruppen zu betrachten, müssen wir beginnen, verschiedene Formen der Berufsausübung in ihnen zu sehen. Jedes religiöse oder philosophische Regelsystem dürfte ergiebig genug sein, für jede der vielen beruflichen und sonstigen Funktionen eine Reihe von Tugenden, Werten und Normen herzugeben. Erst wenn eine bestimmte Weltanschauung zu erkennen ist, aus der sich das jeweilige Rollenkonzept ableitet, sind Feststellungen über die Normen möglich, welche für die entsprechende Funktion gelten. Das für den Arztberuf bestimmende Rollenkonzept ist demnach komplex und hypothetisch. Die jüdische Tradition vermittelt eine bestimmte Auffassung in bezug auf die gemäß der Lehre des Talmud praktizierte Medizin; die feministische Tradition vertritt eine andere Auffassung, die sich wiederum von der eines Marxisten, eines Buddhisten oder eines afrikanischen Animisten unterscheidet. Die Frage, welche Funktion der Arzt zu erfüllen hat, reduziert sich so zu der schwierigen, vermutlich nicht zu beantwortenden Frage, welche religiöse oder philosophische Weltanschauung die richtige ist.

3. Überall einfließende Wertvorstellungen in der Beziehung zwischen Laien und im Beruf Stehenden. Nach der gegenwärtig vertretenen Auffassung fließen

Wertvorstellungen in alle Entscheidungen jeglicher Handlungsbereiche mit ein. Demnach ist die liberale Lösung, nach welcher der im Beruf Stehende lediglich Fakten zur Verfügung stellt, ausgeschlossen. Dies trifft erstens deshalb zu, weil selbst zur Lösung der einfachsten Probleme unendlich viele Entscheidungen zu treffen sind, zweitens weil selbst die reine Übermittlung von Tatsachen zwangsläufig eine komplexe bewertende und konzeptuelle Selektion erfordert.

4. Die notwendige Verbindung zwischen berufsbezogenen und anderen Wertesystemen. Sind die bisherigen Ausführungen über den Begriff der angewandten Ethik der Gegenwart im Vergleich mit dem traditionellen Konzept zutreffend, so ist eine Veränderung im Verhältnis zwischen der ethischen Lehre (zumindest ihrer Anwendung) und den auf Berufe und sonstige Tätigkeiten vorbereitenden Disziplinen notwendig. Insbesondere müssen diejenigen, die sich mit der angewandten Ethik auseinandersetzen, sich selbst in die einzigartige Position bringen, aus der heraus sie zwischen dem Anwendungsgebiet, mit dem sie sich beschäftigen wollen, und den übergeordneten Disziplinen, die sich mit den verschiedenen Ausdrucksformen der Ethik befassen, eine Verbindung herstellen können. Es ist nicht mehr möglich, ein einem bestimmten Beruf oder einer bestimmten Tätigkeit eigenes, gruppenspezifisches Expertenwissen vorauszusetzen. Die medizinische Ausbildung macht den Betreffenden nicht mehr zum Experten der medizinischen Ethik. Eine gruppenspezifische Ethik der Medizin existiert mit Sicherheit nicht mehr. Vielmehr gibt es viele Formen der medizinischen Ethik – ebenso wie es viele Ethiksysteme gibt, aus denen sich bestimmte Formen der Ethik in der Medizin ableiten können. Zwar ist es möglich, daß die für eine bestimmte Berufsgruppe richtungweisenden Denkkategorien einer religiösen oder philosophischen Weltanschauung entsprechen, aus der sich wiederum eine bestimmte Form der Ethik ableitet – so wie damals die hippokratische Ethik aus dem System der Pythagoreer hervorging; sofern jedoch der einen Beruf Ausübende mit einem Kunden oder Klienten zu tun hat, der seine beruflich begründete Weltanschauung nicht teilt, wird dieser kaum wünschen, daß ethisch begründete Entscheidungen aufgrund dieser Weltanschauung getroffen werden. Viele von denjenigen, die einen Beruf ausüben und dabei aufgeschlossen sind, werden die verschiedenen Regelsysteme, die als Grundlage für die in ihrem Bereich zu treffenden Entscheidungen in Frage kommen, verstehen wollen. Diejenigen, die angewandte Ethik lehren, müssen zumindest innerhalb einer repräsentativen Auswahl dieser Systeme auf dem laufenden bleiben. Andere mögen sich in vernünftiger Weise einer bestimmten Weltanschauung verpflichten, um ihren Beruf als gute Katholiken, Feministinnen oder Marxisten zu praktizieren. In der Medizin beispielsweise werden sie sich mit der medizinischen Ethik der jeweiligen von ihnen selbst gewählten Tradition vertraut machen müssen. Sie werden keine Bedenken bei der Behandlung der Laien haben, die sich derselben Tradition verpflichtet haben wie sie selbst; bezüglich der Behandlung von denen, die dieser nicht folgen, werden sie jedoch äußerst skeptisch sein. Die Außenseiter unter den Laien sollten nicht mehr erwarten als ein kalkulierbares Verhalten, das in einer Reihe von dieser Tradition entstammenden Normen oder in einigen noch zu bestimmenden gemeinsamen

Kernnormen begründet ist, wobei man von letzteren sagen kann, daß sie aus einer gemeinsamen „bürgerlichen Religion" hervorgehen und von dieser bestimmt werden. Auseinandersetzung mit der angewandten Ethik bedeutet Auseinandersetzung mit den Interaktionen zwischen all diesen rivalisierenden und in Konflikt stehenden philosophischen und religiösen Sichtweisen, wobei das religionsähnliche System Beruf eine von ihnen sein kann.

Literatur

Barber B (1963) Some problems in the soziology of the professions. Daedalus 92:669–688

Carpenter WS (1958) Foundations of modern jurisprudence. Appleton-Century-Crofts, New York, pp 106–107

Durkheim E (1983) Professional ethics and civic morals. Greenwood, Westport/CT (Übers. C. Brookfield)

Edelstein L (1967) The Hippocratic oath: text, translation and interpretation. In: Temkin O, Temkin CL (eds) Ancient medicine: Selected papers of Ludwig Edelstein. Johns Hopkins, Baltimore/MD, p 17

Freidson E (1970) The profession of medicine: a study on the sociology of applied knowledge. Dodd Mead, New York, p 19

Larson MS (1977) The rise of professionalism: a sociological analysis. Univ California Press, Berkeley, pp 2–3

Plunknett TFT (1983) Studies in English legal history. Hambledon, London, pp 331–333

Sigerist HE (1960) Henry E Sigerist of the history of medicine. MD Publications, New York (ed. F. Marti. Ibanez)

Veatch RM (ed) (1989) The seventeen rules of Enjuin. In: Cross cultural perspectives in medical ethics: readings. Jones & Bartlett, Boston, p 141

Güterabwägung und Folgenabschätzung in der Ethik

Ludger Honnefelder

Philosophisches Seminar B, Universität Bonn, Am Hof 1, W-5300 Bonn, BRD

Soll man den steigenden Energiebedarf einer wachsenden Weltbevölkerung durch Kernenergie decken, auch wenn dies mit dem Risiko eines Unfalls mit möglicherweise irreversiblen Folgen verbunden ist, oder soll man der Nutzung fossiler Energieträger den Vorzug geben, mit der Gefahr, die begrenzten Ressourcen rasch zu verbrauchen, die Umwelt hoch zu belasten und einen wachsenden Teil der Menschheit ohne die erforderliche Lebensgrundlage zu lassen? Ist es zu rechtfertigen, die neuen Möglichkeiten der Genomanalyse, d. h. der Erkennung der menschlichen Erbanlagen, zur Untersuchung weiter Bevölkerungskreise zu nutzen, um – wie es in einem ersten Entwurf zu einem diesbezüglichen Forschungsprogramm der EG-Kommission heißt – „Personen vor Krankheiten zu schützen, für die sie von der genetischen Struktur her äußerst anfällig sind, und gegebenenfalls die Weitergabe der genetischen Disponiertheit an die folgende Generation zu verhindern"? Kann gar zur Behebung schwerer erblicher Erkrankungen ein gentechnischer Eingriff in die menschliche Keimbahn verantwortet werden, auch wenn dafür zuvor zerstörende Experimente mit menschlichen Embryonen erforderlich sind und das Risiko für die Betroffenen bislang unabsehbar ist, oder entzieht sich ein solcher Eingriff grundsätzlich jeglicher Abwägung, weil er dem Wesen der freien menschlichen Person widerspricht?

Fragen solcher und ähnlicher Art wären noch vor wenigen Jahrzehnten kaum vorstellbar gewesen. Sie sind Resultat der Ausweitung menschlicher Handlungsmöglichkeiten, die dem immensen Fortschritt der modernen Wissenschaft und Technik gefolgt sind. Wie nie zuvor steht der Mensch vor der Notwendigkeit, zwischen Handlungsalternativen zu wählen, Handlungsziele und die mit ihnen verbundenen Werte und Güter gegeneinander abzuwägen und Handlungsfolgen und Nebenfolgen auf ihre Vertretbarkeit hin abzuschätzen. Nach welchem Verfahren aber, so lautet die dadurch nahegelegte Frage, läßt sich solches Wählen und Abwägen vornehmen? An welche Kriterien hat es sich zu halten, soll es nicht nur ökonomisch, politisch und rechtlich, sondern auch moralisch zu rechtfertigen sein?

Die Zahl der Antworten, die die philosophische Ethik auf diese Frage im Verlauf ihrer Geschichte gegeben hat, dürfte so groß sein wie die der ethischen Theorien selbst. Denn keine Ethik kann dieser Frage gänzlich ausweichen, jede aber kann die Antwort nur mit Hilfe derjenigen Leitbegriffe entwickeln, denen

H.-M. Sass · H. Viefhues (Hrsg.)
Güterabwägung in der Medizin
© Springer-Verlag Berlin Heidelberg 1991

sie bereits in ihrem Ansatz folgt. Dies bedeutet keineswegs, daß jede der tradierten ethischen Theorien gleichermaßen als Anknüpfungspunkt für eine den heutigen Bedürfnissen entsprechende Antwort auf die Frage nach Verfahren und Kriterien in der Güterabwägung geeignet ist. Vor allen anderen Ansätzen scheint der des Utilitarismus sich hier anzubieten. Mit seinen unverkennbaren Vorzügen sind jedoch, wie im folgenden Abschnitt gezeigt werden soll, deutliche Grenzen verbunden. Es scheint geraten zu sein, einen zweiten Ansatz zu prüfen – nämlich den einer systematisch gewendeten aristotelischen Ethik, wie ihn Thomas von Aquin entwickelt hat. Auf seiner Grundlage in den nachfolgenden Abschnitten sollen die Gesichtspunkte gewonnen werden, die für eine heutige Theorie der Güterabwägung und Folgenabschätzung von grundsätzlicher Bedeutung sind.

Der utilitaristische Ansatz: Die Abwägung der Folgen

Was die von Bentham und Mill entwickelte utilitaristische Ethik und ihre Nachfolgerin, die sog. oder konsequentialistische Ethik, zur Lösung der eingangs genannten Fragen auf den ersten Blick so geeignet erscheinen läßt, ist die Tatsache, daß sie die sittliche Beurteilung einer Handlung ausschließlich von dem Faktor der Folgen bzw. Wirkungen dieser Handlung bestimmt sein lassen, durch die, zumindest in bestimmten der aufgezählten Fälle, die moralischen Probleme erst entstehen. Die sittliche Qualität einer Handlung, so lautet die These, bemißt sich ausschließlich nach ihren guten oder schlechten Folgen, oder anders ausgedrückt, sie bemißt sich nach ihrem größeren oder geringeren Nutzen. Sittlich verbindlich ist daher eine Handlung, „wenn sie mehr ‚Gutes‘ bewirkt oder wahrscheinlich bewirkt, als jede andere Handlung, die dem Handelnden auch möglich wäre",[1] die – um es mit der an Bentham angelehnten klassisch gewordenen Formulierung zu sagen – „das größtmögliche Glück der größten Zahl"[2] zur Folge hat, oder die bei unterschiedlichen Chancen den am wenigsten begünstigten gesellschaftlichen Gruppen den größten Vorteil verschafft, wie es Rawls fordert.[3]

Behebt man die Schwierigkeiten, die sich aus der Betrachtung der Folgen der *einzelnen* Handlung ergeben, dadurch, daß man wie im Regelutilitarismus nur die Folgen der jeweiligen *Klasse* von Handlungen ins Kalkül zieht, dann scheint sich ein Ansatz von bemerkenswerter Eindeutigkeit und Stringenz darzubieten: Was als sittlich gut gilt, wird mit Hilfe der Abschätzung der Folgen

---

[1] Singer MG (1975) Verallgemeinerung in der Ethik. Zur Logik moralischen Argumentierens. Suhrkamp, Frankfurt am Main, S. 231.

[2] Vgl. Bentham J (1975) Eine Einführung in die Prinzipien der Moral und der Gesetzgebung. I. Über das Prinzip der Nützlichkeit. 1. Anm. 1. In: Höffe O (Hrsg.) Einführung in die utilitaristische Ethik. Klassische und zeitgenössische Texte. Beck, München, S. 52 f.

[3] Vgl. Rawls J (1972) A theory of justice. Oxford Univ Press, Oxford, S. 150–161, besonders S. 151.

ermittelt, welche Folge als gut oder schlecht zu betrachten ist, mit Hilfe außermoralischer Werturteile – nämlich durch Abwägung präsittlicher Güter. Dies ist etwa der Fall, wenn einer gewissen Lebensverlängerung bei jedoch rein vegetativem Status des Patienten eine frühere, aber natürlich eintretende Beendigung des Lebens gegenübergestellt wird. Die Ethik erscheint als die Verbindung einer Theorie von Verpflichtungsurteilen mit einer Theorie der Werturteile, als Zusammenspiel von Folgenabschätzung und Güterabwägung.

Bei näherem Zusehen zeigt sich freilich, daß der Gewinn an Eindeutigkeit und Stringenz mit einem Verlust an Wirklichkeitsnähe erkauft wird. Ohne Zweifel sind die Folgen einer Handlung ein wichtiges Kriterium für die Beurteilung ihrer sittlichen Qualität – aber sind sie das *einzige* Kriterium? Und ohne Zweifel kommt dem Kern des Regelutilitarismus, nämlich den Prinzipien der Gleichheit und der Verallgemeinerbarkeit, erhebliche Dignität für das Feld des Sittlichen zu. Aber reichen sie zur Begründung aus? Prüft man die Theorie an der sittlichen Erfahrung, wie sie jedermann kennt, dann zeigt sich, daß für die moralische Qualität einer Handlung nicht nur die Folgen eine Rolle spielen, sondern auch die vom Handelnden intendierten Ziele, ferner die zu deren Erreichung gewählten Mittel und nicht zuletzt die den Handelnden leitenden Absichten. Sittlich schlechte Mittel sind nicht durch gute Zwecke zu rechtfertigen. Umstände können den Charakter der Handlung verändern; die Absicht des Handelnden kann eine andere sein als das seiner Handlung immanente Ziel. An die Stelle der Totalität der Handlung tritt bei der Beurteilung des sittlich Guten im Regelutilitarismus die Totalität der Handlungs*folgen*. Für den Handelnden werden die Probleme dadurch aber eher größer; denn die Verantwortung für die Totalität der Handlung, die ich als die meine übersehen kann, ist eher wahrnehmbar und zumutbar als die Verantwortung für die Totalität der Folgen, die potentiell ins Unübersehbare wachsen.

Schwierigkeiten ergeben sich aber nicht nur bei der Abgrenzung des Gegenstands des sittlichen Urteils, sondern auch bei seiner Begründung, insbesondere beim Übergang von den außermoralischen Wert- zu den moralischen Verpflichtungsurteilen: Stiftet die Güterabwägung erst das sittlich Gute oder setzt sie dieses Gute nicht eher voraus? Darüber hinaus steht der Regelutilitarismus als Theorie der Abschätzung der Folgen einer *Klasse* von Handlungen vor den gleichen Problemen, denen sich jede an einem isolierten Verallgemeinerungsprinzip orientierte Ethik gegenübersieht. Er vermag nämlich weder die Individualität der Handlung und des Handelnden angemessen einzubeziehen noch kann er die *anderen* Handelnden anders als in ihrer konstruierten Idealität, also gerade nicht in ihrer konkreten Faktizität, in Rechnung stellen und schließlich vermag er auch nicht der Verankerung der moralischen Regeln in einem individuellen und kollektiven Gesamtmuster des sittlichen Lebens einen rechten Ort anzuweisen. Will man die damit angedeuteten Grenzen des utilitaristischen Modells vermeiden, erscheint es sinnvoller, sich an eine ethische Theorie zu halten, die die Abschätzung der Folgen und die Abwägung der Güter einbezieht, sie aber in eine Deutung einordnet, die auf die komplexe Totalität der Handlungen abhebt. Gemeint ist der Ansatz des Aristoteles und seine Systematisierung durch Thomas von Aquin.

Der aristotelische Ansatz:
Die Beurteilung der Handlung durch die praktische Vernunft

Auch die aristotelische Ethik sieht im Glück, verstanden als das geglückte Leben, den entscheidenden Maßstab des sittlich Guten. Doch betrachtet sie das gelingende Leben nicht als *Folge* des Handelns, sondern als etwas, das mit der einzelnen Handlung als der Praxis, in der es dem Mensch gelingt oder mißlingt, *identisch* ist. Für die moralische Beurteilung kommt es deshalb auf die *Totalität* der Handlung, zumindest in ihren wichtigsten Aspekten, an, nicht nur auf die Folgen. Folgenabschätzung und Güterabwägung erscheinen als Teil einer praktischen Überlegung, in der die Handlung nach ihrem spezifischen Gegenstand, nämlich ihrem Ziel, nach den die jeweilige Situation bestimmenden Umständen und nach der leitenden Absicht des Handelnden beurteilt wird.[4] Die Güterabwägung ist *Teil* dieser Überlegung, sie ist nicht der Maßstab des sittlich Guten, sondern setzt diesen bereits voraus.

Die praktische Überlegung ist notwendig, weil der Wille nur auf das Gute im allgemeinen bezogen ist. Er wird durch kein konkretes Gut genötigt, sondern ist darauf angewiesen, daß ihm die Vernunft vorstellt, was von ihm zu erstreben ist. Anders als die Tiere, die spontan die Ziele ihres Strebens erkennen, um ihnen dann zu folgen, so arbeitet Thomas deutlicher als Aristoteles heraus, weiß der Mensch um das Ziel als Ziel und handelt, indem er zu ihm Stellung nimmt. In Form des *Willens* verfügt er über das Vermögen, vorerkannte Ziele als solche zu begreifen und sich in der *intentio* auf sie zu richten.[5] In Form der *Vernunft* besitzt er die Fähigkeit, Ziele zu erkennen, sie dem Willen vorzustellen und ihnen nach getroffener Intention angemessene Mittel zuzuordnen.[6] Der Mensch hat nicht nur die Freiheit zu wollen oder nicht zu wollen, sondern auch die Freiheit, dieses oder jenes zu wollen − je nachdem, welches Ziel ihm die Vernunft vorstellt.[7] Mit der Freiheit, der Vernunft zu folgen oder nicht, tritt der Wille unter die Differenz von „gut" und „böse"; als Vermögen eines strebenden und wollenden Wesens wird die Vernunft „praktisch". Die einzelne Handlung erscheint als Resultat einer komplexen Folge von Schritten, deren Kern die praktische Überlegung, die „Phronesis", ist. Sie ist der Akt der Vernunft, der das konkrete Handeln leitet und deshalb die sittliche Qualität der Handlung bestimmt. Sie hat die allgemeinen und notwendigen Prinzipien mit den besonderen und kontingenten Bedingungen zu vermitteln; und das bedeutet, die partikulären, kontingenten Mittel auf das gegebene Ziel zu bezie-

---

[4] Vgl. dazu das Schema von Vorzugsregeln im Anhang.
[5] Vgl. STh I−II 12, 1−5; De ver. 22, 13. Vgl. dazu Kenny A (1975) Thomas von Aquin über den Willen. In: Kluxen W (Hrsg.) Thomas von Aquin im philosophischen Gespräch. Alber, Freiburg München, S. 101−131; Kluxen W (1980) Thomas von Aquin: Zum Gutsein des Handelns. Philosoph Jahrb 87:327−339.
[6] Vgl. STh I−II 8−17.
[7] Vgl. De malo 6. Vgl. dazu Riesenhuber K (1971) Die Transzendenz der Freiheit zum Guten. Der Wille in der Anthropologie und Metaphysik des Thomas von Aquin. Berchmanskolleg, München.

hen. Sie hat die einzelnen Schritte des Handlungsablaufs zu entwerfen und zu bewerten, um schließlich die im Resultat sich ergebende Handlung als gut, und das bedeutet, als zu tun, vorzuschreiben.[8]

Wenn aber der Mensch das Wesen ist, das um das Ziel als Ziel weiß und handelt, indem es zu dem Ziel Stellung nimmt, und das in bezug auf ein gegebenes Streben Gutes als gut erkennt und anerkennt und das dem Guten Entgegengesetzte als zu lassen verwirft, dann lautet die oberste Regel, die die Form jeder konkreten Regel angibt und die in jeder handlungsleitenden Aussage mitgesetzt ist, daß das Gute zu tun und das Böse zu lassen ist[9]. Neben der Unterscheidung zwischen Strebensziel und Willensintention wird damit eine *zweite* für das Handeln des Menschen charakteristische Differenz sichtbar, die bei Aristoteles angelegt, aber erst von Thomas herausgearbeitet wird. Was sich von ihrer Anwendung abgehoben als oberste Handlungsregel zeigt, klingt trivial, ist aber grundlegend, denn diese Regel gibt die Grundstruktur aller praktischen Regeln an und stellt daher das Prinzip vernünftigen Handelns überhaupt dar: Als das dem Satz vom ausgeschlossenen Widerspruch im theoretischen Bereich entsprechende Prinzip praktischer *Nichtkontrarietät* sichert sie die Möglichkeit des Handelns überhaupt; denn eine Handlung zugleich vorzuschreiben und zu verbieten hieße, gar nicht zum Handeln anzuleiten. Als ein erstes, oberstes *Prinzip* bestimmt sie nicht nur die einzelne Regel, sondern auch den Zusammenhang aller Regeln und damit die Einheit des Handelns insgesamt. Als *Imperativ* verleiht sie jeder als gut erkannten Handlung und Handlungsregel ihre sittliche Verbindlichkeit; denn sie bringt das Grundstreben der Vernunft zum Guten zum Ausdruck, die Grundanerkenntnis, die aller Anerkenntnis konkreter Imperative zugrunde liegt.

Erst wenn man wie Thomas von einer Mehrstufigkeit der sittlichen Urteilsbildung ausgeht, tritt die Art und Weise hervor, in der die praktische Vernunft ihre Doppelaufgabe wahrnimmt – nämlich die Planung des zukünftigen Handelns im konkreten praktischen Urteil und die Kritik des vergangenen Handelns im Gewissensurteil. Handlungsleitung durch die praktische Überlegung, so wird deutlich, ist nicht einfache Applikation der Strebensziele einer essentialistisch interpretierten Natur, sondern „Ordnung, die die Vernunft durch Erkenntnis in den Handlungen des Willens herstellt", Erkenntnis des Guten „durch Vergleich mit der Vernunft" (*per comparationem ad rationem*).[10] Sind aber Vernunft und Wille das, was den Menschen als Menschen kennzeichnet,

---

[8] Vgl. zusätzlich STh II–II 47, 1–6. Vgl. dazu Hedwig K (1984) Circa particularia. Kontingenz, Klugheit und Notwendigkeit im Aufbau des ethischen Aktes bei Thomas von Aquin. In: Elders LJ, Hedwig K (Hrsg.) The ethics of St. Thomas Aquinas. Libr. Editrice Vaticana, Rom, S. 161–187.

[9] Vgl. v. a. STh I–II 94, 2. vgl. dazu ausführlicher Honnefelder L (1982) Praktische Vernunft und Gewissen. In: Hertz A, Korff W, Ringeling H, Rendtorff T (Hrsg.) Handbuch der christlichen Ethik, Bd 3. Patmos, Freiburg Basel Wien, S. 19–43, 22 ff.; ders. (1987) Wahrheit und Sittlichkeit. Zur Bedeutung der Wahrheit in der Ethik. In: Coreth E (Hrsg.) Wahrheit in Einheit und Vielheit. Herder, Düsseldorf, S. 147–169, 154 ff.

[10] In Eth. I 1 n. 1; vgl. auch STh I 79, 11, STh I–II 18, 5.

dann bedeutet gegen das Gebot zu verstoßen nicht nur sittlich schlecht zu handeln, sondern sich zu sich selbst als sittlichem Subjekt in Widerspruch zu setzen; denn „was immer gegen die Vernunft ist, ist gegen die Natur des Menschen".[11] Konsequenterweise ist deshalb für Thomas das handlungsleitende Urteil (*prudentia*) vom Gewissensurteil (*conscientia*) begleitet, durch das die praktische Vernunft die sittliche Identität des Handelnden wahrt, indem sie ihren eigenen Vollzug an dessen Prinzip, nämlich dem im sog. Urgewissen (*synderesis*) habituell festgehaltenen obersten praktischen Prinzip und den daraus unmittelbar folgenden Regeln prüft.[12]

Für die Frage der Güterabwägung hat der skizzierte Ansatz gewichtige Konsequenzen: Abwägung des zu tuenden Guten, so wird deutlich, ist notwendig, weil das jeweils sittlich gebotene Gute nicht auf der Hand liegt, sondern in einer praktischen Überlegung bestimmt werden muß. Diese Bestimmung konstituiert nicht erst das sittlich Gute, sondern wählt unter den sich zeigenden Gütern, nämlich den Handlungen, die zu tuenden aus. Güterabwägung ist Ordnen in Form einer praktischen Überlegung, die die Vorzugswahl bestimmt. Sie ist nur möglich aufgrund der Prinzipien, über die die Vernunft vorweg zu jeder Wahl verfügt, zuvorderst des ersten allgemeinen Prinzips der praktischen Vernunft, nach der Vernunft zu handeln. Daraus ergibt sich als erste Vorzugsregel, daß diejenigen Handlungen und Regeln den unbedingten Vorzug haben müssen, die unmittelbar das sittliche Subjektsein selbst, nämlich die Fähigkeit zur Selbstbestimmung des Handelns durch Vernunft, sichern.[13] Wie die Lehre von der sittlichen Verbindlichkeit auch des irrigen Gewissensurteils zeigt,[14] kann die neuzeitlich moderne Sicherung der Unverletzlichkeit der Gewissens- und Glaubensfreiheit in Form von Grund- oder Menschenrechten als Konsequenz dieses Ansatzes gelesen werden.[15] Fundament jeglicher Güterabwägung, so läßt sich als erstes Resultat festhalten, ist das sittliche Subjektsein selbst, Grundkriterium ist die für ihn unbedingt geltende Regel, das zu tun, was die praktische Vernunft als zu tun erkennt und anerkennt; als erste Vorzugsregel hat zu gelten, diejenigen Regeln allen anderen vorzuziehen, die die Möglichkeit sichern, den als verpflichtend erkannten Regeln folgen zu können.

---

[11] De Mato 14, 2, 8.

[12] Vgl. STh I 79, 12–13; I–II 94, 2; De ver. 16–17; vgl. dazu ausführlicher Honnefelder L (1982) Praktische Vernunft und Gewissen. (Anm. 9).

[13] Schüller spricht hier zu Recht von „reflexiven", weil auf das sittliche Urteilen selbst bezogenen normativen Sätzen, Korff von einer „personalen", weil auf die Sicherung der menschlichen Freiheit und Würde gerichteten Vorzugsregel. Vgl. Schüller B (1980) Die Begründung sittlicher Urteile. Typen ethischer Argumentation. Patmos, Düsseldorf S. 76; Korff W (1979) Kernenergie und Moraltheologie. Der Beitrag der theologischen Ethik zur Frage allgemeiner Kriterien ethischer Entscheidungsprozesse. Suhrkamp, Frankfurt am Main, S. 89.

[14] Vgl. STh I–II 19, 5–6; De ver. 17, 3–4; In Sent. II 39, 3, 1; Quodl. III 12, 2.

[15] Vgl. Honnefelder L (1987) Menschenwürde und Menschenrechte. Christlicher Glaube und die sittliche Substanz des Staates. In: Hempfer KW, Schwan A (Hrsg.) Grundlagen der politischen Kultur des Westens. de Gruyter, Berlin New York, S. 239–264.

Praktische Vernunft und menschliche Natur

Der Komplexität, mit der das sittliche Handeln verläuft, entspricht die Komplexität der Kriterien, nach denen sich seine sittliche Qualität bemißt. Diese Kriterien ergeben sich formal betrachtet aus den „Umständen" einer Handlung. Denn erst, wenn ich weiß, wer handelt, was er an welchem Ort und mit welchen Mitteln und mit welchen Folgen tut und warum er so handelt, wie er es zu einem bestimmten Zeitpunkt tut, kann ich den sittlichen Charakter seiner Tat beurteilen. [16] Unter den „Umständen", wie sie Thomas, Aristoteles und der Stoa folgend, aufzählt, sind ohne Zweifel das „Warum", nämlich die Absicht des Handelnden (*finis operantis*) und ihr Zusammenhang mit dem „Was", nämlich dem Ziel der Handlung (*finis operis*), die entscheidenden Momente, [17] doch können auch die Umstände je nach Lage der Dinge so bestimmend sein, daß sie gleichsam zu Momenten des Gegenstandes selbst werden und die sittliche Qualität der Handlung auch in ihrem Wesen verändern. [18] Wie die Handlungsanalyse zeigt, ist eine Handlung nur dann sittlich gut, wenn nicht nur die Absicht des Handelnden gut ist, sondern darüber hinaus auch Gegenstand und Umstände angemessen – also sittlich richtig sind. Welche Handlung unter welchen Umständen zu wählen ist, hängt von der in ihrer formalen Struktur skizzierten praktischen Überlegung ab. Für die *inhaltliche* Bestimmung des zu wählenden Gutes spielen drei Gesichtspunkte eine Hauptrolle: 1. der Bezug des jeweiligen Handlungsziels auf die Grundantriebe, in denen sich das dem Menschen eigene Streben nach dem geglückten Leben seiner *Natur* nach entfaltet; 2. die Bedeutung, die das Handlungsziel innerhalb des mir vorgegebenen *Ethos* als der kollektiv bestimmenden Gestalt des geglückten Lebens besitzt; und 3. der Stellenwert, der ihm innerhalb des von mir verfolgten *individuellen Lebensplans*, also im Blick auf das von mir implizit oder explizit erstrebte Endziel zukommt. Nur in Integration dieser drei Gesichtspunkte kann die praktische Überlegung die sittlich richtige und deshalb gebotene partikuläre Handlung treffen.

Die Wichtigkeit des ersten Gesichtspunktes (Bezug auf die naturalen Grundantriebe des Menschen) ergibt sich aus der einfachen Tatsache, daß sich das eine menschliche Streben nach dem Guten, auf dessen tätige Verwirklichung die Vernunft bezogen ist, der Natur des Menschen entsprechend nur in einer Vielheit und Verschiedenheit von Strebungen verfolgen läßt. Wenn dies so ist, kann die Vernunft nur im Blick auf die Grundweisen dieses Strebens und deren Gefüge das jeweils Erstrebenswerte treffen. Der Trias von *esse – vivere – intelligere*, von anorganischem, organischem und personalem System, folgend, nennt Thomas als Beispiele solcher „natürlicher Strebungen" das Streben des Menschen nach Selbst- und Arterhaltung sowie seine Neigung zur Kommunikation mit anderen, zur Erkenntnis der Wahrheit und zur Selbsttranszendenz auf ein Absolutes hin. [19]

---

[16] Vgl. STh I–II 7.
[17] STh I–II 7, 4.
[18] Vgl. STh I–II 18, 5, 4; 18, 10; De malo 2, 6, 1–2; 2, 7.
[19] Vgl. STh I–II 94, 2.

Die in Freiheit durch Vernunft sich bestimmende menschliche Person, so wird aus der in den Beispielen sich äußernden Anthropologie deutlich, gründet in einer biophysischen, animalisch und sensitiv sich vollziehenden Natur, ja sie *ist* Person nur, insofern sie in dieser Natur gründet. Der Anspruch auf Anerkennung als sittliches Subjekt kommt dem Menschen zu, weil er Person ist. Da Natur und Person eine so ursprüngliche Einheit bilden, ist dieser Anspruch bereits durch die Zugehörigkeit zur biologischen Spezies indiziert. Deshalb sind auch die Ansprüche, die der Person aus ihrer biophysischen Natur erwachsen, solche der Person. Zu ihm gehören nicht nur der Anspruch auf die individuelle Daseinserhaltung, sondern auch der auf das soziale Miteinander. Schon von seiner naturalen Basis her ist deshalb der Anspruch auf Anerkennung der eigenen Bedürfnisse durch die anderen mit der Anerkennung der Ansprüche der anderen durch mich verbunden; jeder hat den gleichen Anspruch auf Leben.

Da es sich bei den „natürlichen Strebungen" um *Grund*antriebe handelt, die zudem in Konflikt miteinander treten können, sind ihnen – ebensowenig wie dem obersten Prinzip der Vernunft – unmittelbar handlungsleitende Normen zu entnehmen. Modern gesprochen haben sie metanormativen Charakter: Sie geben nicht konkrete Normen vor, sondern erheben Ansprüche an das Handeln, die erst in Aufnahme und Ausgestaltung durch die ordnende Vernunft zu Normen werden. Natur ist für das menschliche Handeln „Anspruch" und „Grenze", nicht positive, konkrete Determination. [20]

Für die zum konkreten Handeln führende praktische Überlegung und die darin enthaltene Güterabwägung lassen sich dem ersten Gesichtspunkt v. a. zwei Vorzugsregeln entnehmen: Wenn die Natur des Menschen leibseelischen Charakter hat, so lautet der Ausgangspunkt der ersten, und das „Handeln durch Vernunft" in bestimmten leiblichen Vollzügen als seinen Bedingungen der Möglichkeit gründet, muß zwar den geistigen Vollzügen der höhere Rang zugeordnet werden, doch muß im gegebenen Fall und in der Regel die dringlichere Handlung der ranghöheren, die Sicherung des Lebens der Mehrung der Chancen geglückten Lebens vorgezogen werden. [21] Zu Recht sind daher zu den die Würde des Menschen sichernden Grund- bzw. Menschenrechten nicht nur diejenigen Rechte zu zählen, die die freie Eigenverantwortlichkeit, die Gewissens- und Glaubensfreiheit schützen, sondern auch diejenigen, die deren unverzichtbare Bedingungen wie Leben, Gesundheit, Eigentum, Arbeit u. a. wahren. Wenn die menschliche Person unlöslich mit ihrer leiblichen Natur verbunden ist und „die Menschlichkeit des Menschen im Kern auf natürlichem Werden beruht", muß eine Manipulation dieses natürlichen Werdens, wie sie bei einem gentechnischen Eingriff in die menschliche Keimbahn vorliegt, als Verstoß gegen die Selbstbestimmung des Menschen und damit als Verletzung

---

[20] Zur Rolle der Natur als „Anspruch" und „Grenze" vgl. Kluxen W (1974) Ethik des Ethos. Alber, Freiburg München, S. 27–49.
[21] Vgl. Schüller B (1980) Begründung (Anm. 13), S. 124–132; Korff W (1979) Kernenergie und Moraltheologie (Anm. 13), S. 68–71.

seiner Personwürde betrachtet werden. Sie ist nicht nur aus „pragmatischen", sondern – wie ein Teil der Mitglieder der Enquête-Kommission des Bundestages zur Gentechnologie betont – aus „kategorischen Gründen" abzulehnen. [22] Wenn die Natur unverzichtbarer Teil der Person ist, muß ferner der Schutz der Person auch für den genetischen Code der individuellen Natur gelten. Die aus der Genomanalyse resultierenden Möglichkeiten prädiktiver Medizin müssen hinter diesem Schutz zurückstehen.

Da zu den naturalen Bedingungen des Menschen die Angewiesenheit auf das soziale Miteinander gehört, gilt als zweite aus dem naturalen Bedingungsgefüge des menschlichen Handelns folgende Vorzugsregel, daß unter gleichen Bedingungen den Ansprüchen der vielen oder gar aller der Vorzug zu geben ist vor den Ansprüchen des einzelnen oder weniger. [23] Nach dem oben Gesagten versteht es sich dabei von selbst, daß der Vorzug des allgemeinen Wohls wie der des Dringlicheren nur unter Voraussetzung der Wahrung der Personwürde gilt und damit der Vorzugsregel nachgeordnet ist, die das sittliche Subjektsein selbst sichert.

Ohne Zweifel bezieht sich die metanormative Rolle der Natur, wie sie Thomas im Anschluß an Aristoteles beschreibt, nicht nur auf die einzelnen Grundantriebe, sondern auch auf deren Gefüge und ihre Einbettung in die den Menschen tragende und ihn umgebende Natur. Sie bezieht sich, modern gesprochen, sowohl auf das organische wie auf das ökologische System. Was Aristoteles und Thomas als „natürliche Strebungen" bezeichnen, muß in der Perspektive der modernen Humanwissenschaften als ein unbeliebiges, aber entwurfsoffenes Regelsystem verstanden werden. Für das soziale Handeln zeigt es sich nach Korff in jenem Bedingungsgefüge der stammesgeschichtlich ältesten Antriebe der intraspezifischen Aggression, der Brutpflege und der gemeinsamen Flucht, die den Menschen Aggressor, Fürsorger und Bedürfniswesen zugleich sein läßt. Bedingen sich aber alle drei Komponenten schon im organischen System wechselseitig, so folgt daraus die Metaregel, daß keine Regel zu sittlich gutem Handeln führt, die diesem Gefüge nicht Rechnung trägt und die einer Komponente isoliert von den beiden anderen den Vorzug gibt. [24] Eine ähnliche Metaregel läßt sich in bezug auf das organische Gesamtsystem sowie auf das umgebende Ökosystem und deren funktionale Erfordernisse formulieren. Auf die Frage von Energiegewinnung und -verbrauch bezogen kann die Vorzugsregel des Dringlicheren dazu führen, daß den Ansprüchen, die sich aus dem Ökosystem Mensch – Erde ergeben, der Vorrang zu geben ist vor den Ansprüchen, die aus den menschlichen Soziosystemen stammen. Der autofreie Sonntag muß im Belastungsfall der Pflege mitmenschlicher Beziehungen vorgehen. Für das Soziosystem selbst läßt sich eine Vorzugsordnung formulieren, die der Ordnung der gesellschaftlichen Institutionen und den mit ihnen ver-

---

[22] Vgl. Deutscher Bundestag (Hrsg.) (1987) Chancen und Risiken der Gentechnologie. Bonn, S. 187.

[23] Vgl. Schüller B (1980) Begründung (Anm. 13), S. 116–123; Korff W (1979) Kernenergie und Moraltheologie (Anm. 13), S. 71–77.

[24] Vgl. Korff W (1985) Norm und Sittlichkeit. Alber, Freiburg München, S. 76–101.

bundenen Rechtsgebilden folgt, wie sie Aristoteles in Form der Institutionen von Familie und Staat bereits kennt. Für den Mikrobereich bedeutet dies, daß Abwägungen der durch diese Institutionen angegebenen Rangordnung: Ehepartner, Kinder, Eltern, Geschwister, Verwandte und Freunde zu folgen hat, daß Rechtspflichten vor freiwilligen Pflichten gehen usw.

Praktische Vernunft und gesellschaftlich vermitteltes Ethos

Die zweite Rahmengröße, auf die sich die praktische Vernunft bei der Abwägung des sittlich Guten neben der der Natur verwiesen sieht, ist das konkrete Gesamtmuster, in dem das menschliche Seinkönnen in Form eines Kanons fester Dispositionen, sprich Tugenden, seine jeweilige Gestalt des gelingenden Lebens gefunden hat – kurz das *Ethos*. Wie die Verankerung des Ethos in der Polis bei Aristoteles zeigt, ist es zwar dem einzelnen vorgegeben, *als solches* aber eine soziokulturell gewordene und bewahrte Größe. Dies ist auch nicht anders zu erwarten. Denn der Rekurs der praktischen Vernunft auf die allgemeinen Prinzipien, wie sie sich aus der obersten Handlungsregel und den Grundantrieben der psychophysischen Natur des Menschen ergeben, reicht nicht aus, wie Thomas vermerkt, um *circa particularia*, nämlich in bezug auf die konkrete Handlung das richtige Urteil zu treffen.[25] Die konkret handlungsleitenden Regeln, wie sie das Ethos zusammenfaßt, sind nicht „durch Ableitung", sondern nur in der Weise näherer Bestimmung zu gewinnen,[26] und diese Bestimmung ist nicht ohne „Entwurf" möglich[27]. Hat aber einmal die nähere Bestimmung zu konkreten handlungsleitenden Regeln oder, in der Sprache der Tugendlehre gesprochen: hat das einzelne sittliche Handeln zu sittlichen Tugenden geführt, dann gibt es ein sittliches Urteilen und Handeln, das unmittelbar aus diesem Kontext der Tugenden und ihrem Inbegriff – dem Ethos –, also gleichsam konnatural „aus dem (entsprechend dispositional verfaßten) Streben" heraus[28] erfolgt.

Aus dem Gesagten leuchtet ein: Nicht jedwede zur festen Disposition gewordene Gesamtgestalt menschlichen Seinkönnens kann den Anspruch eines Ethos erheben, aber auch nicht nur eine einzige solche Gestalt vermag ihn ein für allemal einzulösen. Maßgeblich sind die drei genannten Kriterien: Aus seinem Ursprung in der ordnenden praktischen Vernunft und dem sie bestimmenden Prinzip gewinnt ein Ethos seine innere Einheit und Konsistenz und damit seine gleichsam formale Verbindlichkeit. Aus seinem Ursprung in den Grundstrebungen des Menschen gewinnt es seinen Anspruch, konkrete Gestalt des Endziels, des geglückten Lebens, zu sein und damit seine gleichsam materiale Verbindlichkeit. Auf dem Hintergrund dieser beiden metanormativen Rahmen-

---

[25] STh I–II 58, 5.

[26] STh I–II 95, 2.

[27] Vgl. STh I–II 95, 2; I–II 91, 3; I–II 94, 5.

[28] Vgl. STh II–II 45, 2; I 1, 6, 3. Vgl. dazu Hedwig K (1984) Circa particularia (Anm. 8), S. 175 f.

bedingungen ist es dann die innere Überzeugungskraft – nämlich die Plausibilität und Sinnhaftigkeit – die dem konkreten Ethos seine sittliche Verbindlichkeit verschafft. Daraus folgt notwendig, daß jedes Ethos in dem Maß praktische Verbindlichkeit beanspruchen kann, in dem ihm dieser Ausweis gelingt.

Zieht man daher neben der praktischen Vernunft und den naturalen Bedingungen des Menschen als weitere Größe das Ethos mit in Betracht – wie dies Aristoteles und Thomas tun –, ergibt sich neben den Vorzugsregeln, die das sittliche Subjektsein, nämlich die praktische Vernünftigkeit, und die die naturalen Rahmenbedingungen in der Form unabdingbaren Grundantriebe, sichern, eine dritte Gruppe von Vorzugsregeln, die dem jeweiligen Ethos Geltung verschaffen: Im Vergleich der Ethosformen verdient diejenige den Vorzug, die innerhalb der genannten Rahmenbedingungen die größere Überzeugungskraft besitzt. Folgt man der Tendenz der von Aristoteles selbst bereits zugrundegelegten Kriterien, dann besitzt ein Ethos um so mehr Überzeugungskraft, je mehr es nicht nur der personalen Würde und dem sittlichen Subjektsein des einzelnen Rechnung trägt, sondern die aus der personalen Würde folgende freie Eigenverantwortlichkeit in Form der Selbstbestimmung durch Vernunft zum Bestandteil des Ethos selbst macht.[29]

Praktische Vernunft und individueller Lebensentwurf

Damit rückt die dritte Rahmengröße in den Blick, die neben den naturalen Rahmenbedingungen und dem Ethos für das konkrete sittliche Urteil von Bedeutung ist – nämlich der vom einzelnen in seinem Handeln zu verfolgende *Lebensentwurf*. Geht man wie Aristoteles davon aus, daß das geglückte Leben als Endziel des menschlichen Handelns nur erreicht werden kann, indem ich angemessene Teilziele in Form von Handlungen wähle, dann ergibt sich für den Handelnden eine intentionale Struktur von normativer Verbindlichkeit. Sie wird von Thomas schärfer herausgearbeitet als von Aristoteles.[30] Indem ich die Handlung A vollziehe, um das Teilziel B zu wollen – B aber will, weil ich implizit oder explizit C als Endziel intendiere –, so lautet die Überlegung, intendiere ich zugleich, aber auch je für sich B und C.[31] Da aber die Wahl von B von der obersten Vernunftregel wie von den unbeliebig-entwurfsoffenen Grundantrieben her nicht zwingend sein muß, ergibt sich die sittliche Qualität der kontingenten Wahl von A *und* B nur von dem durch das Endziel bestimmten Gesamtzusammenhang – also von der Stellung von A in meinem Lebensentwurf her. Hierbei ist es von nachgeordneter Bedeutung, ob ich diesen Le-

---

[29] Vgl. dazu Kluxen W (1974) Ethik des Ethos (Anm. 20), S. 51–72.
[30] Vgl. STh I–II 12, 1–5; De ver. 22, 13. Vgl. dazu Kenny A (1975) Thomas von Aquin über den Willen (Anm. 5), S. 101–131; Kluxen W (1980) Thomas von Aquin: Zum Gutsein des Handelns (Anm. 5).
[31] Vgl. STh I–II 12, 2. Vgl. dazu Honnefelder L Wahrheit und Sittlichkeit (Anm. 9), 157, 161 ff, 168 f.

bensentwurf explizit getroffen und thematisch erfaßt habe oder nur implizit verfolge.

Offensichtlich kann die Frage, wer ich sein will, nicht anders gestellt werden denn als Frage nach dem, was das Beste für mich ist. Kann man aber die Frage nach dem Guten nicht trennen von der Frage nach dem insgesamt Guten und diese Frage nur beantworten als Frage nach dem für mich persönlich Besten, dann liegt der Zusammenhang zwischen dem allgemeinen sittlichen Anspruch, dem partikulären Ethos und dem individuellen Lebensentwurf auf der Hand. Ethos und Lebensform gewinnen vom allgemeinen Anspruch her ihre abgestufte Verbindlichkeit und Wahrheit; der allgemeine Anspruch erfährt durch die erfahrene Sinnhaftigkeit von Ethos und Lebensentwurf seine konkrete Bewahrheitung.

Das aber bedeutet, daß sich sowohl vom vorgegebenen Ethos als auch vom individuellen Lebensentwurf her eine normative Forderung nach Konsistenz und Kontinuität ergibt. [32] Für das Ethos liegt dies aus zwei Gründen auf der Hand: es gibt dem einzelnen die Gestalt des gelingenden Lebens vor, innerhalb derer er zu allererst den Stand seines Menschseins gewinnt, und es sichert zugleich den Bestand der betreffenden Gesellschaftsordnung und mit ihm die soziale Bedingung der Möglichkeit von Handeln überhaupt. Notwendig muß es daher den Anspruch erheben, daß seine Geltung akzeptiert und bewahrt wird und daß der einzelne in seinem Handeln den in ihm formulierten Regeln folgt. Auch die aus dem individuellen *Lebensentwurf* folgende Forderung leuchtet ein: Gewinnt nämlich der einzelne seine personale sittliche Identität nur im Gesamtzusammenhang seines individuellen Lebens, dann muß daraus für jede einzelne Handlung ein Anspruch auf Sicherung der persönlichen biographischen Konsistenz und Kontinuität folgen.

Die Vorzugsregel der Eingliederbarkeit in ein akzeptiertes Ethos und die Vorzugsregel der Eingliederbarkeit in einen individuellen Lebensentwurf können zusammenfallen, aber auch in Spannung zueinander geraten. Tritt die Forderung nach Konformität mit dem Gesamtethos in Konflikt mit den aus der individuellen Biographie resultierenden Konsistenzforderungen, müssen jene Vorzugsregeln herangezogen werden, die oben bereits für das Verhältnis des einzelnen sittlichen Subjekts zum Gemeinwohl bzw. zu den sozialen Institutionen genannt wurden. Für den „Gewissensfall", nämlich den Fall einer drohenden Aufhebung der individuellen sittlichen Identität, muß dabei wiederum die personale Vorzugsregel gelten. Die Absolutsetzung einer bestimmten Lebensform muß als unzulässige Totalisierung einer partikulär oder individuell sinnvollen Totalität betrachtet werden. [33] Pluralität erscheint als die Bedingung der Möglichkeit der Individualität der Person. Zu Recht betrachtet daher die biomedizinische Ethik in den USA im Fall der Unfähigkeit des Patienten zu eigener Entscheidung das individuelle biographische Wertprofil, die „value history", des einzelnen Patienten als Rahmengröße, die normativ in die Abwägung

---

[32] Vgl. dazu Kluxen W (1974) Ethik des Ethos (Anm. 20), S. 51–61.
[33] Vgl. Honnefelder L (1975) Zur Philosophie der Schuld. Theol Quartalschr 155:31–48, 43f., 46ff.

des Arztes eingeht, wenn er z. B. zwischen lebensverlängernden Maßnahmen, die nur zu problematischer Lebensqualität, nicht aber zur Heilung führen, und dem Eintretenlassen des natürlichen Todes zu entscheiden hat.

Die Nebenfolgen der Handlung

Wie einleitend bereits gesagt, kommt dem Begriff der „Folgen" in einer konsequent aristotelisch konzipierten Ethik nicht die Rolle des Leitbegriffs zu, die er in einer utilitaristischen Ethik besitzt. Doch bedeutet dies keineswegs, daß das, was wir unter diesem Begriff fassen, keine Berücksichtigung erfährt. Erfährt nämlich eine Handlung ihre sittliche Grundbestimmung durch ihren *Gegenstand* und ist dieser Gegenstand nichts anderes als das Ziel, das in dieser Handlung erstrebt wird,[34] dann kann der Gegenstand – allein unter dem Gesichtspunkt der Handlung – als das betrachtet werden, „worauf die Handlung natürlicherweise hinausläuft",[35] als das „natürliche Ziel" (*finis naturalis*)[36] oder die „natürliche Wirkung" (*effectus per se*)[37] der Handlung bzw. des handelnden Vermögens. Handlungen von ihrem Gegenstand, nämlich von ihrem natürlichen Handlungsziel her sittlich zu beurteilen, heißt also durchaus, sie als Folgen, nämlich als die Wirkungen zu beurteilen, die ein Handelnder mit bestimmten Handlungen natürlicherweise hervorbringt. Unter diesem Gesichtspunkt betrachtet kann „eine Handlung gut genannt werden, weil sie eine gute Wirkung herbeizuführen vermag".[38] Dabei sind alle relevanten *Umstände* einzubeziehen,[39] da sie, wie bereits erwähnt, den Gegenstand der Handlung in sittlicher Hinsicht nicht nur akzidentell, sondern ggf. auch substantiell qualifizieren. Geht die Absicht des Handelnden im Ziel der Handlung (*finis operis*) nicht auf, sondern wählt der Handelnde die betreffende Handlung als Mittel zu einem übergreifenden Ziel, dann bestimmt sich die sittliche Qualifikation von diesem übergreifenden Ziel her.[40] Da aber auch das Mittel gewollt ist,[41] kann keine Handlung sittlich gut sein, in der um eines sittlich guten Zieles willen ein sittlich schlechtes Mittel gewählt wird.[42] Was die mit einer Handlung regelmäßig oder zufällig verbundenen Nebenfolgen (*eventus*) betrifft, so ist die Absicht des Handelnden (*finis operantis*) nur dann sittlich gut, wenn nicht nur die tatsächlichen, vorhergesehenen Nebenfolgen seines Handelns gut sind, sondern auch diejenigen, die vorhersehbar sind, sofern sie als natürliche Wirkungen „in der Regel" (*ut in pluribus*) aus dem betreffenden

---

[34] Vgl. STh I–II 10, 1; I–II 19, 2, 1; I–II 1, 1 u. 3.
[35] In Sent. II 1, 2, 3.
[36] STh I–II 1, 3, 3.
[37] STh I–II 20, 5, 1; vgl. auch I–II 18, 2, 3.
[38] STh I–II 18, 2, 3.
[39] In Sent. IV 16, 3, 2.
[40] Vgl. STh I–II 1, 3, 3; I–II 12, 4; De malo 2, 4, 9; 7, 8.
[41] Vgl. STh I–II 12, 4; I–II 19, 7; I–II 18, 6.
[42] Vgl. STh I–II 79, 4, 4; I–II 88, 6, 3; II–II 64, 5, 3.

Handeln hervorgehen. Anders ist es nur bei zufälligen und deshalb nicht vorhersehbaren Nebenfolgen.[43]

Zur näheren Abschätzung von Folgen und Nebenfolgen hat die Aristoteles folgende Tradition drei Lehrstücke entwickelt, die sich auf bestimmte, für die aristotelische Ethik charakteristische Ansätze berufen können: die Lehren vom kleineren Übel, von der Handlung mit Doppelwirkung und von der Epikie. Bei Handlungen, die mit vorhersehbaren, aber nicht zu vermeidenden schädlichen Nebenfolgen verbunden sind, fordert die sogar als solche schon bei Aristoteles begegnende und später im *Decretum Gratiani* festgehaltene *Maxime vom zu wählenden kleineren Übel*: Von unvermeidbaren Übeln ist das kleinere vorzuziehen (*Minus malum de duobus eligendum est*).[44] Daraus folgt notwendig, daß eine Handlung um so gewichtigerer Gründe zu ihrer Rechtfertigung bedarf, je schädlicher ihre Folgen sind. Für das herangezogene Beispiel der Energiefrage gilt daher: Besteht nur die Wahl zwischen zwei Übeln, dann ist aus der Maxime, daß unter sonst gleichen Umständen das geringere dem größeren Übel vorzuziehen sei, zu folgern, daß dem kürzere Zeit dauernden vor dem längerfristigen, dem nur wahrscheinlich eintretenden dem sicher eintretenden, dem reversiblen vor dem irreversiblen und dem wenige betreffenden vor dem alle betreffenden Übel der Vorrang gebührt. Dies gilt *nicht* für moralisch böse Handlungen, die niemals als solche intendiert werden dürfen. Allenfalls kann ein moralisches Übel toleriert werden, wenn damit größere vermieden werden.[45] Darüber hinaus kann die Inkaufnahme dadurch gerechtfertigt sein, daß durch sie zugleich ein Gutes entsteht bzw. nur unter dieser Voraussetzung gewahrt bleiben kann,[46] so daß aus dem *Minus malum* gleichsam ein *Minus bonum* wird.[47]

Bei der *Lehre von der Handlung mit Doppelwirkung* geht es um Handlungen, die gleich-unmittelbar eine gute und eine schlechte Folge verursachen, wobei der Eintritt der schlechten Folge vorauszusehen ist. Nach den der aristotelischen Tradition folgenden Handbüchern gilt hier die Regel, daß die voraussehbare schlechte Folge nur in Kauf genommen werden kann, wenn 1) die Handlung selbst sittlich gut oder zumindest indifferent ist; 2) der Handelnde nur die gute Folge intendiert, die schlechte dagegen vorhersieht, aber nicht intendiert, also nur zuläßt; 3) die böse Folge gleich-unmittelbar der Handlung entspringt, also nicht als Mittel zur Erreichung der guten Folge dient; und 4) mit der guten bzw. indifferenten Handlung ein wichtiges Gut intendiert wird, das nicht ohne

---

[43] STh I–II 20, 5.

[44] Vgl. Aristoteles, Eth. Nic. II 9, 1109 a 35; Decretum Gratiani 13. Zur neueren Interpretation der Maxime vgl. Schüller B (1980) Begründung (Anm. 13), S. 121 f.; Korff W (1979) Kernenergie und Moraltheologie (Anm. 13), S. 78–90.

[45] Quaest. disp. de correctione fraterna q. un. 1, 5; vgl. auch STh I–II 101, 3, 2.

[46] Vgl. STh II–II 10, 11.

[47] Vgl. Sanchez T (1706) De sancto matrimonii sacramento VII 11 nn. 14–28. Nürnberg, II 39–42.

gleichzeitige Zulassung der schlechten Folge erreicht werden kann und das in einem vertretbaren Verhältnis zu der schlechten Folge steht.[48]

Unter *Epikie* versteht Aristoteles und die ihm folgende Tradition die Tugend des rechten Umgangs mit der Legalgerechtigkeit. Da die Handlungen, für die die Gesetze erlassen sind, wie Thomas vermerkt, „in einzelnen kontingenten Taten bestehen, die sich auf unendlich viele Weisen unterscheiden können", kann ein Gesetz nur „in der Regel" (*ut in pluribus*) gerecht sein. Zuweilen ist seine Befolgung schädlich und gegen die ursprüngliche gerechte Intention des Gesetzgebers. In diesen Fällen bedarf es der Einstellung der Billigkeit (*aequitas*), eben der Epikie, um zu erkennen, daß das Gute nicht darin besteht, dem Wortlaut des Gesetzes zu folgen, sondern „dem, was die Bestimmung der Gerechtigkeit und die gewöhnliche Nützlichkeit fordern".[49] Epikie ist also nicht Willkür, sondern der „subjektive Teil der Gerechtigkeit und ... die gleichsam höhere Regel der menschlichen Handlungen".[50] Sie gebietet für den Fall, in dem die Ordnungsvernunft bei der Prüfung der von einem positiven Gesetz bewirkten Folgen nach Angemessenheit und Zumutbarkeit zu einem negativen Ergebnis kommt, daß das Handeln der Forderung der Gerechtigkeit *gegen* das positive Gesetz folgt. Erst im Verlauf der späteren Entwicklung wird die Epikie zu jener kasuistischen Interpretationsregel, die nach Suárez dann von der Gesetzeserfüllung befreit, wenn 1) die Gesetzeserfüllung im konkreten Fall als sittlich böse zu beurteilen ist, 2) sie für den einzelnen mit unverhältnismäßigen Lasten, ja mit Schaden, verbunden ist und 3) dazu der Gesetzgeber nach vernünftigem Ermessen im vorliegenden Fall auch gar nicht hätte verpflichten wollen.

Resümee

Der *Ort*, an dem Güterabwägung und Folgenabschätzung in einer aristotelisch konzipierten Ethik notwendig werden – so läßt sich abschließend feststellen –, ist der Bereich „der partikulären kontingenten Handlungen des Menschen, die sich auf unendlich viele Weisen unterscheiden können"[51] und deshalb der Ordnung durch die handlungsleitende Vernunft bedürfen. „Weil die menschlichen Handlungen nach den verschiedenen Bedingungen der Personen, der Zeiten und der anderen Umstände zu differenzieren sind, gehen die Schlußfolgerungen aus den ersten Vorschriften des natürlichen Gesetzes nicht so hervor, daß sie immer Geltung besitzen, sondern so, daß ihnen dies meistenteils zukommt. ‚Solcher Art nämlich ist, wie Aristoteles feststellt, die Materie der Mo-

---

[48] Vgl. Mangan JT (1949) An historical analysis of the principle of double effect. Theol Stud 10:41 – 61.

[49] STh II – II 120, 1.

[50] STh II – II 120, 2. Vgl. dazu Korff W (1979) Kernenergie und Moraltheologie (Anm. 13), S. 29 – 38.

[51] STh II – II 120, 1.

ral"[52] Die *Kriterien* von Güterabwägung und Folgenabschätzung – so ist ferner festzustellen –, ergeben sich nach dem Grundsatz, daß die sittliche Qualität einer Handlung aus der Gesamtheit der Bestimmungsgründe (*ex integra causa*) erwächst,[53] aus den komplexen Bestimmungsgründen der Handlung (Handlungsziel, Handlungsabsicht, Handlungsumstände) und den Rahmengrößen, die deren Beurteilung bestimmen: Vernunftsprinzip, naturale Grundantriebe, Ethos und individueller Lebensplan. Das *Verfahren* schließlich, nach dem sich Güterabwägung und Folgenabschätzung vollziehen, ist das einer praktischen Überlegung, in der sich synthetische und analytische Methode, Schlußfolgerung und Determination, Ziel-Mittel-Reflexion und praktischer Syllogismus zu jener spezifischen Einheit verbinden, in der das komplexe Netz von formalen und materialen Gründen, von invarianten Prinzipien und ethosrelativen Regeln, von Unbeliebigkeit und Entwurfsoffenheit seinen für das konkrete Handeln verbindlichen Ausdruck findet.

Anhang

Die beschriebene Güterabwägung läßt sich in folgendem Schema von Verzugsregeln darstellen:

I. Ermittlung der Handlungsmomente

1. Handlungs*ziel:*
   Um welche Handlung handelt es sich ihrer teleologischen Struktur nach?
   Sind die gewählten Mittel in sachlicher Hinsicht richtig oder falsch, und sind sie dem Ziel angemessen?
2. Handlungs*absicht:*
   Welche Absicht verfolgt der Handelnde mit der Realisierung der Mittel auf ein bestimmtes Handlungsziel hin?
3. Handlungs*umstände:*
   Wer handelt, und in welcher Funktion, Rolle oder Eigenschaft handelt er?
   Auf welche andere Personen mit welchen Ansprüchen und Interessen bezieht sich sein Handeln?
   Welche Rolle spielt der Kontext (Ort, Zeit, soziales, ökonomisches und ökologisches Umfeld usw.) für das Handeln?
   Welche beabsichtigten und unbeabsichtigten Folgen sind mit den für die Handlung gewählten Mitteln verbunden?

---

[52] In Sent. IV 33, 1, 2. – Scholz F (1976) Wege, Umwege und Auswege der Moraltheologie. Ein Plädoyer für begründete Ausnahmen. Don Bosco, München, S. 128–131, spricht von einem „Strukturgesetz" von der „gradhaft abnehmenden Treffsicherheit der konkreten Anwendungsnormen".

[53] Vgl. STh I–II 18, 4, 3; I–II 19, 6, 1; I–II 19, 7, 3.

II. Prüfung anhand der Handlungsprinzipien

Zu beachten sind:

1. Das oberste Prinzip der praktischen Vernunft: Die Vernunft gebietet, gemäß der Vernunft zu handeln.
   Daraus ergibt sich:
   a) als personale Vorzugsregel
   Diejenigen Handlungen und Regeln haben den unbedingten Vorzug, die das sittliche Subjektsein selbst, d. h. die Fähigkeit zur Selbstbestimmung des Handelns durch Vernunft, sichern.

2. Die aus der Bedürfnisnatur des Menschen sich ergebende Metanorm: Die menschliche Natur gebietet, in allem Handeln der Natur des Menschen Rechnung zu tragen, Aggressor, Fürsorger und Bedürfniswesen zugleich zu sein.
   Daraus ergeben sich:
   a) als naturale Vorzugsregel
   Da das Subjekt- bzw. Personsein des Menschen in naturalen leiblichen Vollzügen gründet, ist im gegebenen Fall der dringlicheren Handlung, die die naturalen leiblichen Bedingungen der Möglichkeit des Subjekt- bzw. Personseins sichert, der Vorzug zu geben vor der ranghöheren Handlung, in der sich dieses Subjektsein in spezifischer Weise vollzieht.
   b) als soziale Vorzugsregel
   Da das Subjekt- bzw. Personsein des Menschen in sozialen Bezügen gründet, ist im gegebenen Fall unter gleichen Bedingungen den Ansprüchen der vielen oder gar aller der Vorzug zu geben vor den Ansprüchen des einzelnen oder weniger.
   c) als ökologische Vorzugsregel
   Da das Subjekt- bzw. Personsein den Menschen in der Einbettung seiner Natur in ein ökologisches Gesamtsystem gründet, ist im gegebenen Fall dem Anspruch des Gesamtsystems vor dem des Teilsystems der Vorzug zu geben.
   Alle drei Vorzugsregeln gelten nur unter der Voraussetzung der Wahrung der Personwürde, sind also der Vorzugsregel nachgeordnet, die das Subjekt- bzw. Personsein selbst sichert.

3. Die aus dem jeweiligen Ethos sich ergebende Regel: Die Regeln des Ethos sind zu beachten, in dem der einzelne sittliches Subjekt ist und dem er als sittliches Subjekt verpflichtet ist.
   Daraus ergibt sich:
   a) als ethosselektive Vorzugsregel
   Im Vergleich der Ethosformen verdienen diejenigen den Vorzug, die nicht nur der personalen Würde und dem sittlichen Subjektsein des einzelnen Rechnung tragen, sondern die die aus der personalen Würde folgende freie Eigenverantwortlichkeit in Form der Selbstbestimmung durch Vernunft zum Bestandteil des Ethos selbst machen.

b) als ethosstabilisierende Vorzugsregel
Über die unter 1 (a) und 2 (a – c) genannten Vorzugsregeln hinaus ist den Regeln *des* Ethos zu folgen, das die Bedingung der Möglichkeit des jeweiligen konkreten sittlichen Subjektseins ist.
4. Die aus dem individuellen Lebensplan sich ergebende Regel: Bei der Frage, *was* ich zu tun habe, ist der Antwort auf die Frage Rechnung zu tragen, *wer* ich sein will, d. h. welchem Lebensentwurf ich folge.
Daraus ergeben sich:
a) als individuelle Vorzugsregel
Über die personale, die naturalen und die ethosrelativen Vorzugsregeln hinaus ist den Regeln zu folgen, die mit dem gewählten individuellen Lebensentwurf konform sind.
b) als Vorzugsregel im Konflikt von Ethos und Lebensentwurf
Tritt die Forderung nach Konformität mit dem Gesamtethos in Konflikt mit den aus dem individuellen Lebensentwurf folgenden Konsistenzforderungen, müssen jene Vorzugsregeln herangezogen werden, die unter 2 (a – c) formuliert wurden, wobei für den „Gewissensfall", nämlich den der drohenden Aufhebung der individuellen sittlichen Identität, wiederum die personale Vorzugsregel gilt.

Protestantische Ethik und Güterabwägung

Christofer Frey

Fakultät für Evangelische Theologie, Ruhr-Universität Bochum,
W-4630 Bochum, BRD

Die Fragestellung

Hat die protestantische Ethik Gesichtspunkte zur Frage der *Güterabwägung*
beizutragen? Wer sich von einem ersten Eindruck leiten läßt, könnte diese Frage mit „nein" beantworten. Im Vergleich erweise sich die katholische Moraltheologie als so viel praktischer, hat bereits Bonhoeffer bei der Arbeit an seiner
„Ethik" festgestellt (Bonhoeffer 1958, S. 394; 1963, S. 170). Deshalb lohnt es
immer wieder, die klassische katholische Moraltheologie in Sachen Güterabwägung zu befragen. Die Stärke der Güterabwägung liegt in ihrer Anwendung auf
bestimmte *Fälle.* Allerdings beweisen Gespräche mit Studentinnen und Studenten der Medizin oder jüngeren Ärztinnen und Ärzten, daß sie nicht immer nur
„case studies" in Pro und Kontra diskutieren, sondern die *Grundlagen* möglicher Entscheidungen erörtern wollen. Damit möchten sie die Methodik des Ur-
teilens in Richtung auf mögliche Entscheidungsbegründungen überschreiten.
Die ältere protestantische Ethik geht in einer ähnlichen Absicht über die Pragmatik des Entscheidens hinaus. Sie rechnet die Güterabwägung oft zu den
Selbstverständlichkeiten der alltäglichen Praxis: Da bestehen juristische Normen, da gibt es Kriterien eines Common sense oder eines Standesethos, aber
die eigentlich ethische Frage spitzt sich erst mit der *Fallgerechtigkeit* zu: Können die Standards unserer Prozeduren der Güterabwägung immer zu einem
sittlich verantworteten Urteil führen?

Grenzen der Güterabwägung

Deshalb sollen die folgenden Überlegungen mehrere Bereiche bzw. Ebenen von
Entscheidungen auseinanderhalten.

Die Integration der Güter

In weiten Lebensbereichen funktioniert tatsächlich eine Art Güterabwägung
(die eher ein Terminus der Jurisprudenz ist): Sie richtet sich auf Fälle, die sich
in einem *Horizont breiter Übereinstimmung der Beteiligten* erfahren und deu-

H.-M. Sass · H. Viefhues (Hrsg.)
Güterabwägung in der Medizin
© Springer-Verlag Berlin Heidelberg 1991

ten lassen. Die hierbei angesprochenen Güter lassen sich i. allg. hierarchisieren. Aber welche Grundsätze leiteten die Hierarchisierung der Güter? Als die protestantische Ethik noch einen breiten Unterstrom aristotelischer Schulphilosophie und damit aristotelischer Ethik kannte (sie wirkte bis in das 18. Jahrhundert nach), führte die älteste deutschsprachige Ethik durch Schottelius im Jahr 1669 (Ausg. 1980) drei Arten von Gütern auf, die sich einander über- bzw. unterordnen lassen. Es sind die Güter des *honestum*, des „Ehrlichen" und „Redlichen", die mit der „Gutfindung" wahrer Vernunft übereinstimmen; ihnen folgen die nützlichen Güter, das *utile*, sie „ergötzen" unsere natürliche Begierde; an dritter Stelle sind die „lieblichen" Güter (*iucundum*) zu nennen, unter denen der Verfasser nicht nur alles, was Freude macht, sondern auch die Erhaltung unserer Natur und unseres Lebens im weiteren Sinne begreift. Deutlicher spricht eine zweite Unterscheidung, die sich 1. auf die *Güter des Gemüts* (in Gestalt von Tugenden und Wissenschaften), 2. auf *Leibesgüter* (Gesundheit, Stärke oder Schönheit) und 3. auf *Glücksgüter* (in Gestalt von Reichtum, Bargeld, Häusern, Landgütern, Ehrenstand und guten Freunden) erstreckt (Berns 1980, S. 30ff.). Der Verfasser glaubt, daß die rechte Ordnung dieser Güter das *höchste Gut* ergebe. Die Güter des Gemüts müssen vorangehen, aber die Güter des Leibes sind deren *notwendige Voraussetzung*. Nach der protestantisch-aristotelischen Schulethik des 17. Jahrhunderts wäre eine Lebensverlängerung um den Preis des Verlusts völliger Selbstkontrolle (gerade auch der moralischen) indiskutabel; Gesundheit konnte nur dann echt sein, wenn sie den Gesamtzusammenhang dieser Güter integrierte. Deshalb gehört eine *integrale Lebensführung* zu dieser ethischen Darlegung. „Natürliches" und „vernünftiges" Leben sind also nicht Addition, sondern Ordnung und gelungene Verbindung von Gütern. Dazu bedarf es eines Entwurfes von glückendem bzw. gelingendem Leben. Der christliche Glaube konnte diesen Gesichtspunkt aufnehmen und darüberhinaus fragen, wie die Integration bei Versagungen gelinge.

Unbeschadet dessen, daß diese Lehre alt geworden ist, läßt sich eine Anfrage in unsere Zeit tragen; sie betrifft die *integrierende Kraft der Vernunft*: Die französische Zeitung *Le Monde* berichtete vor einiger Zeit von einem australischen Ärzteteam, das seiner Regierung ein Pflichtscreening aller gebärfähigen Frauen vorschlug, um Zeugung und Geburt einer bestimmten Form von Schwachsinn zu verhindern und weil es große Kosten vermeiden helfen könnte. Der Berichterstatter dieser Zeitung vermerkte, daß diese Absicht der australischen Ärzte nicht mit der romanischen Auffassung von Vernunft und Wissenschaft übereinstimme. Offensichtlich meinte er, daß in der Beurteilung zwei Arten von Rationalität zusammenstießen. Die französische Menschenrechtstradition setze die Würde jedes einzelnen Lebens − wie gefährdet sie auch sei − über die Gesichtspunkte der Utilität.

Konflikte unter Gütern

Ein zweiter Bereich betrifft Fälle, bei denen das *Bild des Abwägens* (von Gütern) offensichtlich *irreführt*, weil mindestens eines der Güter gar nicht zu wägen ist: „Im Reich der Zwecke hat alles entweder einen Preis oder eine Würde.

Was einen Preis hat, an dessen Stelle kann auch etwas anderes, als Äquivalent, gesetzt werden; was dagegen über allen Preis erhaben ist, ... das hat eine Würde" (Kant 1968).

Nach Kant, der in gewisser Hinsicht als ein protestantischer Ethiker reklamiert werden kann, ist nur ein einziges wahrhaftes Gut zu finden, der reine gute Wille. Aufgrund dieses vernünftigen Willens ist der Mensch ein *Zweck an sich selbst* und besitzt eine einzigartige *Würde*. Gegen Kant wäre einzuwenden, daß diese Würde nicht von empirischen Lebensbedingungen abstrahiert werden darf. (Im Blick auf neuere Kritiker sei gesagt, daß Kant dieses in Schriften zur Pragmatik der Lebensführung berücksichtigt hat.) Deshalb gibt es Fälle, in denen die Würde in den Prozeß des Abwägens verschiedener Güter des Lebens hineingezogen wird.

Viele ethische Veröffentlichungen in den Bereichen der Reproduktionsmedizin, Embryonenforschung, Gentechnik, Euthanasie usw. kämpfen heute mit diesem Problem: Wenn auch Autoren an einem deontologischen Standpunkt festhalten, so müssen sie doch immer wieder einen Bereich des Abwägens freigeben. Eine deontologische Ethik kennt aber keine Güterabwägung, sondern allenfalls die Unterscheidung verschiedener Pflichten. Deshalb wird eine realistische Ethik mit gemischten Prinzipien arbeiten.

Viele Situationen weisen einen inneren *Konflikt* auf, der nicht einfach durch eine Subtraktion von Gütern bzw. deren Aufwiegen gelöst werden kann. Im Gange einer Güterabwägung (die nun gar nicht mehr so heißen dürfte!) sollte jeweils festgestellt werden, ob ein derartiges (gar nicht zu wägendes) „Gut" betroffen ist. Die protestantische Ethik kennt verschiedene Verfahren, dieses Problem zu bearbeiten, leider aber auch, es zu umgehen.

Ein Weg ist die Umdefinition: Wenn das Gebot, menschliches Leben zu schützen, als unbedingt angesehen wird (deontologisches Prinzip), dann kann z. B. das nicht zu schützende Leben aus dem Bereich des Menschlichen heraus definiert werden. Zwar haben die säkularen Ideologien diesen Weg am konsequentesten beschritten (etwa in der Definition von „Untermenschen"); in eher vorwissenschaftlicher und unsystematischer Form ist er gelegentlich bereits in der protestantischen Ethik gegangen worden. So hat *Luther* zum Beispiel geraten, den sog. „Wechselbalg von Dessau" zu töten; seine Auskunft ist von den Vertretern nationalsozialistischer Euthanasie als Rechtfertigung – v. a. in Prozessen der Nachkriegszeit – vorgetragen worden. Heutige kritische Leser sollten jedoch in Rechnung stellen, daß vorwissenschaftliche Anschauungen mit einem hohen Angstpotential verbunden waren: Rätselhafte Mißgeburten oder stark veränderte Formen menschlichen Daseins weckten Angst; darum behandelten manche älteren Dogmatiker das Problem von Mißgeburten unter dem Abschnitt über die bösen Engel.

Es gab jedoch einen anderen Weg, einen Konflkt, der das bloße Abwägen von Gütern überstieg, zu bewältigen. Der als unbedingt angesehene Gesichtspunkt, das nicht aufwägbare Gut, etwa das Menschenleben oder die Menschenwürde, wurde nicht aufgehoben, sondern aufgrund einer Ausnahmesituation sistiert. Lösungen dieser Art wurden zur Rechtfertigung des Kriegsdienstes gesucht, aber auch bei anderen Konflikten, in denen Leben gegen Leben steht (Gefährdung der Mutter durch die Schwangerschaft u. a.). Es wäre leichtfertig, in solchen Fällen einfach von Güterabwägung zu reden und damit den Konflikt zu verschleiern. Während die Ausnahmesituation im Blick auf medizinische Fälle oft festgehalten wurde, haben die meisten Ethiken früherer Epochen das im Falle des Krieges vergessen.

Ein dritter Weg, mit Kollisionen von Gütern bzw. Pflichten umzugehen, findet sich im Prinzip der *Epikie*, die als Einzelfallgerechtigkeit zu verstehen ist. Sie soll hier nicht nur als die Ausnahme von der Regel betrachtet, sondern auch als ein Weg, regelmäßig geübtes Verhalten zu verändern, verstanden werden; dann wird ihr Ort in der protestantischen Ethik deutlicher. In diesem Sinne soll sie weiter unten zur Sprache kommen.

Die Ordnung der Güter und die Integration des Lebens und Sterbens

Wie kam es dazu, daß die protestantische Ethik immer wieder gezwungen war, die Güterabwägung zu überschreiten? Dieses Entscheidungsverfahren geht wohl auf das bereits in der Antike behandelte Vorzugsurteil zurück: Welche Lösung, welches Verhalten, welche Tugend, welches Gut sind in einer bestimmten Situation vorzuziehen? Allerdings hat die *Reformation* die tiefe Zweideutigkeit alles Guten unter den Menschen viel deutlicher erfahren als die spätmittelalterliche kasuistische Praxis der Seelenführung und ethischer Anleitung; aber die Wiederkehr des Aristoteles in der Schulphilosophie des frühen Protestantismus erlaubte durchaus, Tugenden zu gewichten und zu hierarchisieren: Im „Vorletzten", im Bereich des von Gott geschaffenen und erhaltenen Lebens, ließen sich relative Güter erkennen und ordnen. (Wenn Kant als vom Protestantismus geprägter Philosoph die Kollision von Pflichten ausschloß, blieb er ein Einzelfall.) Für die Entwicklung protestantischer Ethik bedeutsam sind die Anregungen einer kulturoffenen, deskriptiv-präskriptiven Ethik, wie sie Schleiermacher (1884) prägte. Er bemängelte am *Pflicht*begriff (v. a. Kants), daß er den *allgemeinen* Gesichtspunkt über den *individuellen* Fall herrschen lasse. Am *Tugend*begriff setzte er aus, daß der auf die innere Einstellung des individuellen Menschen beschränkt sei. Das *Gute* hingegen (und v. a. das höchste Gut) sollte die einseitigen Gesichtspunkte integrieren. Dabei war Schleiermacher sich der philosophischen Tradition bewußt: Das Gute ist nie als ein Allgemeinbegriff verstanden worden; denn dazu umfaßt es zu viel. (Ruhm und Rührei stellt der antike Lustspieldichter Aristophanes nebeneinander!) Deshalb ist das Gute keine Wertquantität, die sich subsumieren oder hierarchisieren ließe; in der Sicht, die Schleiermacher angestoßen hat, gewinnt es eine Nähe zum qualifizierten Glück und damit zum *Gelingen des Lebens*. Mit einem gewissen Recht ließe sich hier von einer *Theorie des integralen Guten* sprechen; es liegt auf einer höheren Ebene als der Vergleich von Gütern, die man wählen oder nicht wählen kann; denn das Leben eines jeden einzelnen Menschen ist kein einfach vergleichbares Gut.

Mit dieser Theorie wird ein altes Mißtrauen im Protestantismus wach: Es könne die v. a. in der römisch-katholischen Beichtpraxis geübte Kasuistik die Subsumtion des konkreten Falles unter eine allgemeine Regel meinen. Beichtspiegel stellten einen Schrecken für evangelische Ethiker dar. In der Tat läßt die Kasuistik (die übrigens nicht auf die römisch-katholische Moraltheologie beschränkt ist, sondern in der Jurisprudenz, der Medizin und manchmal auch in der evangelischen Ethik geübt wird) ein Problem offen: Wie läßt sich der *konkrete* Fall mit der *allgemeinen* Regel verbinden? Häufig vollzieht der Urteilende subjektiv sein Urteil, ohne daß ihm Regeln der Subsumtion (des Falles unter den allgemeinen Gesichtspunkt) an die Hand gegeben wären. Die stärker auf die Situation bezogene protestantische Ethik vergaß den hohen Anspruch ihres Ansatzes, wenn sie, v. a. durch die Kasuistik abgeschreckt, die Regelhaftigkeit des Lebens verkannte, stetige Verfahren ignorierte und schließlich so auf die konkrete Situation setzte, wie es v. a. die Situationsethik des 20. Jahrhunderts tat. Diese Reaktion bahnte sich bereits früh an, etwa im Mißtrauen gegenüber der jesuitischen Moralargumentation des Probabilismus (der Wahl der durch mehr Autorität und Wahrscheinlichkeit gestützten Alternative). Darin könne Gottes Gebot relativ werden, wandte sie ein. Nicht des Menschen souveräne Entscheidung, sondern seine Endlichkeit und seine Versuchlichkeit durch das Böse begründeten, daß protestantische Ethiker des 20. Jahrhunderts das Thema des Kompromisses aufgriffen (etwa Helmut Thielicke; vgl. dazu Steubing 1955).

An den aktuellen Fragen gemessen scheint das Verfahren der Güterabwägung oft einer vormodernen Theorie zu folgen: Wenn Güter gegeneinander aufgewogen werden können, besteht bereits eine *Ordnung*. Die spezifisch protestantisch-vormoderne Form ist allerdings keine Güter-, sondern eine *Tugendethik*, wie sie bis ins 18. Jahrhundert vorherrschte. Sie verlangte von allen Berufen, so auch von dem des Arztes, daß sie von bestimmten Einstellungen begleitet seien und bestimmten Regeln folgten. Die Güter des Lebens und die Werte der Handlungen wurden also von der sittlichen Persönlichkeit integriert. Aber bereits die Reformatoren hatten beim Studium der Bibel gelernt, daß gerade die guten Projekte des Menschen die Urgestalt der *Sünde* darstellen können – den Aufruhr gegen Gott als den Geber des Lebens und die Beschädigung der lebensförderlichen Beziehungen zum Mitmenschen. Die biblische Schlange hatte, wie Genesis 3,5 ausweist, den Menschen das Gute schlechthin versprochen: Ihr werdet sein wie Gott, indem ihr Gut und Böse herrschaftlich erkennt. Die *protestantische Ethik des 20. Jahrhunderts* mußte den Abgrund menschlichen Verhaltens erst an der Krise des „guten Menschen" erfahren, nachdem der Kulturprotestantismus des 19. Jahrhunderts die Synthese von kulturellen Gütern und sittlicher Persönlichkeit herausgestellt hatte. Die von Schleiermacher anvisierte Theorie des integralen Guten mußte deshalb transformiert werden, um sich mit konfligierenden und keinesfalls gegeneinander aufzuwägenden Gütern auseinanderzusetzen. Hinzu kommt, daß die Tugendlehre bis ins 18. Jahrhundert auch der natürlichen Vernunft irgendwie einsichtige Ziele des Kosmos und des Einzellebens vorgab und sie in einer Art natürlichen Theologie fundierte. Sie verließ sich auf Ziele im Sein der Welt und im Leben der Menschen. Die Möglichkeiten des Menschen seit dem 19. und vollends im 20. Jahrhundert bewiesen aber, daß die vom Menschen gesuchten Ziele durch ungeheure *Nebenfolgen* überlagert werden können. Max Weber hat das mit seinem Postulat der Verantwortungsethik verdeutlicht: Nicht die integere Gesinnung, sondern die Folgen der Entscheidungen seien in den Vordergrund zu stellen (Weber 1958).

Heute erfordert eine Theorie des integralen Guten, die Folgen von Entscheidungen im gemeinsamen, aber konfliktreichen Lebenszusammenhang zu berücksichtigen. Neuere Ansätze zur sittlichen Urteilsfindung fragen deshalb nach den Verhaltensalternativen in *Lebenssituationen*: Die beteiligten oder betroffenen Menschen haben bereits ihre Normen, denken von daher oft an Optionen ihres Verhaltens (und sei es nur im stillen) oder antizipieren schon Lösungen, bevor sie abwägen. Geraten Normen und antizipierte Lösungen in einen Konflikt, dann werden *übergeordnete Gesichtspunkte* benötigt, die eine *Integration* − *oft im Konflikt*, nicht immer als Hierarchisierung von Gütern − anstreben. Handelt es sich bei diesen Gesichtspunkten um allgemeinere und höhere Normen? Werden die relativen Güter einem höchsten Gut untergeordnet? Oder gilt es nicht, in veränderten Situationen immer neu die Sensitivität für das so leicht zu beschädigende Leben und v. a. für die Verletzbarkeit und Bedürftigkeit des Menschen zu entwickeln? Der „Nächste" in der christlichen Ethik ist kein „Gut", das sich in einer Theorie ausdefinieren läßt.

Fallgerechtigkeit, Situation und Liebe

Solange die protestantische Ethik wie die katholische Moraltheologie aristotelische (und stoische) Auffassungen vom Menschenleben vertrat, konnte sie die Güterabwägung problemlos übernehmen. Aber die protestantische Ethik hat von Anfang an deutlicher gewußt, daß die schematische Anwendung von Regeln − zum Beispiel auch in der Güterabwägung − häufig nicht dem konkreten Fall gerecht wird. Deshalb ging sie immer wieder über die bloße Anwendung von Regeln hinaus und auf die *Epikie*, die Fallgerechtigkeit, zu.

Die seit Jahrhunderten erkannte Problematik kehrt heute wieder, wenn die Anregung eines sehr entschiedenen Theologen, Kriterien für die pränatale Beratung in einer Art Katalog zusammenzustellen, von einer an der Diskussion sehr beteiligten Ärztin zurückgewiesen wird (Eibach u. Eibach-Bialas 1987; Schroeder-Kurth 1985). Der Theologe sucht eher die Regelgerechtigkeit, die Ärztin eher die Fallgerechtigkeit. Die Epikie kann zwei Bedeutungen annehmen: Entweder besagt sie, daß die intuitive Teilnahme an der Situation manchmal angemessener sein kann als das Zergliedern in Güter; oder sie bedeutet, daß jeder Fall von so viel Gesichtspunkten durchzogen ist, daß deren Zergliederung die Integration der impliziten Güter und der Würde des Lebens aus dem Auge verlieren kann: Hat der Berater, hat der Entscheidende ein die eigene Lebensführung integrierendes Verständnis, dann gelingt es ihm, fallangemessener zu entscheiden, als wenn er sich in Analysen verliert.

Die in der protestantischen Ethik aufbewahrte Erfahrung einer Spannung zwischen schematischen Urteilen und der Fallgerechtigkeit kann zu folgendem Schluß führen: Prinzipiell ist zwar das Verfahren der Güterabwägung anzuerkennen, es funktioniert, wo es − als Instrument gehandhabt − einen *Mindestkonsens über die humane Ordnung von Gütern* voraussetzen kann. Dazu gehört eine Übereinstimmung im Entwurf des gelingenden Lebens oder zumindest in einigen seiner Aspekte. Im Falle schwerwiegender Konflikte oder mangelnden Konsenses stellt sich aber die Frage nach der Integration sog. „Güter" in ein Gesamtkonzept der Lebensführung mit neuer Kraft; sie meint sowohl Betroffene wie Entscheidende, die mit ihrem Selbsteinsatz etwas für andere tun und mit ihnen, *nicht* über sie, entscheiden wollen. Diese Fragestellung interessiert die protestantische Ethik i. allg. mehr als jene des begrenzten Falles der Güterabwägung, weil sie die *Bedingungen, das Gute zu erkennen* und mit Konfliktsituationen umzugehen, betont. Ihre Fragen reichten allerdings weiter, denn sie mußten auch den Grund der *Ermutigung,* immer wieder neu zu entscheiden, benennen. Die Erfahrung falscher Entscheidungen legte doch im Grunde einen Rückzug nahe!

Weil der Weg von der regelorientierten Entscheidung, etwa der Güterabwägung, zur Fallgerechtigkeit immer wieder gegangen werden muß, kann keine der beiden Seiten isoliert werden. Darum hat die Situationsethik in der Theorie der Ethik des Protestantismus keine so große Rolle gespielt, wie oft vermutet wird. Zwar mag der Ansatz von Fletcher (1966) eine Zeitlang spektakulär vorgetragen worden sein; auch sein Rat, man könne in gewissen Situationen neugeborene mongolide Kinder töten, wurde − allerdings eher erschrocken − vernommen. Um einer Beliebigkeit vorzubeugen, die keine Fallgerechtigkeit herausbilden kann, mußte das in der Situationsethik häufig mißbrauchte Stichwort der „Liebe" präzisiert werden; denn so mancher protestantische Ethikansatz verschlüsselt im Schlagwort der Liebe eine Vielzahl von Perspektiven für gelingendes menschliches Leben: Der von der Entscheidung Betroffene soll seine Integrität bewahren können − und das im Leben wie im Sterben; aber auch die Entscheidenden und Mitbetroffenen sollen ihre Identität nicht beschädigen und v. a. nicht gezwungen werden, gegen ihr Gewissen zu handeln. Als Beispiel der Präzisierung des mit der Liebe gemeinten sei der Ansatz des Sozialethikers Rich (1984) skizziert: Er versteht die Liebe als das Prinzip, Normen und Verfahren im gesellschaftlichen Umgang zu prüfen, ob sie menschengerecht sind. Das Menschengerechte ist dem Sachgerechten vorzuordnen; es stellt den Eigenwert des geschöpflichen Seins heraus, sucht alle Absolutsetzungen ideologischer Art zu durchbrechen, akzeptiert die Relativität der Lebenswelt, sieht im anderen Menschen das Gottesebenbild und damit einen Menschen gleich wie sich und findet schließlich alle Menschen in einer Schicksalsgemeinschaft mit der gesamten Schöpfung verbunden. Die Frage der Güterabwägung wird hier in eine geschichtlich herausgebildete Auffassung vom menschlichen Leben eingebettet, laut der es vorrangige Prinzipien gibt und nicht nur Güter, die gewissermaßen auf einer Stufe stehen.

Allerdings werden in einer *pluralistischen Gesellschaft* mehrere Auffassungen vom glückenden Leben miteinander konkurrieren. Ob sie sich soweit überschneiden, daß in vielen Fragen ein Konsens gewonnen werden kann, ist fraglich. Denn solange es sich um Konzepte integraler Lebensführung handelt, reichen utilitaristische Kalküle zur Entscheidung nicht aus.

Eine Auswertung der Kasuistik

Damit ist die Güterabwägung nicht ausgeschlossen; aber sie kennt ihre Grenzen. Erhält die oft mißtrauisch betrachtete *Kasuistik* damit wieder ein Recht? Meist wird das kasuistische Verfahren so dargestellt, als gingen die Entscheidenden von einem allgemeinen Obersatz aus, unter den sie den Kasus subsumierten. Der deduktive Anschein täuscht. Die Anliegen der Epikie und der prüfenden Liebe könnten auf das Verfahren der Kasuistik übertragen werden. Das bedeutete, in den Problemsituationen, beim Kasus selbst, anzusetzen und an ihm allgemeine Gesichtspunkte zu identifizieren, ohne seine konkreten Umstände aus dem Blick zu verlieren.

Die oft dem Naturrecht verbundene Kasuistik scheint streng logisch vorzugehen; aber ihre allgemeinsten Sätze wie „Das Gute ist zu tun, das Böse zu meiden" bedürfen geradezu der Konkretion durch die Situation. Einem bestimmten Menschen gerecht zu werden heißt, seinen Fall zu betrachten und ihn nicht einfach einer allgemeinen Regel zu unterstellen, die leicht an der Komplexität der Wirklichkeit vorbeigeht. Im Blick auf dieses Problem der Kasuistik nähern sich katholische Moraltheologen und protestantische Ethiker in jüngster Zeit in ihren Erwägungen an. Dabei wissen sie Fälle des *Unterlassens* von Fällen *aktiven Eingreifens* zu unterscheiden.

Als Beispiel sei die Urteilsbildung in Fragen der sog. *passiven Euthanasie* vorgeführt (vgl. Kaiser 1981). Sie enthält folgende Gesichtspunkte:

1) Von der Güterabwägung scheinbar unberührt ist der *deontologische Grundsatz*, jedes Töten strikt zu untersagen. Er leitet an, Leben, ohne abzuwägen, zu erhalten, und fragt deshalb nicht primär nach dem Sinn des zu erhaltenden Lebens. Damit stützt er die schwierige Annahme, daß Leben aus sich heraus schon immer sinnvoll sei, selbst wenn Menschen das nicht mehr erkennen könnten. Allerdings beweist die Geschichte, daß sich deontologische Grundsätze nie rein durchhalten ließen; deswegen waren sie immer von Ausnahmen begleitet.

2) Klassische Güterabwägung zeigt sich in der Duplex-effectus-Lehre (z. B. im Problem der Schmerzlinderung mit Lebenszeitverkürzung). Eines ihrer Kriterien muß die *Vorordnung des Ziels* vor das Mittel sein. Sie wird von katholischen Moraltheologen und protestantischen Ethikern häufig unterschiedlich bewertet. Einige protestantische Ethiker (z. B. Thielicke, vgl. Steubing 1955) würden in einer konfliktreichen Situation einen Widerschein nicht nur der Vorläufigkeit alles menschlichen Handelns, sondern auch von Sünde, Schuld und durch sie beschränktem Leben erkennen. Wer in dieser Situation handelt, sei eo ipso an Schuld beteiligt und auf Vergebung angewiesen. Weil damit ein ethischer Leichtsinn im Sinne eines mißverstandenen „Sündige tapfer!" befestigt werden könnte, bestehen einige katholische Moraltheologen auf einer strengen Analyse der Entscheidungssituation mit entsprechender Klassifikation von Gütern.

3) Die logische Unauflöslichkeit eines Konflikts führt allerdings nicht zu einer Vorzugswahl von Gütern, sondern in den Bereich der Prinzipien: Der fundamentalen Forderung, die Unverfügbarkeit menschlichen Lebens zu achten (einem deontologischen Grundsitz), steht der Gesichtspunkt der qualifizierten Lebensführung (gemäß der „Vernunft" und gemäß der „Natur" zu leben) gegenüber und schließt ein entsprechendes Sterben ein (ein besonders qualifizierter teleologischer Grundsatz). Dieses Gegenüber beweist, daß es die reinen Ethiktypen (des ontologischen und teleologischen Ansatzes) gar nicht gibt, sondern daß wir ständig mit einer Mischung von Gesichtspunkten umgehen müssen. Auflösen läßt sich das hier aufgewiesene Dilemma nicht durch eine Güterabwägung, sondern durch Interpretation des Grundsatzes der Unverfügbarkeit menschlichen Lebens. Der hängt wieder mit der Integrität des Lebens (s. oben) zusammen.

4) Während philosophische Beiträge dazu neigen, das Leben doch nur als ein Gut zu interpretieren und wie alle Güter begrenzt zu sehen (Vorrang des teleologischen oder sogar des utilitaristischen Ansatzes – vgl. Birnbacher, Sass, Singer u. a.), kann die protestantische Ethik am Unverfügbarkeitsanspruch festhalten, aber ihn in besonderer Weise gewichten: Das Leben hat, religiös betrachtet, einen *Dienstwert* und nicht einen Letztwert; dieser Dienstwert kommt im Leben als Gabe und Aufgabe Gottes zum Ausdruck und erweist sich im lebensförderlichen Zusammensein mit anderen Menschen als kräftig. Im Blick darauf können auch gemeinsam getragenes Leiden und *Sinnlosigkeit* (mitunter paradoxerweise) den *Sinn* des Lebens bekräftigen. Auf diesem Hintergrund zu entscheiden bedeutet allerdings nicht mehr, vergleichbare Güter gegeneinander aufzuwägen, sondern das Sterbenkönnen sinnvoll in das Leben zu integrieren und deshalb auch Behandlungen abbrechen zu können.

Gesichtspunkte für die Medizinethik

Die medizinethische Ausbildung sollte deshalb nicht allein Güter katalogisieren, gewichten und in ein Additions- bzw. Subtraktionsverhältnis bringen, sondern Sensibilität für die Integrität des Lebens der anvertrauten Patienten und des Garanten selbst entwickeln. Folgende Stufen einer medizinethischen Urteilsbildung könnten eine Antwort auf die Anfrage nach der Güterabwägung in der Medizin bilden:

1) In wenig konfliktträchtigen Fällen lassen sich in der Tat Güter abwägen. Aber die Güterabwägung wird schnell in eine Art *Lastenabwägung* umschlagen: Inwiefern ist z. B. im Fall embryonaler Behinderung das Leben von Eltern und Geschwistern auf der einen, der Abbruch eines Lebens und die Last eines Aborts für die Mutter auf der anderen Seite negativ zu gewichten? Dabei ist allerdings zu berücksichtigen, daß die Lasten durch einen in jeder Beratung mitschwingenden *Glücks- und Gesundheitsbegriff unserer Gesellschaft* bestimmt werden.
2) Die Versuche, Güter zu ordnen, sollten – etwa mit Hilfe dokumentierter Entscheidungsprozesse – regelmäßig zur Diskussion gestellt werden. Sie müssen in die Frage nach der *Integration von Lebensführungen* (gutem bzw. gelingendem Leben) einmünden.
3) Die dabei hervortretenden Konzepte der Lebensführung sind zu qualifizieren; einzubeziehen ist auch das Verhältnis von Leben und Sterben und die damit angesprochene *Würde* selbst. Sie liegt auch darin, daß der Mensch *Sinn sucht* und Fragen *offenhalten* kann. Deshalb gilt es, die Konfliktgeladenheit so mancher Situation zu akzeptieren. Nicht alle problembeladenen Situationen lassen sich in Gestalt einer Güterabwägung aufkonstruieren.
4) In Konfliktsituationen Alternativen in ethischer Verantwortung zu durchdenken bedeutet, auch an sich selbst zu lernen, denn der *Selbsteinsatz* gehört grundsätzlich zum ärztlichen Ethos und ist sicher ein Bestandteil des Prozesses fallgerechter Entscheidung. Zu einem guten Leben gehören nach antiker Tradition v. a. Tüchtigkeit (Tugenden). Sie sollten heute nicht in Klischees einer zu Ende gehenden bürgerlichen Epoche gesucht, sondern auf den ethischen Selbsteinsatz in den Problemen moderner Gesellschaft bezogen werden.
5) Eine *Verantwortungsethik* sieht dann nicht allein auf die Sachprobleme, sondern auf die Folgen *für die von der Entscheidung Betroffenen*. Sie sind genauso verantwortliche Wesen wie der beratende Arzt selbst. Deshalb gilt es, nicht nur Güter, sondern

die *Zuweisung von Verantwortung* und die Kapazität, Verantwortung zu tragen, zu erwägen. Im Falle der embryonalen Indikation stehen Gesetz oder Regel auf der einen und die am meisten Betroffene – die Mutter – auf der anderen Seite einander gegenüber. Wenn die Einmaligkeit eines jeden Menschen in seiner Geschichte sowie sein Gewissen als ein Gut bezeichnet werden, wäre es möglich, auch diesen Vorgang als Güterabwägung zu verstehen. Aber das in Frage stehende Gut ist die Integrität des Lebens, v. a. der Mutter, dann eines vielleicht zu gebärenden Kindes und der davon unmittelbar Betroffenen. Was können sie tragen und verantworten?

Die hier skizzierten Schritte lassen vermuten, daß die Hoffnung, nur mit einem vernünftigen Minimalbestand an Grundüberzeugungen Konflikte oder Entscheidungen in einer pluralistisch verfaßten Gesellschaft zu bewältigen, eine Selbsttäuschung darstellt. Auch in säkularisierter Zeit und in einer profanen Ethik, die universale Normen sucht, schwingen geschichtlich gewordene Lebenskonzeptionen mit; sie können nicht durch einen Formalismus der Vernunft eliminiert werden.

Zusammenfassung

1) Auf den ersten Blick stellt die protestantische Ethik nur wenige Gesichtspunkte zum Problem der Güterabwägung bereit. In Entscheidungen um allgemein anerkannte Güter folgte sie zunächst der gemeinchristlichen kasuistischen Tradition und der aristotelischen Schulphilosophie.
2) Nicht alle Fälle lassen sich im Vergleich oder durch Abwägen konsensfähiger Güter bestimmen bzw. einer sittlichen Entscheidung zuführen. Vielfach stehen Güter in einem Konflikt, der nicht durch Abwägen aufgelöst wird. Dann gilt es, die Ebene des Gütervergleichs zu verlassen und nicht nach einem Gut unter anderen, sondern nach dem Guten in der Gestalt der Integrität eines Lebens (einschließlich seines Sterbens) zu fragen.
3) Die Nichtabwägbarkeit von Gütern wurde durch den Gesichtspunkt der (gegen Kant festgehaltenen) *Pflichtenkollision* festgestellt. Sie setzt ein umfassenderes Verständnis vom *Bösen* voraus, als es die Theorie der individuellen Schuld kennt; denn sie schließt ein, daß Menschen in einem von Schuld gekennzeichneten Gesamtzusammenhang leben.
4) Mit der Feststellung von Pflichtenkollisionen wurde Kants Ansatz, der nur eine Pflicht kennen will, nicht unterboten, sondern die *Gefährdung der praktischen Vernunft* in den Lebensverhältnissen festgestellt.
5) Die neuere protestantische Ethik sollte das Problem des Abwägens und der dabei waltenden Maßstäbe oft durch den situationsethischen Ansatz umgehen. Die Situationsethiker übersehen durchweg, daß eine reale soziale Situation bereits voller Normen ist, die Typisches einregulieren, auch wenn es sich jeweils individuell in einer Biographie zusammensetzt.
6) Die ältere protestantische Ethik deutete auf einen problemangemesseneren Weg, als ihn die Situationsethik kennt: Sie wies auf die Notwendigkeit hin, den Vergleich und das Abwägen einfacher Güter zu überschreiten, um nach den Bedingungen gemeinsamen Lebenkönnens zu suchen. Die zumessende

bzw. zuteilende Gerechtigkeit wurde so zwar prinzipiell anerkannt, aber immer wieder zugunsten der *Fallgerechtigkeit* überschritten.

7) Medizinethische Ausbildung muß deshalb über Fallstudien und Güterabwägungen hinaus nach Konzeptionen der Integrität menschlichen Lebens sowohl beim Patienten als auch beim entscheidenden Arzt fragen. Durch den Schritt über die Güterabwägung hinaus weist die protestantische Ethik darauf hin, daß gerade das Gute nicht in ideologischer Weise determiniert werden kann, sondern dank der Sensibilität für die Sorge und Not des anderen Menschen zu entdecken ist. Das Gute läßt sich nicht in einem einmal festgestellten Lebenssinn begründen, weil der Sinn des Lebens (und des Sterbens) immer wieder neu erkämpft werden muß.

Literatur

Bonhoeffer D (1958) Gesammelte Schriften (Hrsg von Bethge E) Bd 2. Kaiser, München
Bonhoeffer D (1963) Ethik, 6. Aufl. Kaiser, München, S 170
Eibach U, Eibach-Bialas E (1987) Genetische Beratung, pränatale Diagnostik und Ethik. Med Welt 39:2−4
Fletcher J (1966) Situation ethics. Westminister, Philadelphia
Frey C (1989) Die Ethik des Protestantismus von der Reformation bis zur Gegenwart (unter Mitarbeit von M. Hoffmann). Mohn, Gütersloh
Kaiser H (1981) Ethische Urteilsfindung im Bereich der passiven Euthanasie. Z Evangel Ethik 25:130−145
Kant I (1968, [1]1785) Grundlegung zur Metaphysik der Sitten. De Gruyter, Berlin
Rich A (1984) Wirtschaftsethik, Bd 1. Mohn, Gütersloh
Schleiermacher F (1884) Die christliche Sitte (Hrsg von Jonas L). Reimer, Berlin
Schottelius, JG (1980, [1]1669) Ethica (Hrsg von Berns JJ). Francke, Bern
Schroeder-Kurth T (1985) Indikationen zur pränatalen Diagnostik. Z Evangel Ethik 29:30−49
Steubing H (1955) Der Kompromiß als ethisches Problem. Bertelsmann, Gütersloh
Weber M ([2]1958) Politik als Beruf. In: Gesammelte politische Schriften (Hrsg von Winckelmann J). Mohr und Siebeck, Tübingen, S 493 ff.

Juristische Methoden der Güterabwägung

Gabriele Wolfslast

Juristisches Seminar, Universität Göttingen, W-3400 Göttingen, BRD

Einleitung

Interessen- oder Güterabwägung ist ein die ganze Rechtspraxis beherrschendes Prinzip.[1] Schon jedem Gesetz liegt eine Interessenabwägung zugrunde als eine Entscheidung des Gesetzgebers, die in bestimmter Weise auf das soziale Leben einwirken soll.[2] Weiter werden mit ihrer Hilfe z. B. Risiken und Gefahren, Verursachung und Verschulden ver- bzw. zugeteilt,[3] und schließlich und vor allem ist Interessenabwägung für die Rechtsprechung die „Methode der Wahl" bei der Lösung von Kollisionen widerstreitender Interessen, von Interessenkonflikten:

- Etwa im *Strafrecht*, wenn es um die Beurteilung einer Notstandshandlung als rechtmäßig oder rechtswidrig geht, also um die Frage, ob eine Kollision zweier Rechtsgüter vorgelegen hat, von denen das eine nur unter Verletzung des anderen gerettet werden konnte[4] – Beispiel aus der damals noch übergesetzlichen „Frühzeit" der Notstandslehre: Abbruch der Schwangerschaft, um das Leben der Mutter zu retten; heute hat Abwägung als Notstandsprinzip in § 34 StGB gesetzlichen Ausdruck gefunden.
- Im *Zivil- und Verwaltungsrecht*, wenn rechtlich geschützte Interessen von Parteien in Konflikt geraten (Beispiel aus dem Nachbarrecht: Laub von einem auf Grundstück A stehenden Baum fällt auf Grundstück B).
- Im *Verfassungsrecht*, wenn die Reichweite zweier Grundrechte oder Verfassungsprinzipien bestimmt werden muß, die im Einzelfall miteinander kollidieren: z. B. die Kunstfreiheit eines Schriftstellers mit der Menschenwürde und dem Persönlichkeitsrecht einer Person, die literarisch „verarbeitet" wurde, oder das Grundrecht auf freie Meinungsäußerung mit Menschenwürde und Persönlichkeitsrecht.

---

[1] Boehmer G (1951) Grundlagen der bürgerlichen Rechtsordnung, II, 1. Halbbd. Mohr (Siebeck), Tübingen, S. 195.
[2] Siehe BGHZ 17, 275.
[3] Hubmann H (1977) Methode der Abwägung. In: Hubmann H, Wertung und Abwägung im Recht. Heymanns, Köln Berlin, S. 145.
[4] Siehe Welzel H (1969) Das Deutsche Strafrecht, 11. Aufl., de Gruyter & Co., Berlin, S. 91.

H.-M. Sass · H. Viefhues (Hrsg.)
Güterabwägung in der Medizin
© Springer-Verlag Berlin Heidelberg 1991

Güter- oder Interessenabwägung ist hier also der Grundsatz, durch den die Grenzen und der Inhalt der Grundrechte zu bestimmen sind und durch den die zwischen den nebeneinanderstehenden Verfassungsrechtsgütern auftretenden Konflikte gelöst werden.[5]

Daß es überhaupt zu Kollisionen kommt, liegt in der Natur von Rechtsnormen begründet:

> „Rechte, deren Grenzen nicht ein für allemal festgelegt, sondern gewissermaßen offen, beweglich sind, und ebensolche Prinzipien können eben deshalb leicht miteinander in Konflikt geraten, weil ihre Reichweite nicht von vornherein feststeht. Im Konfliktfall muß dann, soll der Rechtsfrieden wieder hergestellt werden, das eine oder das andere Recht ... hinter das andere oder jedes hinter das andere, bis zu einem gewissen Maß, zurücktreten".[6]

Die Methode der Konfliktlösung ist, wie gesagt, die „Abwägung", d. h. die durch Bewertung erfolgende Feststellung, daß das eine der kollidierenden Rechtsgüter als im konkreten Fall geringerwertig bzw. weniger schutzwürdig hinter dem anderen zurücktreten muß. Aber handelt es sich dabei überhaupt um eine Abwägung im eigentlichen Sinn? Lassen sich Rechtsgüter und rechtlich geschützte Interessen wie auf der Waage der Justitia grammgenau abwägen? Geht es also, mit anderen Worten, um meßbare quantitative Größen?[7] Natürlich nicht. Güterabwägung ist ein Bewertungsvorgang, dessen Schwierigkeit dadurch bedingt ist, daß es für Rechtsgüter und Rechtswerte keine eindeutige und für alle Fälle geltende Rangordnung gibt. Güterabwägung ist also kein abstrakt-generelles Verfahren, sondern eine Bewertung, die vom Einzelfall mit seinen konkreten Umständen abhängt. Wie diese Umstände im Kollisionsfall bewertet werden, ist damit zwangsläufig bis zu einem gewissen Grad jedenfalls auch von der Person des Entscheidenden abhängig.

Die Kritik an Güterabwägung als Methode ist denn, wo sie geübt wird, teilweise auch sehr heftig. Hesse macht geltend, dem Prinzip fehle nicht nur der stützende Halt, sondern es gerate auch stets in die Gefahr, die Einheit der Verfassung preiszugeben.[8] Für F. Müller bedeutet die „Abwägung im Einzelfall" das Abdanken einer rechtsstaatlichen Methodik zugunsten eines unkontrollierbaren Urteilsvorbehalts.[9] Das Prinzip der Güterabwägung könne keine inhaltlichen Maßstäbe zur Verfügung stellen, die rechtsstaatlichen Anforderungen an Normklarheit, Methoden- und Rechtssicherheit genügten, mehr noch, Güterabwägung verringere die Rechtssicherheit. Sie verführe zu subjektiven Werturteilen einer Einzelfallgerechtigkeit, die kaum noch rechtsstaatlich verallgemeinert werden könne, sondern sich allenfalls auf dem Weg über den informellen Konformismus der Instanzgerichte gegenüber höchstrichterlicher

---

[5] Häberle P (1983) Die Wesensgehaltgarantie des Art. 19 Abs. 2 Grundgesetz, 3. Aufl., C. F. Müller, Karlsruhe, S. 31.

[6] Larenz K (1983) Methodenlehre, 5. Aufl., Springer, Berlin usw., S. 389.

[7] Siehe Larenz, Methodenlehre, S. 389.

[8] Hesse K (1988) Grundzüge des Verfassungsrechts der BRD, 16. Aufl., C. F. Müller, Heidelberg, Rn. 72.

[9] Müller F (1976) Juristische Methodik, 2. Aufl., Duncker & Humblot, Berlin, S. 252.

Rechtsprechung nach typischen Fallgruppen ordnen lasse. Abwägung, so Müller weiter, biete ein bequemes sprachliches Muster an, das über die beteiligten Normtexte und die sie konkretisierenden Sprachdaten wie auch über ein regelhaftes Berücksichtigen der fraglichen Normbereiche allzu rasch hinwegzugehen pflege. Mit einer Mischung aus Sachaspekten, sprachlicher Suggestion und unerklärtem Vorverständnis sowie im rechtspolitischen Vorgriff auf das aus welchem Grund auch immer erwünschte Ergebnis werde die angebliche Höherwertigkeit einer oder einiger der beteiligten Normen mehr behauptet als einsichtig gemacht. Oft werde nur ein in seinem Begriffs- und Assoziationsfeld ungeklärt belassenes Wort gegen ein anderes gehalten, werde das Übergewicht des einen über das andere affirmativ versichert.[10] Auch Ernst Wolf übt vernichtende Kritik an der Methode der Güterabwägung. Güter- und Interessenabwägung sei Richterwillkür, denn da ein Interesse begriffsnotwendig subjektiv ist, könne die Entscheidung, welches von zwei einander ausschließenden Interessen den Vorrang verdiene, ebenfalls nur subjektiv getroffen werden. Interessenabwägung sei somit subjektives, sprich willkürliches Wählen des einen oder anderen Interesses.[11] Struck schließlich, um noch einen Kritiker zu Wort kommen zu lassen, scheint weniger die Methode als solche denn ihre Umsetzung zu bemängeln: Zwar werde Abwägung als Konfliktlösungsmechanismus ausdrücklich angegeben, es bleibe aber praktisch bei der Aufzählung der Interessen, auf die dann unvermittelt die Entscheidung folge.[12]

Daß bei der Güterabwägung Wertung und damit begriffsnotwendig Subjektivität eine Rolle spielt, kann im Vorgriff schon hier gesagt werden. Die Frage ist aber, ob nicht doch soviel Methode „da ist", d. h. ein gedankliches Verfahren, das sich unter Beachtung bestimmter, angebbarer Kriterien vollzieht und insoweit nachvollziehbar und überprüfbar ist, daß die abwägenden Entscheidungen nachvollziehbar sind und den (Minimal-)Anforderungen an Rechtssicherheit entsprechen.[13]

---

[10] Müller F (1979) Einheit der Verfassung. Duncker & Humblot, Berlin, S. 199.

[11] Wolf E (1982) Allg. Teil des Bürgerlichen Rechts, 3. Aufl., Heymanns, Köln Berlin, S. 83 ff., 86 f.

[12] Struck G (1975) Dogmatik und Methode. In: Dubischar R, Folkers H, Futter W, Köndgen J, Lazzer D de, Rothoeft D, Schmidt E, Struck G, Weyers H-L (Hrsg.) Festschrift für Esser. Scriptor Verlag, Kronberg/Ts., S. 177; zu weiteren Kritikern siehe bei Müller F (1966) Normstruktur und Normativität. Duncker & Humblot, Berlin, S. 209, Fn. 600.

[13] Vgl. Larenz K (1974) Methodische Aspekte der „Güterabwägung". In: Hauss F, Schmidt R (Hrsg.) Festschrift für Klingmüller. Verlag Versicherungswirtschaft e. V., Karlsruhe, S. 236; und Hubmann H (1977) Grundsätze der Interessenabwägung. In: Wertung und Abwägung im Recht (wie Fn. 3), S. 54.

Güter- oder Interessenabwägung?

Güterabwägung

Das Güterabwägungsprinzip sei, so hat es kürzlich Lenckner für das Strafrecht formuliert, vorbelastet durch ein Mißverständnis, das auf die oft als „bahnbrechend" bezeichnete Entscheidung des Reichsgerichts (RG) aus dem Jahre 1927 zum sog. übergesetzlichen Notstand [14] zurückzuführen ist. [15] In dieser Entscheidung hatte das RG anläßlich eines medizinisch indizierten Schwangerschaftsabbruchs folgenden Grundsatz aufgestellt:

> „In Lebenslagen, in welchen eine den äußeren Tatbestand einer Verbrechensform erfüllende Handlung das einzige Mittel ist, um ein Rechtsgut zu schützen ..., ist die Frage, ob die Handlung rechtmäßig oder unverboten oder rechtswidrig ist, anhand des dem geltenden Recht zu entnehmenden Wertverhältnisses der im Widerstreit stehenden Rechtsgüter ... zu entscheiden". [16]

Nach dem so formulierten Kollisionsgrundsatz ist allein das Wertverhältnis der kollidierenden *Rechtsgüter* maßgeblich, und dieses Wertverhältnis ergibt sich nach Auffassung des RG allein aus den gesetzlichen Strafdrohungen, in denen es Ausdruck gefunden hat. [17] Andere Umstände, zumal solche des konkreten Falles, dürfen danach nicht in die Abwägung einbezogen werden. Der Vorteil dieser Methode ist offensichtlich: sie ist einfach und eindeutig, das Rangverhältnis ergibt sich aus einem abstrakten, aus dem Gesetz ablesbaren Wertvergleich. So war das Ergebnis der Güterabwägung für das Reichsgericht leicht festzustellen: Ein Vergleich der angedrohten Strafen für Tötungs- und Körperverletzungsdelikte einerseits und Abtreibung andererseits ergibt, daß Leben und Gesundheit der Frau höherwertige Rechtsgüter sind im Verhältnis zu dem werdenden Leben. Aber auch die Nachteile, die Unzulänglichkeiten, die aus dieser Vereinfachung eine „gefährliche Vergröberung" machen, [18] liegen auf der Hand: die Höhe der abstrakt angedrohten Strafe hängt nicht nur von der Art des verletzten Rechtsguts ab, sondern z. B. auch von den Gefahren, die ihm drohen; die einzelnen Rechtsgüter sind vielfach nicht absolut, sondern nur gegen bestimmte Angriffe geschützt; und die Strafdrohungen haben zum Teil eine erhebliche Breite. [19] Der Aussagewert der Strafandrohungen für den Wert eines Rechtsguts ist also unsicher und begrenzt. Der entscheidende Grund für die Ablehnung einer so verstandenen engen und starren Güterabwägung – von der das RG freilich nicht näher bezeichnete Ausnahmen zulassen wollte [20] – ist aber darin zu sehen, daß Kollisionen nicht zwischen Rechtsgütern als ab-

---

[14] RGSt 61, 242 ff.
[15] Lenckner T (1985) Der Grundsatz der Güterabwägung als Grundlage der Rechtfertigung. GA, S. 295.
[16] RGSt 61, S. 254.
[17] RGSt 61, S. 255.
[18] Lenckner T (1965) Der rechtfertigende Notstand. Mohr (Siebeck), Tübingen, S. 56.
[19] Ebd.
[20] Siehe RGSt 61, 265.

strakten Größen stattfinden, sondern zwischen Gütern und Werten in ihrer konkreten Erscheinungsform.[21] Und dazu gehören weniger die gesetzlichen Strafdrohungen, auch wenn ihnen eine indizielle Bedeutung zukommt,[22] als auch die Interessen ihrer Inhaber sowie u. U. auch allgemeine Rechts- und Ordnungsprinzipien.[23] Letzteres wird besonders bei der Notwehr nach § 34 StGB deutlich: Zu dem rein individualrechtlichen Aspekt der Verteidigung eigener Rechtsgüter gegen Rechtsgüter eines Angreifers kommt noch der sozialrechtliche hinzu, daß das „Recht dem Unrecht nicht zu weichen braucht", daß also die Verteidigungshandlung zugunsten eigener Interessen auch der Verteidigung der Rechtsordnung dient.[24]

Interessenabwägung

Eine reine, allein auf die Strafdrohungen abstellende Güterabwägungstheorie kann der Lösung von Interessenkonflikten also nicht gerecht werden. Anders das sog. Interessenabwägungsprinzip. Zwar beruht es ebenso wie die Güterabwägungstheorie auf dem Grundgedanken, daß das höherwertige Gut auf Kosten des geringerwertigen durchgesetzt werden darf,[25] es ist aber erheblich weiter als der Güterabwägungsgrundsatz. Schon Merkel hatte − vor der Entscheidung des Reichsgerichts − hervorgehoben, daß bei der Abwägung der kollidierenden Interessen nicht deren abstraktes Wertverhältnis entscheidend sei, sondern die konkreten Werte, die sich „im Einzelfall einander gegenübergestellt finden". Das könne auch dazu führen, daß sich im Einzelfall die Verletzung „eines der Gattung nach höher gewerteten Interesses als von geringerer Bedeutung darstelle, als diejenigen eines der Gattung nach niederen".[26] Das abstrakte Rangverhältnis ist nach der Interessenabwägungstheorie also nur einer unter vielen Gesichtspunkten, zu denen − für den Fall des Notstands − z. B. auch das Ausmaß der drohenden Verletzung, die Nähe der Gefahr, ein etwaiges Verschulden sowie die Angemessenheit des eingesetzten Mittels für den verfolgten Zweck zählen können.[27] Die Weite des Interessenabwägungsprinzips ergibt sich weiterhin aus dem Begriff bzw. Gegenstand des Interesses: dieser kann jeder Rechtswert sein, und zwar auch dann, wenn er sich nicht in einem konkreten Rechtsgut, sondern nur in allgemeinen Rechtsprinzipien, etwa dem Interesse der Allgemeinheit an der Ordnungs- und Friedensfunktion des

---

[21] Lenckner T (1985) Der Grundsatz der Güterabwägung (wie Fn. 15), S. 299.
[22] Lenckner T (1988) in: Schönke-Schröder, Strafgesetzbuch, 23. Aufl., Beck, München, § 34, Rn. 43.
[23] Ebd.
[24] Lenckner T (1985) Der Grundsatz der Güterabwägung (wie Fn. 15), S. 300.
[25] Siehe RGSt 61, 254 sowie Lenckner, Notstand (wie Fn. 18), S. 51 ff. m. w. N.
[26] Merkel R (1895) Die Kollision rechtmäßiger Interessen und die Schadensersatzpflicht. S. 72 f.
[27] Lenckner, Notstand (wie Fn. 18). S. 54; vgl. auch S. 60 ff.

Rechts, dem Fortbestand einer Rechtslage, dem Vertrauen auf ein gegebenes Wort oder der Sicherheit des Rechtsverkehrs niederschlägt.[28]

Nach der Theorie der Interessenabwägung ist also eine umfassende Wertung der Gesamtsituation erforderlich – mit der Schwierigkeit, daß, anders als nach dem Güterabwägungsprinzip, keine „allgemeine, ohne weiteres ablesbare Wertskala" zur Verfügung steht.[29]

Der Wertmaßstab

Damit sind wir bei der zentralen Frage: nach welchem Maßstab wird nun festgestellt, wie die sachlichen Wertgehalte und ihre Rangfolge zu bestimmen sind, welches sind die Bewertungsfaktoren für die Vor- oder Nachrangigkeit eines geschützten Interesses im konkreten Fall? Auch der Interessenabwägungsgrundsatz enthält in sich weder den Wertmaßstab selbst noch sagt er irgend etwas über seine Beschaffenheit aus.[30]

Die Rangordnung des positiven Rechts

Ausgangspunkt ist die gesamte Rechtsordnung. Ein sachlicher Wertgehalt kann einem Interesse nur dann zukommen, wenn es von der Rechtsordnung als schutzwürdig anerkannt ist. In erster Linie ist das *positive Recht* für die Frage nach der Schutzwürdigkeit eines Interesses maßgeblich. Wo subjektive Rechte anerkannt sind, kann gefolgert werden, daß das Gesetz das ihm zugrundeliegende Interesse an sich für wertvoll und schutzwürdig hält.[31] So läßt sich den einzelnen Strafgesetzen entnehmen, welche Interessen rechtlich geschützt sind – z. B. Leben, körperliche Unversehrtheit, Freiheit, Ehre, Eigentum – ebenso wie anderen, etwa zivilrechtlichen Gesetzesbestimmungen. Das Gesetz betreffend das Urheberrecht an Werken der bildenden Künste und der Photographie (KUG) etwa macht deutlich, daß das Recht am eigenen Bild geschützt ist,[32] indem festgelegt wird, daß Bildnisse nur mit Einwilligung des Abgebildeten verbreitet oder öffentlich zur Schau gestellt werden dürfen (§ 22 KUG).

Welche Interessen unter dem Schutz der Rechtsordnung stehen, also allgemein einen „sachlichen Wertgehalt" haben, läßt sich teilweise also schon dem sog. einfachen Recht (im Unterschied zum Verfassungsrecht) entnehmen. Eine *Wertung* im Sinne eines Rangunterschiedes ist damit aber noch nicht verbun-

---

[28] Lenckner in: Schönke-Schröder (wie Fn. 22), § 34, Rn. 22; Larenz in Klingmüller FS (wie Fn. 13), S. 240, der hier allerdings lieber von „ideellem Rechtsgut" als von „Interesse" spricht; anders Gallas, W (1968) Der dogmatische Teil des Alternativ-Entwurfs. ZStW, Bd. 80, S. 27.

[29] Lenckner, Notstand (wie Fn. 18), S. 55.

[30] Lenckner, Notstand (wie Fn. 18), S. 156.

[31] Hubmann, Grundsätze der Interessenabwägung (wie Fn. 13), S. 64.

[32] Hubmann, a. a. O. S. 65; Larenz, Klingmüller FS (wie Fn. 13), S. 238 ff.

den. Die hat der Gesetzgeber erst dadurch vorgenommen, daß er im Grundgesetz bestimmte Rechtsgüter und Interessen – z. B. Menschenwürde, Persönlichkeitsrecht, Meinungsäußerung, Berufswahl und -ausübung – in den Rang von Grundrechten erhoben und bestimmte Rechtsgrundsätze, wie z. B. den Grundsatz der Verhältnismäßigkeit, mit Verfassungsrang ausgestattet hat. Grundrechte gehen aufgrund ihres Ranges prinzipiell den Normen des einfachen Rechts vor, obwohl die Wertigkeit im Einzelfall auch hier von zusätzlichen Kriterien abhängt (vgl. dazu unten).

Im Verhältnis zueinander sind die Grundrechte gleichrangig; darauf hat – m. E. zu Recht – z. B. F. Müller deutlich hingewiesen.[33] Das Bundesverfassungsgericht (BVerfG) hat allerdings mehrfach von einer „dem Grundgesetz immanenten Wertrangordnung" gesprochen und teils der Menschenwürde, teils der „freien menschlichen Persönlichkeit", aber auch dem Leben des Menschen den „obersten Wert" zuerkannt;[34] auch dem Recht der Meinungs- und Informationsfreiheit wurde bzw. wird wegen ihrer „schlechthin konstituierenden Bedeutung" für das demokratische Gemeinwesen ein Wertvorzug gegenüber anderen Grundrechten eingeräumt.[35] Durch solch „ungenaue Sprechweise"[36], „unglückliche Metaphern"[37] wird der Anschein erweckt, bestimmte Grundrechte seien gewichtiger, von höherem Wert als andere; damit ist der „thematische Geltungsumfang bestimmter Normen mit generellen Rangfragen vermischt oder solchen doch gefühlsmäßig angenähert".[38] Grundrechte sind aber Verfassungsnormen gleicher Stufe; sie wurden vom Verfassungsgeber in denselben hohen Rang gehoben. Hier Abstufungen vornehmen zu wollen, hieße außerrechtliche Bewertungen fortzuschreiben und eine allgemeine Aussage zur Geltungskraft einer Vorschrift mit der Art zu verwechseln, auf die sie einen bestimmten Einzelfall regiert.[39] Der für einen *konkreten* Fall im Ergebnis festzustellende Vorrang eines Grundrechts hat nichts damit zu tun, daß die Verfassung zwar als Ganzes die oberste Stufe einer Rangordnung verkörpert (Vorrang gegenüber Normen einfachen Rechts), nicht aber in sich abstrakt-generelle Wertunterschiede enthält.[40]

Dem positiven Recht ist also nicht nur die rechtliche Schutzwürdigkeit von Interessen zu entnehmen. Generell drückt es auch eine Rangordnung von Werten aus – Vorrang von Verfassungsrecht bzw. Grundrechten gegenüber Nor-

---

[33] Müller, Einheit der Verfassung (wie Fn. 10), S. 204.
[34] Ebenso Larenz, Klingmüller FS (wie Fn. 13), S. 238 m. w. N. in Fn. 6; ders., Methodenlehre (wie Fn. 6), S. 396; aus der Rspr. z. B. BVerfGE 7, 377, 405.
[35] BVerfGE 12, 125; Larenz, Methodenlehre (wie Fn. 6), S. 396.
[36] Müller, Einheit der Verfassung (wie Fn. 10), S. 204 f.
[37] Müller, a. a. O., S. 206.
[38] Müller, a. a. O., S. 204; s. auch ders., a. a. O., S. 205.
[39] Müller, a. a. O., S. 204 f.
[40] Vgl. auch insoweit das Zugeständnis von Larenz an F. Müller, in: Klingmüller FS (wie Fn. 13), S. 238: Mit der Bezeichnung etwa der Menschenwürde als „oberstem Wert" sei noch kein vollständiges Wertsystem aufgerichtet, aus dem der Platz jedes Gutes, sein Rang im Verhältnis zu anderen Gütern, gleichsam abgelesen werden könnten".

men des einfachen Rechts –, die für eine Wertentscheidung im konkreten Einzelfall jedoch nicht unbedingt ausreichend, d. h. zwingend ist.[41]

Kollision gleichrangiger Rechtsgüter

Kollidieren zwei gleichermaßen hoch bewertete Rechtsgüter, z. B. zwei Grundrechte, gibt es allerdings nicht einmal einen generellen Rangunterschied und damit Wertvorzug. Die grundsätzliche, abstrakte Schutzwürdigkeit der konfligierenden Interessen steht zwar fest, für die Frage nach dem Wertverhältnis im konkreten Fall sagt der bloße Rang hier aber nichts. Ein anschauliches und berühmtes Beispiel für einen Grundrechtskonflikt ist der Fall des Romans *Mephisto* von Klaus Mann.[42] Der Autor hatte die Hauptfigur seines Romans an den Schauspieler und Intendanten Gustav Gründgens angelehnt, ohne aber einen sog. Schlüsselroman schreiben zu wollen oder geschrieben zu haben. Der Erbe von Gründgens hatte nach dessen Tod ein Veröffentlichungsverbot erreicht, weil die Darstellung angeblich die (auch über den Tod hinaus antastbare) Menschenwürde sowie das nach Auffassung des Bundesgerichtshofs auch über den Tod hinaus fortwirkende Persönlichkeitsrecht von Gründgens verletzte. Hier kollidierten also das Grundrecht auf Kunstfreiheit des Autors aus Art. 5 Abs. 3 GG und der von Art. 1 Abs. 1 GG geschützte Persönlichkeitsbereich von Gustav Gründgens.

Bei einer Kollision von gleichrangigen Rechten kann die Rangordnung als formales Kriterium also nicht weiterhelfen; es gibt, wie schon oben gesagt, keine Grundrechte, die von höherem Wert sind als andere.[43] Hier (wie u. U. auch in Fällen mit formalen Rangunterschieden, s. oben) ist vielmehr auf inhaltliche Kriterien abzustellen, die vom konkreten Einzelfall ausgehen. So fragt die Rechtsprechung:

— in welchem Ausmaß das eine oder andere Rechtsgut im Konfliktfall berührt ist (dabei sind auch die Folgen zu berücksichtigen sowie u. U. Ausstrahlungswirkungen auf andere Einzelpersonen oder die Gemeinschaft[44]);

— welches Rechtsgut, wenn es zurücktreten müßte, die geringere Einbuße erleiden würde;

— ob die „Verletzungshandlung", d. h. die Ausübung oder Wahrnehmung des rechtlich geschützten Interesses nicht unverhältnismäßig ist, bezogen auf die dadurch bewirkte Rechtsgutsbeeinträchtigung, bzw. ob die konkrete Ausübung/Wahrnehmung das schonendste, mildeste Mittel in bezug auf die (unvermeidliche) Rechtsgutsbeeinträchtigung darstellt;[45]

— ggf. aus welchen Motiven und zu welchem Zweck der einen anderen Beeinträchtigende gehandelt hat.

---

[41] Vgl. auch Larenz, Klingmüller FS (wie Fn. 13), S. 240.
[42] S. BGHZ 50, 133; BVerfG NJW 1971, 1645 ff. (= BVerfGE 30, 200 ff.).
[43] Müller, Einheit der Verfassung (wie Fn. 10), S. 204 f., m. w. N. in Fn. 523; anders z. B. auch Larenz, Methodenlehre (wie Fn. 6), S. 369.
[44] Vgl. Hubmann, Grundsätze der Interessenabwägung (wie Fn. 13), S. 73 ff.
[45] Siehe Larenz, Klingmüller FS (wie Fn. 13), S. 240 ff., 246 f.

Diese Kriterien lassen sich am Beispiel von zwei Verfassungsgerichtsentscheidungen verdeutlichen.

1) Im sog. *Apothekenurteil* aus dem Jahre 1958[46] hatte das Bundesverfassungsgericht darüber zu entscheiden, ob das Bayerische Gesetz über das Apothekenwesen, nach dem die Neuerrichtung einer Apotheke von bestimmten Voraussetzungen abhängig gemacht wurde, die einer Niederlassungsbeschränkung gleichkamen, vereinbar sei mit dem Grundrecht auf freie Berufswahl aus Art. 12 Abs. 1 Satz 1 GG.

Im Konflikt standen auf der einen Seite dieses Grundrecht und auf der anderen der Schutz von Gemeinschaftsinteressen, nämlich die Volksgesundheit. Während die Berufswahl grundsätzlich frei ist, steht nach dem Wortlaut des Art. 12 Abs. 1 Satz 2 GG die Berufsausübung unter einem Regelungsvorbehalt, d. h. in die Freiheit der Berufsausübung kann aufgrund eines Gesetzes eingegriffen werden. Das BVerfG hat zu der damit entstandenen Frage, ob auch eine gesetzliche Niederlassungsbeschränkung nur die Berufsausübung betreffe – was zulässig wäre – oder nicht auch die Berufswahl – was grundsätzlich unzulässig wäre – ausgeführt, daß eine primär als Regelung der Berufsausübung sich darstellende gesetzliche Vorschrift grundsätzlich auch dann zulässig sei, wenn sie mittelbar auf die Freiheit der Berufswahl zurückwirke.[47] Allerdings gingen die Eingriffsbefugnisse in bezug auf die Beschränkung der Berufswahl und der Berufsausübung nicht gleich weit; der Gesetzgeber sei in seiner Regelungsbefugnis um so stärker beschränkt, je mehr er durch die Regelung der Berufsausübung zugleich in die Freiheit der Berufswahl eingreife.[48] Dieses Grundrecht schütze die Freiheit des Individuums, und unter Berücksichtigung der Tatsache, daß die freie menschliche Persönlichkeit nach der Gesamtauffassung des Grundgesetzes der oberste Wert sei, dürfe diese Freiheit nur soweit beschränkt werden, als es zum gemeinen Wohl unerläßlich sei.[49] Eine Regelung der Berufsausübung, die zugleich die Freiheit der Berufswahl berühre, wenn sie schon die *Aufnahme* der Berufstätigkeit von der Erfüllung bestimmter Voraussetzungen abhängig mache, sei nur gerechtfertigt, soweit dadurch ein überragendes Gemeinschaftsgut, das der Freiheit des einzelnen vorgeht, geschützt werden soll. Als entscheidend hat das BVerfG damit die Frage angesehen, ob bei Wegfall der Niederlassungsbeschränkungen des Bayerischen Apothekengesetzes die geordnete Arzneimittelversorgung mit hinreichender Wahrscheinlichkeit so gestört würde, daß eine Gefährdung der Volksgesundheit zu befürchten wäre.[50] Das hat das BVerfG im Ergebnis verneint und damit das in Frage stehende Gesetz wegen unzulässiger Beeinträchtigung des Grundrechts der Freiheit der Berufswahl für verfassungswidrig erklärt.

Die Methode der Interessenabwägung wird an dieser Entscheidung deutlich: Zunächst Feststellung der kollidierenden Interessen und ihrer Schutzwürdigkeit – im Apothekenfall Grundrecht auf freie Berufswahl, das auf das Grundrecht auf freie Entfaltung der Persönlichkeit verweist, einerseits und Schutz der Volksgesundheit, eines vom Verfassungsgericht als überragend wichtig angesehenen Gemeinschaftsguts, andererseits. Dann die Prüfung, wieviel Einschrän-

---

[46] BVerfGE 7, 377 ff.
[47] BVerfGE 7, 401.
[48] BVerfGE 7, 402 f.
[49] BVerfGE 7, 405.
[50] Siehe bei Larenz, Methodenlehre (wie Fn. 6), S. 390.

kung jedes der konfligierenden Rechte vertragen kann und welches Recht durch eine Einschränkung/Begrenzung am wenigsten beeinträchtigt wird.[51] Mit Hilfe dieser Kriterien hat also das BVerfG festgestellt, welches der beiden Rechtsgüter in diesem Fall mehr bzw. weniger schutzwürdig war.

2) Auch das sog. *Lüth-Urteil*[52], ebenso wie die Apothekenentscheidung aus dem Jahre 1958, macht das methodische Vorgehen bei einem Interessenkonflikt anschaulich.

In diesem Fall ging es um den 1950 erfolgten Aufruf eines Politikers zum Boykott von Filmen des Regisseurs und Drehbuchautors Veit Harlan, der der Regisseur des Nazi-Films *Jud Süß* war. Dem Verfasser dieses Aufrufs, der aus Sorge um das Ansehen Deutschlands gehandelt hatte, war gerichtlich untersagt worden, seine Boykottaufforderung zu wiederholen, da sie sittenwidrig sei. Das BVerfG hatte darüber zu entscheiden, ob die in diesem Urteil liegende Beschränkung des Grundrechts auf Meinungsfreiheit nach Art. 5 Abs. 1 S. 1 GG verfassungskonform war oder nicht. Dabei war zu berücksichtigen, daß das Grundrecht auf Art. 5 Abs. 1 S. 1 begrenzt wird u. a. durch die allgemeinen Gesetze (Art. 5 Abs. 2 GG); zu ihnen zählt auch, wie das BVerfG feststellte, die zivilrechtliche Bestimmung des § 826 BGB, die grundsätzlich alle Rechte und Güter gegen sittenwidrige Angriffe schützt.[53]

Hier war also eine Güterabwägung vorzunehmen zwischen dem Recht auf Meinungsfreiheit und den ihre Ausübung beschränkenden Rechten und Rechtsgütern;[54] beides schutzwürdige Interessen. Dazu stellte das BVerfG fest, das Recht zur Meinungsäußerung, das „als unmittelbarster Ausdruck der menschlichen Persönlichkeit in der Gesellschaft eines der vornehmsten Menschenrechte überhaupt" sei[55], müsse zurücktreten, wenn schutzwürdige Interessen eines anderen von höherem Rang durch die Betätigung der Meinungsfreiheit verletzt würden. „Ob solche überwiegenden Interessen anderer vorliegen, ist auf Grund aller Umstände des Falles zu ermitteln."[56] Hierfür berücksichtigte der Senat Motive, Ziel und Zweck der Aufforderung zum Boykott — alle als ehrenhaft und uneigennützig sowie im Einklang mit der öffentlichen Meinung stehend anerkannt, was für die Beurteilung als „sittenwidrig" von Bedeutung war — sowie das Ausmaß der Beeinträchtigung der Rechte von Veit Harlan. Er ging zwar von einer Beeinträchtigung der Interessen Harlans aus, dieser sei aber nicht im „Kern seiner künstlerischen Persönlichkeit", dem „letzten unantastbaren Bereich menschlicher Freiheit" getroffen; (nur) ein solcher Eingriff sei unter allen Umständen sittenwidrig und könne durch keine noch so gewichtigen Interessen gerechtfertigt werden.[57] Von einer gänzlichen Vernichtung der künstlerischen und menschlichen Existenz Harlans durch den Boykottaufruf könne nicht gesprochen werden. Hingewiesen wird auch auf den Umstand, daß dem Beschwerdeführer keinerlei Zwangsmittel zur Verfügung gestanden hätten, um seiner Aufforderung Nachdruck zu verleihen; hier kann hinzugelesen werden, daß der Beschwerdeführer auf kein milderes Mittel zurückgreifen konnte, um seine Meinung zu äußern.

---

[51] Siehe auch Larenz, Methodenlehre (wie Fn. 6), S. 391.
[52] BVerfGE 7, 198.
[53] Siehe BVerfGE 7, 214.
[54] BVerfGE 7, 215.
[55] A. a. O., S. 208.
[56] A. a. O., S. 210 f., ebenso S. 212.
[57] A. a. O., S. 220 f.

Das BVerfG hat also schutzwürdige Interessen festgestellt; es hat weiter geprüft, welche Folgen ein Zurückweichen des Interesses auf den jeweils Betroffenen gehabt hätte, wobei in bezug auf die Meinungsäußerung auch auf die allgemeine, über den konkreten Fall hinausgehende Bedeutung dieses Grundrechts hingewiesen wurde, und es hat indirekt die Frage nach der Verhältnismäßigkeit, dem mildesten Mittel gestellt.

Soweit Beispiele aus der Rechtsprechung zur Ermittlung des Wertverhältnisses bei einer Kollision von Grundrechten.

Möglichkeiten der Konfliktlösung

Zur Konfliktlösung, die sich als gewissermaßen zweite Stufe nach dieser Feststellung anschließt, stehen zur Verfügung das Ausweichprinzip, Ausgleichsprinzip, das Prinzip des schonendsten Mittels und ggf. das Entschädigungsprinzip.[58] Diese Prinzipien knüpfen inhaltlich an die oben genannten Kriterien an.

Spezielle, weil zum Teil engere Kollisionsnormen gelten für den rechtfertigenden Notstand. Das Rechtsgut, zu dessen Verteidigung gehandelt wird – das geschützte also – muß sich in einer gegenwärtigen Gefahr befinden; diese Gefahr darf nicht anders abwendbar sein als durch die betreffende Tat, d. h. es darf kein weniger einschneidendes Mittel zur Gefahrabwendung zur Verfügung stehen, und die Wertdifferenz zwischen geschütztem und beeinträchtigtem Interesse muß wesentlich sein; es muß also ein *deutlicher* Wertunterschied zwischen geschütztem und beeinträchtigtem Rechtsgut bestehen. In diesem Zusammenhang ist auch der Grad der drohenden Gefahr für beide Rechtsgüter zu berücksichtigen. Schließlich muß die Tat ein angemessenes Mittel zur Gefahrabwendung sein. Sinn und Wert dieser Klausel werden in der strafrechtlichen Literatur unterschiedlich beurteilt; die Meinungen schwanken von „Leerformel" bis zu „zweitem Wertungsakt".[59]

1) Die Grundsätze der Konfliktlösung bauen auf dem Gedanken auf, daß jedes wertvolle Interesse Achtung und Schutz verdient, daß also möglichst auch das geringere zum Zuge kommen soll. Die Interessenabwägung darf also nicht dazu führen, daß die geringeren Güter gegenüber den höheren für vogelfrei erklärt werden.[60] Daher muß in erster Linie derjenige ausweichen, d. h. einen anderen Weg zur Durchsetzung bzw. Verwirklichung seiner Interessen, zur Erreichung des angestrebten Ziels beschreiten, dessen Interessenlage es am ehesten gestattet.[61] Besteht für beide Parteien eine Ausweichmöglichkeit, so muß in der Regel derjenige davon Gebrauch machen, dessen Interessenlage als ge-

---

[58] So Hubmann, Grundsätze der Interessenabwägung (wie Fn. 13), S. 90ff.; kritisch Struck, Esser FS (wie Fn. 12), S. 174, der diesen Katalog als „Aufreihung, bestenfalls Topoikatalog" bezeichnet.

[59] Dreher E, Tröndle H (1988) Strafgesetzbuch, 44. Aufl., Beck, München, § 34, Rn. 3ff.

[60] Hubmann, Grundsätze der Interessenabwägung (wie Fn. 13), S. 91.

[61] Ebd.

ringer zu bewerten ist. Das ist etwa, um ein Beispiel aus dem einfachen Recht zu nehmen, bei einer Namensgleichheit von zwei Kaufleuten gem. § 30 Abs. 2 Handelsgesetzbuch für den sog. Prioritätsjüngeren der Fall – er muß sich zur Unterscheidung von dem Älteren einen Namenszusatz zulegen, muß also ausweichen.

Als weiteres Beispiel für das Ausweichprinzip führt Hubmann den schon erwähnten Mephisto-Fall an. Hubmann hat hierzu die – m. E. unzutreffende – Auffassung vertreten, der Mephisto-Fall hätte sich auf diese Weise lösen lassen. Es sei hier gar nicht darum gegangen, ob Kunstfreiheit oder Persönlichkeitsschutz überwögen, sondern „einfach darum, ob Klaus Mann bei der künstlerischen Gestaltung des dem Leben entnommenen Stoffes diesen soweit verfremdet [habe], daß eine Verletzung der Persönlichkeit von Gustav Gründgens nicht mehr [vorliege]". [62] Der Schriftsteller habe, so Hubmann, dem Interessenkonflikt ausweichen und seinen Roman so gestalten müssen, daß niemand in seiner Persönlichkeit verletzt wurde. Eine Abwägung im eigentlichen Sinn habe also nicht vorgenommen werden müssen, es habe nicht der Feststellung bedurft, daß der Persönlichkeitsschutz des Verstorbenen die Kunstfreiheit überwog. [63]

Diese Auffassung verkennt das Wesen und den Inhalt des Grundrechts der Kunstfreiheit. Der Verfassungsrichter Stein hat in seinem abweichenden Votum zur Mephisto-Entscheidung [64] herausgearbeitet, daß bei der Beurteilung eines Kunstwerks nicht einseitig auf den außerkünstlerischen, den sozialen Wirkbereich abgestellt werden dürfe, sondern daß die künstlerische Darstellung nur an einem kunstspezifischen, ästhetischen Maßstab gemessen werden dürfe. Einer freien Kunst müsse grundsätzlich gestattet sein, an Persönlichkeitsdaten aus der Wirklichkeit anzuknüpfen und ihnen durch Zeichenwerte verallgemeinernde Bedeutung zu geben. Das gelte v. a. in den Fällen, in denen sich die künstlerische Darstellung wie die vorliegende an eine Person der Zeitgeschichte anlehne. Stein hat dann weiter festgestellt, ein „umgestalteter" Roman könne nur ein aliud gegenüber dem Mephisto-Roman sein; eine entsprechende gerichtliche Zumutung – wie sie wohl auch Hubmann vorschwebte – sei ein verfassungswidriger Eingriff in die künstlerische Gestaltungsfreiheit. Eine Pflicht zum Ausweichen hat hier also nicht bestanden, da das Kunstfreiheitsrecht von Klaus Mann dann in der Tat vogelfrei gewesen wäre.

2) Wo die Interessenlage keiner Partei ein Ausweichen gestattet, weil es keinen anderen Weg gibt, ein bestimmtes Interesse zu verwirklichen, kann das „Ausgleichsprinzip" zum Tragen kommen: [65] Jedes der kollidierenden Werte muß sich eine verhältnismäßige Zurücksetzung oder Einschränkung gefallen lassen, bis beide nebeneinander bestehen können. Die gegensätzlichen Interessen üben dabei gewissermaßen eine mäßigende, begrenzende Wirkung aufeinander aus. So gehen etwa die nachbarrechtlichen Regelungen des BGB davon aus, daß die

---

[62] Hubmann, Methode der Abwägung (wie Fn. 3), S. 152.
[63] Ebd.
[64] NJW 1971, 1648 ff.
[65] Hubmann, Grundsätze der Interessenabwägung (wie Fn. 13), S. 93.

Befugnisse des Eigentümers so weit beschränkt werden müssen, daß daneben auch das Eigentum des Nachbarn bestehen kann. [66]

Ein Ausgleich in diesem Sinne kommt allerdings dann nicht in Betracht, wenn die in Frage stehenden Interessen ihrer Natur nach nicht teilbar sind [67] – beispielsweise Kunstfreiheit und Persönlichkeitsrecht und v. a. auch das Leben: ein Angegriffener darf sich des Angriffs auf sein Leben auch durch Tötung des Gegners erwehren – oder wenn eine Beschränkung dem Sinn des überwiegenden Interesses widersprechen würde. [68]

3) In vielen Fällen v. a. von Grundrechtskollisionen kann also weder das Ausweich- noch das Ausgleichsprinzip einen Interessenkonflikt lösen. Hier hat „derjenige, der berechtigte Interessen nur durch den Eingriff in ein fremdes Rechtsgut wirksam wahrzunehmen vermag, das kleinste Rechtsübel, das schonendste Mittel zu wählen." [69] Dafür muß auf die Feststellung über die konkrete Wertabstufung zurückgegriffen und festgestellt werden, in welchem Ausmaß das eine oder das andere Interesse berührt ist und welches, wenn es zurücktreten müßte, die geringste Einbuße erleiden würde. [70] Weiter ist dann zu prüfen, ob der Eingriff in das geringerwertige Rechtsgut bzw. Interesse unvermeidlich war, [71] oder ob nicht ein anderes Mittel zur Konfliktlösung zur Verfügung stand, das in seiner Intensität schwächer, schonender gewesen wäre. [72] Daher seien z. B. rechtsverletzende Äußerungen nur dann durch den Rechtfertigungsgrund der Wahrnehmung berechtigter Interessen gedeckt, wenn sie objektiv nach Inhalt, Form und Begleitumständen das gebotene und notwendige Mittel zur Erreichung des rechtlich gebilligten Zwecks bilden. [73] Dieser Gesichtspunkt, d. h. die Frage, ob die überwiegenden Interessen nicht auch auf eine Weise hätten ausgeübt werden können, die den anderen weniger beeinträchtigt hätten, ist auch im Lüth-Urteil erwogen, aber verneint worden. Der Senat ging zu Recht davon aus, daß eine bloße Boykottaufforderung ohne jede Möglichkeit, das Zustandekommen des Boykotts auch durchzusetzen, das schonendste Mittel war, dessen sich der Betroffene Lüth zur Ausübung seines Grundrechts auf freie Meinungsäußerung bedienen konnte.

Aus einer Entscheidung des BGH in Strafsachen zu einer Schwangerschaftsunterbrechung durch einen Laien wird deutlich, daß das Prinzip des schonendsten Mittels mittelbar auch dem Schutz des höherwertigen Interesses dient. In dem der Entscheidung zugrundeliegenden Fall wären Leben und Gesundheit der Frau durch die Austragung der Schwangerschaft ernsthaft gefährdet gewe-

---

[66] Ebd.
[67] Hubmann, Grundsätze der Interessenabwägung (wie Fn. 13), S. 95.
[68] Ebd.
[69] BGHZ 3, 270, 281.
[70] Larenz, Klingmüller FS (wie Fn. 13), S. 242.
[71] Siehe dazu BGHSt 2, 245.
[72] Siehe BGHSt 2, 245; Larenz, Klingmüller FS (wie Fn. 13), S. 242; Hubmann, Grundsätze der Interessenabwägung (wie Fn. 13), S. 95f.; vgl. auch Hesse, Verfassungsrecht (wie Fn. 8), Rn. 318.
[73] Ebd.

sen; den Abbruch hatte sie durch eine „Engelmacherin" vornehmen lassen. Der
BGH hat hier die Voraussetzungen des – damals noch „übergesetzlichen" –
Notstands als nicht erfüllt angesehen. Die Abtreibung hätte durch einen Arzt
lege artis vorgenommen werden können und damit auch müssen; durch den
von einem Laien durchgeführten Eingriff sei das höherwertige Rechtsgut –
Leben der Mutter – in einer es gefährdenden Weise geschützt worden; die
Achtung und der Schutz des geringeren Gutes, das nicht aufhöre, zu den rechtlich geschützten Gütern zu gehören, verlange aber, daß nur derjenige Weg zu
seiner Vernichtung als erlaubt freigegeben werde, der die Erhaltung des höherwertigen Rechtsguts am besten sichere.[74]

Überpositives Recht als Maßstab

In erster Linie sind, wie zuvor dargelegt, der sachliche Wertgehalt und die
Rangfolge von kollidierenden Rechten dem positiven Recht zu entnehmen.[75]
Oft läßt sich allerdings aus dem Gesetz auch bei Ausschöpfung aller Erkennt-
nismethoden nicht mit Sicherheit ableiten, welche Interessen im Einzelfall höher zu bewerten sind.[76] Das ist z. B. aber nicht nur der Fall bei Generalklauseln, unbestimmten Rechtsbegriffen und Gesetzeslücken.[77] In diesen Fällen
soll der Richter den Maßstab dem überpositiven Recht entnehmen (können),[78] d. h. auf Wertungen zurückgreifen, „die jenem größeren Konsens angehören, in den auch das Recht eingefügt ist".[79]
    Fraglich und zweifelhaft ist freilich wiederum und immer noch der Maßstab:
Gibt es, wie der BGH meint, gewissermaßen ewiggültige, aus sich selbst heraus
geltende Normen des Sittengesetzes, läßt sich tatsächlich aus einer „vorgegebenen und hinzunehmenden Ordnung der Werte und der das menschliche Zusammenleben regierenden Sollenssätze" z. B. ableiten, daß „sich der Verkehr
der Geschlechter grundsätzlich in der Einehe" vollzieht?[80] Selbst wenn das so
wäre, offenbarte sich diese Wertordnung freilich niemandem „gleichsam wie
ein Gesetzbuch mit allen Einzelbestimmungen, Ausnahmeregeln und Konfliktlösungen", wie Grünwald zutreffend festgestellt hat[81], sie ist eben keine „er-
schaubare" Wertordnung, die mit verhältnismäßig großer „intuitiver" Sicherheit ergriffen werden kann,[82] sondern erreicht nur denjenigen, der „der glei-

---

[74] BGHSt 2, 242, 245.
[75] Siehe oben S. 6.
[76] Lencker, Notstand (wie Fn. 18), S. 164 (dort auch weitere Beispiele).
[77] Hubmann, Rationale Wertung. In: Wertung und Abwägung (wie Fn. 3), S. 11.
[78] Vgl. Lenckner, Notstand (wie Fn. 18), S. 164 ff.; Hubmann, Rationale Wertung (wie
    Fn. 77), S. 11.
[79] Lenckner, Notstand (wie Fn. 18), S. 167.
[80] BGHSt 6, 52; siehe auch Welzel H (1980) Naturrecht und materiale Gerechtigkeit,
    4. Aufl., Vandenhoeck & Ruprecht, Göttingen, S. 225 ff.
[81] Grünwald (1961) Die Aufklärungspflicht des Arztes. ZStW Bd. 73, S. 38.
[82] Weinkauf H (1960) Der Naturrechtsgedanke in der Rechtsprechung des Bundesge-
    richtshofes. NJW, S. 1689 ff., 1692.

chen naturrechtlichen ‚Konfession' ist".[83] In der Rechtsliteratur wird denn auch weniger auf das Naturrecht rekurriert als auf die „anerkannten Wertvorstellungen der Allgemeinheit"[84] oder die „in der Gemeinschaft herrschenden Kulturanschauungen"[85] abgestellt. Freilich sind auch damit die Probleme nicht gelöst. Denn wie sollen die in der Gemeinschaft bestehenden Anschauungen eine eindeutige Auskunft geben können über das, was als höheres Interesse zu bewerten ist, wenn in vielen Fällen nicht einmal eindeutig gesagt werden kann, was überhaupt den anerkannten Wertvorstellungen der Allgemeinheit entspricht?[86] Diese anerkannten Wertvorstellungen der Allgemeinheit, wie immer man sie umschreiben mag, sind „angesichts des Wertpluralismus unserer Zeit mehr denn je nur noch ein fiktives Leitbild."[87] „Alles geht wie in einem Fluß vor uns vorüber, und der wandelbare Geschmack und die verschiedenen Gestalten des Menschen machen das ganze Spiel ungewiß und trüglich. Wo finde ich feste Punkte der Natur, die der Mensch niemals verrücken kann, und wo ich Merkzeichen geben kann, an welches Ufer er sich zu halten hat?"[88]

Deutlich wird der Wertpluralismus in jüngster Zeit wieder an der Frage der Zulässigkeit des Schwangerschaftsabbruchs, ebenso wie z. B. an der Problematik von Tierversuchen, Gentechnologie und In-vitro-Fertilisation. „Hier gehen die Meinungen infolge der weltanschaulichen Gegensätze hoffnungslos auseinander", stellte Lenckner schon vor zwanzig Jahren in bezug auf die Abtreibungsdebatte fest.[89]

Der Rückgriff auf überpositives Recht als Maßstab zur Lösung von konkreten Einzelfällen ist also ein wenig erfolgversprechender Weg; er versagt nicht nur in „kleinen" Kollisionsfällen im Rahmen des strafrechtlichen Notstandes (z. B. bei der Frage, ob jemandem zwangsweise Blut entnommen werden darf, weil nur er die zur Lebensrettung eines anderen benötigte Blutgruppe aufweist), sondern v. a. bei den „großen und grundsätzlichen Fragen" wie Abtreibung, Gentechnologie oder In-vitro-Fertilisation.[90]

---

[83] Welzel, Naturrecht und materiale Gerechtigkeit (wie Fn. 80), S. 227.

[84] Siehe Nachweise bei Lenckner, Notstand (wie Fn. 18), S. 166, Fn. 36.

[85] Schmidt E (1929) Das Reichsgericht und der übergesetzliche Notstand. ZStW Bd. 49, S. 376; Hubmann, Rationale Wertung (wie Fn. 78), S. 11.

[86] Vgl. Lenckner, Notstand (wie Fn. 18), S. 172ff.

[87] Lenckner, Notstand (wie Fn. 18), S. 174; Hubmann geht demgegenüber davon aus, daß trotz des Pluralismus der Meinungen in einer Kulturgemeinschaft doch übereinstimmende Urteile über Grundwerte aufgewiesen werden.

[88] Kant I, zit. nach Rosenkranz K und Schubert FW (Hrsg., 1838–1842) Sämtliche Werke, Bd. 11, S. 241.

[89] Lenckner, Notstand (wie Fn. 18), S. 174.

[90] Vgl. auch Lenckner, Notstand (wie Fn. 18), S. 173.

Praktische Konkordanz statt Güterabwägung?

Wenn man an dieser Stelle ein vorläufiges Fazit über die Brauchbarkeit der juristischen Methoden der Güterabwägung ziehen will, kann man feststellen, daß es durchaus eine Methode der Güterabwägung gibt, die diesen Namen verdient; es gibt nachvollziehbare Maßstäbe wie Erforderlichkeit, Geeignetheit und mildestes Mittel/Verhältnismäßigkeit, die von den Gerichten auch angewendet werden. Problematisch aber bleibt die Rangfrage, d. h. die Begründung der Vorzugswürdigkeit eines Wertes. Güterabwägung als reine Feststellung von Höherwertigkeit und Übergewichtigkeit läuft Gefahr, so die sicher nicht unberechtigte Kritik, zu einem unkritischen Rückgriff auf Werte zu führen,[91] der einer Direktive, die sich aus der Verfassung ableitet,[92] entbehrt, und statt dessen Werte und Gewichtung schlicht behauptet. Daran vor allem entzündet sich die Kritik in der jüngeren verfassungsrechtlichen Diskussion. Die herkömmliche Methode der Güterabwägung enthalte Elemente einer vor- und außerverfassungsrechtlichen Rangordnung der Werte. Werte aber seien nicht im Sinne eines abstrakten Werthimmels zu verstehen. Sie werden nicht von außen oder oben der Verfassung und der Rechtsordnung auferlegt. Sie erheben keinen apriorischen, jenseits von Raum und Zeit stehenden Geltungsanspruch.[93] Bei den grundgesetzlichen Werten handele es sich um Werte, die von der Verfassung positiviert und konkretisiert seien, deren ständig neue Aktualisierung „hic et nunc" aufgegeben sei.[94] Ausgehend davon, daß Grundrechte ein einheitliches System bilden und mit anderen Verfassungsrechtsgütern in einem Verhältnis gegenseitiger Bedingtheit stehen[95], sei die Wertigkeit der Grundrechte und der sie begrenzenden Rechtsgüter allein von der Verfassungsebene aus zu bestimmen[96] und nicht durch Ableitungen aus einem System vorgestellter Werte;[97] das würde die Gefahr heraufführen, daß der Staat in die Rolle des Tugendwächters gerate.[98]

Die in Kollisionsfällen notwendige Begrenzung von Grundrechten soll – das ist gewissermaßen der Gegenvorschlag zur Güterabwägung – im Wege der u. a. sog. praktischen Konkordanz vorgenommen werden.[99] Das praktische Ergebnis eines Ausgleichs kollidierender Interessen könne nur durch verhältnismäßige Begrenzung beider bzw. aller beteiligten Normgehalte erzielt wer-

---

[91] Vgl. Hesse, Verfassungsrecht (wie Fn. 8), Rn. 52.
[92] Vgl. Hesse, a. a. O., Rn. 72.
[93] Häberle, Wesensgehaltgarantie (wie Fn. 5), S. 7.
[94] Ebd.
[95] Häberle, a. a. O., S. 31.
[96] Häberle, a.a.O., S. 32; s. auch Hesse, Verfassungsrecht (wie Fn. 8), Rn. 72, Fn. 31; Müller, Normstruktur und Normativität (wie Fn. 12), S. 209.
[97] Kaiser JH (1965) VVDStRL 22, S. 178.
[98] Ebd.
[99] Z. B. Hesse, Verfassungsrecht (wie Fn. 8), Rn. 72; andere Termini sind etwa „optimale Rationalisierung" der beteiligten verfassungsrechtlichen Norminhalte und „Optimierung und Harmonisierung", siehe Müller, Normstruktur und Normativität (wie Fn. 12), S. 213.

den, nicht aber dadurch, daß, so Müller, der eine oder andere in Frage stehende Normgehalt *pauschal zurücktreten* (Hervorhebung von Verf.) müsse.[100] Beiden Gütern müßten Grenzen gezogen werden, damit beide zu optimaler Wirksamkeit gelangen könnten.[101] Der Gedanke der Konkordanz sei dem der Güterabwägung insoweit überlegen, als er im Ansatz an der gleichrangigen Positivität der gegenläufigen Vorschriften festhalte. Einzelne beteiligte Normen dürften nicht einseitig zugunsten der anderen mißachtet, auch nicht unverhältnismäßig stark zurückgedrängt werden.[102] Ein Verfahren, das räumt Müller ein, ist damit aber noch nicht angegeben; es sei nur das Problem gesehen und ein Ziel abstrakt benannt.[103]

Damit kommt man an der Frage nicht vorbei, ob sich der ganze, teilweise erhebliche argumentative Aufwand und v. a. auch die wortreichen heftigen Attacken gegen die „Güterabwägung" so recht gelohnt haben. Der methodische Ansatz ist ein unterschiedlicher, und da ist sicher dem von der Verfassungsebene ausgehenden, sich um Normanalyse bemühenden Ausgangspunkt der Vorzug zu geben vor dem bloß werthaften, mit naturrechtlichen Elementen durchsetzten. Und sicher ist es auch ein Verdienst der Kritiker der Güterabwägung, auf die mit einer unkritischen und leichtfertigen Abwägung verbundenen Gefahren hinzuweisen, ebenso wie die Mahnung sinnvoll und berechtigt ist, daß Abwägung immer nur das letzte Mittel „und niemals etwas anderes sein" dürfe,[104] daß also vor jeder Abwägung oder auch Konkordanz die sorgfältige Prüfung mit Hilfe der üblichen Auslegungsmethoden zu stehen habe, ob tatsächlich eine Kollisionslage besteht, was vielfach nicht der Fall ist.[105] Aber im Ergebnis, und manchmal auch noch in der Methode, bleibt doch alles beim alten. Alle, die sich mit Methoden der Konfliktlösung befassen, wollen nicht ein Recht auf Kosten eines anderen ganz und gar zurückdrängen, sondern die beteiligten Güter und Interessen verhältnismäßig begrenzen. Alle setzen primär auf Ausgleich, und wenn das nicht möglich ist, auf das „mildeste Mittel", den schonendsten Eingriff. Manchem ist auch klar, daß die Gräben oft gar nicht so tief sind: ein nicht auflösbarer Konflikt, also eine „zu Recht anzunehmende Kollision mag oft nur durch abwägende Erörterung der Fragen zu beheben sein, welche der möglichen Lösungen besser vertretbar erscheint", konzediert Müller.[106] Und auch dann, wenn man „gleichwohl darauf bedacht" ist, die Voraussetzungen der Abwägung nach Möglichkeit zu rationalisieren, bleibt doch auch dem Kritiker die Erkenntnis, daß es „irrationale Komponenten" gibt, die bei nicht auflösbarem Konflikt stärker in den Vordergrund treten und zu denen man sich freilich bekennen müsse.[107]

---

[100] Müller, Normstruktur und Normativität (wie Fn. 12), S. 213.
[101] Hesse, Verfassungsrecht (wie Fn. 8), Rn. 72.
[102] Müller, Einheit der Verfassung (wie Fn. 10), S. 198.
[103] Ebd.
[104] Arndt A (1966) Umwelt und Recht. NJW, S. 872.
[105] Müller, Einheit der Verfassung (wie Fn. 10), S. 196 ff.
[106] Müller, Normstruktur und Normativität (wie Fn. 12), S. 213.
[107] Ebd.

Die – gemeinsamen – Probleme der Güterabwägung und der praktischen Konkordanz sind nicht gelöst; das liegt in der „Natur der Sache" Wertmaßstab, Wertung und Abwägung. Mit dem vorhandenen Instrumentarium, das soll hier heißen einer „vernünftigen", so weit wie möglich rationalen Güterabwägung kann man aber durchaus Interessenkonflikte aus dem sog. mittleren Bereich lösen, wie viele Verfassungsgerichtsentscheidungen belegen. Für die Lösung der großen Wertkonflikte taugt sie freilich nicht.

Differentialdiagnose und Differentialethik

Güterabwägung in der klinischen Medizin

Rudolf Gross

Auf dem Römerberg 40, W-5000 Köln 51, BRD

Grundlagen

Lassen sie mich mit 2 Zitaten beginnen, die ich zwar alle schon irgendwann irgendwo gebracht habe; doch nicht so häufig, daß sie der Mehrzahl der Leser geläufig sein dürften.
Mein österreichischer Lieblingsdichter Josef Weinheber sagte unübertroffen:

Humanitas, das eben heißt
Menschliches menschlich tun mit Geist... (1978).

Der große Leipziger Kliniker Max Bürger sagte:

Die diagnostische Kunst hat einen Januskopf, der mit einem Gesicht der medizinischen Technologie, mit dem anderen der menschlichen Seelenkunde zugewandt ist. Keines von beiden können wir entbehren. Der Streit um das Primat ist müßig (1954).

Bevor ich auf mein Thema eingehe – die naturwissenschaftliche Seite medizinischer, diagnostischer und therapeutischer Entscheidungen – kann ich die *Gleichwertigkeit beider Wurzeln* nicht scharf genug betonen: Arzttum ist eine Beschäftigung mit kranken Menschen auf der Basis beherrschter Technologie! So gibt es heute schon ganze Bücher über medizinische Entscheidungen auf ethischer Grundlage (z. B. Engelhardt 1986; Graber et al. 1985; Jonas 1985), mit denen sich gewiß meine Kollegen beschäftigen werden. Ich darf mich der

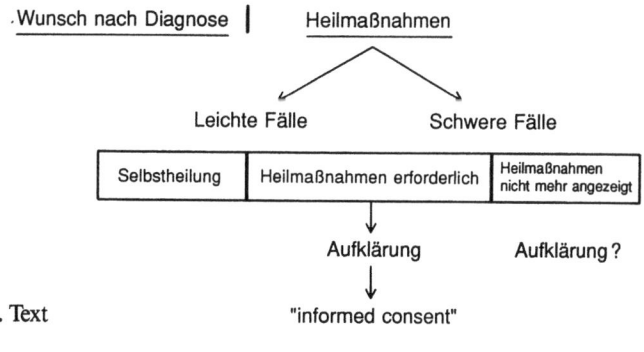

Abb. 1. Erklärungen s. Text

H.-M. Sass · H. Viefhues (Hrsg.)
Güterabwägung in der Medizin
© Springer-Verlag Berlin Heidelberg 1991

naturwissenschaftlichen Seite der medizinischen Diagnostik und Therapie zuwenden.

Abgesehen von einer kleinen Gruppe, die nur die Diagnose wissen oder (häufiger) kontrolliert haben möchte (Abb. 1) – nach meinen Erfahrungen ca. 5% – gipfelt die Diagnose in einer therapeutischen Entscheidung – wobei der Übergang von der *probalistischen Diagnose* zur *deterministischen Aktion* –, sei es als aktive Maßnahme, als bewußte Unterlassung oder als abwartendes Beobachten, den logisch schwierigsten Teil darstellt.

Behandlung ohne Diagnose

Von dem österreichischen Praxisforscher Braun (1961) haben wir gelernt, daß sich im Grunde zwei Vorgehensweisen gegenüberstehen, die Übersicht 1 wiedergibt: *Abwendbar gefährliche Verläufe*, die unser Eingreifen innerhalb von Sekunden oder Minuten erfordern und Beschwerden oder Befunde, deren *weitere Entwicklung man beobachtend abwarten* sollte. Ich zeige das an der Abb. 2 (Braun 1961).

Zwischen der Herstellung der gefährdeten Homöostase und der weiteren Beobachtung liegt ein weiter Spielraum persönlichen Ermessens, der eben die ärztliche Erfahrung oder die ärztliche Kunst ausmacht.

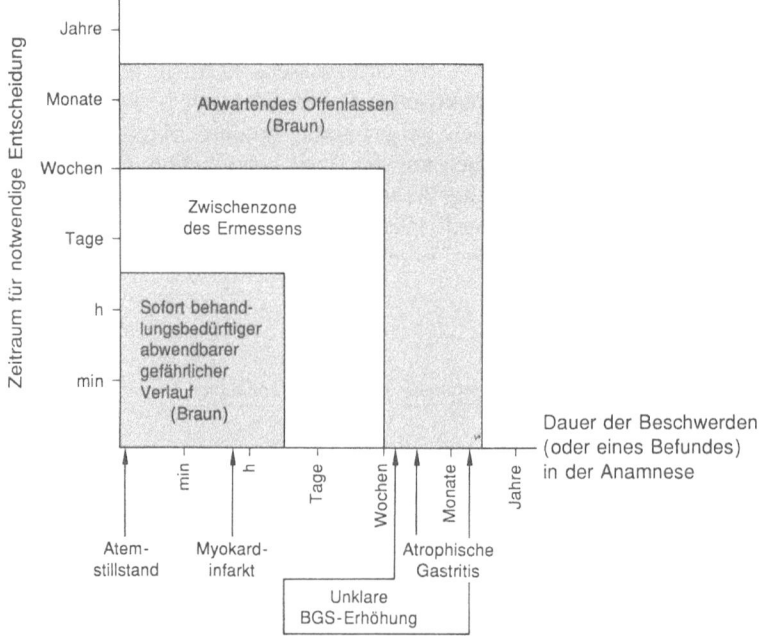

Abb. 2. Beispiele sofort behandlungsbedürftiger dringlicher Fälle des abwartenden Beobachtens. (Mod. nach Braun 1961)

Übersicht 1. Indikationen einer „Therapie ohne Diagnose"

Akut bedrohliche Situationen,
Wiederherstellung der Homöostase.
Indikationen dringlicher Operationen.
Diagnosis ex juvantibus,
langfristig unklare Diagnosen.
Bagatellfälle für symptomatische Hilfen.

Neben dieser Alternative gibt es noch *andere Ursachen unmittelbarer Behandlung*. Ich nenne beispielhaft die „Diagnosis ex juvantibus" (Gross 1969) die – wegen des drohenden Zeitverlustes – nicht ungefährlich ist, viel Selbstdisziplin verlangt, v. a. aber vorher festgelegte Behandlungszeiträume, die man bei Erfolglosigkeit nicht immer wieder prolongieren darf.

Aus dem späten Mittelalter stammt der vielzitierte und in meiner Kenntnis noch von niemandem einem gesicherten Autor zugeschriebene Spruch:

Guérir quelquefois,
Soulanger souvent,
Consoler toujours.

Dies hat sich in letzter Zeit geändert; war wegen der schnelleren Fortschritte der Diagnostik bis in die 30er Jahre hinein an den führenden Schulen ein *therapeutischer Nihilismus* (Buess 1954; Lesky 1960) dominierend, so hat sich dies in den letzten 50–60 Jahren durch breit deckende Medikamente wie Kortikosteroide, Rezeptorenblocker, Immunmodulatoren, Antibiotika häufig in eine Form von Overtreatment – ich meine hier: *Behandlung von vordergründigen Krankheitserscheinungen* ohne klare Vorstellung über Ätiologie und Pathogenese – gewandelt. Es ist kein Zufall, daß gerade in unserer Ära Weed (1971; Weed u. Wakefield 1983 mit ausführlicher Literatur) und seine Schüler die Diagnose abgelöst wissen wollen durch eine *„Problemorientierung"*.

Kausale Diagnose und kausale Therapie

In meiner Sicht kann nur eine Erkennung der Ursachen, eine *kausale Diagnose*, zu einer *kausalen Therapie*, d. h. zur Beseitigung der Krankheitsursache führen (Abb. 3). Für die Chirurgie geht es dabei oft weniger um die Diagnose als um die Entscheidung über einen probatorischen Eingriff (Abb. 4). In beiden Fällen kann die Diagnose aus Zeitgründen oder aus Mangel an technischen Möglichkeiten vielleicht nicht oder noch nicht möglich sein. In diesem Fall darf man – wie Richard Koch (1917) in Anlehnung an Vaihingers „Philosophie des Als ob" (Vaihinger 1986) entwickelte, behandeln „wie bei", ohne sich mit einer Diagnose festlegen zu müssen. Dies ist aber nur unter 2 Prämissen erlaubt:

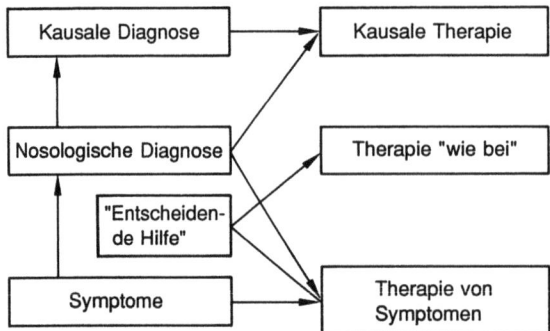

Abb. 3. Verhältnis von kausaler Diagnose und symptomatischen Maßnahmen in der inneren Medizin

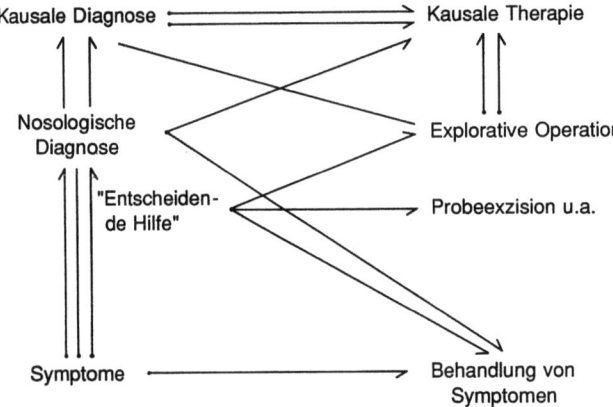

Abb. 4. Verhältnis von kausaler Diagnose und operativen Fächern

1) Abgesehen von den bereits genannten akut bedrohlichen Verläufen, v. a. auf Intensivstationen, sollte man sich für die Behandlung vordergründiger Symptome ein zeitliches Limit (von meist 2 – 3 Wochen) setzen und diese Zeit auch bei Mißerfolg nicht immer wieder verlängern.

2) Soweit es die Bedrohung des Kranken zuläßt, sollte man alles unterlassen, was eine langfristige Klärung des Grundleidens ausschließt. Dazu gehören, um nur 2 Beispiele zu nennen: Eisen oder gar Kombinationspräparate bei unklaren Anämien; Gabe jodhaltiger Kontrastmittel, wenn auch nur der leiseste Verdacht einer Schilddrüsenfunktionsstörung besteht, oder wenn nicht gleichzeitig vorsichtshalber Teste mitlaufen.

Aus dem Vorgenannten ergibt sich bereits, daß sich unseren diagnostischen und therapeutischen Maßnahmen 2 Theorien zuordnen lassen (Übersicht 2): der *Theorie der Wahrscheinlichkeit* und der *Theorie des Nutzens*.

Übersicht 2. Grundkomponenten ärztlicher Entscheidungen

Diagnose	*Therapie*
Sicherheit oder Wahrscheinlichkeit	Nutzen gegen Risiko
Theorien der Wahrscheinlichkeit	Theorien des Nutzens
in praxi: Handlung oder Unterlassung („Aktion")	

Diagnostik

Abgesehen von einfachen Verfahren, wie denen der *Analogie* oder der *Flußdia-gramme*, geht in unsere Aussagen die (in binären Systemen zwischen 0 = ausgeschlossen und 1 = sicher skalierte) *Wahrscheinlichkeit* mit ein. Dabei ist Wahrscheinlichkeit eine Wahrheit mit abgeschwächtem Bestätigungsanspruch, wie er z. B. bei der sog. „fairen Wette" zum Ausdruck kommt. Übersicht 3 zeigt links verschiedene Abstufungen der Wahrscheinlichkeit nach Haak (1980), rechts die neueste Entwicklung des amerikanischen Ingenieurs Zadeh für besonders komplizierte Probleme, die sog. *„Verschwommene Logik"*. Wir brauchen sie hier nicht zu diskutieren, da sie einen außerordentlichen Rechenaufwand, auch auf Computern der 5. oder 6. Generation, erfordert oder – wegen der zwar schon 1920 von Lukasiewicz entdeckten, aber seither wenig bearbeiteten mehrdimensionalen Logik – eine Umprogrammierung unserer bisher binären Hard- und Software erfordern würde (Lukasiewicz zit. nach Rescher 1969). Sie hat deshalb in der Medizin nach meiner Kenntnis bisher noch keinen Eingang gefunden.

Lassen sie mich auf die deduktiven und induktiven Schlüsse zurückkommen. In den reinen Naturwissenschaften gilt nur der *deduktive Schluß* aus seinem logischen Gerüst heraus als unanfechtbar, sofern die Prämissen zutreffen. Es handelt sich aber um eine Umformung, also um eine Tautologie ohne Zugewinn an Information. Er wird, soweit ich sehe, v. a. benutzt bei dem von mir (Gross 1973) in die Medizin eingeführten hypothetikodeduktiven Verfahren

Übersicht 3. Formen der Wahrscheinlichkeit

deduktiv = tautologisch	– absolut sicher
induktiv stark	– ziemlich sicher
induktiv schwach	– mehr/minder sicher
Nicht formal („einleuchtend")	– wenig sicher
	– möglich
	– wenig wahrscheinlich
	– unwahrscheinlich
	– ausgeschlossen
(Nach Haack 1980)	(Nach Zadeh 1965)

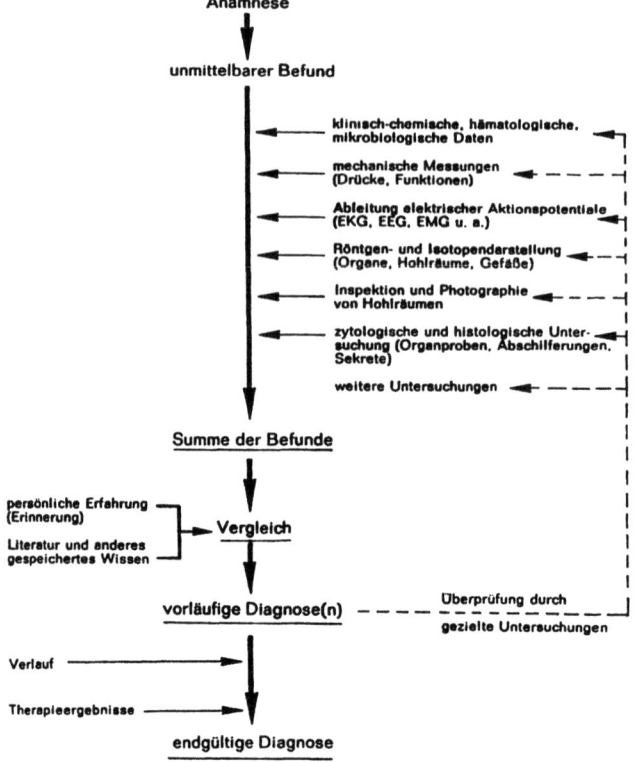

Abb. 5. Hypothetikodeduktive Diagnostik. (Nach Gross 1973)

(Abb. 5), indem unsere vorläufigen Diagnosen oder Hypothesen deduktiv mit naturwissenschaftlichen Methoden überprüft werden. Anders bei der *Induktion*. Sie ist durch die Prämissen nicht voll gedeckt, führt aber zu zusätzlichen Informationen oder Hypothesen: sie ist m. E. in der Medizin nicht nur erlaubt, sondern oft angezeigt.

Als Muster der sog. starken Induktion möchte ich das Cournot-Prinzip $1 - \varepsilon$ nennen. Lassen wir für ε nur einen sehr kleinen Spielraum zu, so ist unser Zugewinn gegenüber der Deduktion gering. Umgekehrt führt ein großes ε zur schwachen Induktion und damit zur Frage, was wir noch für wahrscheinlich halten wollen (Übersicht 4). Wie sie wissen, läßt sich die Wahrscheinlichkeit in 3 Formen darstellen: numerisch, als Intervall, als Komparation.

Eine große Rolle spielt schließlich in der Medizin, welche *Trennschärfe* man von seinen Diagnosen verlangt: bei einer Erkältungswelle eine Grippe zu diagnostizieren, erfordert keine besondere Kunst; die Diagnose einer peribronchialen Pneumonie zu stellen, verlangt schon technischen Aufwand; der Nachweis des Erregers ist oft ebenso aufwendig wie kostspielig. Mit anderen Worten (Übersicht 5): Weit gefaßte Diagnosen sind meist richtig, aber wenig brauch-

Übersicht 4. Grundschema medizinischer Entscheidungen

Fakten	Logik	Folgen	Entscheidung
Anamnese	Subjektive	Erwünschte	Aktion(en)
Befunde	Wahrscheinlichkeit	Unerwünschte	Unterlassung(en)
Technische Daten	Ausschluß von	Therapeut.	
	Inkonsistenzen	Index	

Übersicht 5. Probleme der Trennschärfe von Diagnosen

Breite Diagnosen	Enge Diagnosen
Meist richtig	oft falsch
Wenig brauchbar	sehr brauchbar
„Errors of omission"	Errors of commission
Richtige Diagnose nicht ausgeschlossen	Richtige Diagnose ausgeschlossen
= Verfehlte Differentialdiagnose	= Falsche Differentialdiagnose

bar; eng gefaßte sehr brauchbar, aber häufig falsch oder, wie Richard Koch (1917) es formulierte: Die weit gefaßten Diagnosen sind meist richtig, aber nicht die richtigen Diagnosen. In der Praxis und Klinik sind wir oft gezwungen, *Kompromisse* zu schließen.

Lassen sie mich den diagnostischen Teil mit einigen Übersichten abschließen.

Der normale Weg der Diagnostik läßt sich (Übersicht 6) zusammenfassen in:

1) Akkumulation von Beschwerden, Befunden, Daten;
2) Analyse, d. h. Bewertung und Gewichtung der Erscheinungen;
3) Analogie, d. h. Vergleich mit vorbestehenden Erfahrungen und Kenntnissen;
4) Induktion = Rückschluß auf die Diagnose.

Übersicht 6. Diagnostische Schritte

Akkumulation	Sammeln der Beschwerden, Befunde, Daten etc.
Analyse	Ordnen und Bewerten der Symptome
Analogie	Vergleich mit Erfahrung und Kenntnissen
Induktion	Rückschluß auf die (abstrakte) Diagnose

Übersicht 7 zeigt die Grenzen vom allgemeinen Wissen her auf, Übersicht 8 die Grenzen vom jeweiligen Untersucher, Übersicht 9 die vom Probanden her.
Alles läßt sich zusammenfassen in den Fragen der Übersicht 10.

Übersicht 7. Grenzen vom allgemeinen Wissen und von der Methodik her

---

Unscharfe Definition des Krankheitsbegriffes,
mangelnde Kenntnis über Ätiologie und Pathogenese,
mangelnde Kenntnis über Erscheinungsformen,
mangelnde Kenntnis über Epidemiologie, Soziologie,
Fehlen von „Suchtests" etc. für Verdachtsfälle,
Nachweis nur mit aufwendiger Methodik,
allgemeine Kenntnis zu wenig verbreitet.

Übersicht 8. Grenzen vom jeweiligen Untersucher her

Oberflächliche Anamnese, schlechte Untersuchungstechnik,
mangelnde differentialdiagnostische Kenntnisse,
emotionelle, ideologische, diagnostische Vorurteile,
autistische Überheblichkeit,
Laborgläubigkeit oder Ignorierung technischer Daten,
Festhalten an früheren Diagnosen,
Verwechslung von Befunden und Deutungen,
voreilige Schlüsse, „Blickdiagnosen".

Übersicht 9. Grenzen vom jeweiligen Probanden her

Subjektive	*Objektive*
Mangelnde Verständigung	Anatomische Hindernisse
Mangelnde Kooperation	Varianten zur Norm ohne Krankheitswert
Langatmige Klagen	Atypische Verläufe
Polytopische Beschwerden	Oligosymptomatische Störungen
	Interferenz mehrerer Krankheiten
	Verwischung durch Alter, Medikamente, Lebensgewohnheiten
	Psychosomatische Ursachen
	Zu kurze oder sonst eingeschränkte Beobachtung

Übersicht 10

Was ist diagnostisch zumutbar?

Welche Konsequenzen könnten sich aus der Diagnostik ergeben?

In welche Richtung müßten Differentialdiagnosen mit technologischen Methoden erweitert, gesichert oder ausgeschlossen werden?

Welche therapeutischen Maßnahmen sind auf der Basis der bestehenden Informationen erlaubt und angezeigt?

Was ist therapeutisch zunächst zu meiden, um die Klärung nicht zu verschieben oder unmöglich zu machen?

Therapie

In den meisten Wissenschaften, besonders in den Wirtschaftswissenschaften, sind Nutzen und Schaden umgekehrt proportional oder komplementär.
Die *allgemeine Formulierung von Nutzen und Schaden* lautet:

$$U = p \cdot u + (1-p) \cdot s \ .$$

Das gilt nicht für die Medizin, in die mindestens 4 Parameter eingehen (s. Übersicht 11): Der Nutzen und der Schaden sowohl durchgeführter wie unterlassener Maßnahmen.

Übersicht 11. Vergleich des therapeutischen Nutzens und Schadens

---

U = Nutzen insgesamt
u_1 = Nutzen durchgeführter Therapie
u_0 = Nutzen unterlassener Therapie
s_0 = Schaden unterlassener Therapie
s_1 = Schaden durchgeführter Therapie
$U > 1$: Nutzen der Therapie überwiegt
$U < 1$: Schaden der Therapie überwiegt
$U = 1$: Nutzen und Schaden sind gleich groß

$$U = \frac{u_1 \cdot s_0}{s_1 \cdot u_0}$$

Dies alles läßt sich als *therapeutischer Index* (s. Übersicht 12) zusammenfassen. Er ist beim Tier relativ leicht als einfacher Quotient festzustellen: Zahl der geheilten Tiere geteilt durch die Zahl der verstorbenen Tiere. Nicht so natürlich beim Menschen. Ich habe deshalb für diesen den Quotienten aus gerade noch wirksamer Dosis durch maximal tolerierte Dosis vorgeschlagen.

Übersicht 12. Therapeutische Indizes

Tier (Brock, Schneider u. a.) z. B.	D. curativa 90/D. letalis 10
Mensch (Aschenbrenner u. a.)	Nutzen/Risiko
Mensch (Gross u. a.)	Dosis minima efficax/Dosis maxima tolerata

---

Wir müssen (s. Übersicht 13) nach einer Zusammenstellung von Kimbel (1976) auf 1000 Patienten mit 20–200 unerwünschten Wirkungen rechnen, darunter 2–20 Todesfällen. Diese Sammelstatistik aus 12 Kliniken ist zwar über 10 Jahre alt, doch haben sich die Zahlen nach einer persönlichen Mitteilung des Geschäftsführers der Arzneimittelkommission Kimbel (1988) kaum verändert.

Übersicht 13. *Unerwünschte Arzneimittelwirkungen* nach rd. 12 Statistiken. (Mod. nach Kimbel 1976)

In der Praxis: (Schätzung),	2–5% der Patienten
davon lebensbedrohlich	0,2% der Patienten
Krankenhausaufnahmen wegen Arzneimittel- unverträglichkeit (international)	0,5–5,9% der Aufnahmen
Im Krankenhaus: Arzneimittelunverträglichkeit (international)	6,4–22,5% der Aufnahmen
Im Krankenhaus: tödliche Ausgänge (international)	0,2–2,3% der Aufnahmen

Schlußfolgerung: Man muß bei differenzierter Therapie auf 1000 Patienten mit 20–200 unerwünschten Reaktionen mit 2–20 Todesfällen rechnen.

Auf der anderen Seite dürfen alle diese Risiken nicht zur therapeutischen Untätigkeit führen. Im Gegenteil: Oft beeinflußt der gewagte Eingriff, die höhere Dosierung eine größere Chance, geheilt zu werden, als übergroße Ängstlichkeit. Aus meiner Sicht sterben mehr Kranke an übergroßer Vorsicht und Unterlassungen als an zu forschem Vorgehen.

Dabei sollten wir grundsätzlich nicht von „Nebenwirkungen", sondern von *„unerwünschten Wirkungen"* (s. Übersicht 14) sprechen. Beispiel: Bei Herzglykosiden können neben der Hauptwirkung, der positiven Inotropie, sog. Nebenwirkungen wie negative Dromotropie und negative Chronotropie bei gewisser Rhythmusstörung durchaus erwünscht, ja unser Behandlungsziel sein. Medikamente, oft im halben Dutzend genommen (s. Übersicht 15) können sich

Übersicht 14. Wirkung von Medikamenten

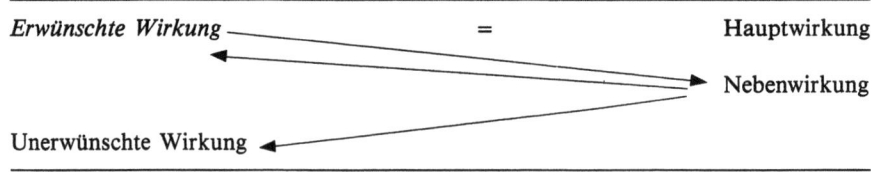

Erwünschte Wirkung	=	Hauptwirkung
		Nebenwirkung
Unerwünschte Wirkung		

Übersicht 15. Interaktion von Medikamenten

Exogen:	aufhebend,
	abschwächend,
	verstärkend: additiv,
	überadditiv,
	potenzierend.
Endogen:	verminderte Eiweißbindung,
	verminderte Entgiftung,
	gesteigerte „Giftung",
	verzögerte Ausscheidung.

Übersicht 16. Kriterien der Nutzen-Schaden-Relation. (Mod. nach Steinbuch 1965)

1) *Nutzen*, den das Eingehen eines Risikos bringt,
2) *Schaden* (Kosten) = Quantifizierung des möglichen Schadens,
3) *Wahrscheinlichkeit*, mit der Schaden eintreten kann,
4) *Minimierung* des Risikos,
5) *Akzeptanz* und Entschluß.

Tabelle 1. Einteilung der Organschäden nach pathogenetischen Prinzipien

Typ	Allergische Reaktionen	Pharmakogenetisch bedingte Überempfindlichkeit	Toxische Schäden
Wirkungseintritt	Stunden bis Tage	Tage bis Wochen	Wochen bis Monate
Dosisabhängigkeit	keine: auch kleinste Mengen	relative: bei therapeutischen Dosen	ausgeprägte: nur bei Überdosierung
Betroffen	wenige	wenige	fast alle Menschen
Prognose	meist gut	zweifelhaft	zweifelhaft
Reversibilität	meist	zum Teil	zum Teil

wechselseitig beeinflussen in einer Weise, die dem Kranken nicht bekannt ist und meist auch nicht den Spezialisten, die er wegen ganz verschiedener Beschwerden konsultiert.

Alles in allem haben wir somit Risiko und Nutzen sorgfältig gegeneinander abzuwägen. Der Informatiker Prof. Steinbuch hat dazu eine Übersicht verfaßt (s. Übersicht 16).

Abgesehen von absoluten oder relativen Überdosierungen müssen wir stets mit 3 Gruppen unerwünschter Wirkungen (s. Tabelle 1) rechnen, die sich klinisch relativ leicht differenzieren lassen: mit *toxischen Wirkungen, allergischen Reaktionen* und (sozusagen als Mittelgruppe) *pharmakogenetischen Wirkungen*, d. h. aufgrund besonderer individueller Disposition (häufig, aber nicht unbedingt identisch mit „Pseudoallergie"). Bei diesen kann auch eine korrekte Dosierung dem betreffenden Individuum (meist in einer Größenordnung von 1:1000 bis 1:100000) schweren Schaden zufügen.

Krankheitswahrscheinlichkeit und Nutzen-Schaden-Relation

Unsere Entscheidung wird somit von den beiden Grundkomponenten bestimmt:

1) der Wahrscheinlichkeit einer bestimmten Krankheit oder eines Syndroms;
2) der Nutzen-Schaden-Relation der vorgesehenen Maßnahme.

Dafür gibt es, beginnend mit Walds Minimax-Prinzip (1950), eine ausführliche Literatur (s. u. a. Gross 1975). Ich kann nur die einfachsten und gebräuchlichsten Prinzipien vorführen: Den Entscheidungsbaum und die Entscheidungsmatrix. Der *Entscheidungsbaum* ist in seiner einfachsten Form eine Modifikation des bekannten 4-Felder-Schemas (Abb. 6 und 7).

Sie sehen, daß man 2 Fehler machen kann: Eine vorhandene Krankheit fälschlich nicht behandeln und eine Therapie einleiten, obwohl gar keine Krankheit vorliegt. Selbstverständlich gibt es viele und z. T. sehr komplexe Entscheidungsbäume, wie sie z. B. Abb. 8 extrapoliert auf 1000 Pankreaskarzinome bringt. Eiseman (1980) hat für fast alle chirurgischen Situationen einen sol-

	Krankheit tatsächlich nicht vorhanden	Krankheit tatsächlich vorhanden	
Krankheit angenommen	Diagnose falsch – positiv	Diagnose richtig – positiv	D +
Krankheit nicht angenommen	Diagnose richtig – negativ	Diagnose falsch – negativ	D –
	K –	K +	

Abb. 6. Vier-Felder-Schema von Befund und Diagnose. (Nach Gross 1969)

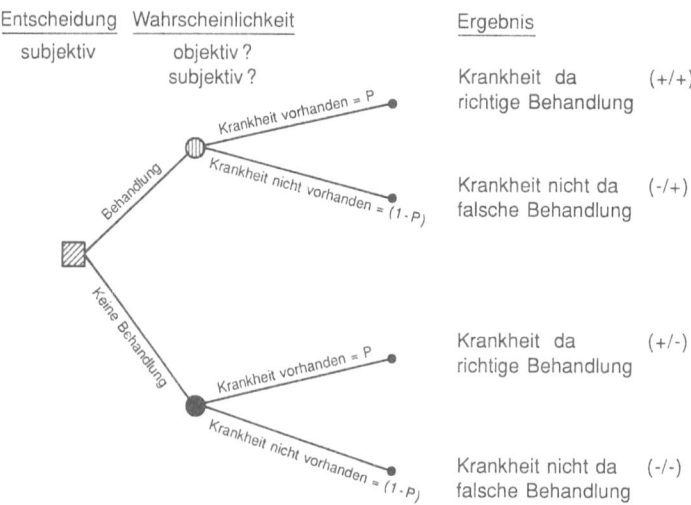

Abb. 7. Vier-Felder-Schema der Abb. 6, geschrieben als (einfachster) Entscheidungsbaum

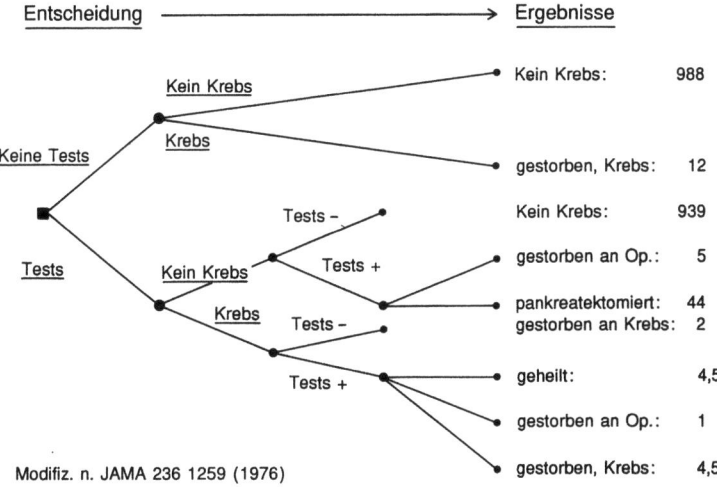

Abb. 8.   Modifiz. n. JAMA 236 1259 (1976)

chen Atlas von Entscheidungsbäumen zusammengestellt. Ich ziehe trotz der
führenden Stellung von Raiffa (1973) u. a. mit Menges (1972) sowie Schneeweiss (1967) die *Entscheidungsmatrix* vor, da sie das logische Gerüst besser erkennen läßt (Tabelle 2).

Tabelle 2. Entscheidungsmatrix (*a* diagnostische oder therapeutische Aktion; *u* Nutzen; *pK* Wahrscheinlichkeit einer
Krankheit). (Aus Gross 1975)

	pk_1	$\ldots pk_2$	$\ldots pk_i$	$\ldots pk_m$
a_1	u_{11}	u_{12}	$\ldots u_{1i}$	$\ldots u_{1m}$
			:	:
a_2	u_{21}	u_{22}	$\ldots u_{2i}$	$\ldots u_{2m}$
:	:	:	:	:
a_j	u_{j1}	$\ldots u_{j2}$	$\ldots u_{ji}$	$\ldots u_{jm}$
:	:	:	:	:
a_n	u_{n1}	$\ldots u_{n2}$	$\ldots u_{ni}$	$\ldots u_{nm}$

Auf diesem Schema ist die *pK* die Wahrscheinlichkeit der in Betracht kommenden Krankheiten, *a* unsere jeweilige (diagnostische oder therapeutische)
Aktion, *u* der daraus resultierende Nutzen. Beachten sie bitte, daß eine Hori-
zontale bedeutet, daß eine Maßnahme bei allen differentialdiagnostisch in Betracht kommenden Krankheiten gleich wirksam ist; eine Vertikale, daß über die
Krankheit, d. h. über den Entscheidungsraum völlige Klarheit besteht, somit
lediglich die Auswahl der Therapie mit dem größten Nutzen-Schaden-Index
zur Diskussion steht.

Schlußfolgerungen

Übersicht 17 zeigt – von unten nach oben in aufsteigendem Anspruch zu lesen – die derzeit gebräuchlichen Methoden zur Ermittlung der Diagnose, Übersicht 18 die typischen Fehler des Entscheidungsmachers.

Übersicht 17. Formen ärztlicher Entscheidung

Volle Computerisierung („Diagnosen-Maschine", Simulation),
Computer für Teilaufgaben in Diagnostik und Therapie,
Entscheidungen mittels mathematischer Logik,
Entscheidungen mittels verbaler Logik,
bewußte logische Verarbeitung von Fakten,
unbewußte logische Verarbeitung von Fakten,
Empirie, Analogie, Intuition.

Übersicht 18. Psychologie des Entscheidungsmachers in Medizin (ungünstige Extremfälle)

Unkenntnis in der Entscheidungstheorie, mangelnde medizinische Kenntnisse.
Übergroße Vorsicht, Sorglosigkeit, zu große Risikobereitschaft.
Vorschnelle oder übereilte Entscheidungen, Abhängigkeit von kürzlich Erlebtem.
Übervorsichtige, skeptische Entscheidungen, vorschnelles, ungezügeltes Temperament.
Mangelndes Verständnis logischer Konsistenz, übertriebenes Denken in Systemen.
Irrationale Entscheidungen, ideologisch bestimmte Entscheidungen, Fanatismus.
(Stark mod. nach Israels 1982)

Literatur

Braun RN (1961) Feinstruktur einer Allgemeinpraxis. Schattauer, Stuttgart
Buess H (1954) Zur Frage des therapeutischen Nihilismus im 19. Jahrhundert. Schweiz Med Wochenschr (Beilage) 87:14
Bürger M (1954) Klinische Fehldiagnosen. Thieme, Stuttgart
Eiseman B (1980) Prognosis of surgical diseases. Saunders, Philadelphia
Engelhardt HT (1986) The foundations of bioethics. Univ Press, Oxford
Graber GC, Beasley AD, Eddy IA (1985) Ethical analysis of clinical medicine. Urban & Schwarzenberg, München
Gross R (1969) Medizinische Diagnostik. Springer, Berlin Heidelberg New York
Gross R (1973) Der Prozeß der Diagnose. Dtsch Med Wochenschr 98:783
Gross R (1975) Über diagnostische und therapeutische Entscheidungen. Klin Wochenschr 53:293
Gross R, Fricke U (1981) Arzneimittelwirkungen, Arzneimittelsicherheit, Arzneimittelprüfung. Med Welt 35:1

Haak S (1980) Philosophy of logics. Univ Press, Cambridge

Israels L (1982) Decision making. Random House, New York (franz. 1982, Calman-Lévy, Paris)

Jonas H (1985) Technik, Medizin und Ethik. Insel, Frankfurt

Kimbel KH (1976) Arzneimittelsicherheit − Nahziel oder Utopie. Naturwissenschaften 63:395

Koch R (1917) Die ärztliche Diagnose. Bergmann, Wiesbaden

Lesky E (1960) Von den Ursprüngen des therapeutischen Nihilismus. Sudhoffs Arch 1

Menges G (1972) Statistik − Theorie. Westdeutscher Verlag, Opladen

Raiffa H (1973) Einführung in die Entscheidungstheorie. Oldenburg, München

Rescher N (1969) Many-valued Logic. McGraw Hill, New York

Schneeweiss H (1967) Entscheidungskriterien bei Risiko. Springer, Berlin Heidelberg New York

Steinbuch K (1965) Automat und Mensch. Springer, Berlin Heidelberg New York

Vaihinger H (1986) Die Philosophie des Als ob. Scientia, Aalen

Wald A (1950) Statistical decision functions. New York

Weed LL (1971) Medical records, medical education, and patient care. Case Western Res Univ, Chicago

Weed LL, Wakefield IS (1983) Managing medicine. MCSA, Aukland

Weinheber J (1978) Gesammelte Werke. Lit bei Gross R Vortr Dtsch Ges Inn Med 84:Li

Zadeh LA (1965) Fuzzy sets. Inform Control 8

Ethische Güterabwägung in der klinischen Medizin

Hanns-Peter Wolff

Reichenhaller Straße 12A, A-5020 Salzburg, Österreich

In die medizinische Nutzen-Risiko-Kalkulation verantwortungsbewußter Ärzte ging schon immer die Frage nach dem ethisch richtigen Handeln – bezogen auf das reale und ideelle Patienteninteresse – ein. Sie wurde in der Regel nach bestem Wissen und Gewissen, oft nach dem Gefühl, entschieden. Wir wissen heute, daß das jetzt und in Zukunft nicht mehr genügt. Denn medizinischer Fortschritt und sozioökonomischer Wandel haben Ärzte und Biomediziner vor Fragen gestellt, auf die die traditionelle hippokratische Medizinethik keine Antwort weiß: Soll Leben um jeden Preis verlängert werden? Muß man Todkranken ihre Diagnose mitteilen? Hat die Patientenselbstbestimmung ihre Grenzen und, wenn ja, unter welchen Bedingungen? Unter welchen Voraussetzungen sind Organentnahmen zu Transplantationszwecken oder Menschenversuche um des medizinischen Fortschrittes willen ethisch vertretbar? Nach welchen Kriterien sollen knappe medizinische Ressourcen verteilt werden? Wie sind Nutzen und Risiken neuer Techniken wie extrakorporale Fertilisation, Genomanalyse und Gentherapie ethisch zu begründen und gegeneinander abzuwägen?

Die Adressaten dieser Fragen sind Vertreter verschiedener medizinischer Bereiche:

1) der Klinik und ärztlichen Praxis,
2) der Gesundheitsversorgung und
3) der biomedizinischen Forschung.

Es wird zu zeigen sein, daß auf allen 3 Ebenen verantwortliches Handeln neben Sachkompetenz und medizinischer Nutzen-Risiko-Analyse eine Abwägung der involvierten ethischen Güter erfordert. Hierfür kann die Medizinethik – aufgrund der Individualität des Einzelfalles und der Unvorhersehbarkeit neuartiger Fragestellungen – allerdings kein System starrer Normen aufstellen. Wohl aber Prinzipien, die als Kriterien für die ethische Beurteilung und als Grundlagen für deren Rechtfertigung dienen. Es sind „mittlere" Prinzipien, die von verschiedenen philosophischen oder religiösen Letztprinzipien her begründet werden können und daher unter Ärzten ebenso wie in einer pluralistischen Gesellschaft konsensfähig sind. Je nach dem auf welcher individuellen Ebene sich die ethische Güterabwägung vollzieht, werden verschiedene Prinzipien zur Anwendung kommen.

H.-M. Sass · H. Viefhues (Hrsg.)
Güterabwägung in der Medizin
© Springer-Verlag Berlin Heidelberg 1991

Auf der *persönlichen* Ebene, bei der Analyse des einzelnen Problemfalles, sind ärztliche Fürsorge, Verschwiegenheit und Wahrhaftigkeit einerseits und Patientenselbstbestimmung andererseits die handlungs- und entscheidungsleitenden Prinzipien. Es sind ihrer Natur nach Prima-facie-Prinzipien, d. h. jedes von ihnen besitzt einen uneingeschränkten Geltungsanspruch solange es nicht mit einem anderen gleichrangigen oder übergeordneten Prinzip kollidiert. Für derartige Konflikte und ihre Lösung durch die Methode der Güterabwägung lassen sich zahlreiche praktische Beispiele anführen.

Das Prinzip *Fürsorge* hat 2 Teilaspekte: *Hilfeleistung* und *Schadenverhütung*. Das Hilfsprinzip umfaßt direkte ärztliche Hilfe bis hin zur Förderung indirekten oder ideellen Patientennutzens. Das Prinzip Schadensverhütung entspricht dem traditionellen *Primum non nocere* und bezieht sich auf körperliche ebenso wie auf seelische oder soziale Schäden. Konflikte zwischen Hilfsverpflichtung und Schadensverhütung sind nicht selten – beispielsweise bei operativen Eingriffen an alten oder gebrechlichen Menschen, bei agressiven Chemotherapien mit hohem Nebenwirkungsrisiko oder bei der Auswahl multimorbider Nierenkranker für ein Dialyseprogramm. Hier ist der potentielle Gewinn an Lebenserwartung, Gesundheit, körperlicher und seelischer Lebensqualität gegen den potentiellen Verlust an einem oder mehreren dieser Güter abzuwägen. Ein ähnlicher Konflikt kann entstehen, wenn bei fortgeschrittenen Krebsleiden eine radikale Schmerzbekämpfung erforderlich und zum lebensverkürzenden Risiko wird. Hier tritt das *Primum non nocere* hinter die humanitäre Hilfsverpflichtung zurück. Der schmerzfreie Friede des Lebensrestes wiegt dessen potentielle Verkürzung auf. Im klassischen Dilemma der Intensivmedizin, der Entscheidung zwischen Leben verlängern und Sterben lassen, können sich die Wertbezüge vertauschen: das erste zur Last und als zweite zur Erlösung werden. Dieser Einsicht entspricht der theologische und säkulare Konsens (Engelhardt 1986; Rahner 1975; Laufs 1988), daß der Arzt nicht verpflichtet sei, bei Einsetzen eines irreversiblen Sterbeprozesses oder Erlöschen des personalen Lebens – z. B. bei apallischem Syndrom oder bei Hirntod – lebensverlängernde Maßnahmen einzusetzen.

Das Prinzip *Selbstbestimmung* – im medizinischen Kontext auch synonym mit Autonomie – beinhaltet das Recht und das Vermögen des Patienten selbständig zu entscheiden, was mit seinem Körper geschehen soll. Patientenselbstbestimmung besitzt in der ethischen Güterabwägung einen hohen Rang, der sich auf den Respekt vor der Freiheit des Menschen und seiner personalen Würde gründet. Sie verwirklicht sich in dem „informed consent", der „Einwilligung nach Aufklärung". Die Aufklärungspflicht des Arztes kann allerdings durch den Zustand des Patienten eingeschränkt werden. So wird man bei Kranken in schweren somatischen oder psychischen Lebenskrisen die Pflicht zur Aufklärung gegen die Pflicht zur Schadensverhütung abwägen müssen. Wenn die Aufklärung den Behandlungserfolg gefährdet, wird „Nichtaufklärung als therapeutisches Prinzip" (Deutsch 1981) ethisch und rechtlich vertretbar. In anderen Fällen sind Inhalt, Form und Umfang der Aufklärung des Patienten gegen seine aktuelle *Kompetenz* abzuschätzen, d. h. seine gegenwärtige Fähigkeit, die zu vermittelnde Information zu verstehen und aufgrund dieser rational begründete Entscheidung zu treffen. Grenzen der Patientenautonomie werden in dem Spannungsverhältnis zwischen Selbstbestimmungsanspruch und ärztlicher Fürsorgepflicht erkennbar. Wenn die freibestimmte Entscheidung des Kranken seinen elementaren Eigeninteressen zuwiderläuft, kann Autonomie zu einem selbstschädigenden Prinzip entarten, das ein paternalistisches Handeln des Arztes rechtfertigt − d. h. ein Vorgehen, das sich ohne die Einwilligung des Kranken und ggf. auch gegen seine Entscheidung an seinem besten Interesse orientiert.

Ärztliche *Verschwiegenheit* galt stets als ein hochrangiges Prinzip mit großem Verbindlichkeitsanspruch. Es ermöglicht dem Patienten ärztliche Hilfe ohne Furcht vor einem Stigma zu suchen, das aus dem Bekanntwerden seiner Eröffnungen entstehen könnte. Aufsehenerregende Rechtsfälle in den USA (Veatch 1977) und die Aids-Welle haben allerdings den schon in der Seuchengesetzgebung angelegten Konflikt zwischen dem Schutzinteresse des einzelnen und dem Schutzinteresse Dritter bzw. der Gesellschaft neu belebt. In dem hier gegebenen Rahmen können nur Positionen in den kontroversen Abwägungsprozessen markiert werden, wie sie die jüngste Praxis kennt. So hält eine rechtliche gestützte Mehrheitsauffassung (vgl. u. a. Laufs 1988, S. 138−140; Beaucamp u. Childress 1983) die begrenzte Aussetzung der Schweigepflicht für vertretbar, wenn es der Gehorsam gegenüber Gesetzen, der Schutz des Patienteninteresses oder die Abwendung von Gefahren für Dritte erfordert. Die Gegenposition beruft sich auf den Schutzanspruch der Intimsphäre und besteht auf der Vorrangigkeit der in dem Arzt-Patienten-Verhältnis unausgesprochen kontraktierten Schweigepflicht. Ihre Vertreter weisen darauf hin, das jegliche Einschränkung der Vertraulichkeit Vertrauen mindern und den Patienten abhalten könne, sich in notwendige Behandlung zu begeben. Beide Positionen sind bei der Abwägung des Pro und Kontra einer Meldepflicht von Aids und in der Diskussion über die Grenzen des Schutzes medizinischer Daten vehement aufeinandergestoßen.

Die *Wahrheitspflicht* des Arztes gründet sich auf die Natur der Arzt-Patienten-Beziehung als eines Verhältnisses auf Treu und Glauben. Zusammen mit dem Selbstbestimmungsanspruch des Patienten verleiht sie diesem das Recht, die Wahrheit über seine Diagnose, Therapie und Prognose zu erfahren. Relative Inkompetenz oder psychische Verletzlichkeit des Kranken kann den Arzt dazu zwingen, die Wahrheitspflicht gegen das *Primum non nocere* oder gegen die mentale Aufnahmekapazität des Patienten abzuwägen und sich ggf. auf eine angemessene „Teilaufklärung" zu beschränken. Bei infauster Prognose die Wahrheit sagen und Hoffnung erhalten zu sollen gleicht der Quadratur des Kreises. Hier enthält die Offenbarung der Wahrheit allerdings eine größere moralische Dimension: Dem Patienten die Chance zu geben, die letzte Lebenszeit nach seinem Willen zu gestalten. Die volle Wahrheit kann aber auch inhuman sein. Wenn sie der Kranke nicht erträgt, wird man ihm seinen wahren Zustand nur insoweit eröffnen, als es menschlich vertretbar und sachlich erforderlich erscheint.

Den methodischen Rahmen für die medizinethische Abwägung der diagnostischen und therapeutischen Optionen des Einzelfalls bietet die *medizinethi-*

sche Fallanalyse (Sass 1988; Viefhues 1987; Wolff 1989). Diese vollzieht sich in 3 Stufen:

1) Medizinischer Status: Erfassung aller medizinischen und sozialen Fakten sowie der diagnostischen und therapeutischen Alternativen und ihrer Prognosen.

2) Ethischer Status: Erfassung aller ethischen Aspekte der medizinischen Handlungsalternativen auf der Grundlage der erörterten Prinzipien ärztlichen Entscheidens und Handelns.

3) Medizinische und ethische Güterabwägung: „Was ist im besten Interesse des Patienten?" – Entscheidung und Begründung.

Das Verfahren unterstreicht die Einzelfallbezogenheit, ermöglicht Entscheidungen in angemessener Zeit und überläßt die ethische Letztbegründung dem verantwortlichen Arzt. Wie seine Entscheidung ausfällt, hängt von seinen metaethischen Bindungen – weltanschaulichen oder religiösen – ab. Seine Entscheidung muß respektiert werden, wenn sie sich auf ethische Prinzipien gründet und rational nachvollziehbar ist.

Von den unterschiedlichen Abwägungsproblemen, die sich auf der Ebene der *Gesundheitsversorgung* aus deren inhärenten Prioritäts- und Wertkonflikten ergeben, seien hier nur die der Mikroallokation, der Verteilung medizinischer Güter, herausgegriffen. Wenn lebenserhaltende Mittel oder Techniken, z. B. neue Medikamente, Intensivbetten, künstliche oder natürliche Organe knapp sind, stellt sich die Frage: Wer von den Hilfsbedürftigen soll sie erhalten? Aus der breiten Diskussion über *Verteilungsgerechtigkeit* (vgl. u. a. Beaucamp u. Childress 1983; Schöne-Seiffert 1988; Rawls 1971) seien hier nur die 3 wichtigsten Zuteilungskriterien hervorgehoben. Nach dem *Utilitätsprinzip* ist der Nutzen des Hilfsbedürftigen für die Gesellschaft maßgeblich für seine Begünstigung. Ein solches Vorgehen würde allerdings die Grundlagen des Arzt-Patienten-Verhältnisses, Fürsorge und Vertrauen, zerstören. Es kann jedoch in Ausnahmefällen praktisch notwendig und ethisch gerechtfertigt sein, z. B. in Katastrophensituationen die bevorzugte Versorgung von Ärzten oder Verantwortungsträgern, von denen das Wohl der Mitbetroffenen abhängt. Das *Gleichheitsprinzip* zielt auf Verwirklichung von Gerechtigkeit (Rawls 1971), indem es – wie in der medizinischen Alltagspraxis üblich – die Leistungszuteilung an die chronologische Reihenfolge der Bedarfsanmeldungen bindet. *Objektive medizinische Standards*, wie Dringlichkeit und Erfolgsaussicht, können ein Abgehen von dem Gleichheitsprinzip ehtisch rechtfertigen. Diese Beispiele zeigen, daß – je nach den Gegebenheiten der Allokationsproblematik und der durch sie veranlaßten Güterabwägung – die Entscheidung über die Zuteilungspriorität nach unterschiedlichen Kriterien erfolgen kann.

Eng verbunden mit der Forderung nach Verteilungsgerechtigkeit ist die nach *sozialer Verträglichkeit* medizinischer Versorgungsalternativen. Die soziale Einbindung von Arzt und Patient verpflichtet, die Angemessenheit individueller Leistungsansprüche gegen die Interessen und die Belastbarkeit der Solidargemeinschaft (Versicherungen, Staat) abzuwägen. Intensivmedizin und Neonatologie mit ihren exorbitanten Kosten liefern Extrembeispiele für den ethischen

Konflikt zwischen ärztlichem Hilfsbestreben – das hier noch durch Kollision mit dem Prinzip des *Primum non nocere* problematisiert werden kann – und sozialer Verträglichkeit. In der ärztlichen Alltagspraxis hat die Kosten-Nutzen-Analyse nach medizinischen, sozialen und ethischen Gesichtspunkten allerdings eine bescheidenere Dimension. Sie betrifft die Auswahl gleichwertiger Leistungen mit verschiedenen Kosten, die Indikationsstellung zu teurer High-Tech-Diagnostik, die Entscheidung zwischen ambulanter oder stationärer Versorgung und über deren Dauer oder die Vermeidung einer kostentreibenden Datenreproduktion aufgrund von Kommunikationsmängeln oder autistischer Pedanterie – um nur einige Alltagsbeispiele zu nennen.

Ganz andere Problemkonstellationen entstehen auf der Ebene der *klinischen Forschung*. Als ethische Rechtfertigung für die Verletzung des Kantschen Imperativs – den Menschen immer nur als Zweck, nie als Mittel einzusetzen (Kant 1900) – beruft sie sich auf ein Gerechtigkeitsprinzip: Alle Menschen müßten für das Wohl der Allgemeinheit zumutbare Bürden tragen. Jonas (1982, S. 524) findet in der sachlichen Begründung der klinisch-therapeutischen Forschung auch deren moralische Rechtfertigung: „The very destination of medical research, the conquest of disease, requires at the crucial stage trial and verification in precisely the sufferers of the desease, and their exemption would defeat the purpose itself". Hier steht das Risiko für den aufgeklärten Patienten (in Form körperlicher oder seelischer Belastung oder Gefährdung) dem potentiellen Nutzen für ihn selbst und für die Allgemeinheit (ausgedrückt im Erfahrungszuwachs für die Behandlung des jeweiligen Leidens) gegenüber. Das ethische Grundproblem liegt in der Abwägung so ungleichartiger Güter wie des Fortschrittes der Medizin einerseits und der Integrität des Menschen und seines Schutzes vor Instrumentalisierung andererseits. Und in der Doppelrolle des Arztes als Verantwortlichem für das Wohl seiner Kranken und gleichzeitigem Vertreter eines durch die Erwartung wichtigen Erkenntnisgewinns legitimierten Forschungsinteresses. Sein moralisches Dilemma wird bei der randomisierten Arzneimittelprüfung besonders deutlich. Hierbei erfolgt die Zuordnung der Patienten zu der Prüfungsgruppe und der Vergleichsgruppe nach dem Zufallskriterium. Die Vergleichsgruppe erhält anstelle des zu prüfenden neuen Arzneimittels mit seinem erhofften Wirkungsvorteil eine Standardtherapie oder ein Plazebo bzw. bleibt – z. B. bei einem Cross-over-Ansatz – zeitweilig unbehandelt. Bei dieser Sachlage kann eine vollständige Informierung des Versuchsteilnehmers über das Randomisierungsprinzip die Verweigerung ihrer Zustimmung und damit die Gefährdung des Forschungsvorhabens bedeuten. Verschweigen der Randomisierung aber eine Verletzung der Aufklärungspflicht, die berechtigte ethische und rechtliche Vorwürfe nach sich ziehen kann. Bei der Abwägung des Patienteninteresses gegen den Forschungsnutzen wird daher die Frage, wie vollständig muß, wie unvollständig darf die Aufklärung sein, immer neu gestellt und mit besonderer ethischer Sensibilität beantwortet werden müssen. In jedem Fall besitzt der Schutz des Selbstbestimmungsrechtes und des Wohlergehens des Patienten Vorrang vor dem Forschungsanliegen.

In eine andere Problemdimension führt die *Technologiefolgenabschätzung* mit ihren ethischen Implikationen – hier die prospektive ethische Nutzen-

Risiko-Analyse der Folgen neuer biomedizinischer Technologien. Sie erfordert besondere Gründlichkeit, kann aber bei nur z. T. absehbaren Zukunftsrisiken oder bei Wertbegründungsdifferenzen in der Güterabwägung eine eindeutige Beurteilung schuldig bleiben. Ein gutes Beispiel hierfür bietet *die extrakorporale Fertilisation*. Die auf den verschiedenen Ebenen ihrer Anwendung – als Behandlungsmethode der Sterilität, als Bezugsquelle für die Embryonenforschung oder als technischer Erstschritt für die Gentherapie in der Keimbahn – entstehenden Abwägungs- und Rechtfertigungsprobleme wurden nur z. T. frühzeitig erkannt, dann aber zum Thema einer ethisch-normativen Diskussion, die bisher zu keinem Konsens geführt hat. So steht bei der moralischen Bewertung des therapeutischen Verfahrens die Erfüllung des Kinderwunsches durch ärztliche Hilfeleistung den a priori kaum bedachten ethischen, sozialen und rechtlichen Risiken umstrittener Anwendungspraktiken der Methode wie heterologe Fertilisation, Ei- oder Embryospende und Leihmutterschaft, gegenüber. Die Rechtfertigungsproblematik der *Embryonenforschung* hat sich als eines der großen Zukunftsthemen aus der Fertilisationsdiskussion entwickelt. In ihrem Mittelpunkt steht die Frage nach dem ethischen Status des frühen Embryos, auf die hier nicht im einzelnen eingegangen werden kann. Deontologisch urteilende Kritiker sehen in der potentiellen Personalität des frühen Embryos und der moralischen Gültigkeit des Tötungsverbotes unüberwindbare Hindernisse und lehnen alle Forschungen an Embryonen ab, bei welchen deren Leben nicht erhalten werden kann (vgl. u. a. Löw 1985). Utilitaristisch argumentierende Befürworter machen geltend, daß bei hochrangigen, wichtige therapeutische Fortschritte versprechenden Forschungszielen der Schutzanspruch der frühesten Lebenstage gegen den real verstandenen Nutzen für die Allgemeinheit abgewogen werden dürfe. Sie gehen hierbei von einer abgestuften Schutzwürdigkeit des frühen Embryos, orientiert an dessen Individualisierung (14 Tage) (Hinrichsen, im Druck; Ruff 1971), Einnistung (14 Tage) (Gründel 1987), oder Hirnentwicklung (Hinrichsen, im Druck; Gründel 1987; Sass, in press) aus. Als Beispiel führen sie an, daß aus einem zahlenmäßig begrenzten Embryonenopfer bei der Entwicklung der extrakorporalen Fertilisation vieltausendfaches neues Leben entstanden sei. Ihre Argumente beantworten allerdings nicht die Kernfrage zukünftiger Rechtfertigungsdiskussionen, wie groß und wie geartet der Forschungsnutzen sein muß, um die Schwelle des Schutzgebotes zu überwinden. Im Gegensatz zu der a posteriori aufgeflammten Diskussion um extrakorporale Fertilisation und Embryonenforschung wird die ethische Debatte um die *Gentherapie* antizipatorisch, vor Beginn ihrer Machbarkeit, geführt. Hier soll nur auf die komplexe Abwägungsproblematik der Therapie in der Keimbahn eingegangen werden, die auf die Beseitigung bestimmter Erbkrankheiten durch Ersatz des defekten Gens durch ein intaktes Gen während des Einzellerstadiums abzielt. Während eine Position der Grundsatzdiskussion die Keimbahntherapie als Manipulation der personalen Identität des Menschen mit einem kategorischen moralischen Verbot (Löw 1985) belegt oder wegen ihrer „Unnatürlichkeit" (Howard u. Rifein 1977; Chagraff 1987) ablehnt, betont eine andere, von dem ärztlichen Hilfsauftrag ausgehend, die moralische Pflicht zur Güterabwägung über Anwendung oder Nichtanwendung der neuen therapeutischen Technik, sobald sie verfügbar wird (Walter 1988; Häring 1977; Engelhardt 1987). Wegen der an die Vererbbarkeit der neu konstruierten genetischen Information geknüpften Bedenken wird die Keimbahntherapie bis heute weitgehend abgelehnt. In neueren Stellungnahmen zeichnet sich allerdings der Standpunkt ab, daß Negativintervention, d. h. eine auf Krankheitsheilung und -verhütung zielende Gentherapie für ethisch vertretbar gehalten wird, nicht dagegen eine Positivintervention, d. h. der Versuch menschliche Fähigkeiten durch Veränderung der Genstruktur zu steigern. Diese Unterscheidung würde für die praktische Eingrenzung manipulatorischen Handelns die Erstellung eines strengen Indikationskataloges gentherapeutischer Eingriffe erforderlich machen. Zukünftige, an einzelnen Erbkrankheiten oder konkreten technischen Fortschritten orientierte Akzeptanzdiskussionen werden aufgrund der Vielzahl abzuwägender Güter recht problematisch sein. Der Heil- oder Verhütbarkeit eines Leidens und der ethischen Hilfsverpflichtung stehen dann die Art der vorhersehbaren Risiken, die Effektivität und Effizienz von Alternativtherapien, die Problematik der Kandidatenselektion, die Möglichkeit eugenischen Mißbrauchs und schließlich – da die Patienten ja Embryonen sind – die Nichtbeachtung des Selbstbestimmungsrechtes der Betroffenen und eine Neubelebung der Diskussion der Embryonenforschung gegenüber.

In dem hier gegebenen Rahmen mußte sich die Behandlung des weitgespannten Themas zwangsläufig auf eine Übersicht beschränken, die die Bedeutung und Komplexität der beispielhaft angeführten Abwägungsprobleme natürlich nur andeuten konnte.

Literatur

Beauchamp TL, Childress JF (1983) Principles of biomedical ethics, 2nd edn. Oxford Univ Press, New York Oxford, pp 209–217, 228–237
Chagraff E (1987) Naturwissenschaft als Angriff auf die Natur. In: Wehowsky ST (Hrsg) Lebensbeginn und menschliche Würde. Schweitzer, München, S 99–108
Deutsch E (1981) Das therapeutische Privileg des Arztes. Nichtaufklärung zugunsten des Patienten. In: Heberer G, Schreiber E (Hrsg) Indikationen zu Operationen. Springer, Berlin Heidelberg New York, S 17
Engelhardt HT (1986) The foundations of bioethics. Oxford Univ Press, New York Oxford
Engelhardt HT (1987) Gentherapie an menschlichen Keimbahnzellen. In: Braun R et al. (Hrsg) Ethische und rechtliche Fragen der Gentechnologie und Reproduktionsmedizin. Schweitzer, München, S 255–262
Gründel J (1987) Sittliche Bewertung des ärztlichen Handelns bei Anfang und Ende des menschlichen Lebens. In: Lenk H, Stauner JJ, Ströker E (Hrsg) Anfang und Ende des menschlichen Lebens. Medizinische Probleme. Fink & Schöningh, München, S 78–101
Häring B (1977) Ethik der Manipulation. Styria, Graz
Hinrichsen KV (im Druck) Humanembryologie. Springer, Heidelberg Berlin New York Tokyo

Howard T, Rifkin J (1977) Who should play God? the artificial creation of life and what means for the future of the human race. Dell, New York

Jonas H (1982) Philosophical reflections on experimenting with human subjects. In: Beaucamp TL, Walters L (eds) Contemporary issues in bioethics. Wadsworth, Belmont/Ca, p 524

Kant J (1900) Selbstzweckformel des kategorischen Imperativs in „Grundlegung zur Metaphysik der Sitten". Gesammelte Schriften, Bd IV. Berliner Akademie der Wissenschaften, Berlin, S 433

Laufs A (1988) Arztrecht. 4. Aufl. Beck, Nördlingen, S 100–102

Löw R (1985) Leben aus dem Labor. Gentechnologie und Verantwortung – Biologie und Moral. Bertelsmann, Gütersloh, S 153–188

Rahner KS, SJ (1975) Die Freiheit des Kranken in theologischer Sicht. Arzt Christ 21:65

Rawls J (1971) A theory of justice. Harvard Univ Press, Cambridge/MA

Ruff W (1971) Die Menschwerdung menschlichen Lebens. Arzt Christ 17:131–183

Sass H-M (1988) Bio-Ethik in den USA. Springer, Berlin Heidelberg New York Tokyo, S 61–70

Sass HM (in press) Brainlife and braindeath. J Med Philos 14

Schöne-Seifert B (1988) Verantwortungsprobleme in der medizinischen Mikroallokation. In: Sass HM (Hrsg) Ethik und öffentliches Gesundheitswesen. Springer, Berlin Heidelberg New York Tokyo, S 135–150

Veatch RM (1977) Case studies in medical ethics. Harvard Univ Press, Cambridge/MA

Viefhues H (1987) Medizinische Ethik in einer offenen Gesellschaft. Med Mat 1:18–24

Walter L (1988) Gentherapie am Menschen. In: Sass HM (Hrsg) Bio-Ethik in den USA. Springer, Berlin Heidelberg New York Tokyo, S 252–267

Wolff HP (im Druck) Arzt und Patient. In: Sass HM (Hrsg) Medizin und Ethik. Reclam

Ethische Expertise und Güterabwägung

Hans-Martin Sass

Institut für Philosophie, Ruhr-Universität Bochum, Postfach 102148, 4630 Bochum

Ethos und Effizienz der Expertise

Wir leben im Zeitalter der Experten. Der differenzierenden Anwendung wissenschaftlicher und technischer Expertise in Produktion, Organisation, Wirtschaft und Medizin verdanken wir den zivilisatorischen, kulturellen und technischen Komfort, der uns umgibt; nicht der undifferenzierten und generalisierenden Tradierung von allgemeinen Gesetzen der Mechanik oder Biologie. Ähnlich wie die generelle Begründung und Kenntnis der Regeln der Mechanik Newtons in der Mathematik oder Biologie nur die Basis für die komplexe moderne technische Welt abgibt, kann die Erkenntnistheorie und Begründung genereller ethischer Prinzipien nur Basis für differenzierende Güterabwägungen in einer zunehmend von gelungener ethischer Expertise abhängenden, auf Verantwortung und Pluralität beruhenden offenen Gesellschaft sein. Schon Thomas von Aquin hatte bemerkt, daß die Begründung und Ableitung von generellen Normen zu unterscheiden ist von der praktischen Anwendung solcher genereller Normen im konkreten Alltag. In konkreten Fällen mischen sich die verschiedenen Ansprüche zur Durchsetzung von Prinzipien oder Werten; selten geht es um die Durchsetzung eines und nur eines Prinzips oder Wertes auf Kosten anderer: Güterabwägungsexpertise ist gefragt (Sass 1986, 1990b).

In der Praxis wird deshalb auch die Realisierung von Prinzipien oder Werten weniger puristisch sein und eher fallorientierten speziellen und differenzierenden Aspekten denn generellen Regeln folgen. Sie wird nach Thomas von Aquin weniger strikt sein als in der Theorie, weil in der Praxis sich viele Prinzipien mischen; viele Aspekte und Mächte gegeneinander abgewogen werden müssen: „quanto magis ad particularia descenditur" (Th. Aq., S. Th. I–II, art. 4).

Wie die Anwendung und Weiterentwicklung von Technik auf den generellen Regeln der (Natur)wissenschaft beruht, aber nicht mit ihr verwechselt werden darf, so beruht die Abwägung zwischen ethischen Gütern, Werten und Prinzipien, ethischen Vorteilen und ethischen Nachteilen zwar auf generellen Prinzipien von (Moral)theorie, darf aber nicht mit der Begründung solcher Prinzipien verwechselt werden. Wertdurchsetzung ist etwas anderes als Wertbegründung. Wenn ein technischer Kunstfehler darin besteht, daß richtige Gesetze der Wissenschaft falsch, unpräzise oder unangemessen in der Konstruktion konkreter Maschinen benutzt werden, dann liegt vergleichsweise ein ethischer

H.-M. Sass · H. Viefhues (Hrsg.)
Güterabwägung in der Medizin
© Springer-Verlag Berlin Heidelberg 1991

Kunstfehler vor bei der generellen, unpräzisen oder nicht abgewogenen oder nicht differenzierenden Anwendung von ethischen Prinzipien auf konkrete moralische Herausforderungen des Alltags. Eine technisch, ökonomisch und kulturell differenzierte Welt bedarf einer differenzierten ethischen Güterabwägung, nicht des Schnellschusses aus der Hüfte mit generalisierenden Thesen, Prinzipien oder Werten. Eine solche Differentialethik steckt aber akademisch noch in den Kinderschuhen; deshalb können Politik, Öffentlichkeit oder Interessengruppen zur Zeit auch nur selten mit einer professionellen differentialethischen akademischen Beratung rechnen. Und das wiederum ist der Grund, daß allzu leicht Ethik mit Emotion verwechselt wird, daß hochdifferenzierte und präzise Instrumente undifferenziert und unpräzise benutzt werden, daß der technischen Expertise keine ethische Expertise gegenübersteht. Das Ergebnis einer solchen unpräzisen, oft nebulösen Handhabung von ethischen Prinzipien ist entweder das individuelle oder gesellschaftliche ethische Mißmanagement von technischen Kenntnissen und Produkten oder der Verzicht auf gewisse Techniken überhaupt. Das erstere ist der ethisch undifferenzierte und unreflektierte Umgang mit Technik, das zweite die defensive Technophobie (Sass 1986); beides ist ethischer Murks.

Eine wichtige, oft übersehene und nicht nur formale Teilfrage ethischer Expertise ist die nach der Bestimmung des Subjekts einer differenzierenden Entscheidung; d. h. die Frage nach dem rechten Verhältnis von individueller Autonomie, staatlicher Verantwortung und gesellschaftlicher Solidarität. Die dialektische Spannung zwischen Solidarität und Individualität findet sich in fast allen Auseinandersetzungen um Methoden und Inhalte der ethischen und gesellschaftlichen Technikabfolgendiskussion wieder. Aufklärung und Technik, die Emanzipation des Individuums aus vorgegebenen natürlichen Abhängigkeitsverhältnissen und die Emanzipation des Individuums aus selbstkonstruierten Abhängigkeitsverhältnissen, scheinen untrennbar voneinander zu sein und bestimmen in ihrer Gemeinsamkeit die Situation, in der wir nach der Ethik in der Wissenschaft oder den ethischen Grenzen der Wissenschaft fragen. Technik wird in der Tat immer dann gefährlich, wenn technischer Expertise nicht durch ethische Expertise Ziel und Grenzen gesetzt werden. Ziele und Grenzen der moralischen Managements von Technik, Ökonomie, Medizin, Ökologie und Zivilisation können aber nicht in der Domaine des paternalistischen Staats oder der *Interessenverbände* bleiben; sie bedürfen einer differenzierenden Verantwortungszuständigkeit. Die leitende ethische Maxime in der Verantwortungszurechnung sollte dabei immer die Priorität für individuelle und berufliche Verantwortung vor und über staatlicher oder verbandlicher Zuständigkeit sein. Die Stärkung der differentialethischen Expertise des individuellen Bürgers ist schon deswegen unerläßlich, weil eine differenzierte Technik und eine pluralistische Gesellschaft schon aus technischen Gründen nicht mehr zentral geplant, gesteuert und verantwortet werden können.

Gäbe es keine Pluralität − und wenn kein Bedürfnis für Pluralität vorhanden wäre, gäbe es wohl auch keine − wäre die Frage nach den ethischen Parametern der Wissenschaft und Technik leicht: der große Bruder, in welcher historischen Gestalt auch immer, würde das entscheiden. Gäbe es keine Technik

– und nur, weil ein technikloses Leben hart und unmenschlich wäre; gibt es eine – wäre die Frage nach den ethischen Grenzen von Technik und Wissenschaft belanglos. Wie sehr die Entwicklungsmöglichkeiten von Wertewelt und Technikwelt zusammenhängen, zeigt sich an der relativen Undifferenziertheit und Stagnation – oder gar Regression – beider in totalitären politisch rechten oder linken Industrienationen, die nicht nur ökonomische und administrative, sondern auch ethische Expertise und Ethos vermissen lassen. Wie Technik als angewandte Wissenschaft, so ist auch Güterabwägung als angewandte Ethik ein Medium und Produkt der Anwendungs- und Abwägungskompetenz, einer guten Planung und Beratung, einer professionell gehandhabten Abwägung von Vorteilen und Nachteilen, von Kosten, Nutzen und Risiken in der Realisierung von Werten in konkreten Herausforderungssituationen. Verantwortungskompetenzen und -zuständigkeiten müssen daher zunehmend aus der Ebene staatlicher Administration und berufsständischer Reglementierung in die Selbstverantwortung und Selbstbestimmung des mündigen Bürgers zurückverlagert und über die Ebene des Nationalstaates hinaus in globalem Maßstab interkulturell und international geteilt werden.

Die Aufgabe des Philosophen und Ethikers in der Gesellschaft von Experten ist oft als die des Generalisten beschrieben worden. Ich glaube, die Beschreibung ist nur zu einem geringen Teil richtig; ihr liegt ein Selbstmißverständnis derjenigen Philosophen und Ethiker zugrunde, die sich erfolgreich zu ethischen Fragen im politischen Raum äußern. Der Erfolg einer guten ethischen Beratung liegt gerade nicht in der Generalisierung spezieller Herausforderungen, sondern in der differenzierenden Mikroallokation und Spezialisierung genereller Prinzipien in spezielle Situationen hinein. Die ethische Expertise beruht also auf der Kompetenz zur Differenzierung genereller Prinzipien und Güter. Im Zeitalter des Experten wird auch der Ethiker zum Experten – zum Analyse-, Bewertungs- und Anwendungsexperten; seine Vertrautheit mit generellen Theorien und Prinzipien ist Voraussetzung seiner Arbeit, nicht schon die Arbeit selbst, so wie ein guter Ingenieur natürlich die Regeln der euklidischen Geometrie beherrschen muß, seine professionelle Kompetenz aber nicht aus dieser Kenntnis herleiten kann (Sass 1987). Philosophen sind oft anfällig gegen die Verwechslung von Ethik mit Generalisierung oder Uniformierung. Es mag eine Entschuldigung dafür geben; sie läge darin, daß die erkenntnistheoretische Normbegründung es mit generalisierungsfähigen ontotheologischen und anderen Argumenten zu tun hat und daß Normbegründung mit Normdurchsetzung verwechselt wird. Aber die gesellschaftliche Normanwendung (gleichgültig wie die Norm begründet wird) funktioniert nicht nach generalisierenden, sondern nach individualisierenden und konkretisierenden Gesichtspunkten. Und hier unterscheidet sich die angewandte Ethik von der reinen Ethik nicht durch die Art und Weise der Letztbegründung, sondern durch die Art und Weise der Anwendungsbegründung. Auf diesen Unterschied macht im übrigen schon Aristoteles in den ersten Sätzen der nicomachischen Ethik aufmerksam, wenn er fordert, nicht danach zu trachten das *Gute* allgemein zu fördern, sondern gute Sachen, gute Häuser, gut gebaute Schiffe, gute Sozialbeziehungen; wobei es jeweils die Expertise der Analyse der konkreten Handlungs-

situation ist, die angibt, was gut oder was besser ist als etwas anderes. Um diese
Analyse erstellen zu können, muß man aber von der Sache etwas verstehen,
nicht bloß von der Philosophie. Generalisierende wertbeschreibende Argumen-
tationsinstrumente der allgemeinen Ethik oder des Rechts sind zu stumpf, um
spezielle situationelle Herausforderungen analysieren und bewerten zu können.
Ein paar Beispiele: der Begriff „Menschenwürde", wie das Grundgesetz ihn verwendet, ist zu stumpf, um als Instrument zur Entscheidung über Akzeptanz
oder Nichtakzeptanz von heterologer Insemination, Patiententestament oder le-
bensverkürzender Schmerzbehandlung benutzt zu werden. Wenn im Falle des
Verbots der Forschung an frühen Embryonen argumentiert wird, daß Forschung
an 6- bis 8zelligen Vorembryonen der Menschenwürde widerspreche, dann wird
ohne differenzierende Abwägung und Argumentation der für lebende und handelnde Personen entwickelte Begriff Menschenwürde auf frühestes vorgeburtli-
ches Leben übertragen. Gleichzeitig wird aber der Begriff in differenzierender
Form aktiviert, um intensivmedizinische Behandlung bei Patienten zu begründen, deren Hirn nicht mehr funktioniert; die Neuprägung des Begriffs „Hirntod" überdeckt argumentative Strukturen und läßt die Entscheidung emotional
erträglich werden. Gleichzeitig wird dann aber trotz Verbot der Forschung an
Vorembryonen, der Schwangerschaftsabbruch bis zum Ende des ersten Trime-
sters rechtlich sanktioniert; man begründet die Straffreiheit mit sozialer oder
medizinischer „Indikation"; die Anwendung des Begriffs einer „Forschungsindi-
kation" auf dem Gebiet der Infertilitätsmedizin und der Erbkrankheiten wird
zur gleichen Zeit abgelehnt (Sass 1989a). Das führt dazu, daß die Vorembryonen
in sehr frühem Alter vor den Forschern rechtlich besser geschützt werden als die
Embryonen in späterem Alter vor ihren Müttern und daß der medizinischen
Forschung ein geringerer moralischer und rechtlicher Wert zugesprochen wird
als den sozialen „Indikationen" zum Schwangerschaftsabbruch (Sass 1989a, c).
Begriffe wie „Friede", „Abrüstungsvertrag" garantieren noch lange keine sichere
Welt. Einigkeit über den hohen Stellenwert des Begriffs „Gerechtigkeit" bedeutet
noch keine Anweisung, wie denn Gerechtigkeit in der konkreten ordnungspolitischen Situation der Verabschiedung von Gesetzesnovellen zum Arbeitslosengeld
oder zur Strukturreform im öffentlichen Gesundheitswesen anzuwenden ist.
Was besagt denn das „Gleichheitsprinzip" in konkreten, jeweils unterschiedlichen Situationen: die Nierendialyse für jeden unabhängig vom Alter und früheren Trinkgewohnheiten, Solidarität nur bei elementaren Bedürfnissen; aber was
sind elementare Bedürfnisse: die Schale Reis pro Tag oder das Fernsehgerät und
der Erholungsurlaub auf Kosten der Gemeinschaft? Das generalisierende Mora-
lisieren ist ebenso stumpf und damit in einer konkreten Situation kontraproduk-
tiv wie die ohne ethische Güterabwägung erfolgende Reduktion des technischen
Einsatzes auf das bloße technische Kalkül blind ist. Und der Begriff „Menschenwürde" bei der Frage des Einsatzes von intensivmedizinischen Behandlungen am Lebensende: Verlangt er diese Behandlungen oder verbietet er sie? Er
kann weder das eine noch das andere, weil er schlicht zu unpräzise ist, um in
der konkreten Situation angewandt zu werden.

Bei der differenzierenden Bestimmung des ethisch bevorzugten Subjektes
von Entscheidungen in jedem konkreten Einzelfall bekommt das klassische

Subsidaritätsprinzip eine neue ordnungsspezifische Bedeutung überall dort, wo es nicht zu einem gemeinsamen Konsens kommen kann oder wo ein solcher in Form von Verordnungen oder Gesetzen unerwünscht ist, weil Judizierung oder Reglementierung die individuelle Verantwortungskompetenz langfristig schwächen oder gar durch unreflektierten Verordnungsgehorsam ersetzen könnten (Sass 1986). Eine wichtige Rolle spielt in diesem Zusammenhang das Entstehen einer neuen Institutionenethik, der „corporate ethics" (Sass 1988, 1990a). Institutionenethik finden wir auf verschiedenen Ebenen der Anwendung ein und derselben Technik. Auf der Neonatalogiestation ist, institutionell bedingt, die Einheit von Ethik und Expertise eine andere als auf einer normalen Neugeborenenstation; qua definitionem ist das Ethos einer neonatalen Intensivstation das einer aggressiven Medizin und eines optimalen Nutzens aller zur Verfügung stehenden Technik. Die Institutionenethik der strafverfolgenden oder anklagenden Juristen, der Staatsanwälte, ist eine andere als die der klientenverteidigenden Juristen, der Rechtsanwälte. Verwaltungsjuristen haben wieder ein anderes berufsständisches Ethos als Bankjuristen oder „corporate lawyers"; alle unterscheiden sich als technische Experten nicht in der Beherrschung der technischen Materie, der Rechtskenntnisse, sondern in der Prioritätensetzung ethischer Parameter in unterschiedlichen beruflichen Szenarien (Sass 1990a). Je differenzierter die Technik oder die Produkte der Technik sind, um so differenzierter muß die ethische Expertise sein. Ethik und Expertise gehören zusammen.

Philosophie der differentialethischen Güterabwägung

Während die klassische theoretische Ethik versucht, Werte und Normen auf die eine oder andere Weise zu begründen oder abzuleiten, setzt die angewandte Ethik die Existenz von Normen und normgeleiteten Handlungen unter uns Menschen voraus und beschäftigt sich mit der Kompatibilität von Normvorstellungen der Konsensfindung und Applikation von Werten in differenzierten Szenarien. Dabei bleibt es für die angewandte Ethik zunächst belanglos, ob die vorausgesetzten Normen *richtig* oder *falsch* sind, ob sie erzwungen, indoktriniert, selbstverantwortet oder bloß aus Gründen von Nützlichkeit oder Konvention angewandt werden. In der angewandten Ethik geht es also primär nicht um Begründungsfragen, sondern um solche der Anwendung und der optimalen und differenzierenden Realisierung. Die Philosophie der Differentialethik kann davon ausgehen, daß wir Menschen immer schon wertbezogen handeln und daß es in jedem konkreten Einzelfall darum geht, aus der Vielzahl der zur Verfügung stehenden Normen diejenigen auszuwählen und in eine optimale Korrelation zueinander zu bringen, die in dieser Situation angemessen sind (McIntyre 1984; Sass 1987; Viefhues 1989). Die Instrumente einer optimalen Differenzierung liegen teils in der präzisen und differenzierenden Analyse ethischer Optionen der Technikbenutzung, teils in der konsensorientierten Kommunikation über diese Option, teils in der pragmatischen Einbeziehung der ethischen und kulturellen Tradition in die konkreten aktuellen Güterabwägungen.

Das Ziel beruflicher Differentialethik ist also, die ethische Expertise in der beruflichen Entscheidungsfindung nachzufüttern in ein Modell von professioneller Urteils- und Entscheidungskompetenz, das schon durch hohe Grade von technischer Expertise gekennzeichnet ist. Differentialethik wird also in unterschiedlichen Berufen mit unterschiedlichen Prioritäten von Prinzipien zu arbeiten haben und muß sich deshalb u. a. in Bioethik, klinische Ethik, Patientenethik, Wirtschaftsethik, Arbeitsethik, Umweltethik, Verwaltungsethik aufgliedern.

Einige dieser Differentialethiken sind berufsspezifisch, z. B. die Arztethik oder die Verwaltungsethik, andere gehen uns alle als mündige Bürger an, wie z. B. die Gesundheitsethik, die Informationsethik oder die Umweltethik, und enthalten dennoch Segmente, die einer genaueren Expertenethik bedürfen. Man hat beispielsweise innerhalb der Bioethik einen speziellen Bereich von klinischer Ethik beschrieben, um für diesen Bereich die Praxisnähe und die Konzentration auf die Einzelfallentscheidung zu unterstreichen und im übrigen die klinische Ethik als ethische Differentialdiagnose nicht nur von der theoretischen oder theoretisierenden Ethik abzusetzen, sondern auch von den Formen der Medizinphilosophie und Medizinethik, die sich mit allgemeineren Problemen beschäftigen und in ihren Argumentationen nicht direkt gebunden sind an die konkrete Verantwortung für den Einzelfall. Der Ausdruck klinische Ethik beinhaltet aber auch den Anspruch, sich von nicht differenziert reflektierten, eher emotional oder rollengeprägten Formen medizinischer Ethik am Krankenbett zu unterscheiden. Differentialethik ist also einmal eine berufsspezifische Herausforderung für uns alle, sofern wir in konkreten beruflichen Situationen als technische Experten Dienstleistungen erbringen. Dann bedeutet Differentialethik aber auch die Forderung an uns als mündige Bürger, in Alltagssituationen, v. a. in neuen mitmenschlichen, gesellschaftlichen oder technischen Herausforderungen, differenzierend Prinzipien oder Werte abzuwägen.

Die philosophische Begründung der notwendigen Einheit von Ethik und Expertise in der Güterabwägung hängt eng mit der der philosophischen Begründung der offenen Gesellschaft und der ethischen Rechtfertigung von Wissenschaft und Technik zusammen.

Mündigkeit des Einzelnen, Pluralität der Gesellschaft (Viefhues 1989), Rechtssicherheit und technische Sicherheit, technische Leistung und Formen wissenschaftlicher Rechtfertigung sind Ergebnis ein und desselben Prozesses der Anwendung von Rationalität in der Gestaltung und Umgestaltung von natürlicherweise gegebenen unmenschlichen und kulturlosen Umwelten. Nach der aufklärerischen Destruktion des als heteronom kritisierten, entweder mit Hinweis auf Offenbarung oder auf Metaphysik begründeten Sittengesetzes hat die neuzeitliche Philosophie sich seit Descartes über Kant, Hegel und Scheler schwer getan, material verbindliche oder plausible Begriffe von Gerechtigkeit und anderen ethischen Prinzipien vorzulegen. Am meisten Zustimmung hat in unseren Tagen der Versuch von Rawls (1971) erhalten. Er argumentiert auf der Ebene der von uns mittlere ethische Prinzipien genannten Spielarten von Gerechtigkeit, die er Fairneßprinzipien nennt.

Auf die Diskussion dieser Prinzipien konnte sich einlassen, wer immer von seinen eigenen Letztbegründungen her Gerechtigkeit als einen ethischen Wert ansah, gleich ob von thomistischer, kantischer, marxistischer, utilitaristischer oder phänomenologischer Position her. Im großen und ganzen hat Rawls Zustimmung finden können in bezug auf 2 Thesen:

1. daß ein Konsens möglich ist über die Prioritäten sozialer Güter und
2. daß bei Konflikten in der Güterabwägung die gesellschaftlichen und gemeinsamen Güter den privaten und persönlichen vorzuziehen sind.

Diese zweite These wurde von Nozik (1974) bestritten, der das Primat der gesellschaftlichen Güter vor den persönlichen nicht für plausibel hält und statt dessen fordert, daß der Staat sich aus den Güterabwägungen der Bürger über die optimale Anwendung von Prinzipien wie Gerechtigkeit, Gleichheit und Solidarität so weit wie möglich heraushalten solle; permanente staatliche Redistributionen von Gütern oder Chancengleichheit seien zutiefst unfair und ungerecht in Ansehung der Ungleichheit der Wertewelten und Lebensziele der Bürger. Die Betonung des konsensfähigen Inhalts auf der einen Seite durch Rawls und die Betonung der individuellen Freiheitsrechte auf der anderen Seite durch Nozik bezeichnen die Spannung, in der seit den Tagen der Aufklärung die Differentialethik gestellt ist. Angesichts dieser Spannung fragt McIntyre, ob wir denn wirklich immer noch weiter nach einer von einer verbindlichen gemeinsamen inhaltlichen Position bestimmten Prinzipienwelt suchen wollen, auf deren Basis wir dann gemeinsames ethisches Handeln gründen können (McIntyre 1984). Nach seiner Analyse war das aufklärerische Unternehmen zunächst nur zu einem Teil erfolgreich, als es ihr nicht gelang, die allgemeine göttliche Vernunft durch die allgemeine menschliche Vernunft in der Begründung der Wertewelt zu ersetzen. Erfolgreich war die Aufklärung zwar in der kritischen Destruktion der als heteronom verstandenen göttlichen Vernunft, erfolglos blieb sie aber in dem Bemühen, eine neue Wertordnung nach den Regeln menschlicher Vernunft zu begründen. Dieses teilweise „Scheitern" stellt sich aber im nachhinein als positiv heraus, weil es Reideologisierungen mit inhaltlicher Begründung auf Vernunfteinsicht endgültig ausschließt. Die Begründung von handlungsorientierenden Werten kann also nicht mehr nach letzten oder rationalen inhaltlichen Einsichten erfolgen, wie noch zuletzt Scheler meinte, sondern nur durch Verfahren der Verabredung, des Vertrages, des Kompromisses und des sozialen Konsens. Die gesuchte und nicht gefundene Einheit des ethischen a priori wird ersetzt durch die in Streit und Diskussion und Solidarität zu findende Kohärenz der Positionen, die Kontrakte erlauben: Kontraktualismus als erkenntnistheoretische Letztposition aber gleichzeitig philosophisches Manifest der offenen Gesellschaft, gemeinsame Werte für das Handeln i. allg. und für die Technikbewertung und Wissenschaftsfortschrittbeherrschung im besonderen in differentialethischen Formen der Abwägung zu finden. Manche mögen diese Konsequenz des aufklärerischen Prozesses bedauern. Man sollte die Freiheit und die Pflicht zur Differentialethik aber besser als die eigentliche, der ersten Aufklärung noch unbewußte Lösung der Emanzipation des Gewissens aus heteronomen Zwängen anerkennen und hierin den zweiten Schritt der Aufklärung sehen. Wertgeschichtlich würde man dann sagen können, daß eine Gesellschaft und ihre Individuen umso stärker sind, je mehr Kohärenz vorhanden ist, die ihre Verabredungen und Verträge trägt, und je stärker der mündige Bürger ist, die Verabredungen auch innerlich mitzutragen (Sass 1988, S. 57 ff.).

Bei den Werten der Ethik können wir, wie bei den Waren des Marktes, Grundstoffe, Halbfertigprodukte und Endprodukte unterscheiden. Zu den „commodities", den Grundstoffen, gehören allgemeine Werte wie Freiheit, Gleichheit, Gerechtigkeit, Sicherheit; sie sind die Rohstoffe ethischen Argumentierens und Handelns, die nur selten in ihrer ungeschliffenen und undifferenzierten Form in konkreten Situationen angewandt werden können. Wie viele Verbrechen sind nicht begangen worden in der undifferenzierten Anwendung genereller Prinzipien wie Friede, Solidarität, Gerechtigkeit auf konkrete Situationen. Generelle Prinzipien bilden aber die Rohstoffe für mittlere ethische Prinzipien, − Halbfertigprodukte, die präziser sind und die in eine konkretere Situation übersetzbar sind. Zu den Halbfertigprodukten gehören Prinzipien wie Rechtssicherheit, Schutz des Verbrauchers, Transparenz von Verwaltungsentscheidungen, Sicherheit des Arbeitsplatzes, Schutz der Umwelt, das Wohl des Patienten. Die ethischen Regeln von Berufsständen gehören hierher, ebenso Grundsätze des staatlichen Verordnungswesens, einige Gesetze und juristische Generalklauseln, ungeschriebene oder geschriebene Regeln des Marktes. Sie können ebenfalls selten direkt in konkreten Konfliktsituationen angewandt werden, geben aber Richtlinien oder Perspektiven an, die für die Konfliktlösung wichtig sind. Für die Einzelfallentscheidung oder die ethische Bewertung konkreter ethischer Szenarien werden erst die Endprodukte der differentialethischen Präzisierung brauchbar: Die Einwilligung der Eltern zur medizinischen Behandlung eines Kindes oder die Zustimmung eines Krebspatienten zu einer intensiven Palliativbehandlung sind Präzisierungen der allgemeinen Pflicht zur Wahrhaftigkeit und des allgemeinen Rechts auf Selbstbestimmung sowie der speziellen Pflicht zur Information des Klienten durch den Dienstleistungsanbieter, und des Rechtes des Patienten zwischen Schmerzbehandlung oder Lebensverlängerung zu wählen − wenn denn eine solche Wahl notwendig sein sollte. Die allgemeinen Prinzipien von Solidarität und Menschenwürde konkretisieren sich in dem mittleren Prinzip der „Nächstenliebe"; dieses wiederum erscheint als „Endprodukt" in der konkreten Hilfe dem Verkehrsopfer auf der Autobahn gegenüber, aber auch in der Aktion „Brot für die Welt" oder in staatlichen Verordnungen zum Mietrecht oder zur Arbeitslosenunterstützung. Mietrecht und Arbeitslosenunterstützung können aber auch als Konkretisierungen des allgemeinen Prinzips von Gerechtigkeit und des speziellen, daraus abgeleiteten Prinzips der sozialen Sicherheit verstanden werden. Von welchem Prinzip man sie ableitet, ist eine Weltanschauungsfrage; daß sie beachtet werden, ist eine Frage der gesellschaftlichen und individuellen differenzierenden Ethik.

Auch die Praxis der Güterabwägung zeigt, wie wenig in den meisten Fällen die gemeinsame Wertbegründung Voraussetzung für das gemeinsame Verabreden von konkreten wertorientierten Handlungen ist. Die meisten mittleren

Prinzipien eines moralischen und kulturellen Umgangs unter zivilisierten Menschen werden anerkannt, gleichgültig wie sie begründet werden; ob römisch-katholisch, jüdisch, sozialistisch, liberal, utilitaristisch oder wie auch immer; hierzu gehören Prinzipien wie Aufrichtigkeit, Verläßlichkeit, Treue, Freundschaft, Mitgefühl, Vertrauen, Neidlosigkeit, Hilfe in Not, Hilfe und Respekt der Intimsphäre des anderen, – die goldene Regel: Füge niemandem etwas zu, das Du auch Dir nicht zugefügt haben möchtest. Alle diese und andere mittlere Prinzipien werden von den meisten Positionen in unserer pluralistischen Gesellschaft, aber auch global in anderen Kulturkreisen vertreten. Im Gleichnis vom barmherzigen Samariter beantwortet Jesus die zutiefst erkenntnistheoretische Frage nach dem Wesen des Nächsten mit einer Fallstudie, die die kulturen- und religionenübergreifende Relevanz von mittleren Prinzipien und die allgemeine Geltung der Differentialethik konkreter Nächstenliebe in klassischer Weise demonstriert (vgl. Lukas 17). Eine empirische *Verifikation* solcher Prinzipien muß nicht transzendental sein, sie kann auch wertgeschichtlich erfolgen: Was der moderne Soziologenjargon Reziprozität nennt, finden wir bei Kant unter dem Begriff des kategorischen Imperativs; in der neutestamentlichen Geschichte des Samariters, im Alten Testament (3. Mose, Kap. 19, Vers 18): „Du sollst Deinen Nächsten lieben wie Dich selbst", zitiert in der Bergpredigt von Jesus, – fast gleichlautend bei Rabbi Hillel und 800 v. Chr. im hinduistischen Mahabhrata und zur Zeit Mose bei Konfuzius.

Das kulturgeschichtliche und kultursystematische Studium der Geltung ethischer Werte mag von höherem Ertrag für die zeitgenössischen Wertdiskurse sein als die gegenseitige, werbende Information über die je eigene Wertbegründung. Die Wertbegründung des Diskurspartners interessiert in konkreten Handlungssituationen zunächst eigentlich gar nicht, solange eine Einigung über die Einhaltung und Beachtung oder Tolerierung von mittleren Prinzipien möglich ist. Im Gegenteil, sie sollte uns nicht interessieren, denn Wertbegründung ist zunächst Privatsache. Die Forderung nach der vorbehaltlosen Offenlegung der eigenen Letztbegründung wie sie von prominenten Diskurstheoretikern vertreten wird, verletzt das persönliche Recht auf den Schutz der Intimsphäre. Wichtig wird die Diskussion über die jeweiligen Letztbegründungen erst dann, wenn es trotz aller Bemühungen von allen Seiten zu keiner schnellen Einigung über die Anwendung von mittleren Prinzipien in konkreten Situationen kommt. Aufgabe einer konsensorientierten Differentialethik wäre dann zu untersuchen, inwieweit die historischen Entwicklungen oder argumentativen Begründungen einer bestimmten Position nicht doch flexibler oder konsensfähiger sein können, als der jeweilige Vertreter dieser Position es sieht.

Die Differentialethik kann auf den ersten Blick mit Utilitarismus oder Kontraktualismus verwechselt werden. Vom Utilitarismus unterscheidet sie sich aber dadurch, daß sie nicht fragt, welche Regeln oder Inhalte optimaler sind als andere, sondern daß sie Regeln und Inhalte zunächst als das anerkennt, was sie sind: individuell oder gruppenspezifisch verantwortete und begründbare Wertkonzeptionen. Sie nimmt die individuell verantworteten Werte ernst, weil sie weiß, daß sie keine anderen oder besseren verbindlich machen kann. Sie ist viel mehr interessiert an der Kompatibilität unterschiedlich begründeter mittlerer Prinzipien und der Stärkung der ethischen Expertise in der Abwägung zwischen Prinzipien und Zielen des Handelns in Alltags- oder beruflichen Situationen. Da solche Übereinkünfte ein hohes Maß an Güteranalysenkompetenz oder Güterabwägungskompetenz bei allen Beteiligten voraussetzen, versucht sie die allgemeine und spezielle Güterabwägungskompetenz zu stärken, z. B. in konkreten Fallstudien der moralischen und kulturellen Akzeptanz neuer Techniken oder wissenschaftlicher Ergebnisse. Sie bezieht dabei die Wert- und Kulturgeschichte des eigenen Kulturkreises und seiner wichtigen Strömungen und Parteiungen mit ein, versucht aber auch in einem interkulturellen Dialog andere Güterabwägungsmodelle kennenzulernen und die eigenen Diskurse in die internationale Diskussion einzubringen, die heute eben wegen der Internationalität der ethischen Probleme – insbesondere derer, die mit Wissenschaft, Technik und Umwelt zusammenhängen – nicht mehr ein bloßer Luxus sind. Güterabwägung ist eine in den meisten Kulturen bekannte und benutzte Optimierungskunst; sie fragt nicht primär nach der Utilität von Werten, sondern nach ihrer konkreten Akzeptanz bei selbstverantwortlichen und mündigen Mitmenschen und nach der Kompatibilität verschiedener Positionen in der gemeinsamen Bemühung um die Realisierung von ethischen Prinzipien der mittleren Ebene unter Umgehung der sowieso rational nicht lösbaren und im übrigen daher in die persönliche Intimsphäre gehörenden Letztbegründungsfragen. Insofern sind die Forderungen der ethischen Expertise in Analyse und Bewertung und im Management ethischer Werte in der von Technik geprägten Welt nicht wesentlich anders als die differenzierende technische Analyse und Bewertung und das Management von technischen Gütern und wissenschaftlichen Ergebnissen. Das differenzierende und integrierende Management der Wertewelt und der technischen Welt erst machen den ethisch und zivilisatorisch gelungenen Umgang auch mit der Wissenschaft und der Technik aus. Die Differentialethik hat Methoden der klassischen Kasuistik, aber auch solche der Kosten-Nutzen-Analyse und -Bewertung aus Technik und Versicherungswissenschaft, übernommen. Die Expertise in der Benutzung dieser Methoden ist sowohl für die individuelle Güterabwägung wie auch für die Konsensfindung im Team oder im Klienten-Leistungsanbieter-Verhältnis oder bei gesellschaftlichen, politischen und auch interkulturellen Fragen unerläßlich.

Methoden und Modelle professioneller Güterabwägung

Wer jemals in konkreten Berufs- oder Lebenssituationen Verantwortung für die Realisierung ethischer Prinzipien getragen hat, weiß, daß es selten oder nie um die Durchsetzung eines und nur eines ethischen Prinzips geht. Im Regelfall wird eine Abwägung zwischen verschiedenen Prinzipien, die möglichst nicht verletzt sein wollen und der faktischen Durchsetzbarkeit eines oder aller Prinzipien stattfinden. Die Wertdurchsetzung im Alltag sieht also anders aus als die Wertbegründung im theologischen oder philosophischen Seminar. Oft kommt es im Alltag zu einem ethischen Dilemma, das der ethische Purist nicht wahrhaben will.

Bei der Vermeidung eines Dilemmas oder überhaupt zur Erleichterung der Güterabwägung gibt es einige pragmatische Klugheitsregeln der angewandten Ethik: teilweise lösbare Wertprobleme sollen erst einmal in ihren lösbaren Teilen behandelt werden; schwer lösbare Probleme können eventuell durch eine langfristige Konfliktvermeidungsstrategie in ihrer Zahl oder Schwere verringert werden; die Lösung eines Einzelfalles ist leichter als die Aufstellung von generellen Normen; die verantwortliche Lösung des Einzelfalls hat Vorrecht vor der generellen Durchsetzung einer Norm; die Orientierung an vergleichbaren Fällen hilft bei der Güterabwägung; die Einsetzung einer „Ethikkommission" oder die Beiziehung eines professionellen Ethikberaters könnte hilfreich sein – sie sind fast immer unerläßlich, wenn es sich um die antizipatorische Güterabwägung bei Entwicklung und Einsatz neuer Techniken handelt; standardisierte Fragebogenkataloge zur Erhebung der Informationen für eine notwendige Güterabwägung, auch berufsethische Kodizes oder Rahmenrichtlinien sind wichtig für eine Optimierung und differenzierende Erarbeitung ethischer Konfliktlösungen. Konkrete Fälle sind immer ein Test für die Gültigkeit hoher und höherer genereller Theorien, oft ein Test für ihre Unbrauchbarkeit in der konkreten Situation.

Es wurde schon darauf hingewiesen, daß in der Differentialethik absolute ethische Werte wie Freiheit, Menschenwürde, Gerechtigkeit wegen ihrer Undifferenziertheit und Generalität unpraktikabel sind und zu ethischem Mißmanagement führen. Sie konzentriert sich statt dessen auf die Erarbeitung, Analyse und Abwägung konkreter Werte. Solche mittleren Prinzipien sind in der Medizin etwa: *nil nocere* und *bonum facere*, die Schweige- und die Aufklärungspflicht des Arztes. In den Ingenieurwissenschaften sind es: Zuverlässigkeit und Sicherheit der Handhabung, Aufklärung des Kunden über Risiken im Umgang mit dem Werkzeug oder dem Verfahren, evtl. Einbau von internen Sicherheiten in technische Verfahren oder Maschinen; in den Verwaltungswissenschaften: Transparenz der Verwaltungsabläufe, Beschwerdemöglichkeiten und Aufsichtskontrollen, Akzeptanz von Eigenrisiken für Bürger und Betriebe. Diese Prinzipien sind präziser für die Analyse und Bewertung konkreter Szenarien; sie sind unerläßlich für die Beschreibung der ethischen Probleme, die jeder Bewertung vorausgehen muß. Genau beschriebene und differenzierende Mikroprinzipien lassen sich für wiederkehrende Herausforderungen in spezifische Checklisten für spezifische Szenarien zusammenfassen. Diese Listen können als Arbeitsbögen für die differentialethische Aufarbeitung vergleichbarer Fälle benutzt werden. Arbeitsbögen lassen sich für unterschiedliche berufliche Situationen, für die Anwaltspraxis, die Ingenieurpraxis, die Verwaltungspraxis – aber auch die Genforschung (Sass 1988, S. 268–278), die Nukleartechnik usw. aufstellen. Je enger ein Gebiet ist, um so präziser kann eine Fragenliste mit konkreten mittleren Prinzipien aufgestellt werden (Sass 1987).

In der konkreten Analyse des Einzelfalls geht es um eine Mischanwendung und eine Mikroanwendung von allgemeinen ethischen Prinzipien. Das alte medizinethische Prinzip des *primum nil nocere*, das Gebot des Nichtschadens differenziert sich z.B. in so unterschiedliche Kriterien wie: leichte oder schwere Formen von Unwohlsein, Schmerz, Streß, Verletzung der Intimsphäre, auch vorübergehende oder andauernde, individuell erträgliche oder unerträgliche Beeinträchtigung, Körperverletzung, Verletzung oder Verlust von Organen oder Beeinträchtigung ihrer Funktion. Das *bonum facere* kann in der Beseitigung von Ursachen oder von Schmerzen oder von Symptomen bestehen, in der Verbesserung des Wohlbefindens, des Wohlseins, der Organfunktion, in der Prävention oder in der akuten Krisenintervention, in der Verlängerung des Lebens oder in der Verbesserung der vom Patienten oder vom Arzt oder von beiden gemeinsam zu bestimmenden Lebensqualität. Das *bonum facere* und das *nil nocere* sind in jedem konkreten Fall zunächst zu präzisieren und dann gegeneinander abzuwägen. Auf der Krebsstation, in der Neonatalogie, in der Präventivmedizin und in der Allgemeinpraxis werden Abwägungen unterschiedlich ausfallen. Neben den objektivierbaren ethischen Grundregeln unterschiedlicher medizinischer Schwerpunktsetzungen steht dann noch die subjektive Seite des Einzelfalls, die nicht erlaubt, den Patienten zur Nummer und seinen Fall zur Routine zu machen. Die Mikroanwendung von ethischen Prinzipien oder Regeln bedarf also immer auch einer weiteren Differenzierung auf den Einzelfall (Sass 1987).

Neben der Notwendigkeit zur mikroskopischen Präzisierung ethischer Begrifflichkeit steht die Unvermeidbarkeit des Abwägens in der Mischung der einzelnen Prinzipien, das Abwägen zwischen Patientenautonomie und ärztlicher Behandlungspflicht, zwischen Lebensverlängerung und Schmerzbekämpfung, zwischen Aufklärungspflicht und dem besten „Interesse des Patienten" – zwischen dem Interesse des Patienten und den Verantwortungen dem Behandlungsteam, dem Gesundheitssystem, evtl. dem Fortschritt der Medizin gegenüber.

Methodisch bieten sich für die Güterabwägung ähnliche Abwägungsverfahren an, wie sie in der Ökonomie und Ingenieurwissenschaft als Kosten-Nutzen-Analyse oder als „technology assessment" entwickelt worden sind. Beides sind Optimierungsmethoden, die die Risiken oder Kosten gering und den Nutzen oder Gewinn möglichst hoch haben wollen. Ähnliche Ziele haben wir in der Anwendung von ethischen Prinzipien auf konkrete Situationen; auch hier geht es um Optimierung und Durchsetzung (Verantwortung und Risiko). Gerade die Pflicht zum Detail und die genaue Analyse und nachfolgende Bewertung der ethischen Prinzipien in einer bestimmten Situation unterscheidet die Güterabwägung von den mehr generalisierenden Verfahren der allgemeinen Ethik. Auch die Spannung zwischen den technischen Risiken und den ethischen Risiken und Machbarkeiten kann in der Kalkulation von ethischen Kosten und ethischem Nutzen in der Differentialethik besser berücksichtigt werden als mit anderen Methoden, die oft von der Technik Dinge verlangen oder befürchten, die diese einfach nicht leisten kann.

Die Differentialethik des konkreten Einzelfalls geht in der Regel in 4 Schritten vor:
1) Analyse ethischer Risiken,
2) Bewertung ethischer Risiken,
3) Überprüfung der Bewertung und möglicher Einwände gegen die Entscheidung,
4) Durchführung der geplanten Entscheidung.

Im 1. Schritt werden die technischen und die ethischen Einzelbestandteile des anstehenden Problems zerlegt, beschrieben und geordnet. Bei der Frage, ob ich einem Verkehrsopfer auf der Autobahn helfen soll, wäge ich Prinzipien wie die Pflicht zur Hilfe, die Gefahr der Selbstgefährdung, die Pünktlichkeit und Wichtigkeit meines originären Zeitplanes, meine Kompetenz zu helfen und Formen der Hilfe (z. B. stoppen und helfen, stoppen und andere anhalten, weiterfahren und das nächste Nottelefon benutzen) gegeneinander ab. Im 2. Schritt werden dann die einzelnen ethischen Teilprobleme auf ihr Gewicht befragt, gegeneinander und in bezug auf ihre technische Realisierbarkeit und schließlich zu Optionsbündeln zusammengebunden. Damit ist der 3. Schritt, die nochmalige Überprüfung der Optionsbündel und die Entscheidung für die Realisierung einer Option vorbereitet. Erst der 4. Schritt stellt das eigentliche ethische Management dar. Neue Herausforderungen, die durch wissenschaftliche und technische Fortschritte oder durch ein Überdenken traditioneller ethischer Entscheidungen begründet sind, bedürfen in jedem Fall einer nichtakuten und solide abwägenden ethischen Differentialdiagnose; das Studium von Einzelfällen vor generellen rechtlichen oder regulierenden Entscheidungen stärkt zudem die Güterabwägungskompetenz der Beteiligten und präzisiert die differenzierten Aspekte der geforderten ethischen Entscheidung. Es hat sich als hilfreich erwiesen, wenn Vertreter verschiedener wissenschaftlicher Disziplinen und auch Personen mit unterschiedlichem Verantwortungsbereich (Forscher, Anwender, Politiker, Journalisten, Philosophen, Kaufleute) an differentialethischen Studien beteiligt werden.

Neue ethische Probleme, die im Fortschritt der Technik entstehen, werden zunächst in unterschiedliche Szenarien der Technikanwendung differenziert. Dann werden die ethischen Teilprobleme oder ethisch einfacheren Probleme zunächst an ethisch einfachen Fällen diskutiert. Oft lassen sich ethisch komplizierte Fälle dadurch ethisch vereinfachen, daß eine kompliziertere Technik angewandt wird, z. B. eine bessere Sicherheitstechnik oder ein höherer Umweltschutz. Wie wir die ethische Akzeptanz von elektrischem Strom nicht an der Frage des Folterns mit Strom diskutieren, so diskutieren wir auch nicht die Frage der In-vitro-Fertilisation (IvF) beim Menschen am Problem der lesbischen Gruppe, die sich ein gemeinsames Kind wünscht, sondern am Fall des verheirateten Ehepaares, das verschiedene andere Therapiearten vergeblich versucht hat. Wir beginnen also mit ethisch einfachen Fällen, diskutieren danach ethisch kompliziertere Fälle, in unserem Beispiel IvF bei einer alleinstehenden Frau oder die Embryonengefrierung bei einem verheirateten Ehepaar, danach mehrfach kompliziertere Fälle und schließlich zusätzliche Fälle, für die die neue Methode nicht entwickelt wurde, in denen sie aber zur Realisierung individueller Wertvorstellungen benutzt werden; zu diesen zusätzlichen Fällen wäre etwa die Benutzung der Methode durch homoerotische Paare, die Embryonenverschmelzung oder -spaltung zur Erreichung bestimmter kultureller oder individueller Ziele oder die generationenübergreifende Kryokonservierung zu rechnen (Sass 1989a). Technisch sind alle diese Fälle ziemlich gleich; nur ethisch sind sie außerordentlich unterschiedlich. Bei den ethisch einfacheren Fällen ergibt sich zumeist ein Übergewicht des ethischen Nutzens gegenüber den ethischen Kosten; bei den komplizierteren Fällen nimmt der Nutzen ab und die Kosten zu. So ergeben sich Staffelungen von Fällen mit größerem und kleinerem ethischen Risiko. Wenn schon die ethisch einfachen Fälle kein eindrucksvolles Übergewicht der Vorteile gegenüber den Nachteilen zeigen, dann erübrigt sich die Diskussion von komplizierteren Fällen.

Wenn wir aber gleich die ethischen Dimensionen neuer Techniken oder wissenschaftlichen Fortschritts am Extremfall diskutieren und danach die Technik bewerten, dann ist das ein ethischer Kunstfehler, der aus unserer eingewohnten Generalisierungssucht stammt und der uns schuldig vor dem Einzelfall oder den Sonderklassen von Fällen werden läßt, die nicht unter den Extremfall fallen. Das Argument von Jonas, daß wir extrem effiziente Techniken vom Extremfall her beurteilen sollen, ist ethisch äußerst bedenklich, weil es Techniken verteufelt, statt Fallklassen von mehr oder weniger akzeptablen Szenarien aufzustellen und eine ins Detail gehende Güterabwägung vorzulegen. Jonas argumentiert generell und diskutiert Klassen von Techniken; die Differentialethik argumentiert differenziert und diskutiert unterschiedliche ethische Szenarien. Der technische Fortschritt der Medizin hat sich im übrigen nie am „worst case scenario" orientiert; das wäre auch angesichts des ärztlichen Auftrages zum Heilen und Lindern unangemessen gewesen. Wohl aber hat die medizinische Forschung eine differenzierende Bewertung zwischen Erfolgsaussichten und Risiken bei innovativen Verfahren oder in der klinischen Prüfung durchzuführen. Dafür sind wiederum differenzierende Verfahren mit eigenen Parametern für ethische und technische Kosten-Nutzen-Analysen und Verantwortungskriterien eingeführt worden, auf die in anderen Beiträgen dieses Bandes eingegangen wird.

Bei der ordnungsethischen Bewertung neuer Herausforderungen von technisch und wissenschaftlich Möglichem empfiehlt sich in offenen Gesellschaften stets auch die Prüfung der Anwendung der klassischen Prinzipien von Subsidarität und Solidarität. Wo in einer pluralistischen Gesellschaft eine Gruppe, aus welchen Gründen auch immer z. B. die Benutzung von Empfängnisverhütungstechniken ablehnt, andere aber diese Techniken als eine Bereicherung ihrer persönlichen, sozialen und kulturellen Möglichkeiten ansehen, da kann man, solange die Sozialgemeinschaft dadurch keinen.schweren Schaden erleidet, natürlich weder die Benutzung von Kontrazeptiva für alle Bürger verbindlich machen noch sie verbieten. Ebenso wenig kann man bei Fragen des Schwangerschaftsabbruchs – in bezug auf die es in unserer Gesellschaft einen starken Dissens gibt – nicht von der Gemeinschaft die Übernahme der Kosten für diese Technik verlangen, die von vielen als unmoralisch angesehen wird. Solidargruppen, die den Schwangerschaftsabbruch für ethisch vertretbar halten, werden in der Lage sein, in ökonomischen Notsituationen solidarisch Hilfe zu leisten. Das Thema des Schwangerschaftsabbruchs wie das Thema der Kontrazeptiva ist so sehr in die jeweils unterschiedlichen Wertewelten unserer Mitbürger gebunden, daß eine generelle Rechtsregelung moralisch bedenklich ist, weil diese Fragen nicht zum Gegenstand von parlamentarischen Kampfabstimmungen gemacht werden können, wie man das in der Bundesrepublik und in anderen Staaten getan hat. Wo eine differentialethische Abwägung nicht für alle gleichermaßen tragfähig und verbindlich gemacht werden kann, da kann und darf auch der Gesetzgeber nicht die ungelöste ethische Frage zu einer der Rechts- und Machtpolitik machen; die Prinzipien der Solidarität und Subsidiarität entlasten v. a. den Gesetz- und Verordnungsgeber von dem Handlungsdruck in Fällen, in denen er keine konsensgestützte Autorität hat (Sass 1986, 1989c).

Differentialethik und medizinische Ethik

Es hieße Eulen nach Athen zu tragen, wollte man als Philosoph die Mediziner über die technische und ethische Bedeutung differenzierenden Analysierens, Argumentierens, Bewertens und Handelns belehren. Dazu gründet die Medizin zu sehr in der differenzierenden Methodik und der am Ergebnis orientierten Handlungstheorie. Nur wenige Hinweise genügen, um die Grundstrukturen dessen zu skizzieren, was in der Medizin eine Differentialethik leisten kann, die jetzt noch nicht so weit entwickelt ist, wie andere mehr technische Methoden der Differenzierung (vgl. auch die Beiträge von Drane und Wolff in diesem Band).

Die beiden grundlegenden Prinzipien der medizinischen Ethik zum Wohle des Patienten, das Schadensverbot (*primum nil nocere*) und das Gebot des Heilens (*bonum facere*), bedürfen keiner weiteren generellen Erläuterung; beide gehören berufsgeschichtlich und berufsethisch zum Kern des Ethos des Arztes und der Erwartungen aller Gesellschaften an die Rolle des Arztes. Da es kaum einen medizinischen Eingriff gibt, der nicht auch ein Risiko oder einen potentiellen oder tatsächlichen Schaden für den Patienten beinhaltet, deshalb gilt es im Einzelfall differenzierend abzuwägen zwischen beiden Prinzipien, dem Hilfsgebot und dem Schadensverbot, und der Frage, inwieweit Risiken oder Schäden in Kauf genommen werden dürfen zur Erreichung des Ziels der Heilung, der Linderung, des Wohlseins oder des Wohlfühlens.

Ähnliche Abwägungen sind zwischen den beiden Prinzipien „Autonomie des Patienten" und „Verantwortung des Arztes" erforderlich. Diese Abwägungen sind aus 2 Gründen unerläßlich; einmal weil die technischen Möglichkeiten der Medizin es dem Arzt nicht mehr erlauben, stellvertretend paternalistisch für den Patienten zu formulieren, was in dessen „besten Interesse" liegt, und zum anderen, weil es zu den Grundprinzipien der pluralistischen Gesellschaft gehört, daß der einzelne im Rahmen von Gesetzen selbst über die Ziele seines Lebens und den Inhalt dessen, was er oder sie Lebensqualität nennt, entscheiden kann. Andererseits erlaubt die Tradition des hippokratischen Ethos dem Arzt im Regelfall nicht, sich auf die bloß technischen Funktionen eines Dienstleistungsberufs zurückzuziehen; deshalb kann er auch das Selbstbestimmungsrecht des Bürgers in der Rolle des Patienten nicht immer ungefragt akzeptieren.

Diese doppelte Abwägung zwischen dem Schadens- und dem Hilfsprinzip auf der einen und den Prinzipien der Selbstbestimmung des Bürgers auch in der Rolle des Patienten führt zu einer Arzt-Patient-Situation, die in der Literatur als ein „Bündnis" beschrieben wurde, in dem in einem mehr oder weniger unausgesprochenen Vertrag die technische Verantwortung und menschliche Zuwendung von Seiten des Arztes sowie die Compliance und das Vertrauen von Seiten des Patienten die tragenden Prinzipien sind (Pellegrino u. Thomasma 1988; Veatch 1981). Man hat die Grundlage dieses Bundes als „beneficence in trust", Fürsorge auf der Basis des Vertrauens, genannt: Der Arzt handelt im besten Interesse des Patienten; dieses Handeln muß von gegenseitigem Vertrauen getragen sein (Pellegrino 1989). Obwohl Arzt und Patient sich im Regelfall in den Rollen des Hilfsbedürftigen und des Helfers entgegentreten, kann es im Einzelfall zu größeren weltanschaulichen Gegensätzen kommen, in der Frage des Schwangerschaftsabbruchs beispielsweise. In solchen Fällen kommt es dann nicht zu einer vertrauensbasierenden Verantwortung des Arztes für den Patienten, und die Grundlage des ungeschriebenen und oft auch unausgesprochenen Bündnisses ist nicht mehr tragfähig.

Innerhalb des Bundes zwischen Arzt und Patient spielen eine Reihe von mittleren Prinzipien eine Rolle, die mit der Geschichte der ärztlichen Ethik untrennbar verbunden sind und auch immer wieder ausführlich beschrieben wurden, so daß ich sie hier nicht im einzelnen entwickeln muß. Dazu gehören die beiden Prinzipien: Vertrauen und Schweigepflicht. Neueren Datums sind die Prinzipien der Einwilligung nach Aufklärung und der Wahrhaftigkeit am Krankenbett. Die generelle Anwendung dieser beiden letzten Prinzipien ist nicht unumstritten; auf einige interessante ethische Aspekte der rechtlich und standesrechtlich vorgeschriebenen Einwilligung nach Aufklärung kann ich hier nicht eingehen. Was die Pflicht zur Wahrhaftigkeit am Krankenbett betrifft, so wird sie immer noch sehr häufig gegen den therapeutischen Vorbehalt abgewogen; die Argumentation vom therapeutischen Vorbehalt muß sich aber selbst fragen, inwieweit sie sich ethisch rechtfertigen kann und nicht nur in überliefertem Rollenverhalten ihre Wurzel hat oder in dem Versuch, sich der mitmenschlichen Kommunikation über letzte Fragen von Leben und Sterben und die Grenzen der Medizin und der ärztlichen Verantwortung am Krankenbett zu entziehen. Diese Prinzipien sind noch auf der Ebene der ethischen Halbfertigprodukte anzusiedeln, weil sie sich von den generelleren Prinzipien des Hilfsgebots und des Schadensverbots ableiten und traditionell berufsethisch und berufspolitisch als handlungsleitende und verpflichtende Prinzipien im Beruf so anerkannt worden sind wie das Barmherzigkeitsprinzip als allgemein menschliches Prinzip von dem Samariter im Gleichnis Jesu. Sie bedürfen einer weiteren Differenzierung in der Einzelfallabwendung.

Andere Prinzipien, die auch in die ärztlichen Güterabwägungen in besonderen Fällen einfließen, sind: Risiken für Dritte, Verantwortung für den Fortschritt der Medizin und die Verbesserung der Methoden und des Erfahrungswissens, die Beachtung rechtlicher und berufsrechtlicher Regelungen und schließlich auch eine indirekte Verantwortung für das ökonomische und administrative System solidarischer Gesundheitsfinanzierung und -pflege, das dem Arzt überhaupt erst die Voraussetzungen liefert, unter denen er derzeit seinen Beruf ausübt.

Instrumente für die klinische Urteilsbildung

Die unterschiedliche technische Expertise in den verschiedenen Berufen und die unterschiedliche berufsspezifische Schwerpunktsetzung in differentialethischen Abwägungen fordert keine unterschiedliche Spezialethik für die verschiedenen Szenarien beruflicher Verantwortung, wohl aber insgesamt eine größere ethische und differentialethische Kompetenz in allen Berufen (Sass 1987; Wieland 1986; Wolff 1989). Zu den Hilfsmitteln einer berufsspezifischen Differentialethik gehören die in den verschiedenen Berufen vorkommenden teils schriftlich formulierten, teils gewohnheitsmäßig praktizierten und rollentypisch gewordenen standardisierten Güterabwägungen. Sie stellen sich dar in Form von Berufskodizes oder Eiden, in Form von Richtlinien oder Empfehlungen, Checklisten oder Arbeitsbögen. Diese Hilfsmittel erleichtern die differenzierende ethische Betrachtung, bedürfen aber selbst einer routinemäßigen kritischen Überprüfung und Bewertung.

Auch dem Arzt stehen zur Optimierung der Methode der Differentialethik im Einzelfall eine Vielzahl solcher Instrumente zur Verfügung (Sass 1988, S. 57–71). Diese Arbeitsmittel zwingen zu einer methodisch reflektierten und argumentativ differenzierenden Arbeitsweise; zu ihnen gehören: Gespräche mit dem Patienten, Fragebögen und Checklisten, Ethikkommissionen, berufsethische Empfehlungen, Richtlinien, Standesrecht, Regelungen des Gesundheitswesens, staatliche Verordnungen, Gesetze.

Von diesen unterschiedlichen Instrumenten hat das Gespräch mit dem Patienten eine besonders herausragende Bedeutung; es steht auch methodisch im Vordergrund aller differentialethischen Erhebungen und Entscheidungen. Das gilt insbesondere bei Fragen, welche den Einsatz hochtechnisierter Medizin und die Aspekte von Lebensverlängerung, Lebensqualität und Schmerzbehandlung betreffen. Die anderen Instrumente haben also in gewisser Weise nur die Funktion, das partnerschaftliche Gespräch mit dem Patienten zu optimieren. Es ist der Vorschlag gemacht worden, zur Differenzierung der ethischen Aspekte von Gesundheitsmündigkeit des Patienten und zur Optimierung des Arzt-Patient-Verhältnisses schon in der Allgemeinmedizin neben der Anamnese technisch-medizinischer Fakten auch eine Anamnese der medizinisch-ethischen Fakten und des Wertbildes und Gesundheitsverständnisses des Patienten anzubeiten und gemeinsam mit dem Patienten partnerschaftlich fortzuschreiben (Sass 1988, S. 134–136). Neben der Krankengeschichte stände dann die Wertgeschichte, die der Patient, wenn das gewünscht wird, auch zum Facharzt, in den Operationssaal, auf die Intensivstation mitnehmen kann. Eine solche tragbare Wertgeschichte („portable value history") kann nicht nur dem Arzt stellvertretende Entscheidungen erleichtern, sie zieht auch den Patienten mit in Überlegungen zu Lebensqualität, Prävention, Leistungen und Grenzen der Medizin hinein – mit einem Wort: macht den Patienten gesundheitsmündiger. Es liegen noch wenig Erfahrungen und noch keine differenzierenden Methoden zur Erstellung von Axiogrammen vor, die ebenso aussagekräftig wie Hämogramme wären. Checklisten und Fragebögen werden sicher bei der Wertanamnese eine wichtige instrumentelle Funktion zur differenzierenden Analyse und Bewertung haben. Checklisten unterscheiden sich von Eiden, Richtlinien, Berufsordnungen oder staatlichen Verordnungen dadurch, daß sie inhaltlich keine Vorgaben machen, sondern nur die Punkte zusammenstellen, die einer solchen inhaltlichen Abwägung bedürfen. Checklisten enthalten daher keine weltanschaulichen Vorannahmen und sind deshalb dort besonders brauchbar, wo die Medizin unter den Bedingungen der pluralistischen Gesellschaft arbeitet.

Checklisten können unterschiedlich strukturiert sein, repräsentieren aber je auf ihre Weise die Urteilsstruktur der klinischen Ethik.

Ein von Pellegrino aufgestellter Fragebogen geht in 4 Schritten vor (Sass 1988, S. 70f):

In einem 1. Schritt werden die ethischen und technischen Fakten gemeinsam erhoben und Ethik und Technik integrierende Schaden-Nutzen-Kalkulationen angestellt.

Der 2. Schritt setzt sich mit Fragen der Lebensqualität in der Perspektive des Patienten auseinander.

Der 3. Schritt versucht angesichts der erhobenen Befunde die ärztliche Pflicht zu definieren.

Ein letzter 4. Schritt hat die Funktion einer Generalprobe zur Erhärtung der Pflichtenbestimmung. Pellegrinos technische und ethische Parameter setzen eine ärztliche Tugendlehre voraus, in der Handlungen abgewogen werden (Pellegrino 1988).

Die Checkliste von Drane (s. seinen Beitrag in diesem Band) unterscheidet 4 Phasen klinischer Urteilsbefindung:

In einer Expositionsphase werden medizinische, ethische und sozioökonomische Informationen gesammelt.

Die zweite Phase gilt der rationalen Aufarbeitung der medizin-ethischen und der medizinischen Kategorie, der benutzten Prinzipien und Maximen und der vorkommenden rechtlichen Aspekte des Falles.

Die dritte Phase, die Ermessensphase, geht den Schritt von den Fakten und der Reflexion zur Entscheidung. In dieser Phase geht Drane noch einmal Optionen und Prinzipien, die für den Fall relevant sind, durch. Dabei macht er das Prinzip der ärztlichen Fürsorge für den Patienten zum entscheidungsleitenden Prinzip.

Die vierte Phase wird die öffentliche genannt, weil in ihr die Entscheidungen in ihrer objektivierbaren und in ihrer nichtobjektivierbaren Form verständlich und nachvollziehbar mit überzeugenden Argumenten verteidigungsfähig gemacht werden müssen.

Im Gegensatz zu den beiden Checklisten von Pellegrino und Drane trennt der *Bochumer Arbeitsbogen für die medizinische Praxis* (1989) ausdrücklich zwischen ethischen und technischen Fakten und stellt die ethische Diagnose zunächst parallel und unverbunden neben die technische Diagnose.

Für die ethische Diagnose wird v. a. die Beachtung der Kriterien *Gesundheit* und *Wohlbefinden* als eine nur schwierig medikalisierbare Befindlichkeit, *Selbstbestimmung des Patienten* und *ärztliche Verantwortung* gefordert. Von der amerikanischen Position unterscheidet sich der Bochumer Arbeitsbogen dadurch, daß er nicht generell die Autonomie des Bürgers auch in seiner Rolle als Patient voraussetzt, sondern zum Gegenstand medizin-ethischer Diagnose macht. Das hat dem Arbeitsbogen auch Kritik eingetragen mit dem Hinweis, daß er nicht „fortschrittlich" genug sei und das Prinzip der *Einwilligung nach Aufklärung* nicht unbedingt genug vertrete.

Beide Diagnosen, die technische und die ethische, werden je separat zusammengefaßt. Die Forderung nach einer kurzen schriftlichen Zusammenfassung zwingt zu sprachlicher und damit argumentativer Präzision.

In einem dritten Schritt werden dann die Behandlungsoptionen unter technischen wie ethischen Aspekten diskutiert; dabei wird den ethischen Aspekten ein letztes Wort eingeräumt. Optimierung der Entscheidungsfindung durch die Beiziehung von Beratern – wie sie ja bei technischen Fragestellungen in der Medizin völlig geläufig ist, wird diskutiert, wie auch die Frage einer Überweisung aus technischen oder ethischen Gründen. Ebenso werden im einzelnen die Pflichten der Beteiligten diskutiert.

Ein letzter vierter Schritt gilt der Überprüfung und Erhärtung der Entscheidung und der Sicherstellung ihrer periodischen Überprüfung.

Da ethische wie technische Daten sich im Laufe einer Krankheitsgeschichte ändern, sind auch die ethischen Kriterien periodisch oder ad hoc bei Veränderungen von ethischer Relevanz neu zu überprüfen. Das Verfahren der einmaligen Beratung von ethischen Problemen in einer Ethikkommission beispielsweise läßt sich auf die aktuelle Patientenbetreuung kaum anwenden, weil hier eine ständige Integration von ethischen in die laufenden und sich ändernden klinischen Entscheidungen und kein einmaliges Plazet gefordert ist. Auch die abschließende Entscheidung sollte aus den schon erwähnten Gründen schriftlich formulierbar und begründbar sein. Durchgehend verlangt der Arbeitsbogen die Bestätigung, daß die benutzten Begriffe detailliert, klar und präzise sind, – eine Forderung, die in der medizinisch-technischen Differentialdiagnose selbstverständlich, in der medizinisch-ethischen Diagnose aber oft zu wünschen übrig läßt. Ein vierter Sonderteil stellt für Gruppen von Sonderfällen spezielle Fragenkataloge auf, die noch weiter differenziert und auf andere medizinische Handlungsfelder ausgeweitet werden müssen. Diese Sonderfragen spielen für den Normalfall keine besondere Rolle; deshalb sollen sie auch den allgemeinen Fragebogen nicht unnötig belasten. Für noch speziellere Fragestellungen – die Sterbebegleitung beispielsweise oder die Behandlung mit Zytostatika (1990b), riskante und in der Prognose unsichere klinische Prüfungen, u. a. in der Phase 1, die Behandlung von schwerstbehinderten Neugeborenen, Entscheidungskonflikte in der pränatalen Diagnose oder der Fertilitätsmedizin – lassen sich weitere, möglichst detaillierte Checklisten aufstellen, die dem Praktiker differentialethische Abwägungen erleichtern (Sass 1988, S. 70f., 81–86; Sass 1990b). Einige dieser Checklisten können auch speziell für die Hand des Patienten entwickelt und gemeinsam mit dem Patienten ausgewertet werden.

Weitere methodische Forschungen auf dem Gebiet der Differentialethik werden nötig sein, die Erhebung relevanter Wertfaktoren und das Gespräch mit dem Patienten zu optimieren.

Ethos der Differentialethik

Das Ethos der Differentialethik als integrativer Verbindung von technischer mit ethischer Expertise und die von ihr zu entwickelnden Differenzierungsmethoden der Misch- und Mikroallokation läßt sich in 4 Punkten zusammenfassen:

1) Es liegt zunächst in ihrer weltanschaulichen Offenheit, dann aber
2) in ihrer Instrumentalität für eine Optimierung der partnerschaftlichen Entscheidungen in einer pluralistischen Gesellschaft, aber auch zwischen Anbieter und Klient, Arzt und Patient,
3) in ihrer Orientierung am Detail der mikroethischen personen- und situationsbezogenen Fragestellung, ihrer Nähe zur technischen Erfahrung und schließlich
4) in ihrer Konzentration auf den medizinischen Einzelfall unter Hintansetzung von mehr generellen Prinzipien der allgemeinen Gesundheitsversorgung und -erziehung.

Was die vorgestellten Modelle von Checklisten und die in ihnen benutzten Methoden und Formen der Urteilsfindung betrifft, können diese sicher noch verbessert werden. Ja, die Entwicklung von solchen Checklisten ist, wie im differentialethischen Unterricht mit Studenten festzustellen ist, nicht nur ein Mittel zu einer künftigen besseren ethischen Behandlung medizinischer Fälle durch die Benutzung solcher Checklisten – sondern hat auch einen Selbstzweck, da sie differenzierendes ethisches Argumentieren verlangt und damit die beste Vorübung für die Entwicklung der eigenen Kompetenz zur Differentialethik und ihrer Methode ist.

Die Methode der Differentialethik setzt allerdings voraus, daß immer schon eine generelle Übereinstimmung (ein „common sense") über das besteht, was in einer bestimmten Situation oder Rolle an Werten und Tugenden erwartet werden kann; sie setzt glücklicherweise nicht die uniforme Übereinstimmung in Letztüberzeugungen voraus. Insofern die ethischen Parameter – in denen Berufe wie der des Mediziners in unserer Gesellschaft praktiziert und akzeptiert werden, im großen und ganzen vor dem Hintergrund der abendländischen Tradition und der hippokratischen im besonderen sowohl innerhalb der Ärzteschaft wie auch in der Öffentlichkeit – ähnlich beschrieben und verstanden werden, kann diese Methode sich auf einen nicht artikulierten, aber schlummernden Konsens in bezug auf das, was verantwortliches ärztliches Handeln ist, berufen. Zur Lösung von großen gesellschaftlichen Weltanschauungskonflikten eignet sich die Methode nicht; aber welche Methode eignet sich in der modernen Welt überhaupt dazu, verlorengegangene Gemeinsamkeiten von Werten, Normen und Tugenden wiederzubegründen. Ihr einziger Beitrag zur Entspannung und Depotenzierung von gesellschaftlichen Normkonflikten liegt in der Betonung der ethischen Einzelfallanalyse und des ethischen Einzelfallmanagements. Und das ist im Normalfall kein unwichtiger Beitrag zur Entkrampfung von ideologischen Gegensätzen, die in einer offenen Gesellschaft kaum so begründet werden können, daß sie zwingend nachvollziehbar sind.

Literatur

Bochumer Arbeitsbogen zur medizinischen Praxis (1989) Medizin und Ethik. Reclam, Stuttgart, S 371–375

McIntyre A (1984) After virtue. Harvard Univ Press, Cambridge

Nozik R (1974) Anarchy, state, und utopia. Basic Books, New York

Pellegrino ED (1989) Der tugendhafte Arzt und die Ethik der Medizin. Medizin und Ethik. Reclam, Stuttgart, S 40–68

Pellegrino ED, Thomasma DC (1988) For the patient's good, the restauration of benefience in health care. Oxford Univ Press, New York

Rawls J (1971) A theory of justice. Harvard University Press, Cambridge/MA

Sass HM (1986) Verantwortung unter Risiko. Vom Ethos ordnungspolitischen Risikomanagements. Koellen, Alfter-Oedekoven

Sass HM (1987) Philosophical and moral aspects of manipulation and of risk. Swiss Biotech 5 2a:50–56

Sass HM (1988) Bioethik in den USA. Springer, Berlin Heidelberg New York Tokyo

Sass HM (1989a) Menschliche Fortpflanzung unter ethischen Aspekten. Klinik der Frauenheilkunde und Geburtshilfe. Bd II. Urban & Schwarzenberg, München, S 515–530

Sass HM (1989b) Ethische Bewertung von Expertensystemen in der Medizin. Medizinethische Materialien, Nr. 44. Zentrum für Medizinische Ethik, Bochum

Sass HM (1989c) Hirntod und Hirnleben. Medizin und Ethik. Reclam, Stuttgart, S 160–183

Sass HM (1990a) Professional organisations and professional ethics. In: Pellegrino ED, Langen T (eds) Ethics and the professions. Georgetown University Press, Washington/DC (in press)

Sass HM (1990b) Training in differential ethics and quality control. Medizinethische Materialien, Nr 21. Zentrum für Medizinische Ethik, Bochum

Veatch R (1981) A theory of medical ethics. Basic Books, New York

Viefhues H (1989) Medizinische Ethik in einer offenen Gesellschaft. Medizin und Ethik. Reclam, Stuttgart, S 17–39

Wieland W (1986) Strukturwandel der Medizin und ärztliche Ethik. Winter, Heidelberg

Wolff HP (1989) Arzt und Patient. Medizin und Ethik. Reclam, Stuttgart, S 184–211

Der Wandel der Anschauungen der medizinischen Ethik

Henk ten Have[1] und Gerrit Kimsma[2]

[1]Department of Health Care Ethics and Philosophy, University Limburg,
P.O.B. 616, 6200 MD Maastricht, Niederlande
[2]Kerkbuurt 11, 1551 AB Westzaan, Niederlande

In den letzten Jahrzehnten hat sich ein zunehmendes Interesse für Fragen der medizinischen Praxis gezeigt. Nicht nur die Medien haben sich mit den Problemen von Krankheit und Gesundheit beschäftigt, sondern auch nichtmedizinische Betrachter widmen ihre intensive Aufmerksamkeit der Medizin. Einer dieser ist der Ethiker, der sich in zunehmendem Maße an der Analyse und Lösung der komplexen und gesellschaftlich wichtigen Aufgaben beteiligt. Vor allem waren an dieser Diskussion an erster Stelle die Ethiker der USA beteiligt. Wenn man ihre Beiträge überschaut, dann wird klar, daß ihre Aussagen bestimmte Auffassungen medizinischer Ethik repräsentieren, namentlich diejenigen der „klinischen" Ethik, verstanden als eine „angewandte" Ethik. Dabei werden die Aufgaben der medizinischen Praxis als prinzipiell lösbare Fälle betrachtet, auf welche ethische Prinzipien auf alle Fälle anwendbar sind. Unser Beitrag will deutlich machen, welche Rolle die „angewandte Ethik" und die „klinische Ethik" spielen und welchen Wert sie haben. Als Antwort auf die amerikanischen Anschauungen wollen wir versuchen herauszufinden, ob und inwiefern eine europäische philosophische Tradition – die der philosophischen Hermeneutik – wichtige Aussagen und Anhaltspunkte enthalten könnte für eine Erneuerung der medizinischen Ethik, die mehr auf das Verhältnis zwischen dem Arzt und dem Patienten konzentriert ist.

Autonome Technologie

Seit der Mitte des 19. Jahrhunderts standen Wissenschaft und Technologie im Mittelpunkt des sich ändernden Interesses der abendländischen Medizin. Die Medizin hat sich durch die Technologie geändert, entweder als Folge des Einflusses der nichtmedizinischen Technologie auf die Gesellschaft durch die Verbesserung der Hygiene, Ernährung und Wohnung oder aber durch den Einfluß auf die medizinische Technologie selbst. Dies ermöglichte vieles, was vorher nur im Traum oder in der Phantasie möglich war. Als Folge des ersten Effekts trat eine Verschiebung der Krankheitserscheinungen von behandelbaren akuten und infektiösen Krankheiten in chronische Krankheiten zutage, deren Auswirkungen nur marginal erleichtert werden können. Das zweite Phänomen der

H.-M. Sass · H. Viefhues (Hrsg.)
Güterabwägung in der Medizin
© Springer-Verlag Berlin Heidelberg 1991

medizinischen Technologie bestand darin, daß – laut Greaves (1979) – medizinisches Handeln neue Bewertungen braucht.

Der medizinischen Technologie werden wegen ihrer inpersonalen und „inhumanen" Natur Vorwürfe gemacht. Auch werden in zunehmendem Maße der Zweck, die Einrichtung und die Effektivität der technologischen Medizin in Frage gestellt. Außerdem wird die gesellschaftliche Rolle der Ärzte und die Legitimität ihrer Rolle auf jenen Gebieten, die unter die „Herrschaft der Medizin" gestellt sind – das Thema der „Medikalisation der Gesellschaft" – zunehmend kritisch analysiert. Um das Ganze zu vervollständigen: Die sich ändernde Haltung gegenüber der Technologie im allgemeinen und der Medizin im besonderen hat besonders für die Medizin zur Folge, daß gegenüber den Ärzten in zunehmendem Maße der Wunsch geäußert wird, sich mehr an den medizinischen Entscheidungen zu beteiligen, und zwar auf allen Ebenen, vom individuellen Verhältnis zwischen dem Arzt und dem Patienten bis zur Gesundheitsversorgungsstruktur und der Allokation.

In der vorliegenden Analyse dieser Probleme spielt der Leitgedanke der autonomen Technologie eine wichtige Rolle. Und man muß gestehen, daß es verlockend ist, einer autonomen Technologie die Schuld zu geben an den frustrierenden Problemen der Medizin und der dazu gehörenden Ohnmacht und der Schwäche des ethischen Diskurses. Anscheinend ist es attraktiver zu glauben, daß die Technologie „außer Kontrolle" geraten sei und ihren eigenen Weg unabhängig vom menschlichen Einfluß und menschlicher Garantie gehe. Diese These der „technologischen Führung" scheint effektiv andere Alternativen und Unternehmungen auszuschalten. Das wird z. B. klar aus der Analyse des französischen Philosophen Jacques Ellul in seiner Studie der „technologischen Gesellschaft" (Ellul 1954), worin 6 Charakteristiken der modernen Technik beschrieben werden, die sich fast unverändert auf die Medizin anwenden lassen.

1. Die erste Charakteristik ist der *Automatismus der technischen Wahl*, was bedeutet, daß der Mensch sich nicht länger als derjenige betrachtet, der die Wahl hat zwischen Mitteln, die angewandt werden sollen. Für die Medizin bedeutet diese Auffassung ein Überwiegen der technischen anstatt der personalen Strategien.

2. Der Aspekt der *Selbstaugmentation*, was bedeutet, daß in einer gegebenen Gesellschaft der technische Fortschritt nicht nur nicht umkehrbar ist, sondern Technologie dazu tendiert, sich geometrisch zu vervielfältigen, wobei sie den benachbarten Bereichen sozialer Aktivität technische Änderungen aufzwingt.

3. Das technische Phänomen führt zu *Monismus* oder *Einförmigkeit* der Auffassungen, was zur Folge hat, daß nichttechnologische (persönliche, individuelle, ethische, religiöse) Unterschiede beseitigt werden.

4. Der notwendige Verbund der verschiedenen Einzeltechnologien, was eine notwendige *Ausstrahlung* der technologischen Bedingungen und Methoden über die ganze Gesellschaft als Folge der Auswirkung einzelner Erfindungen bedeutet.

5. Die Technologie führt zu *technischem Universalismus*, sowohl geographisch wie auch qualitativ.
6. Die Technik entwickelt sich autonom; äußere Bedingungen sind weder für ihre Entwicklung noch für die Richtung, in der sie sich bewegt, entscheidend.

Ähnliche Ideen sind von anderen Philosophen beschrieben worden. Nach Heidegger, z. B. in seinem Werk *Was heißt Denken?*, sind des Menschen eigene technische Schöpfungen und Produkte weit über seine Möglichkeit zur Entscheidung hinausgestiegen. Er macht klar, daß „der technische Fortschritt schneller und schneller gehen wird und nie aufgehalten werden kann" (1954, S. 46).

Die Medizin hat sogar ihren eigenen Antitechnologen in der Person von Illich mit seiner *Medical Nemesis* (1975). Sein Hauptthema ist die „Unpersönlichkeit" und damit „Unmenschlichkeit" der technischen Versorgung in der Medizin und die „unrichtige", „unmerkliche" Destruktion der medizinischen Profession durch die Technologie, welche die Fähigkeit des Individuums zur Genesung zerstört, wodurch eine Abhängigkeit von der medizinischen Technologie geschaffen wird.

Diese Ideen aber, wie wertvoll sie auch als Hypothese sein mögen, haben eine beschränkte Auswirkung auf unser Vermögen, diese genannten Entwicklungen zu ändern, geschweige denn zu bessern. Obwohl anfangs zugegeben wird, daß die konventionelle Auffassung einer Neutralität der Technologie, die nicht mehr sei als Instrument oder Mittel zum erwünschten Zweck, nicht haltbar ist, und zweitens, daß die Technologie bestimmte Dinge fördert und andere unmöglich macht, was während dieses Prozesses der Technisierung der abendländischen Kultur zu einer Umwertung der Werte führt. Es zeigt sich dann, daß es der Ethik an Kraft fehlt, die Allgemeintechnologie sowie die medizinische Technologie zu bewältigen.

Dieser Verlust der Macht über die Technologie wird im gleichen Maße sichtbar durch den Verlust an moralischer Leitung. Diesen Prozeß kann man sehr genau bei den Entwicklungen der modernen Gesundheitsversorgung beobachten. Die medizinischen Technologien haben die Kontrolle des Menschen über Krankheit, das Leben und den menschlichen Körper erweitert; sie diktieren aber selbst ihre Normen und Bedürfnisse. Die Technologien generieren technifizierte Definitionen der menschlichen Bedürfnisse und ersetzen wesentliche und ursprünglich moralische Probleme durch technologische Lösungen.

Der Gedanke der autonomen Technologie scheint deshalb sehr einleuchtend. Er stimmt mit vielen Erfahrungen des modernen Lebens überein. Da sie jedoch keineswegs von der erwünschten Rationalität gelenkt und beherrscht wird, scheint sie ihren eigenen Kurs selbst zu bestimmen. Dennoch ist dies nur zum Teil wahr, es sei denn, wir akzeptierten die ganze Lehre des technologischen Determinismus.

Einige Aspekte dieses Prozesses des technischen Wandels hängen von den Elementen des freien Willens und damit bewußter Entscheidungen ab. Das Problem ist, wie die Kritiker behauptet haben, daß unsere Fähigkeit, eine freie

Wahl zu treffen, durch unsere Abhängigkeit von dem Gebrauch der technologischen Mittel abgenommen hat und daß die Technologien wiederum unsere Auffassungen von den menschlichen Bedürfnissen formen. Jeder von uns lebt mit Vorgängen, Rollen und Gewohnheiten, die er nicht selbst geschaffen hat, die jedoch mit sehr großer Gewalt das bewirken was wir tun. Viele unserer Entscheidungen reflektieren adaptive Reaktionen statt einer freien, bewußten Wahl.

Ethik

Was hat dies alles mit der heutigen Situation der medizinischen Ethik zu tun? Viel mehr als es auf den ersten Blick scheint. Wir sind zur Schlußfolgerung gekommen und sind davon überzeugt, daß man die Ethik nicht als etwas betrachten sollte, das der relativen Autonomie der Technologie untergeordnet ist, sondern als etwas, das seine moralische Gewalt verloren hat, weil es selbst ein Teil der technologischen Ordnung geworden ist. Und dieses Werturteil ist dem Beobachter nicht sofort klar, weil die medizinische Ethik sich in einer paradoxen Lage zu befinden scheint. Einerseits gibt es ein wachsendes Interesse für die Ethik, andererseits zeigt dieses Interesse relativ wenig Wirkung, und es fallen ethische Vorschläge bei den täglichen und politischen Entscheidungen sehr wenig ins Gewicht. Die Ethik ist machtlos geworden, wahrscheinlich weil sie selbst von der Ideen der technischen Rationalität beherrscht wird. Sie ist zu einer Techno-Ethik transformiert worden, einer Art von *Technethik*.

Unsere These besteht darin, daß in den letzten 2 Jahrzehnten eine Konzeption und Praxis der Ethik entstanden ist, die sich selbst als eine Disziplin betrachtet, die sowohl von der Philosophie als von der Medizin getrennt ist. Und diese Konzeption und Praxis (als einer „Disziplin") ist paradoxerweise bekleidet mit denselben ideologischen Funktionen wie die traditionellen professionellen Kodizes. Da sie an erster Stelle bemüht ist, den medizinischen Fortschritt zu legitimieren und zu erleichtern, dürfen wir von der heutigen Ethik nicht erwarten, daß sie weder die Werte der Medizin kritisiert, noch antizipierenderweise das Wünschenswerte oder Nützliche der medizinischen oder technologischen Erneuerungen überprüft. Gerade diese vorherrschende Auffassung, welche die Ethik von sich selbst hat und die von der Idee der technischen Rationalität durchtränkt ist, bildet das Problem; und es ist fraglich, ob eine andere Auffassung der Ethik entwickelt werden kann, die weniger abhängig ist von diesem technologischen Imperativ. Wir wollen versuchen, deutlich zu machen, daß eine solche alternative Auffassung möglich ist durch das Anstellen eines Vergleichs der beiden medizinisch-ethischen Konzeptionen, die heutzutage angewandt werden; wir meinen die neue Auffassung der sogenannten „klinischen Ethik" und die gängige Auffassung der „angewandten Ethik".

Angewandte Ethik

Seit dem Ende der 60er Jahre wird die medizinische Ethik neu definiert als *angewandte Ethik*. Dieses Selbstbild der Ethik ist deutlich erkennbar und grundlegend für den größten Teil der Fachliteratur. In Beauchamp u. Childress' *Principles of biomedical ethics* (1983) wird die biomedizinische Ethik folgendermaßen definiert: „The application of general ethical theories, principles and rules to the problems of therapeutic practice, health care delivery and medical and biological research" (S. IX–X).

Diese Definition macht deutlich, warum die medizinische Ethik als eine eigene Disziplin betrachtet wird; es gibt eine Anzahl von moralischen Prinzipien und ethischen Theorien, die auf eine Vielfalt von biomedizinischen Problemen angewandt werden könnten. Der Kontext oder Zusammenhang, in dem diese Probleme zum Vorschein kommen, ist nicht eigenartig in der Hinsicht, daß er durch die inneren Werte, welche spezielle Probleme erzeugen, charakterisiert wird. Im Gegenteil, der medizinische Kontext wird als eine Art von Übungsgelände betrachtet für den neuen Beruf von selbstgeschaffenen „Ethikern", die behaupten, auf dreierlei Gebiet zuständig zu sein:

1) *Beherrschung der ethischen Theorie:* Ethiker z. B. behaupten, die benötigten Kenntnisse hinsichtlich der ethischen Traditionen und Theorien zu besitzen, die angewandt werden können, um solche moralischen Probleme zu lösen, die in der medizinischen Praxis entstehen.

2) *Deutung der Begriffe:* z. B. die Fähigkeit, die Bedeutung der Begriffe zu analysieren, Trugschlüsse zu entdecken und unrichtige Argumente aufzuweisen. Durch diese analytische Zergliederung aller Einzelheiten der medizinischen Entscheidungen werden die Begriffe erhellt und strukturiert, insbesondere als ethische Prinzipien.

3) *Unparteilichkeit in der Erwägung der Alternativen:* Das eben erwähnte Analysieren und Strukturieren sollte zu einem grundlegenden Plan führen, wenn wir dem amerikanischen Ethiker Clouser glauben dürfen. Ethik „...shows where various arguments and actions lead, what facts would be relevant, what concepts are crucial, and what moral principles are at issue, and probably in conflict" (Clouser 1975, S. 385). Dies alles steht zentral im Beitrag der medizinischen Ethik. Es führt nicht notwendigerweise zu einem Urteil über dasjenige was wir tun sollten. Die Ethik liefert uns die Topographie der Argumente, und er stellt die unterschiedlichen Möglichkeiten objektiv dar. Er betrachtet sich selbst als ein uninteressierter und neutraler Beobachter der medizinischen Praxis, der die beste Möglichkeit hat, die Alternativen gegeneinander abzuwägen.

Kritik

Diese 3 Elemente der moralischen Sachkenntnis haben eine Art von medizinischer Ethik geschaffen, welche zutreffend von Caplan (1982) als „the engineering model of medical ethics" beschrieben worden ist.

In den letzten Jahren hat dieses Konzept, an erster Stelle unter den praktizierenden Ärzten, immer mehr Unzufriedenheit verursacht. Sie beschweren sich immer mehr über ein biomedizinisches Establishment von Ethikern unter der Führung von Nichtmedizinern, die wenig Kenntnisse der ärztlichen Praxis haben, die jedoch zu medizinischen Fragen Stellung nehmen, die gesetzliche und politische Änderungen verursachen, welche die medizinische Praxis beeinflussen. Man begründet diese Ansicht damit, daß man fürchtet, daß die Probleme der medizinischen Ethik in der täglichen ärztlichen Praxis zunehmen werden und versucht damit, die Aufmerksamkeit auf die täglichen routinemäßigen moralischen Probleme in den alltäglichen Interaktionen zwischen Ärzten und Patienten zu richten. Allmählich ist dagegen eine theoretische Grundlage für eine andere, neue Auffassung der medizinischen Ethik aufgebaut worden. Sie ist das Ergebnis einer kritischen Befragung der Voraussetzungen für einen Entwurf der angewandten Ethik.

Kann man annehmen, daß es eine Summe an Erkenntnissen der normativen ethischen Theorien gibt, die man auf die medizinische Praxis anwenden kann? Oder, anders gesagt: Ist die medizinische Ethik nur eine Anwendung von Prinzipien auf Fälle? Diese Voraussetzung hat sowohl starke Wurzeln in der früheren Fundamentalethik wie in der Wissenschaftsphilosophie: den Glauben, daß es eine feste Basis an grundlegenden Prinzipien gibt oder a priori Wahrheiten oder in der Wissenschaftsphilosophie eine natürliche Ordnung der Dinge, eine objektive Realität außerhalb des Beobachters oder Aktors, auf der das Gebäude der Ethik und Wissenschaft errichtet werden kann.

Auf dem Gebiet der Wissenschaftsphilosophie haben sich jedoch die Ansichten geändert, und man hat sie besonders durch die Forschung in der Quantenphysik verlassen. Dort hat man, u. a. seit Heisenberg, deutlich gemacht, daß die Idee einer objektiven Realität oder natürlichen Ordnung der Dinge ersetzt werden muß von dem Gedanken *unserer Erkenntnis der Realität,* die Idee einer objektiven Realität immer mehr verlassend. In der Quantenphysik wird klar, daß je kleiner die Partikel sind, die wir beschreiben, desto mehr interferiert die angewandte Methode zur Entdeckung mit ihren Prozessen. Dies impliziert die Notwendigkeit, den Beobachter in jede Theorie der Realität einzuschließen und ist ein „Bankrott" einer Realität außerhalb der Augen des Beobachters. In dieser Konfrontation mit der Realität wird der Mensch anstatt mit der „Natur" mehr und mehr mit seinen eigenen künstlichen Strukturen und Produkten konfrontiert. Es bedeutet auch, daß wir uns in zunehmendem Maße die Unhaltbarkeit der Trennung von Objekt und Methode vor Augen führen müssen, da die Art und Weise, in der wir an ein Problem herangehen, eine Veränderung des Objekts verursacht. Eine ähnliche Argumentation kann man für die medizinische Ethik annehmen: Die Idee, daß eine Menge an Kenntnissen oder normativen Theorien die Realität der Medizin beschreibt, bedeutet oder impliziert eine Trennung zwischen der ethischen Theorie und der medizinischen Praxis; ja sogar, daß die Theorie der Praxis übergeordnet wäre. Es bedeutet weiter die Abwesenheit der normativen Erwägungen in den eigentlichen medizinischen Entscheidungen. Dies ist jedoch, wie Heisenberg deutlich gemacht hat, nicht nur unwahr für die Quantenphysik; es läßt sich auch für die medizinische Praxis durchaus nicht verteidigen. Mehr als hundert Jahre vor Heisenberg hat Kierkegaard schon das gleiche behauptet, nämlich daß „... eine Veränderung stattfindet in dem Wissenden, wenn er seine Kenntnis anwendet" (1978, S. 38). Schließlich ist die Ethik nicht nur ein Produkt − nämlich eine Sammlung von

Vorschriften für professionelles Verhalten –, sondern im Grunde ein Vorgang
– nämlich ein systematisches Nachdenken über Normen und Werte, von denen die medizinische Theorie und Praxis geführt wird. Von diesem Gesichtspunkt aus gesehen, entstehen moralische Erwägungen in der medizinischen
Praxis selbst, in der sie eine Funktion von den Rollen der Beteiligten, z. B. dem
Arzt und dem Patienten, sind. Daher kommen wir zu 2 Schlußfolgerungen:

– Die normative Empirie der medizinischen Praxis muß in die Betrachtungen
  einbezogen werden, mehr noch als die Übereinstimmung dieser Praxis mit
  den bestehenden ethischen Theorien.
– Moral ist etwas, an dem wir alle beteiligt sind; medizinische Ethik im besonderen ist nicht das Ergebnis esoterischer Kenntnis; jeder der etwas mit
  medizinischen Handlungen zu tun hat, ist ein moralisch Beteiligter und
  Sachverständiger jedenfalls auf dem Gebiet der intuitiven Kenntnis und
  Vermutungen.

Die zweite Voraussetzung, an der Kritik geübt wurde, ist die Annahme, die Anwendung moralischer Kenntnisse sei nur ein Prozeß der Deduktion. Selbst diese Überzeugung ist ein Rest eines alten Modells der Wissenschaftsphilosophie:
Das Modell der *deduktiv-nomologischen Erklärung.*

Moralische Fakten werden im Rahmen einer Reihe von moralischen Prinzipien erklärt, genau so wie man sich eine wissenschaftliche Erklärung vorstellen
konnte: als ein deduktives Argument, dessen erklärende Aussagen aus allgemeinen Gesetzen und Beschreibungen besonderer Tatsachen besteht, und dessen Schlußfolgerungen aus der Zusammenfassung der Tatsachen unter diesen
Gesetzen erfolgen.

Aber in der medizinischen Praxis sind moralische Fragen nicht selbstverständlich. Was als moralische Tatsache beobachtet und beschrieben wird, ist
nicht unabhängig von den theoretischen und praktischen Theorien, sondern
hängt von dem ab, was wir als Zweck und Absicht betrachten. Wir müssen
mehr von den Vorgängen und Gründen wissen, die dazu führen, daß Probleme
der medizinischen Praxis als explizit moralische Probleme definiert werden.

Die klinische Ethik

Diese Kritik war der Anlaß zu einer anderen Praxis der medizinischen Ethik,
welche auf eine Auffassung der medizinischen Ethik gegründet wird: klinische
Ethik. Sie wurde von Jonsen et al. definiert als: „the identification, analysis
and resolution of moral problems that arise in the care of a particular patient"
(1986, S. 3). Man kann das Maß, in dem die klinische Ethik sich von der gängi-
gen Auffassung unterscheidet, in 4 Teile zusammenfassen:

Die Teilnehmerperspektive

Wenn ein Arzt eine klinische Entscheidung formulieren will, muß er die ethische Dimension berücksichtigen. Als Folge der besonderen Art des Arzt-Pati-

enten-Verhältnisses ist er nicht nur Beobachter sondern auch Beteiligter. Das bedeutet, daß die Wirklichkeit des klinischen Entscheidungsprozesses von größter Bedeutung für ein ausreichendes Verständnis der moralischen Dimension ist. Die klinischen ethischen Probleme, die in der Praxis der Chirurgie auftreten, sind nicht die gleichen wie in der Pädiatrie, Geburtshilfe oder Gynäkologie. Sie sind nicht nur in medizinischer Hinsicht verschieden, sondern auch hinsichtlich der Risiken und des Nutzens. Speziell die Teilnehmerperspektive erlaubt es einzuschätzen, ob die Risiken z. B. bei Routinemaßnahmen klein sind oder bedeutsam mit fragwürdigem Nutzen. Kliniker sind am besten in der Lage, diese moralischen Probleme im Zusammenhang mit der klinischen Praxis zu identifizieren. Die Teilnehmerperspektive ist notwendig, um bei klinischen Begegnungen die Aufmerksamkeit auf die ethischen Routinefragen zu lenken, aber noch mehr, um empirische Daten in bezug auf den Prozeß und das Ergebnis der klinischen Begegnungen zu entwickeln. Wie treffen Patienten und Ärzte Entscheidungen? Welche moralischen Fragen sind dabei im Spiel? Welchen Einfluß haben Werte, wenn man zu einer Entscheidung kommen will?

Die Methode der Induktion

Im Gegensatz zu einer „Ethica ordine geometrico demonstrata", einer Ethik als deduktiven Prozeß, bei dem grundlegende Theorien und Prinzipien auf praktische, moralische Dilemmata angewandt werden, wird eine induktive Methodologie entwickelt, die mit einer sorgfältigen Analyse der empirischen Bedingungen anfängt. In dieser Hinsicht gibt es momentan ein erneuertes Interesse für die klassische Kasuistik (Jonsen u. Toulmin 1988). In der kasuistischen Methode gibt es paradigmatische Fälle, in denen eine moralische Maxime deutlich angewandt werden kann. Analogien werden dann konstruiert: Fälle, in denen als Folge der verschiedenen Umstände eine moralische Maxime weniger geeignet erscheint. Es gibt also eine Reihe von mehr oder weniger plausiblen Argumenten. Die faktischen Umstände eines Falles sind sehr relevant: sie verursachen den Unterschied zwischen den Fällen. Es ist die Aufgabe des Kasuistikers zu bestimmen, in welchem Grade die relevante moralische Maxime zu den besonderen Umständen paßt und weiter, welche Faktoren, persönliche Vorzüge oder Bedingungen relevant genug sind, um als moralische Tatsachen beurteilt zu werden. In den meisten Fällen stimmt alles nicht vollkommen – was bedeutet, daß der Fall mehr oder weniger überzeugend, wahrscheinlich oder fraglich ist, aber nicht sicher. Diese kasuistische Methode stimmt zum größten Teil mit der Analogieargumentation überein, welche beim Treffen einer klinischen Entscheidung gebraucht wird. Bei einer Diagnose, Therapie oder Prognose vergleicht der Kliniker den Fall oder einen Patienten mit anderen Fällen in Lehrbüchern, klassischen Beschreibungen oder pathologischen Theorien. Ebenso wie Kliniker zielt der Kasuistiker nicht nur auf das Verstehen einer moralischen Frage, sondern auf ihre „Lösung"; er gibt Auskünfte über die Behandlung, die in diesem speziellen Fall am besten geeignet ist. Jedoch anders als andere Ethiker organisiert er die ethische Art und Weise, wie er an ein Problem herangeht nicht um Gruppen philosophischer oder moralischer Prinzipien, sondern um

Gruppen von tatsächlichen Umständen herum, die relevant sind für die medizinischen Entscheidungen, wie Eigenarten des Patienten oder medizinischen Indikationen.

Werturteile

Werturteile durchdringen die klinischen Entscheidungen. Moralische Erwägungen sind deswegen hinsichtlich der korrekten Diagnose und der besten Behandlung unzertrennlich mit technischen Erwägungen verbunden. Gute Medizin ist notwendigerweise ethische Medizin. Der New Yorker Internist Eric Cassell hat diese alte professionelle Überzeugung bestätigt. Er schrieb, daß die Medizin an sich eine moralische Profession ist, deren Geräte teilweise technisch sind. Er stellt fest, daß „... problems that do fall within the system of medicine are *also* moral matters because medical decisions affect not only the body but also the life and welfare of the patient" (Cassell 1976, S. 109). Also, eine moralisch-technische Dualität ist fiktiv: Klinische Entscheidungen sind ethische Entscheidungen.

Ethik als inhärente reflektive Funktion der Medizin an sich

Dies ist eine logische Konsequenz der genannten Ideen. Wenn Ärzte die Ethik als eine der Medizin inhärente Charakteristik betrachten, dann kann die ethische Analyse der medizinischen Entscheidungen nicht von einem von außen her auferlegten System erfolgen, sondern dann ist sie eine inhärente, zweite Ordnung der Medizin. Wenn eine normative Dimension intrinsisch zur medizinischen Praxis ist, dann haben die Ärzte eine Verpflichtung, über die moralischen Fragen der Medizin nachzudenken. Dies beinhaltet u. a. daß der Unterricht auf ethischem Gebiet am besten von Ärzten gemacht werden kann. Dann sollten sie darauf vorbereitet werden, die traditionellen Verpflichtungen ihres Berufs und ihrer Wissenschaft auf ihre zukünftigen Kollegen zu übertragen. Es ist natürlich wahr, daß diese Übertragung der Verpflichtungen tatsächlich während der täglichen Routinen stattfindet, aber bis jetzt ist diese Übertragung implizit, und es ist noch nicht systematisch darüber nachgedacht worden. Klinische Ethik als eine neue Aktivität wird nur Erfolg haben, wenn sie als ein expliziter Unterricht der medizinischen Ethik in der Klinik von den Ärzten selbst ausgeübt wird. Die Auffassung, daß die meisten klinischen Entscheidungen nicht adäquat sind solange die normative Dimension nicht geklärt und diskutiert worden ist, muß einleuchten.

Beispiele

Geben wir 2 Beispiele, um unsere Argumentation zu verdeutlichen. Das erste Beispiel ist im besonderen abgeleitet von dem Feld der medizinischen Untersuchungen in der Intensivmedizin und beschäftigt sich mit der Idee der Autonomie. Das zweite beschäftigt sich mit Spannungen innerhalb der Grundidee des „informed consent" v. a. in der Allgemeinpraxis. Angesichts der inneren Verbindungen zwischen den Ideen der Autonomie und des „informed consent" sind es keine erschöpfenden Beispiele, sondern Illustrationen der praktischen Unmöglichkeiten der angewandten Ethik, wie es in der Forschung und den allgemeinen medizinischen Interventionen deutlich wird.

1) Autonomie. Für die medizinische Forschung ist es nach der Deklaration von Helsinki (World Medical Association 1964) und deren folgenden Revisionen von essentieller Bedeutung, daß der Patient, nachdem er informiert worden ist, einwilligt. Diese Einwilligung gründet sich auf die Voraussetzung der Fähigkeit zur Autonomie des potentiellen Untersuchungssubjekts. Auf dieser Basis wäre im Falle einer Notsituation, in der eine Beschränkung der Autonomie oder eine Verminderung der Kompetenz besteht, laut einer strikten Interpretation der Helsinki-Vorschriften keine Forschung möglich. Um es noch einmal zu wiederholen, wir reden hier nicht von *Behandlungs*entscheidungen in Notfällen, wo die Bedingung für „informed consent" legitim übergangen werden kann, sondern von medizinischer Forschung. Diese theoretische Spannung aber hindert intensivmedizinische Forschung nicht. Sogar wenn sie theoretisch nicht „möglich" ist angesichts möglicher Vorteile, bleibt sie „akzeptabel". In der ethischen Literatur, z. B. Dworkins *The Theory and Practice of Autonomy* (1988), ist diese Spannung zwischen Prinzipien und Realität dadurch „gelöst" worden, daß man den Begriff von *schwacher* und *starker* Autonomie eingeführt hat. Diese hinzugefügten charakterisierenden Qualifikationen könnten eine Anerkennung der medizinischen Realität sein. Begrifflicherweise stellen sie ohne die benötigte Entscheidungskapazität, für die sie beabsichtigt waren, eine Monstrosität dar. Das bedeutet dann sowohl eine Fortsetzung der notwendigen Untersuchungen für diese Art von Patienten und des inadäquaten Verständnisses und der Begriffsbildung. Hier könnte die neue Konzeption der klinischen Ethik uns eine bessere Einsicht in das, was in der Praxis geschieht, geben. Besonders die beiden Anschauungen, die der Perspektive des Insiders, die Bewertungen von besonderen Risiken und Gefahren ermöglicht, und die der induktiven, faktischen Argumente, die relevant sind, spielen eine besonders wichtige Rolle und sollten theoretisch erkannt werden. Diese Erkenntnis sollte Konsequenzen haben für die Beschreibung der Position und Verantwortung der Ärzte bei der Forschung, und sie sollte zu einer weiteren Differenzierung von Forschungstypen und ethischen Konditionen führen.

2) „Informed consent". Das zweite Beispiel beschäftigt sich mit der Richtigkeit des Prinzips des „informed consent" in der Allgemeinpraxis. In einem jüngst erschienenen Artikel von Brody wird erklärt, daß „the theory and practice of informed consent are out of joint in some crucial ways" (1989, S. 5). Das Konzept scheint nur dürftig integriert in die amerikanische medizinische Praxis, und es gibt keinen Grund dafür zu glauben, daß es in der nichtamerikanischen Medizin anders ist. Besonders in der Allgemeinmedizin ist der Grund für diesen Unterschied zwischen Wunsch und Realität, daß die prinzipiengemäße Annäherung des „informed consent" erhärtet ist dadurch, daß man die legalen Maßstäbe als Ausbreitung der ethischen Prinzipien nimmt. Das ethische Prinzip impliziert, daß ein Patient informiert wird über die möglichen Risiken und die möglichen Vorteile des medizinischen Eingriffs, ob sie nun diagnostisch oder therapeutisch sind, um eine Entscheidung zu unterstützen. Die legalistische Interpretation dieser Pflicht bedeutet, daß man alle möglichen Risiken beschreibt samt ihren Vorteilen und Alternativen. In der Praxis führt dies mehr zu einer Gewichtung für eine komplette Information als für das Wissen, wie diese Information im Prozeß der Entscheidung gebraucht wurde: „To the physician, when obtaining informed consent, you never know when you are finished" (Brody 1989, S. 6). Diese Schlußfolgerung dürfte im besonderen wahr sein für die amerikanische medizinische Praxis mit ihrer gravierenden Abhängigkeit von gerichtlichen Interpretationen. In der Praxis ist es so, daß ein genauer Punkt, von dem aus man sicher sein kann, daß man sowohl seine legale wie auch seine ethische Aufgabe adäquat erfüllt hat, nicht festgestellt werden kann. Im Bewußtsein dieser Unzulänglichkeit jener Interpretation des „informed consent" hat Katz ein Modell von *„informed consent" als Konversation* vorgeschlagen, um eine bessere Integration dieses Prinzips in die medizinische Praxis zu erreichen. Die Beschränkungen dieses Modells jedoch zeigen sich durch ein Übergewicht an subjektiven Elementen einer *Konversation* und schließen eine adäquate retrospektive Kontrolle oder Revision aus, besonders in Konfliktsituationen. Um diese Unzulänglichkeiten der beiden Modelle zu vermindern, schlägt Brody einen neuen Maßstab vor, den sog. „transparency standard"; das ist die genaue Parallele von demjenigen, was wir bei den Beschränkungen der angewandten Ethik und einer Erneuerung der klinischen Ethik meinen. Transparenz in diesem Modell bedeutet, daß der Arzt seine grundlegenden Gedanken auf eine adäquate Weise dem Patienten gegenüber darlegt und dadurch, daß er Fragen stellt und Antworten bekommt, eine *wiederaufbauende* Teilnahme des Patienten gewinnt, ehe man zu der endgültigen Entscheidung kommt. Diese Prozedur integriert zweifellos die Bedürfnisse des „informed consent" in die Praxis der Medizin. Dies erlaubt sogar eine Differenzierung zwischen klinischer und allgemeinmedizinischer Praxis, weil sie nach der jeweiligen Schwere der Eingriffe differenziert. Und sie ermöglicht es, in einer retrospektiven Evaluation zu beurteilen, ob der Informationsprozeß im Falle einer Legalitätsdiskussion adäquat geführt wurde.

Hermeneutische Ethik

Das doppelte Gesicht der klinischen Ethik

Mit der Ausbreitung des medizinisch-ethischen Unterrichts und der sich schnell steigernden Anzahl der Ethikkommissionen in Krankenhäusern ist die klinische Ethik sehr populär geworden. Aber es ist deutlich, daß für viele Ethiker „klinische Ethik" nicht eine Idee ist, die auf alternative Auffassungen der medizinischen Ethik verweist, sondern vielmehr eine, die ein besonderes Anwendungsfeld für ethische Regeln und Prinzipien andeutet. Für sie bedeutet klinische Ethik einfach „Ethik betreiben" in der Klinik, ohne daß sie sich jedoch dazu gezwungen fühlten, die Begriffe und Methoden der angewandten Ethik zu ändern. Die anfängliche Anregung, die Ethik zu reorientieren, wird neutralisiert; die Nachteile der angewandten Ethik ändern sich dadurch, daß man einen ethischen Diskurs in die klinische Welt einführt, um die gleichen grundlegenden Werte retten zu können. Sowohl die angewandte wie die klinische Ethik kann weiterhin Werte betonen wie *technische Rationalität* und *Universalismus*. Dadurch bleiben sie weiterhin typische Vertreter der Aufklärung und der Modernität. Aber diese Strategie der Angleichung der klinischen Ethik an den Standardbegriff der angewandten Ethik stellt eine Fehlauffassung der postmodernen Kritik dar. Das Projekt der Modernität, wie es von Lyotard (1986) dargestellt wird, ist nicht nur unvollendet oder erweiterungsbedürftig, sondern auch ein Bankrott; sein Scheitern ist das Resultat von der Sache selbst, nicht zufällig, sondern essentiell. Die spekulativen Diskurse, die als Ideale der Emanzipation der Menschheit funktionieren und als Legitimation der wissenschaftlichen, der philosophischen und politischen Praxis benutzt werden, sind tot. Weil die Emanzipation die heutige Technowissenschaft und Technik nicht legitimieren kann, ist heutzutage ihre einzige Legitimation die Verstärkung der „Performativität" (im Französischen: „performativité") des sozialen Systems, z. B. ihre Resultate und Zweckmäßigkeit. Eine Sache läßt sich verteidigen wenn sie funktioniert; andere Kriterien als Wahrheit und Gerechtigkeit sind nicht relevant. In der postmodernen Gesellschaft ist die normative Qualität der Gesetze und Regeln durch die funktionelle Qualität der Prozeduren ersetzt. Das System braucht die Funktionäre. Deshalb legt man Wert auf Kompetenz anstelle der Bildung, der Charakterbildung oder der Ausbreitung der Lebensideale (Lyotard 1986). Die gleichen Charakteristiken kann man in der Ethik sehen: Klinische Ethiker werden als eine neue Art von Funktionären im Krankenhaus dargestellt (im Besitz einer Lizenz und mit Gehalt), ebenso Ausbildungsaktivitäten der Ethikkommissionen, die auf ein Training der analytischen und argumentativen Kompetenz bei Fallrevisionen gerichtet sind.

Diese Assimilation der klinischen Ethik an die angewandte Ethik verneint die eben von uns erwähnte Kritik in bezug auf die angewandte Ethik. Weiter ist es aufgrund der Erfahrung eine sehr bekannte Tatsache, daß die Kenntnis der Philosophie und der Ethik im klinischen Bereich meistens unzulänglich ist; der Utilitarismus z. B. könnte als eine moralische Theorie interessant sein, aber fast immer ist eine Darlegung „am Krankenbett" nicht relevant.

Betrachten wir das bisher Diskutierte, dann ist deutlich geworden, daß der Gebrauch des Ausdrucks „klinische Ethik" nicht notwendigerweise impliziert, daß man eine neue Idee der medizinischen Ethik schafft. Höchstens verweist solch eine Aussage auf das Gefühl, daß das allgemeine Modell der angewandten Ethik nur Anpassungen und Revisionen braucht.

In Wirklichkeit aber ist die klinische Ethik an sich ein Grenzbegriff: er teilt neue Einsichten mit, aber er läßt sich zugleich dazu benutzen, neue Kontexte für den Gebrauch der klinischen Ethik zu eröffnen, ohne daß man diese neuen Einsichten praxisfähig macht. Teilweise ist die unzulängliche Terminologie auch dafür verantwortlich: klinische Ethik suggeriert tatsächlich nur einen spezifischen Kontext und nicht eine neue Konzeption, die sich auf die totale Praxis

der Medizin anwenden läßt. Um eine Reduktion der klinischen Ethik auf angewandte Ethik zu vermeiden, brauchen wir einen neuen und anderen Ausdruck
um sicher zu sein, daß wir auf einen radikal anderen Selbstbegriff wie auf die
Selbstinterpretation der Ethik verweisen.

Die Medizin und die Ethik als Hermeneutik

Klinische Ethik ist ein Grenzfall zwischen angewandter Ethik und einer neuen
Interpretation der Ethik, die wir versuchsweise Hermeneutik nennen. Ursprünglich hat die *Hermeneutik* auf die Wissenschaft als Interpretation verwiesen. Als solche wurde sie benutzt in der Theologie, Rechtswissenschaft und
Philosophie, die sich alle mit der Interpretation von Texten und Fragmenten
beschäftigen. Die Hermeneutik ist auch als charakteristische Methode der Hu-
man- und Sozialwissenschaften wichtig geworden. Philosophen wie Schleiermacher und Dilthey haben darauf hingewiesen, daß nicht nur Texte, sondern
alle menschlichen Produkte der Interpretation bedürfen. In unserem Jahrhundert hat sich die Hermeneutik durch die Arbeit von Heidegger, Gadamer und
Ricoeur zu einer Philosophie entwickelt, welche die menschliche Existenz zu
verstehen und zu erklären versucht.

Als Ausdruck einer neuen Phase in der Debatte über den Status der Medizin
ist neulich behauptet worden, daß man die Medizin als ein hermeneutisches
Unternehmen betrachten muß unter der Annahme, daß die Medizin keine oder
nicht nur eine Naturwissenschaft sei (Daniel 1986; Leder 1988). Die moderne
heutige Betonung der Information und der empirischen Daten hat dagegen zu
einer neuen Auffassung der Diagnose und der Behandlung beigetragen, die sie
als Interpretation des Arztes, der Wünsche und Erwartungen des Patienten
und dessen, was getan werden kann, um dem Patienten zu helfen, auffaßt. Und
metaphorisch gesehen wird der Patient aufgefaßt als ein Text, der auf verschiedenen interpretativen Ebenen betrachtet werden kann. Es ist wichtig, die typischen Bedingungen der Interpretation in der Medizin zu beachten. Man versteht im allgemeinen einen Patienten vom anatomisch-physiologischen Modell
her. Der Körper des Patienten wird „lesbar" gemacht durch den Gebrauch der
Technologie. Die biomedizinische Sprache von Diagnose und Therapie
schränkt die überwältigende Menge der Information des Patienten ein, so daß
der standardisierte Rapport nicht nur eine Reflexion vom Leben des Patienten
darstellt, sondern von dem Verhältnis zwischen dem Arzt und der Krankheit
des Patienten (Poirier u. Brauner 1988). Es ist also wichtig festzustellen, welches die Effekte der medizinischen Interpretation auf den Interpretator sind.
Anscheinend führt die Interpretation zur Einsicht und Empathie. Das Interpretieren der Symptome führt zur Einsicht, was mit dem Patienten „los" ist,
und dem Verständnis dafür, was er oder sie „durchmacht". Die Interpretation
der Krankheit des Patienten erzeugt also eine „affiliative feeling" beim Arztin-
terpretator (Zaner 1988).

Einige zeitgenössische Philosophen haben argumentiert, daß Ethik sich am
besten als eine hermeneutische Disziplin auffassen läßt. Als eine spezifische
Abteilung der Philosophie fängt die Ethik auf dem Grunde eines besonderen

empirischen Brunnens der Erkenntnis an, in casu einer moralischen Erfahrung. Die moralische Dimension wird an erster Stelle und am tiefsten erlebt. Die moralische Erfahrung ist die Art, in der wir uns selber und die Welt aus moralischer Sicht verstehen (Van Tongeren 1988). Die Ethik ist die Interpretation und Erklärung dieses primordialen Verstehens. Bevor wir uns im praktischen Sinne mit der Ethik befassen, müssen wir zumindest bis zu einem gewissen Grade vorherwissen, was in moralischem Sinne wünschenswert, notwendig oder richtig ist. Sonst würden wir nicht erkennen, wem wir im moralischen Sinne zustimmen. Andererseits aber ist dasjenige, was wir in unserer Erfahrung erkennen, unklar und bedarf der Erläuterung und Interpretation. Kurz, wir nähern uns der moralischen Dimension der Welt aufgrund gewisser „Vorkenntnisse": diese stellen die Basis dar, von der aus uns etwas interessiert, was uns fremd und eigenartig vorkommt und was uns dazu bringt, die Bedeutung(en) zu rekonstruieren. Die Ethik kann also als eine Hermeneutik der moralischen Erfahrung definiert werden.

Medizinische Ethik als Hermeneutik

Die oben genannten Ideen sind zuweilen benutzt worden, um Konzeptionen der medizinischen Ethik wieder zu durchdenken. Wir können nur einige programmatische Gedanken über eine hermeneutische Konzeption der medizinischen Ethik anbieten und dasjenige, was dabei zentral steht, zusammenfassen:

1) *Erfahrung.* Der Anfang der medizinischen Aktivität ist die moralische Erfahrung des Patienten. Durch seine Krankheit, mit den Worten von Zaner (1988, S. 65), wird er „mit Rissen im Gewebe des Alltags" konfrontiert. Er wendet sich an den Arzt als jemand, der sich fragt: „Was ist mit mir los und warum?". Die Symptome des Patienten sind tief von seiner biographischen Situation strukturiert mit allem was er glaubt – den Werten, Gewohnheiten und dem Lebensstil. Um klar zu machen was fehlt, benötigt man eine Interpretation um so mehr, da es eine Distanz zwischen dem Arzt und dem Patienten gibt. Die Bedeutung der individuellen menschlichen Person, die der Patient ist, erfordert aus 2 Gründen eine Interpretation: (a) grundsätzliche Fremdheit: die Erfahrung der Krankheit in diesem einzelnen Patienten ist einzigartig und ungewöhnlich; (b) theoretische Vorkenntnisse: der Kontext, in dem der Arzt die Symptome interpretiert (die Modelle der Pathologie), ist verschieden vom Kontext, in dem das Interpretandum beim Patienten entstand.

2) *Einstellungen und Emotionen.* Für die Ethik ist die Grundfrage nicht so sehr „Was zu tun?" als „Wie zu leben?". Es ist die Praxis und nicht die Poiesis, die wichtig ist (Van Tongeren 1988). Die moralische Relevanz unserer Handlungen sollte nicht auf die Effekte reduziert werden; sie wird auch bedingt von der Bewertung dessen, was wir tun, wenn wir unsere Handlungen vollführen (z. B. die Frage der Embryonenforschung sollte nicht aufgrund künftiger Ergebnisse entschieden werden, sondern sie sollte auch die Frage erheben: Weshalb sind wir an wissenschaftlicher Forschung interessiert?).

Dieser Wandel des Fokus impliziert ein Umorientieren von Aktivität auf Passivität, von Aktionen auf Einstellungen und Emotionen. Moralische Erfahrungen enthalten an erster Stelle Gefühle (z. B. Empörung, Verwirrung oder Glück) an zweiter Stelle können diese emotionellen Antworten zu einem Objekt moralischen Denkens gemacht werden (Callahan 1988).

3) *Gemeinschaft.* Das interpretierende Lesen der Situation eines Patienten ist nicht Sache eines individuellen Arztes. Das medizinische Primärverstehen führt den Prozeß der Interpretationen, der ein Niederschlag der traditionellen kulturellen Voraussetzung über die Natur der Welt und des Körpers ist und das Ergebnis einer spezifisch historischen Entwicklung der medizinischen Kenntnisse. Die Interpretation setzt ein Universum des Verstehens voraus. Dies ist eine Konsequenz des sog. hermeneutischen Kreises; um die Bedeutung eines Textes zu verstehen, muß der Interpretator mit dem Wortschatz und der Grammatik eines Textes bekannt sein und irgendeine Ahnung haben von dem, was der Text bedeuten könnte (Daniel 1986). Für den Menschen als ein soziales Wesen ist das Verstehen immer ein Phänomen der Gemeinschaft: das Verstehen in Gemeinschaft mit anderen Menschen. Die andauernde Anstrengung, um zu einer Übereinstimmung mit den Patienten, Kollegen und anderen Sachverständigen im Gesundheitswesen zu geraten, bringt uns dazu, die Eigentümlichkeiten unserer eigenen früheren Ansichten zu entdecken, um auf diesem Wege ein allgemeineres Niveau des Verständnisses zu erreichen. Dies wird reflektiert in den Erfahrungen, die Ethikkommissionen in Krankenhäusern gemacht haben: Das Analysieren eines Falles aufgrund moralischer Prinzipien führt zum „Schachmatt", aber die Interpretation der moralischen Erfahrung der konkreten Beteiligten in einem spezifischen Falle führt gewöhnlich zu einer Übereinstimmung.

4) *Ambiguität.* Hermeneutische Ethik untersucht die Interpretation und das Verstehen der moralischen Erfahrung. Aber moralische Erfahrung ist komplex und veränderlich. Das impliziert der experimentelle Charakter jeder Interpretation: sie eröffnet eine mögliche Perspektive. Eine definitive und umfassende Interpretation existiert nicht. Eine hermeneutische Interpretation erlaubt immer mehr als nur eine Interpretation; mehr als nur eine einzelne Bedeutung ist gestattet. Wie Zaner (1988, S. 272) andeutet: „Every life is linguistically inexhaustible, there is always a richer tale to be told that can never be wholly captured in words, no matter how evocative that might be". Das bedeutet, daß die moralischen Urteile und Entscheidungen, die festgestellt werden sollen aufgrund des Verstehens der moralischen Ordnung des Lebens einer Person, grundsätzlich unsicher sein werden. Gerade weil es den Reichtum der moralischen Erfahrung erklärt, könnte die hermeneutische Ethik in der Lage sein, die Probleme eher zu komplizieren, anstatt für deutliche Analysen und Antworten zu sorgen.

Konsequenzen für die Zukunft

1) *Eine andere Praxis der Ethik.* Die hermeneutische Anschauung hat wichtige Konsequenzen für die Kompetenz und Rolle der medizinischen Ethiker.

Weil die Interpretation der moralischen Erfahrung innerhalb des Kontextes der besonderen sozialen Praxis stattfindet, sind gründliche Kenntnisse der historischen, medizinischen und wissenschaftlichen Teile dieser Praxis wesentlich für die Aufgabe der moralischen Kritik. Die Ethik kann nicht ausgeführt werden ohne eine starke Beziehung zur medizinischen Arbeit. Medizinische Ethik „am Krankenbett" impliziert nicht, daß nur Ärzte Ethiker sein können. Um die menschlichen Seite, in der die aktuellen, moralischen Dilemmas erfahren werden, zu verstehen, sollten die Fakten der medizinischen Praxis nicht nur den Ärzten überlassen werden. Um das zu ermöglichen, sollten Ärzte und Patienten die moralischen Erfahrungen teilen. Das Verstehen, das Definieren der Tatsachen eines Falles bedeutet nicht die Identifikation der relevanten allgemeinen Prinzipien und der Deduktion der Regeln, die zu der korrekten Antwort auf die Frage führen. Die Rolle der medizinischen Ethiker ist nicht so sehr die Auslegung und Anwendung der ethischen Theorien und Prinzipien, sondern dasjenige, was in die moralische Erfahrung einbezogen ist, zu interpretieren und zum Vorschein zu bringen. Die Idee der „angewandten Ethik" ist eine falsche Suggestion, als wüßten wir schon, welche moralischen Prinzipien und Regeln anzuwenden wären. Aber Regeln und Prinzipien sind tatsächlich Antworten auf das was aufkommt oder in einem besonderen Fall verlangt wird. Zuerst müssen wir verstehen, was die Erfahrung der Vulnerabilität und die Bitten um Hilfe wirklich in diesem Fall bedeuten. Wir müssen entdecken, was es bedeutet warum spezifische Prinzipien uns in diesem besonderen Falle motivieren; warum gibt es ein besonderes Ideal oder eine besondere Regel oder Verpflichtung? Es erfordert eine nähere Untersuchung der medizinischen Situation in ihrer ganzen Komplexität. Nur dann werden wir erkennen, wie Noble (1982, S. 9) unterstreicht, daß „the principles used to ‚justify' the social practices, are only highly abstract descriptions of norms already embodied in those practices".

2) *Notwendige Forschungen.* Um die hermeneutische Konzeption der Auffassung der medizinischen Ethik durchzuführen, ist mehr empirische Forschung über die tatsächlich stattfindenden Entscheidungsprozesse notwendig. Wie die empirische Wendung in der heutigen Wissenschaftsphilosophie, sollten die Forschungsprojekte die medizinische Soziologie, die Anthropologie, die Geschichte der Medizin und Ethik kombinieren, um eine genaue Sicht auf die moralische Erfahrung in der Medizin zu konstruieren. Während der täglichen klinischen Arbeit in einer Krankenhausabteilung stellten 25% der Fälle der Patienten wichtige ethische Probleme dar (Kollemorten et al. 1981); obwohl man eine Menge verschiedener ethischer Fragen identifizierte, blieb unbekannt, wie und warum man Probleme als ethische Probleme deutete. Ein gutes Beispiel einer In-situ-Forschung, um die Interpretation der moralischen Erfahrung herauszufinden, ist die Studie von Bosk über die Frage, wie man mit Fehlern in der chirurgischen Abteilung einer großen amerikanischen Ausbildungsklinik umgeht (Bosk 1979). Er untersuchte die Hintergrundkenntnisse, die Normen und die Werte, die in

die Beurteilung einbezogen wurden, um die klinischen Ereignisse als Fehler zu deuten. Durch partizipierende Beobachtung und Interviews zeigt Bosk, wie während eines chirurgischen Ausbildungsprogramms die Normen der klinischen Praxis konstruiert und erlernt werden; die Chirurgen benutzen häufig Taktiken zur Interpretation, um einen Unterschied zu machen zwischen „unvermeidbaren Fehlern" ohne Schuldfrage und „unverzeihlichen Fehlern", und innerhalb der letzten Kategorie zwischen technischen und moralischen Fehlern. Es scheint so zu sein, daß die moralischen Fehler als ernsthafter betrachtet werden als die technischen. Bosk führt dieses unerwartete Ergebnis zurück auf das Verhältnis zwischen dem Arzt und den Patienten und die auffällige Sichtbarkeit der moralischen Leistung in der Chirurgie. Er stellt fest, daß „postgraduate training of surgeons is above all things an ethical training" (Bosk 1979, S. 190).

3) *Der klinisch-ethische Unterricht.* Wenn Bosk recht hat mit seiner Auffassung, daß die ethischen Dimensionen der Ausbildung in das tagtägliche klinische Leben eingebaut werden, dann sollte der Unterricht der medizinischen Ethik in die klinischen Perioden integriert werden. Die hermeneutische Ethik ist zum Vorschein gekommen sowohl aus der teilweise fundierten Intuition, daß die Ethik ein unzertrennbarer Teil der Routinepraxis der Medizin ist, als aus dem Gefühl, daß die Ethik nicht ein abstraktes Unternehmen ist, sondern charakterisiert wird von den Emotionen, von der Komplexität und der Ambiguität, die normalerweise in echten Fällen vorkommt. Diese Erwägungen sollten Konsequenzen haben für die Methoden und Ziele des medizinisch-ethischen Unterrichts (Loewy 1986; Ten Have u. Essed 1989). Ein „team-teaching" sollte bevorzugt werden, und man sollte die Methode der Patientkonferenzen und Fallrevisionen gebrauchen, die universell in der Routine der klinischen Arbeit akzeptiert wird. Der Zweck dieses „problemorientierten" Unterrichts in der Ethik ist an erster Stelle und hauptsächlich, die Empfindlichkeit der Studenten für moralische Fragen in der tagtäglichen Medizin zu steigern.

4) *Eine neue Annäherung zwischen Ethik und philosophischer Anthropologie.* Während unseres Jahrhunderts hat es verschiedene Unterströmungen von philosophischer Kritik der modernen Medizin gegeben mit verschiedenartigen Manifestationen: anfangs eine szientistische, dann eine anthropologische und jetzt eine ethische. Es ist auffallend, daß die philosophisch-anthropologische Bewegung in der holländischen und deutschen Medizin (repräsentiert z. B. von V. von Weizsäcker und F. Buytendijk) von den 30er Jahren an viel Einfluß hatte, bis sie in den 60er Jahren zusammenbrach, aber gleichzeitig das Interesse für die medizinische Ethik schnell wuchs. Die anthropologische Kritik mit ihren starken moralischen Untertönen versuchte, die Medizin von innen aus zu re-orientieren und zu einer wirklich „alternativen" Medizin zu reformieren (Ten Have 1987). Unsere Hypothese ist, daß der derzeitige „Erfolg" der medizinischen Ethik in ihrer angewandten und analytischen Form aus der Tendenz erklärt werden kann, technische Lösungen für moralische Probleme zu suchen und sich davor zu hüten, die

Grundlagen der Medizin zu kritisieren (Ten Have u. Kimsma 1987). Dieser Erfolg wird um den Preis einer externen Position erkauft, was vielleicht der Grund dafür ist, daß praktizierende Mediziner sich unbehaglich mit der angewandten medizinischen Ethik fühlen.

Andererseits aber, argumentiert die hermeneutische Auffassung der Ethik, sollten die Ethiker nicht Beobachter sein, sondern Teilnehmende, beschäftigt in und mit der medizinischen Praxis. Es ist bemerkenswert, daß diese Konzeption auch ein neues Interesse für philosophisch-anthropologische Grundlagenstudien anregt. Zaners Buch illustriert das Potential für eine neue Begegnung zwischen der Ethik und der Anthropologie (Zaner 1988). Der ethische Diskurs ist nicht komplett ohne eine Phänomenologie der Krankheit und eine Philosophie der klinischen Begegnung: Das ist gerade das, was die Ärzte selbst gewohnt sind zu tun. Weil moralische Erfahrung eine Voraussetzung ist für eine gute medizinische Praxis und weil eine gute Praxis auf philosophische Ideen über die Natur der Medizin verweist, versuchen sie, diese Erfahrung zu einem Ideal eines guten und kompetenten Sachverständigen zu entwickeln.

Literatur

Beauchamp TL, Childress JF (1983) Principles of biomedical ethics, 2nd edn. Oxford Univ Press, New York Oxford

Bosk CL (1979) Forgive and remember. Managing medical failure. Univ of Chicago Press, Chicago London

Brody H (1989) Transparency: a workable standard for informed consent in primary care. Hastings Center Rep 19:5−10

Callahan S (1988) The role of emotion in ethical decision-making. Hastings Center Rep 18:9−14

Caplan A (1982) Applying morality to advances in biomedicine: can and should this be done? In: Bondeson WB et al. (eds) New knowledge in the biomedical sciences. Reidel, Dordrecht, pp 155−168

Cassell EJ (1976) The healer's art. A new approach to the doctor-patient relationship. Lippincott, Philadelphia New York

Clouser KD (1975) Medical ethics: some uses, abuses, and limitations. N Eng J Med 293:384−387

Daniel SL (1986) The patient as text: a model of clinical hermeneutics. Theoretical Med 7:195−210

Dworkin G (1988) The theory and practice of autonomy. Cambridge Univ Press, Cambridge

Ellul J (1954) La technique ou l'enjeu du siècle. Colin, Paris

Greaves D (1979) What is medicine? Towards a philosophical approach. J Med Ethics 5:29−32

Heidegger M (1954) Was heißt Denken? Max Niemeyer, Tübingen

Illich I (1975) Medical Nemesis. The expropriation of health. Calder & Boyars, London

Jonsen AR, Toulmin S (1988) The abuse of casuistry. A history of moral reasoning. Univ of California Press, Berkeley

Jonsen AR, Siegler M, Winslade WJ (1986) Clinical ethics. A practical approach to ethical decisions in clinical medicine. MacMillan, New York
Katz J (1984) The silent world of doctor and patient. Free, New York
Kierkegaard S (1978) Thoughts on crucial situations in human life. In: Oden TC (ed) Parables of Kierkegaard, Princeton Univ Press, Princeton
Kollemorten I et al. (1981) Ethical aspects of clinical decision-making, J Med Ethics 7:67–69
Leder D (1988) The hermeneutic role of the consultation-liaison psychiatrist. Med Philos 13:367–378
Loewy EH (1986) Teaching medical ethics to medical students. J Med Educ 61:661–665
Lyotard J-F (1986) La postmoderne expliqué aux enfants. Galilée, Paris
Noble CN (1982) Ethics and experts. Hastings Center Rep 12:7–9
Poirier S, Brauner DJ (1988) Ethics and the daily language of medical discourse. Hastings Center Rep 18:5–9
Ten Have H (1987) Afscheid van anthropologische geneeskunde? Metamedica 66:245–259
Ten Have H, Kimsma GK (1987) Geneeskunde tussen droom en drama. Voortplanting, ethiek en vooruitgang. Kok, Kampen
Ten Have H, Essed G (1989) An experiment case-conference programme for obstetric and gynaecology clinical students. J Med Ethics 15:94–98
Van Tongeren P (1988) Ethiek en praktijk. Filosofie en Praktijk 9:113–127
World Medical Association (1964) Declaration of Helsinki
Zaner RM (1988) Ethics and the clinical encounter. Prentice Hall, Englewood Cliffs NJ

Das „Storykonzept" in der medizinischen Ethik *

Dietrich Ritschl

Ökumenisches Institut, Universität Heidelberg, Plankengasse 1,
W-6900 Heidelberg, BRD

Beim Fällen von Entscheidungen in der medizinischen Ethik geht es um das
Abgeben eines Urteils, nicht um die Bekanntgabe einer Stimmung oder einer
einfachen Präferenz. Urteile aber müssen begründet werden. Bei komplexen
Sachverhalten geht es beim ethischen Urteil um die Lösung eines Problems,
nicht einfach um die Antwort auf eine Frage. Die meisten medizinethischen
Entscheidungen betreffen komplexe Probleme. Zu ihrer Lösung braucht man
Theorien.

Mit diesen einleitenden Beobachtungen soll nichts anderes gesagt sein, als
daß in der medizinischen Ethik in aller Regel einfache Routineantworten oder
Gewohnheiten, so oder so zu entscheiden, uns keinen hinreichenden Dienst er-
weisen. Die medizinethischen Probleme bestehen normalerweise aus mehreren
Komponenten, die es einzeln sowie in ihrem Zusammenhang zu analysieren
gilt, so daß Routineantworten oder einfache Maximen („nihil nocere") nur
sehr selten eine verantwortliche Lösung herbeiführen helfen. Das Fällen eines
verantwortlichen Urteils in der Ethik unterscheidet sich vom Zustandekommen
eines Urteils in anderen Gebieten gar nicht: in jedem Fall geht es um das Erkennen des Problemfeldes, um die Abwägung und Entscheidung für eine Möglichkeit, und drittens um die Begründung, die „Verifikation" für die gewählte
Möglichkeit. Für diesen Vorgang ist ein gedankliches „Netz" nötig, das sozusagen „größer" ist als das Problem. Solche „Netze" nennt man Theorien.

So anstößig und ärgerlich es klingen mag: um praktisch sein zu können,
brauchen wir Theorien. Das gilt in besonders hohem Maß in der medizinischen
Ethik. Sind unsere Theorien − die „Netze" − zu eng, wie etwa bei einem Prin-
zipienreiter, der für alle möglichen Fälle immer nur seine zwei oder drei Prinzipien anwenden will, so gelingt keine gute Problemlösung. Sind sie hingegen zu
weit, wie etwa bei einem Idealisten, dem nur die hohen Ziele der Gerechtigkeit
und Liebe vorschweben, so kann auch hier das Problem nicht angemessen be-
arbeitet und gelöst werden. Die ethische Theorie − das „Netz" − sollte dergestalt sein, daß sie den wirklichen Problemen entspricht, sie sozusagen „einfan-
gen" und sachgemäß erklären und verantwortlich lösen hilft.

---

* Dieser Artikel ist eine umgearbeitete und erweiterte Fassung des Artikels „Das ‚story‘-Konzept in der medizinischen Ethik". Zeitschr Allgemeinmed (1982) 58:121−126.

H.-M. Sass · H. Viefhues (Hrsg.)
Güterabwägung in der Medizin
© Springer-Verlag Berlin Heidelberg 1991

Im folgenden soll eine Rahmentheorie vorgestellt werden, ein ethisches Konzept, das besonders für Ethik in der Medizin angemessen ist. Es verspricht, v. a. die Problemlage von Patienten (oder auch von Gruppen bei gesundheitspolitischen Problemen) erklären zu können. Es bereitet auch die Auswahl von Handlungsmöglichkeiten vor und verhilft damit zur Entscheidungsfindung. In einer letzten, allerdings recht breiten Anwendung ermöglicht es auch die Rechtfertigung, also die Begründung von Entscheidungen. Vorerst muß aber in den ersten zwei Abschnitten („Drei Problemfelder medizinischer Ethik", „Wer ‚hat' denn eine Ethik?") Allgemeines zur medizinischen Ethik besprochen werden; erst dann folgt die Vorstellung und Diskussion des Konzepts. („Das ‚Storykonzept als ethische Rahmentheorie'", „Anwendung und Grenzen des ‚Storykonzepts'").

Drei Problemfelder medizinischer Ethik

Unschwer können die Problemfelder der medizinischen Ethik aufgezeigt werden, obwohl man ihre Breite unter Ärzten und in der Bevölkerung allgemein oft unterschätzt. Medizinische Ethik ist sicher nicht nur „ärztliche Ethik". Aber was ist „Ethik"? Die Antwort darauf ist ungleich viel schwieriger. Nur zu oft wird Ethik durch Tradition oder gute (wohl auch schlechte) Gewohnheiten ersetzt. Und wer darüber reflektiert, kommt in das Dickicht der philosophischen, ideologischen, evangelischen und katholischen (und besonders im amerikanischen Gesundheitswesen auch der jüdischen) Konzepte. Eine integrierende Funktion hat jedoch die Einsicht, daß jeder Patient, jeder Arzt, jeder Mensch, jede Gruppe, ja die ganze Menschheit eine „erzählbare Geschichte" (story) hat. Daran können wichtige medizinethische Überlegungen für die Praxis festgemacht werden.

Es ist das Besondere der Menschen, daß sie sich gegenseitig nicht nur pflegen und beschützen können − das tun auch viele Tiere mit ihren Artgenossen −, sondern daß sie auf der Basis von gespeichertem Wissen nach systematisch erklärbaren Regeln Krankheiten und Unfälle voraussehen, vermeiden und oft auch heilen können. Die dreifache *Erinnerung* an die Wissenschaft, an die eigene Erfahrung und an die Geschichte des Kranken spielt bei jeder therapeutischen Aktivität eine entscheidende Rolle. Ebenso wichtig ist die steuernde Funktion der *Vorausschau*, der Planung, der Abschätzung der antizipierten Lebensstory des Patienten und seiner Angehörigen, ja des ganzen sozialen Umfeldes um ihn. In der Gesundheitspolitik und -planung geht es gar um die antizipierte Story ganzer Landstriche, Städte, Völker und Kontinente. Erinnern und Vorausplanen sind entscheidende Merkmale des Menschen, oder bescheidener: der verantwortlichen Menschen. Beim Erinnern sowie beim Planen entstehen neben den sachlichen Schwierigkeiten unweigerlich auch ethische Probleme. Schon die Rekonstruktion einer Krankengeschichte, von der Bestandsaufnahme der Gesundheitssituation eines Landes ganz zu schweigen, birgt über die Sachfragen hinaus oft schwere ethische Probleme. Noch krasser wird dies bei der Planung deutlich: Auf welche Ziele hin und mit welchen Mitteln und unter Inkaufnahme welcher Nebenerscheinungen soll die Präventivmedizin vorgehen, bei uns sowie in den Ländern der dritten Welt? Unter welchen Gesichtspunkten sollen ökologische Verbesserungen, die Kontrolle über Arznei- und Lebensmittel, die Humanisierung und die Finanzierung des Krankenhauswesens, die psychotherapeutische Versorgung der Bevölkerung und die Gesundheitserziehung geplant werden? Die Frage eines Arztes oder Therapeuten nach dem Therapieziel für einen individuellen Patienten ist nur eine Spezialform dieser großen Fragen: es herrscht in ihr keine andere Logik und letztlich keine andere Art ethischer Problematik.

Es hat sich bewährt, das riesige Gebiet medizinischer Ethik in drei sich überlappenden Problemfeldern zu sichten. Sie bedingen sich gegenseitig. Im *ersten* Feld geht es um den direkten Kontakt mit dem Patienten, einschließlich der ihm dienenden Forschung und Pharmaindustrie. Im *zweiten* sind die Aufgaben und Fragen der Gesundheitspolitik, des Krankenhaus- und Versicherungswesens in seiner gesamten sozialökonomischen Struktur zu finden. Im *dritten* liegen die schwer faßbaren Fragen des tatsächlichen Gesundheitsverhaltens und der Erwartungen der Bevölkerung in bezug auf den eigenen Körper, die eigene Gesundheit, auf Krankheit, Tod, auch die Erwartungen an Ärzte, Medikamente, Krankenhäuser, Versicherungs- und Sozialleistungen.

Die medizinische Ethik umfaßt also die Problemfelder:

1) professionelle Versorgung der Kranken (Arzt-Patient-Beziehung; auch Anteile der Forschung);
2) Gesundheitswesen und -politik. Versicherungen – Krankenhäuser (auch in der dritten Welt);
3) Gesundheitsverhalten und Erwartungen der Bevölkerung gegenüber dem eigenen Körper und der Gesundheit sowie der Medizin als Institution.

Im ersten Feld scheinen Mediziner (und in günstigen Fällen pflegendes Personal) die Hauptträger der Verantwortung zu sein. Im zweiten sind Juristen und Politiker am Werk, auch Finanzexperten und die Öffentlichkeit; im dritten wiegen die Stimmen von Eltern, Lehrern, Ärzten, der Kirchen und der Massenmedien. Entgegen einer oberflächlichen Erwartung bestimmt nicht das erste Feld das zweite und dies dann das dritte. Vielmehr bestimmt das dritte das zweite und dieses ganz weitgehend auch das erste. Die medizinische Soziologie kann demonstrieren, wie stark die Gesundheitsvorstellungen und -erwartungen in einer bestimmten Kultur oder einem Land auch das System beherrschen und bis zu welchem Grade auch die Ärzte selber, die Richtung der Forschung und die Aktivität der Pharmaindustrie davon geprägt sind (v. Ferber 1976; Deppe 1978; Basler 1978).

. Mit dieser Aufgliederung des Problemfeldes – ohne die es wenig Sinn hat, von „medizinischer Ethik" allgemein zu sprechen – ist die Frage nach den ethischen Entscheidungsträgern radikal gestellt. Wenn man dazu noch die ungelöste Frage nach einer einheitlichen Ethik stellt, so mag man angesichts dieser Komplexität schon mutlos werden. Während philosophische Ethiker und auch Theologen sich oft in Allgemeinplätzen zur Medizinethik ergehen und die Tageszeitungen mit Vorliebe die sensationellen Fälle herausstellen, neigen die meisten Mediziner dazu, sich auf ihre Kompetenzbereiche zurückzuziehen und ihre „Ethik" nur in dreierlei verwurzelt zu sehen:

- der Weitergabe der bewährten Tradition (etwa durch eindrucksvolle Lehrer) in Zweifelsfragen,
- der Beachtung des Wohls des Patienten („nihil nocere") und des guten Kontaktes mit ihnen sowie
- der Wahrung der von den Standesorganisationen empfohlenen Richtlinien.

Es soll mit allem Nachdruck gesagt sein, daß diese *Reduktion* vielleicht vor einigen Jahrzehnten noch hinlänglich nützlich gewesen sein mag, daß aber heute auch nicht die Allgemeinmediziner mit einer solchen Engführung ihrer Sicht den Problemen, die sich ihnen und uns allen stellen, gerecht werden können. Noch viel mehr gilt dies für die Ärzte im Krankenhaus, die mit differenzierterer Technologie den aus ihrer „Außenwelt" und damit oft dem pathogenen Feld herausgenommenen Patienten begegnen. Es erübrigt sich zu sagen, daß eine primitiv reduzierte medizinische Ethik oder gar eine *Einschränkung* auf die Fragen der *rechtlichen Zulässigkeit* für Gesundheitsplaner und -politiker ohnehin *nicht ausreicht.*

Wer „hat" denn eine Ethik?

Natürlich gibt es keine Instanz, die einfach eine Ethik für uns bereitstellen kann. Zunächst könnte man fragen, ob wir überhaupt eine universale Ethik brauchen. Die Menschheit ist eben erst im Begriff, sich aus einer großen Zahl von geschlossenen Gesellschaften („closed societies"), die sich über Jahrtausende gebildet hatten, auf ihre Einheit zu besinnen und sich vielleicht sogar daraufhin zu entwickeln.

Es gibt noch starke Gegenkräfte: im einen Krankenhaus werden Schwangerschaftsabbrüche durchgeführt, im anderen sind sie aus religiösen Gründen untersagt; der eine Chef führt große Herzoperationen an Kindern mit *Down*-Syndrom durch, der andere nicht; in vielen Ländern ist die Geburtenkontrolle eine Selbstverständlichkeit, in anderen stößt schon der Vorschlag auf großen Widerstand; in den USA sagt man den Patienten, wenn sie „terminally ill" sind, bei uns schweigen Ärzte lieber zum Thema Tod, angeblich unterstützt von den Angehörigen; bei uns bekämpft man erfolgreich Seuchen, in Malawi etwa hat man sich dagegen entschieden, die Malaria auszurotten, weil das Land bis jetzt keine größere Bevölkerung ernähren kann.

Man könnte das alles unter Hinweis auf die Entscheidungs- und Gewissensfreiheit verteidigen. Weil wir aber nicht jeder für uns selbst entscheiden, sondern in zunehmendem Maße für andere (für sichtbare und unsichtbare Mitmenschen), wäre es doch sehr problematisch, einen ethischen Pluralismus geradezu zu wollen. Besonders in der medizinischen Ethik wären die Folgen einschneidend. Freilich wiegen die sog. kulturspezifischen Unterschiede schwer: Die Position der Frauen ist bei uns anders als im Islam, die Einstellung zur Gesundheit anders als bei den Bantus, die Einschätzung der Technologie anders als bei indischen Bauern. Aber das rechtfertigt letztlich nicht die Stabilisierung unabhängiger und sich widersprechender ethischer Grundpositionen; einfach schon darum, weil die faktische Interdependenz der heute lebenden Menschen viel zu groß ist. Man muß dies schon aus rein *pragmatischen* Gründen sagen, ganz abgesehen von der viel anspruchsvolleren Frage nach der *Wahrheit* ethischer Grundpositionen. Aber auf beiden Ebenen – der pragmatischen sowie auf der der Wahrheitssuche – besteht doch wohl Einigkeit unter uns, daß man nicht im einen Land Homosexuelle erschießen, im anderen Land ihnen zur sozialen Freiheit verhelfen soll; im einen Land bei Zwillingsgeburten je ein Kind töten, im andern Land beide bei Gefahr sorgsam und aufwendig pflegen darf. Je mehr die früher abgeschlossenen Kulturen zum Zusammenleben und zum Überleben sich anstrengen müssen, um so wichtiger wird auch eine universalisierbare Ethik.

Die WHO (Weltgesundheitsorganisation) soll als UN-Agentur eigentlich ethisch neutral sein, ist in Wirklichkeit aber um die Ausarbeitung allgemeiner Grundpositionen im Gesundheitswesen bemüht. Sie kann und muß das auch tun in der Konsequenz der universalen Ethik, die in den Menschenrechtserklärungen und -pakten steckt (Ritschl 1976; CIBA-Symposium 1974). Die sog. Non-government-Organisationen, z. B. die World Medical Association (WMA) und das Council for International Organizations of Medical Science (CIOMS) sowie die Christian Medical Commission des Ökumenischen Rates der Kirchen, haben bekanntlich eine Reihe von wichtigen ethischen Richtlinien verabschiedet und empfohlen.

Nach den Nürnberger Kriegsverbrecherprozessen sind bereits Resolutionen über Versuche am Menschen entstanden (vgl. später die Helsinki-Deklaration von 1964 und ihre Neufassung von Tokio 1975); auch die Erklärung der CIOMS zur Amniozentese und die vielbeachtete Stellungnahme der Christian Medical Commission 1973 zur genetischen Beratung. Diese (und viele andere) Deklarationen, denen im Prinzip die relevanten Standesvertretungen der medizinischen Berufe in den meisten Ländern zugestimmt haben, stehen aber unter einem unguten Stern: Erstens kümmern sich die meisten Ärzte nicht um sie (wenn sie sie überhaupt zur Kenntnis genommen haben); zweitens sind viele Länder der dritten Welt, besonders auch islamische Kulturen, diesen Forderungen gegenüber spröde.

In den vergangenen Jahren sind bei uns an medizinischen Fakultäten und bei Ärztekammern verschiedentlich „Ethikkommissionen" gegründet worden (Deutsch 1981; Czwalinna 1987; Sass 1987; Illhardt 1989). Die Anregung kam aus den USA, wo schon vor Jahren einerseits Ethikkommissionen für Entscheidungen in Grenzfällen (z. B. Anschluß an die damals seltenen Dialysegeräte), andererseits „Institutional Review Boards" für die Beurteilung von Forschungsvorhaben und die Vergabe von dazu nötigen Geldmitteln entstanden waren. In der Schweiz sind mit ähnlichen Zielsetzungen Ethikkommissionen in Verkoppelung mit der Schweizerischen Akademie der Medizinischen Wissenschaften gegründet worden.

Es muß aber fraglich bleiben, ob allgemein übers Land verstreute Ethikkommissionen mit breiten Kompetenzen für das ganze Spektrum bioethischer Probleme der Komplexität und der Dringlichkeit der Aufgaben wirklich gerecht werden könnten. Auch wenn die angelegten Maßstäbe streng sind, bieten die Kommissionen, so nützlich sie sein mögen, keinen Ersatz für verantwortliche Ethik aller Entscheidungsträger im ärztlichen, gesundheitspolitischen und breiten, öffentlichen Bereich. Zudem besteht die Gefahr der Reduktion auf rechtliche Regelungen mit dem simplen Ziel der Vermeidung von Strafprozessen.

Das „Storykonzept" als ethische Rahmentheorie

Wenn auch die Frage der Normenfindung in der Ethik noch ungelöst ist oder sich die Antworten nur in eng umschriebenen Traditionen finden, die sich teilweise widersprechen, so ist doch die Suche nach einer alle Traditionen umfassenden Erfahrung nicht sinnlos. Dabei soll es sich freilich nicht um eine Überhöhung aller differierenden Ethiken handeln noch um eine triviale Vereinheitlichung. Vielmehr geht es darum, wie wir von der Faszination durch ethische *Prinzipien* und der Gefangenschaft in *Begriffen loskommen* können, ohne sie als solche opfern zu müssen.

Mit dem Storykonzept (Ritschl und Jones 1976)[1] berühren wir eine Grunderfahrung, mit der wir alle längst umgehen. Vielleicht wirkt das englische Wort etwas prätentiös oder gar albern. Aber im Hinblick auf die Fülle von lateinischen Wörtern, mit denen die abendländische Medizin, Philosophie und Theologie versucht hat, sich klar zu artikulieren, mag ein englisches Wort vielleicht noch hingehen. Es wird zwar heute im Deutschen allgemein zu eng verstanden (meist als journalistische Story über irgend etwas). Die eigentliche englische Bedeutung trifft genau, was hier wichtig ist: eine erzählbare Geschichte eines Landes, eines Fachgebiets, einer Familie, eines einzelnen Menschen. Freilich sollte man nicht am Wort hängen. Es wird hier nur als Gedankenanstoß verwendet, um Varianten zu den eingeschliffenen Bedeutungen von „Erzählung" und „Geschichte" zu Gesicht zu bekommen.

Wenn ich sagen soll, wer ich bin, so erzähle ich am besten meine Story. Wer wüßte das besser als der Arzt, der eine Anamnese aufnimmt, oder gar die Psychotherapeuten, denen sich das ganze Leben und die Krankheit ihrer Patienten als deren Story darstellt? Jeder von uns hat seine Story, jeder *ist* seine Story. Wenn einer *nur* das ist, was andere über ihn sagen, ohne selbst seine Story erzählen zu können, so ist er nicht reif, nicht erwachsen; wenn er in konflikthaften Stories lebt, seine Story nicht akzeptieren kann, so braucht er therapeutische Hilfe. In der neueren Psychiatrie scheut man darum mit gutem Recht vor der eiligen Verwendung von diagnostischen Etiketten aus dem Raster der Psychopathologie[2] zurück: man fürchtet, so dem Menschen mit einem *Begriff*

---

[1] Ich habe dieses Konzept seither in zahlreichen Arbeiten auf Ethik und Theorie der Psychotherapie angewendet; vgl. Ritschl (1987), dazu Schobert (1989).

[2] Vgl. dazu etwa die Klassifikation in den Nummern 290–319 der *International Classification of Diseases* der WHO (dt. bei Degkwitz et al. 1980). Fortsetzung s. S. 162.

Unrecht zu tun, denn die Wahrheit seines Lebens (und seiner Krankheit) liegt in seiner Story, die man sorgfältig und immer wieder neu hören soll und die man gewissenhaft nacherzählen kann. (Dabei ist es nicht die erste Aufgabe, nach der „objektiven Wahrheit" zu fragen, sondern danach, wie der Patient seine Story erlebt und was er daraus macht.)

Es ist aber eigentümlich, daß wir nicht nur unsere Story *bis heute* kennen und erzählen können, sondern uns auch ständig vorstellen, wie wir sein werden, wie die Story *weitergeht*. Das hängt mit der anfangs beobachteten typischen menschlichen Eigenschaft zusammen, daß wir nicht nur *erinnern*, sondern auch *planen* können. Mehr noch: Es will mir aus der Erfahrung meines eigenen Lebens und aus meiner psychotherapeutischen Tätigkeit so erscheinen, als stelle sich jeder erwachsene Mensch vor, in der *Mitte* seiner Story zu sein. Nur ganz junge Menschen denken, noch „alles" vor sich zu haben, und ganz alte (die sich schon keine neuen Schuhe und keinen Mantel mehr kaufen, sondern sich auf die nächste Mahlzeit freuen), sie hätten schon „alles hinter sich". Die meisten von uns leben in einer gerade uns entsprechenden „Mitte" der Belastbarkeit, der Erfüllung des Potentials, einer Balance der Selbsteinschätzung. (Vielleicht hängt dies mit der Symmetrie unserer Rechts-Links-Wahrnehmung zusammen.)

Diese antizipierte Fortsetzung unserer Story hat freilich viel mit der stilisierten Story unserer Vergangenheit gemeinsam. Es macht viel aus, ob sich einer als Erfolgsmensch oder als ständiger Verlierer sieht. Und es ist auch wichtig, ob andere über uns eine Story zu erzählen bereit wären, die unserer eigenen Selbsterzählung hinreichend ähnlich ist. Ist das nicht der Fall, so ist kein Verstehen möglich, keine *Partnerschaft*. Nur im gemeinsamen Mitteilen und *Teilen* der Stories ist Liebe und bleibende Partnerschaft möglich. Der Eingriff in eine Lebensstory eines anderen Menschen ist eine verantwortungsvolle Sache. Jede Therapie und jede gesundheitspolitische Vorausplanung ist ein Eingriff in die Story eines Menschen oder einer Gruppe von Menschen (Ritschl 1989 b; zur Gesamtthematik des Gesprächs: Hahn 1988).

Die „stilisierte" Vergangenheit und die antizipierte Zukunfsstory deuten auf eine Gesamtvision eines Lebens hin, die etwa auch einem Schriftsteller vorschwebt, wenn er die Biographie eines Menschen schreibt. Er sichtet aus einer Fülle von Einzelstories, die er gesammelt hat, gerade *die* aus und stellt sie in gerade *die* Reihenfolge, die seiner *Gesamtvision*, sozusagen der Totalstory seines Helden entspricht. Die Totalstory als solche kann man nie erzählen, die adäquate Form der Erzählung ist die Sammlung und Ordnung der Einzelstories im Licht dieser nichterzählbaren Gesamtstory, die der Schriftsteller aber seinen Lesern übermitteln will.

Ebenso wie der Schriftsteller verfahren auch der verantwortliche Arzt, Gesundheitsplaner und -politiker sowie die Angehörigen von Patienten, die an medizinisch-ethischen Entscheidungen teilnehmen. Sie alle brauchen eine

---

2 (Fortsetzung) Neuere Kritiken sprechen von der diagnostischen Etikettierung als einer zweiten und dritten begrifflichen „Abstraktionsebene" über den Kontakt mit den Kranken und ihrer „Story" hinaus; vgl. Scharfetter (1976), Glatzel (1977, 1978).

„Vision" der „Gesamtstory" eines Menschen oder einer Gruppe, um mit ihren ethischen Prinzipien nicht ins Leere zu stoßen.

Unversehens haben wir jetzt einzelne Menschen und ganze Gruppen von Menschen in *einer* „Storykategorie" zusammengenommen. Das ist auch völlig berechtigt. Was sich über die Logik und die Funktion einer Story eines einzelnen Menschen sagen läßt (als Summe all seiner Einzelstories), das gilt auch für Gruppen, sogar für ganze Völker, und letztlich − jedenfalls nach der biblischen Tradition der Juden und der Christen − auch für die ganze Menschheit.

Das Storykonzept ist nicht durch Zufall in der alttestamentlichen Wissenschaft entwickelt worden. Über 200 Jahre hatte die Forschung am Alten Testament mit historischen, philologischen und zuletzt auch archäologischen Mitteln gearbeitet, bis sie die Suche nach *Begriffen* und geordneten, definierbaren Systemen aufzugeben lernte: Israel *ist*, was es erinnert und erhofft und was es davon *erzählen* kann; und der Gott Israels ist nur in seiner Story mit Israel faßbar. Die „Gesamtstory" Israels oder gar die „Totalstory" Gottes ist nicht erzählbar; sie kann nur dargeboten werden in der Selektion und in einer bestimmten Sequenz von Einzelstories.

Inzwischen sind auch Autoren in der Philosophie (Danto 1974) und der Psychiatrie (Dührssen 1981; Kuiper 1980) dem Phänomen der Story nachgegangen. Es ist überhaupt bemerkenswert, daß der *Modus des Erzählens* auch in den Naturwissenschaften heute eine neue Bedeutung gewonnen hat. Wenn Quantenmechaniker und Astrophysiker uns sagen wollen, worum es in ihren Forschungen geht, so greifen sie nicht selten zum Mittel des Erzählens der Story eines Teilchens, eines Sternes oder einer Galaxie. Freilich bietet der Modus des Erzählens keinen Ersatz für saubere *Begriffe* und klare Unterscheidungen. Das Erzählen ist aber als eine Form des Sprechens (und Hörens) erkannt worden, die noch sozusagen „unterhalb" der Begriffe, an der Basis, hart an der Wirklichkeit seine Funktion hat. Es ist, wenn man so will, der Wirklichkeit näher als der Begriff. Das gilt auch in hohem Maß für das Verstehen von Patienten und für unsern Umgang mit ihnen. In den Balint-Gruppen praktizieren wir heute genau diese Form des Verstehens und Erklärens mit großem Erfolg. Dabei wird uns immer wieder die Verflochtenheit der Story der Patienten mit unserer eigenen Lebensstory bewußt, und dies jeweils in Verbindung mit der Einbettung der Patienten in ihr systemisches Umfeld, ihre Familie und ihre Berufswelt.[3] Die Vielfalt der miteinander verknüpften Stories macht das Gesamt der Wirklichkeit aus. Erst wenn wir dieses Gesamt als Summe der Detailstories vor Augen haben, ist das Recht erworben, eine *Diagnose* zu stellen; und erst, wenn wir die „antizipierte Story" unseres Patienten hypothetisch aber verantwortlich bedenken, sind wir für *Prognosen* legitimiert. Beides − erklärender Rückblick und antizipierende Vorausschau − sind auch für *ethische* Entscheidungen, die das Leben dieses Patienten betreffen, absolut unabdingbar.

---

[3] Die Einbeziehung der Familie der Patienten in Diagnose und Therapie nimmt in Psychotherapie und Psychosomatik deutlich zu. Zahlreiche Publikationen zur systemischen Therapie zeigen dies und belegen das „Storykonzept"; vgl. Ritschl u. Luban-Plozza (1987).

Freilich sind wir letztlich nicht davon dispensiert, aus den wahrgenommenen, den gehörten Stories *Summierungen* abzuleiten und *Begriffe* zu bilden,
mittels derer die Summierungen sinnvoll eingeordnet und erklärt werden können. Kommunikation zwischen Menschen wäre gar nicht – oder nur sehr un-
vollkommen – möglich, wollten wir auf Summierungen und Begriffe ganz
verzichten. Erst recht wäre keine Wissenschaft möglich; denn sie operiert ja
mit Summierungen von Geschehenem (bzw. Erzähltem) und mit Gruppen von
Begriffen, die als Theorien Erklärungen ermöglichen. So funktionieren die
Naturwissenschaften und auch die Medizin, die Psychotherapie und – das ist
ja hier die These – die Ethik, insbesondere die patientenbezogene medizinische Ethik.

Anwendung und Grenzen des „Storykonzepts"

Die heutigen Diskussionen über Menschenrechte in Politik, Gesellschaft und
auch in medizinischer Ethik berühren indirekt – und nicht selten sehr direkt
und fordernd – die Zukunft der Menschheit. Wenn es stimmen sollte, daß
nicht nur einzelne Menschen, nicht nur einzelne Völker und Kulturen, sondern
die gesamte Menschheit eine erinnerbare und antizipierbare Story hat, so wäre
damit der *äußere Rahmen* der Ethik durchaus abgesteckt. Es ginge dann bei
ethischen Entscheidungen nur hilfsweise um Begriffe, in Wahrheit ginge es um
Menschen und ihre Zukunft. Hier gilt es daran zu erinnern, daß Juden und
Christen von einer „Gesamtstory" sprechen, die ein gutes Ende hat – ein Ende
mit Frieden, Liebe, Gerechtigkeit und Freiheit. Das ist sozusagen der äußerste
Rahmen. Sie sehen auch jedes Einzelschicksal in diesem weiteren, größeren Be-
zugsrahmen, da die umfassende Hoffnung Frieden und Gerechtigkeit, also
eine wirklich *neue Welt* zum Inhalt hat. So ist auch jede Erneuerung, jede Therapie, jede Hilfe (auch die Hilfe zum Sterben) ein Zeichen und ein Teil der antizipierten Gesamtstory mit ihrem guten Ende.
     Freilich ist mit dem Storykonzept noch keine medizinische Ethik begründet.
Es liefert aber doch zweierlei: einmal die Aufforderung zum *ernsthaften Erfassen* der Einzelstory eines Patienten und der antizipierten Fortsetzung dieser
Story und zweitens den Hinweis auf die *Gesamtstory*, in der Arzt, Patienten,
Angehörige und schließlich alle Menschen stehen. Ein Arzt oder Gesundheits-
politiker, der selbst nicht weiß, worauf er hofft, kann auch keine echten medizinethischen Entscheidungen fällen. Diese Gesamtstory, in der man sich selbst
erkennt, liefert den breiten Begründungszusammenhang für unsere ethischen
Entscheidungen, allerdings nicht das Rezept für die Lösung von Einzelproble-
men.
     Einzelfälle können meistens nur juristisch, nicht aber ethisch im voraus „er-
faßt" werden. Ob ein stark mißgebildetes Neugeborenes mit Hirnschädigung
am Leben gelassen werden soll, hängt nicht am wissenschaftlich meßbaren
Grad der Schädigung, sondern vielmehr an der Abschätzung der antizipierten
Story der Mutter und der Familie (ist es das erste Kind? vielleicht zugleich das
letzte? oder das vierte?). Wann die Reanimation bei einem Apalliker, der nur

vom Respirator abhängt, beendet werden soll, hängt an der „Storyfähigkeit" dieses Patienten, d. h. an seiner Einbettung in die Lebensstory seiner Angehörigen. Hier kann weder ein Gesetz noch ein ethisches Prinzip die Antwort geben, die Entscheidung liegt letztlich an der Abschätzung der verschiedenen hier konvergierenden einzelnen Lebensstories. Darum soll auch eine Entscheidung, die nicht in Eile getroffen werden muß, nicht allein beim Arzt (oder einer kleinen Gruppe von Kollegen) liegen. Diese Entscheidungsbürde ist – auch bei guter rechtlicher Absicherung – meist eine Überforderung des Arztes. Ideal gesprochen muß die Last der Entscheidung auf diejenigen verteilt werden, die Anteil an der Lebensstory oder Einsicht in sie haben. Das wird besonders deutlich bei einem der wenigen wirklich *neuen* Probleme der medizinischen Ethik, der Beratung im Gebiet der Humangenetik (Hübner 1986; Ritschl 1988, 1989 a).

Das heißt aber nichts weniger, als daß Menschen, die wirklich *keine Story* mehr haben, auch nicht künstlich am Leben erhalten werden müssen, wiewohl es praktisch solche storylosen Menschen kaum geben wird. Hier ist es wichtig zu bedenken, daß Menschen – wohl im Unterschied zu fast allen Tieren – die Story eines anderen Menschen schon beginnen lassen können, wenn er noch nicht geboren ist, und daß die Story eines Menschen mit seinem Tod (oder mit apallischem Syndrom oder schwerer seniler Demenz) nicht aufhört, weil sie in der Erinnerung, Liebe und Verehrung der bisherigen Menschen weitergeht. Vielleicht ist von christlicher Sicht her meine Meinung problematisch, man müsse einen völlig storylosen Mitmenschen, der weder sich erinnern noch sich antizipieren kann und von niemand auf der Welt erinnert und antizipiert wird, nicht länger leben lassen. Vielleicht erlaubt aber gerade der Gedanke, daß Gott auch eine Story mit jedem Menschen hat, diese These.

Wenn auch Einzelfälle nicht durch das Storykonzept einfach lösbar werden, sondern in ihm nur einen hilfreichen Rahmen finden, der die Entscheidung lebensnah und echt sein läßt, so steht ganz außer Zweifel, daß übergreifende medizinethische Entscheidungen durchaus durch die Story, in der wir drinstehen und deren gutes Ende wir erhoffen, direkt bestimmt werden. Wer die übergreifende Story des Alten und Neuen Testaments gehört hat und sich selbst auch nur irgendwie in der Fortsetzung dieser Story versteht – vielleicht auch ohne viel Wissen und ohne kirchliche Bindungen –, der wird ganz *direkt* aus dieser „Gesamtstory" ableiten können, daß man nicht wie im alten Sparta, bei den Nazis (und leider auch in einigen heutigen afrikanischen Stämmen) „lebensunwertes Leben" abtöten darf. Im Licht dieser Überlegung erscheint es doch auch als sehr fragwürdig, ob die Entscheidung der Regierung von Malawi vor etwa 20 Jahren, nicht die WHO-Experten zur Ausrottung der Malaria ins Land zu rufen, vor der Rückfrage an diese „Gesamtstory" bestehen kann!

Das Storykonzept hat also eine doppelte Anwendung: es bietet den äußersten Rahmen unseres Denkens und Handelns im Hinblick auf die Menschheit; zugleich hilft es, der Wirklichkeit der Lebensgeschichte eines einzelnen Patienten gerecht zu werden und die antizipierte Zukunft dieses Menschen mit zum Kriterium unserer ethischen Entscheidung zu machen.

Aber das Konzept hat gewiß auch seine Grenzen. Bloße Erzählung und Einfühlung in das Erzählte kommt den Dingen nicht automatisch auf den Grund, so wirklichkeitsnah das Erzählte, die Story, auch sein mag. In der Medizin müssen medizinische Sachkriterien zu Hilfe kommen, um die Patientenstory deuten zu können, in der Psychotherapie psychoanalytische Kriterien, in der Ethik ethische. Solche Kriterien sind nicht immer und nicht hinreichend aus dem Erzählten selbst zu entnehmen. Zumindest stammen sie aus dem Vernehmen und Verarbeiten von tausenden von Stories über viele Jahre und Generationen („Erfahrung" genannt). Sie stammen aber auch aus theoretischen Arbeiten und Überlegungen.

Diese Beobachtung der Grenzen des so hilfreichen Storykonzepts führt schließlich zur Überlegung, daß innerhalb einer wahrgenommenen Patientenstory „das Ethische", die spezifisch ethischen Komponenten, isoliert werden müssen. Bei einer medizinethischen Entscheidung ist zwar das Anhören und Verarbeiten der Patientenstory (sowie die Testfrage nach dem Bezug zur übergeordneten Gesamtstory) zentral und unersetzbar. Sie kann auch nicht, auch nicht teilweise, durch medizinisches Fachwissen ersetzt werden, denn medizinisch-ethische Probleme sind gerade dadurch komplex, daß in ihnen medizinische, ökonomische, psychologische und eben auch ethische Komponenten miteinander verkoppelt sind. Um über das Ethische verantwortlich entscheiden zu können, muß das Ethische innerhalb dieses Komplexes erkannt werden. Die eigentliche *Entscheidung* ist dann ethischer Art, nicht medizinisch-wissenschaftlicher, juristischer oder ökonomischer Art. (Beispiele wie Aufklärung über Chorea Huntington, Grenzfälle in der Entscheidung für Schwangerschaftsabbruch, randomisierte Versuche und palliative Maßnahmen bei schwerstkranken Tumorpatienten, *Versuche mit Embryonen* u. ä. illustrieren diese These eindeutig). Es muß dazu sozusagen pro tempore eine „Isolierung des Ethischen" angestrebt werden, bevor die Entscheidung gefällt werden kann. Danach muß in der Zusammenschau aller Komponenten des Problems die Entscheidung getroffen werden.

Am Ende einer solchen Überlegung, wie sie hier über das „Storykonzept" vorgetragen wurde, ist es sinnvoll daran zu erinnern, daß es in der Ethik letztlich keine Fachleute gibt; alle sind gleichermaßen „Dilettanten" − d. h. sie sind aufgerufen, sich als reife, verantwortliche Menschen zu verhalten. In der medizinischen Ethik ist das „Storykonzept" eine hilfreiche Theorie zur Sichtung der Wirklichkeit, zur Abschätzung der Zukunft und zur Ordnung von ethischen Maximen und Regeln. Innerhalb des Rahmens dieses Konzepts können immer noch verschiedene Traditionen mit ihren spezifischen Prinzipien (oder konfessionellen Positionen) zur Geltung kommen.

Vielleicht ist es sogar der Fall, daß die meisten von uns, ohne es bewußt überlegt zu haben, mit diesem oder einem ähnlichen „Storykonzept" längst arbeiten. Es ist aber sinnvoll, sich bewußt klar zu machen, welche Funktionen dieses Konzept übernehmen kann in einer Zeit großer Anforderungen an die medizinische Ethik und auch erheblicher Mutlosigkeit angesichts der vielen bereits vertretenen Positionen und ungelösten Probleme.

Literatur

Basler HD (1978) Medizinische Psychologie II. Sozialwissenschaftliche Aspekte der Medizin. Kohlhammer, Stuttgart

CIBA-Symposium (1974) Human rights in health, Bd 23. Elsevier, Amsterdam New York

Czwalinna J (1987) Ethik-Kommissionen – Forschungslegitimation durch Verfahren. Lang, Frankfurt Bern New York Paris

Danto AC (1974) Analytische Philosophie der Geschichte. Suhrkamp, Frankfurt am Main (engl. 1965)

Degkwitz R, Helmchen H, Kockott G, Mombour W (Hrsg) (1980) Diagnoseschlüssel und Glossar psychiatrischer Krankheiten. Dt. Ausgabe der internationalen Klassifikation der WHO, ICD, 9. Rev., Kap. 5, 5. Aufl. Springer, Berlin Heidelberg New York

Deppe HU (1978) Medizinische Soziologie. Fischer, Frankfurt am Main

Deutsch E (1981) Ethik-Kommissionen für medizinische Versuche am Menschen. Neue Jur Wochenschr 12:614–617

Dührssen A (1981) Die biographische Anamnese unter tiefenpsychologischem Aspekt. Vandenhoeck & Ruprecht, Göttingen

Ferber C von (Hrsg) (1976) Handbuch der Sozialmedizin, 3 Bde. Enke, Stuttgart

Glatzel J (1977) Das psychisch Abnorme. Urban & Schwarzenberg, München Wien

Glatzel J (1978) Allgemeine Psychopathologie. Enke, Stuttgart

Hahn P (1988) Ärztliche Propädeutik. Gespräch, Anamnese, Interview. Springer, Berlin Heidelberg New York Tokyo (Kap. III, VI–VIII)

Hübner J (1986) Die neuen Verantwortung für das Leben. Ethik im Zeitalter von Gentechnologie und Umweltkrise. Kaiser, München

Illhardt FJ (1989) Lexikon Medizin–Ethik–Recht. Stichwort „Ethik-Kommission". Herder, Freiburg

Kuiper PC (1980) Die Verschwörung gegen das Gefühl. Kap. „Der Mensch und seine Geschichten". Klett-Cotta, Stuttgart, S 70–108 (holländisch 1976)

Ritschl D (1976) Menschenrechte und medizinische Ethik. Wege zum Menschen 28:16–33

Ritschl D (1986) Konzepte: Oekumene, Medizin, Ethik. Kaiser, München

Ritschl D (1988) Menschenwürde als Fluchtpunkt ethischer Entscheidungen in der Reproduktionsmedizin und Gentechnologie. In: Schroeder-Kurth T, Schmude J (Hrsg) Das Leben achten. Maßstäbe für Gentechnik und Fortpflanzungsmedizin. Mohn, Gütersloh, S 96–117

Ritschl D (1989a) Die Unschärfe ethischer Kriterien. Zur Suche nach Handlungsmaximen in genetischer Beratung und Reproduktionsmedizin. In: Schroeder-Kurth T (Hrsg) Medizinische Genetik in der Bundesrepublik Deutschland. Schweitzer, Frankfurt am Main Neuwied, S 129–150

Ritschl D (1989b) Ethik und psychosomatische Grundversorgung. In: Bergmann G (Hrsg) Psychosomatische Grundversorgung. Springer, Berlin Heidelberg New York Tokyo, S 9–14

Ritschl D, Jones HO (1976) „Story" als Rohmaterial der Theologie. Kaiser, München

Ritschl D, Luban-Plozza B (1987) Die Familie: Risiken und Chancen. Eine therapeutische Orientierung. Birkhäuser, Basel Boston

Sass HM (1987) Ethische Expertise und ethische Komitees in der Medizin. Bochumer Materialien zur Medizinethik, Bochum

Scharfetter C (1976) Allgemeine Psychopathologie. Thieme, Stuttgart

Schobert I (1989) Gedächtnis und Gewißheit. Dissertation, Universität Erlangen

Methoden klinischer Ethik

James F. Drane

Russel Roth Professor für Biomedical Ethics, Edinboro University Pennsylvania, Edinboro, PA 16444, USA

Das Problem ethischer Entscheidungen

In der medizinischen Ethik geht es um Entscheidungen, die allemal schwierig sind. Die existentialistischen Philosophen haben uns auf die Schwierigkeit aufmerksam gemacht, die mit dem Akt der Entscheidung an sich verbunden ist in Anbetracht der Wirkung, die Entscheidungen auf die Konstituierung des Selbst haben. Ärzte und Ethikexperten sind sich dieser Schwierigkeit bewußt; zumindest in dem Sinne, daß jede echte Entscheidung einen dazu zwingt, auf wichtige Möglichkeiten zu verzichten und sich und seine „Ressourcen" dann voll für eine bestimmte Option einzusetzen.

Entscheidungen in der Klinik können deshalb schwierig sein, weil wir als Menschen vielleicht die Neigung haben, etwas zu tun, was nach unserem Verstande und Wissen moralisch falsch ist. Die Versuchung macht nicht vor dem Krankenhaus halt, vielmehr ist sie dort manchmal stärker und häufiger als im normalen Leben.

Mehr als im gewöhnlichen Umfeld wartet die Klinik mit Optionen und Alternativen auf, die es besonders schwer machen, richtig zu entscheiden. Viele Fälle sind insofern tragisch, als jegliche Alternative falsch zu sein scheint, und trotzdem etwas getan werden muß. Oft steht viel auf dem Spiel, und oft sind die Konsequenzen schwer abzuschätzen und auch schwer zu akzeptieren.

Eine weitere, für Entscheidungen in der Klinik typische Schwierigkeit liegt darin, daß jeder Fall anders ist, und daß immer ad hoc entschieden werden muß. In jeder klinischen Situation ist von neuem eine sorgfältige Analyse der relevanten Daten erforderlich.

Der Relativismus der Medizinethik

Die moderne Medizin ist mit der mächtigen modernen Technik verschwistert. Das eröffnet ständig neue Möglichkeiten und wirft dementsprechend eine Unmenge von ständig neuen moralischen Problemen auf. Diese rasante Entwicklung hat gerade in dem Moment eingesetzt, als eine ältere moralische Ordnung, aufgebaut auf allgemein anerkannten Glaubensregeln, ins Wanken geraten war. Nicht nur, daß die laufenden Fortschritte in der Medizin neue moralische

H.-M. Sass · H. Viefhues (Hrsg.)
Güterabwägung in der Medizin
© Springer-Verlag Berlin Heidelberg 1991

Optionen mit sich bringen, sondern zudem muß jetzt die Entscheidung jeweils in einem pluralistischen Klima getroffen werden.

Diese komplizierte Lage läßt manche an der Ethik verzweifeln. Nach ihrer Meinung kann im moralischen Klima von heute nie Einigkeit über Richtig und Falsch erzielt werden. Subjektivität und Relativität der Urteile wird als von vornherein gegeben erachtet. Aber dieser Pessimismus erscheint mir übertrieben. Selbst wenn der Meinungsunterschied auf vermeintlich unvereinbaren Weltanschauungen beruht, läßt sich ein Kompromiß finden. Unterschiedliche Weltanschauungen können durchaus zu identischen Prinzipien führen, und Menschen guten Willens können zu einer Einigung kommen über das, was richtig ist zu tun – selbst wenn sie unterschiedlicher Meinung sind über den letzten Sinn oder das philosophische Fundament der Ethik. Der Utilitarismus eines John Stuart Mill ist von der Ethik eines Jesus von Nazareth weit entfernt, und doch zog Mill den Schluß, daß seine Ethik im Grunde mit der goldenen Richtschnur des Christentums identisch ist. „In der goldenen Richtschnur, die Jesus von Nazareth gegeben hat, tritt uns der Geist der utilitarischen Moral voll und ganz entgegen. ‚Thue so, wie Du willst, daß Andere dir thun‘ – und: ‚Liebe Deinen Nächsten wie dich selbst‘; – diese Forderungen sprechen nur das Ideal der utilitarischen Moral aus" (Mills 1968, S. 145–146). In der Tat läßt die Beobachtung, daß die unterschiedlichen theoretischen Systeme generell doch im gleichen Ensemble ethischer Werte auslaufen (Wahrheit, Unantastbarkeit des Lebens, Treue, Selbstbestimmung, Wohltätigkeit, Gerechtigkeit, Gleichheit, Achtung des anderen, Vernünftigkeit usw.), den Pessimismus hinsichtlich der Überwindbarkeit des Relativismus ungerechtfertigt erscheinen.

Menschen guten Willens, also auch die verantwortungsbewußten Mediziner in der Klinik, können in den meisten Situationen zu einer Einigung kommen. Wenn eine, gewiß unabdingbare, Selbstverpflichtung besteht, das Richtige zu tun, und eine weitgehende Übereinstimmung der leitenden ethischen Prinzipien gegeben ist, bleibt als kritische Aufgabe nur noch kompetente Gedankenführung, bestehend in gewissen intellektuellen Schritten, bis man zur Entscheidung gelangt.

Methoden und Urteil in der Ethik

Wenn Liebe ohne „Strategie" wenig mehr als ein flüchtiges Gefühl ist, gilt dies auch für die Moral. Der Übergang von moralischen Gefühlen zur handfesten Ethik besteht in einer Strategie für moralische Güterabwägung. Zwar werden nicht in jedem Fall die verantwortungsbewußten Ärzte zum gleichen Ergebnis kommen, aber sie werden die schlimmen moralischen Fehler vermeiden und eher zu vertretbaren und achtbaren Entscheidungen kommen, wenn sie bei ihren moralischen Überlegungen in angemessener Weise vorgehen. Selbst bei breiter allgemeiner Übereinstimmung über moralische Grundsätze ist es eine schwierige und heikle Aufgabe, die Prinzipien auf einen konkreten Fall anzuwenden – geschweige denn zu wissen, welches von zwei sich widersprechenden anzuwenden ist. „Medizinische Ethik" ist ein komplexes Gebiet, aber v. a. geht es um eine Strategie oder Methode.

Ähnlich einer Naturwissenschaft muß die Medizinethik die empirischen Daten in ihrem Zusammenhang wichten, abschätzen, analysieren und studieren. Im Unterschied zu vielen Schulen philosophischer Ethik gründet die angewandte Philosophie in Form der medizinischen Ethik auf konkreten Lebenssituationen – dort, wo die Menschen leben und sterben. Demzufolge muß der mit ethischen Problemen konfrontierte Arzt genauso wie der Naturwissenschaftler in erster Linie Fakten sammeln und dann, wieder vergleichbar dem Naturwissenschaftler, sich systematisch bis zur analytischen Fragestellung vorarbeiten. Ein kompetenter Medizinethiker ist sich der Annahmen und Voraussetzungen bewußt, die schon beim Faktensammeln untergründig wirksam sind. Wertfreiheit ist in der Medizinethik zwar ein Ziel; aber mehr eine wissende als eine unbefangene Wertfreiheit, eine, die die subjektiven Dimensionen selbst in der Beobachtung und Beschreibung einrechnet.

Und keine Strategie oder Methode kann eine moralische Unterentwicklung oder charakterliche Defizienz beim Entscheidungsträger kompensieren. Affektbestimmte Menschen, nicht sozial eingestellte oder narzistische Persönlichkeiten können nicht genug Abstand nehmen von ihren eigenen Interessen, um objektive Bewertungen vorzunehmen – geschweige denn, um Maßnahmen zum Besten des Patienten zu ergreifen. Der Verantwortliche in einer kritischen klinischen Situation muß zumindest das Stadium der charakterlichen Reife erreicht haben, das ihm erlaubt, auf Prinzipien und Ideale zu reagieren. Von Ärzten erwartet man gemeinhin, daß sie auf einem prinzipienfesten Entwicklungsniveau stehen und handeln; aber es gibt unzählige Menschen, die einen hohen professionellen Status ohne die entsprechende moralische Reifung erreicht haben.

Viel häufiger ist das moralische Urteil aber blockiert durch die gewohnheitsmäßige Praxis, Entscheidungen ohne angemessene Methode zu treffen. Hier ist es dann mehr die Sicherheit und Klarheit über die Entscheidung, die fehlen, als die charakterliche Kompetenz. Manche Mediziner, die sich mit Recht für anständige und aufrechte Menschen halten, treffen mehr oder minder zufällig und beiläufig Entscheidungen von großer Tragweite. Andere, die eben auch keine systematische Strategie oder Reflexionsmethode haben, entscheiden mehr pragmatisch. Einige verlassen sich auf eine Autorität in ihrer moralischen Orientierung, während andere darauf vertrauen, selbst intuitiv den richtigen Blick zu haben dafür, was richtig ist. Oft werden die Entscheidungen auch nach den Erwartungen der jeweiligen Gruppe getroffen. Eine Ethik der Medizin kann aber nicht auf solchen unreflektierten Fundamenten aufgebaut sein; vielmehr verlangt eine professionelle medizinische Ethik eine Methode, die sowohl zu moralischem Urteilsvermögen als auch zu widerspruchsfrei richtigen Entscheidungen führt.

Die Methode liefert den Rahmen für die Entscheidungsfindung, der sicherstellt, daß alle relevanten Daten berücksichtigt werden. Sie klärt die Rechte und Pflichten ab und gibt einer Gesellschaft, die argwöhnisch das „Treiben" der Ärzte beobachtet, die beruhigende Gewißheit, daß die für die Patienten und ihre Familien wichtigen Entscheidungen mit dem notwendigen Ernst und nach reiflicher Überlegung getroffen werden. Ein Garant für Unfehlbarkeit ist die Methode natürlich nicht: die Entscheidung wird nicht immer die richtige sein. Jedoch lassen sich die schlimmsten Fehler konsequent vermeiden, und das ist schon viel. Die Anerkennung einer Methode steht und fällt mit ihrer Bewährung in der Praxis. Manchmal wird man das geltende Recht heranziehen müssen, bevor man zu einer moralischen Entscheidung kommt, aber meist ist dem Gesetz Genüge getan, wenn die mit der Entscheidung befaßten Personen sorgsam und systematisch bei ihrer Entscheidungsfindung vorgehen. Und dies kann eine solide Methode garantieren.

Historische Methoden und Situationsbedingtheit

Die modernen medizinethischen Strategien oder Methoden sind keine Erfindung von heute. Sie haben ihre historischen Vorgänger in den religionsbestimmten Ethiken. Speziell die katholische Moraltheologie war an einer Art Richtlinien für die Entscheidungen geistlicher Amutsträger oder innerhalb eines bestimmten konfessionellen Rahmens interessiert. Es läßt sich tatsächlich nachweisen, daß die historischen Methoden einen erheblichen Einfluß auf die heute am meisten verbreiteten Strategien klinischer Ethik gehabt haben.

Jede Methode oder Strategie hat 2 Stadien: das eine Stadium ist das Sammeln von Fakten, das andere die Anwendung von Bewertungsstandards. Eine Trennung der beiden Stadien ist gewöhnlich ausdrücklich im Modell schon reflektiert.

Die klassische Methode des Thomas von Aquin z. B. wandte die christlichen Normen erst nach ausgiebiger Berücksichtigung der fallspezifischen Fakten an. Thomas ging so weit zu sagen, daß das menschliche Handeln je nach den Umständen richtig oder falsch ist: „Actiones humanea secundum circumstantias sunt bonae vel malae" (Sum. Theol., Qu. 18, Art. 3).

Die „Umstände" (circum-stantiae) oder die Dimensionen des Falls sind für Thomas nicht akzidentiell oder von zweitrangiger Bedeutung. Die Beurteilung, ob richtig oder falsch, ergibt sich weder ausschließlich aus der Struktur einer Tat noch aus der Absicht, die zu der Tat führt. Die tatsächlichen Dimensionen oder die besonderen und spezifischen Umstände, in denen eine menschliche Handlung ausgeführt wird, sind maßgeblich für deren Beurteilung als richtig oder falsch. Fakten und Umstände sind genauso wichtig wie Bewertungsnormen oder Prinzipien bei der Entscheidung, was richtig ist zu tun.

Was für die klassische Moraltheologie gilt, gilt auch für die moderne medizinische Ethik. Die moralische Fragestellung ergibt sich aus den klinischen Zusammenhängen und jede Entscheidung ist geknüpft an ein bestimmtes Ensemble von Umständen, genannt „Fall". Einige Ethiken begnügen sich mit generellen und abstrakten Normen, nicht so die klassische theologische Ethik oder die heutige medizinische Ethik. Alle hilfreichen modernen Methoden rücken die Erklärung medizinischer, menschlicher und wirtschaftlicher Faktoren in den Vordergrund — und diese sind in jedem klinischen Fall anders gelagert und verzahnt.

Die medizinische Ethik ist notwendigerweise „situativ", und eine praktiable Methode muß für die Erklärung der Besonderheiten jedes Falls nützlich sein. Dies bedeutet aber nicht, daß die medizinische Ethik eine Situationsethik ist. Weder die klassische katholische Theologie noch die moderne medizinische Ethik sind Situationsethiken in dem Sinne, daß sie radikal relativistisch wären. Objektive Standards und allgemein anerkannte moralische Leitlinien bestehen in beiden Traditionen. Aber in beiden kann eine Handlung, die in der einen Situation als verderblich und falsch erachtet würde, in einer anderen als nicht verderblich und als gewiß nicht falsch beurteilt werden.

Die Wertelemente, die in Wechselwirkung stehen mit der Erklärung der fallspezifischen Sachverhalte oder klinischen Umstände, sind in der klassischen Theologie wohl berücksichtigt: Kodizes, Statuten, Präzedenzfälle, ethische Prinzipien, Gruppen- oder Einzelerfahrungen, rationale Argumente, kulturelle Normen, Autorität und Glauben.

Für gläubige Menschen gibt es religiöse Autoritäten; für Anhänger einer Weltanschauung gibt es philosophische Autoritäten. Eine der Hauptfunktionen einer Methode ist die enge Verknüpfung der Bewertungsstandards mit den fallspezifischen Fakten. Eine gute Methode bewahrt die Medizinethik vor der Gefahr einer falschen Generalisierung und trennt sie nicht von ihrer Verwurzelung im realen Leben, Kasuistik und klinischer Ethik.

Ein wundervolles Beispiel dafür, wie die Methode die gesammelten Erkenntnisse organisiert, um zu vertretbaren Entscheidungen zu kommen, ist die Kasuistik eine Methode, die ihren Ursprung in der griechischen Stoa und dann bei Cicero hat und im 15. und 16. Jahrhundert in ihrer Blüte stand, hauptsächlich bei den jesuitischen Theologen. Kasuistik wird definiert als „Interpretation moralischer Fragen mithilfe einer auf Paradigmen und Analogien beruhenden Argumentation. Sie führt zur Herausbildung einer Expertenmeinung über die Existenz und Stringenz gewisser Pflichten im Einzelfall im Rahmen eines Systems von Regeln oder Maximen, die zwar allgemein, aber nicht universal oder unveränderlich gültig sind, da sie nur unter den typischen Bedingungen des Handelnden und der Umstände des Handelns mit Sicherheit gelten" (Jonsen u. Toulmin 1988). [1] Theoretische Annahmen (Naturgesetze oder Theorien) waren im kasuistischen Denken gewiß wirksam, wie sie es auch in der modernen medizinischen Ethik sind (Deontologie und Utilitarismus); aber je näher man der Lösung von klinischen Problemen kommt, desto weiter entfernt man sich von rein theoretischen Überlegungen.

Ein klinischer Fall ist die Darlegung der Maßnahmen oder Sachverhalte unter Einbeziehung dessen, was die klassische Theologie „Umstände" nannte wer? was? wann? wo? warum? wie? und womit? In der kasuistischen Methode „standen" die Umstände buchstäblich „um" die Kernelemente herum – die Maximen, Regeln oder moralischen Leitsätze. Die Maximen im Sinne moralischer Faustregeln, viel mehr als die Theorie, bleiben die eigentlichen Wert-

---

[1] Jonsen u. Toulmin (1988) geben wertvolle Informationen über die Kasuistik, insbesondere für klinische Ethikexperten. Ferner führen sie den Nachweis, daß die moderne Medizinethik eine Kasuistik ist.

elemente in der klinischen Ethik. Beispiele: „Entscheidungsfähige Patienten haben ein Recht auf Selbstbestimmung"; „Der Arzt hat sich für das gesundheitliche Wohl des Patienten einzusetzen"; „Der Arzt muß auf jeden Fall Leben erhalten". Ihre Brauchbarkeit für schnelle, vertretbare Entscheidungen macht den „Barwert" einer Maxime aus.

Sehr häufig ist mehr als eine Maxime in einem Fall anwendbar, und die Rolle des Ethikexperten ist es, zu bestimmen, welche nun gilt. Jede Änderung in den Umständen läßt andere Maximen zum Zuge kommen, so daß auf die Einzelheiten des Falls sorgfältig und ständig aufgepaßt werden muß. In der Kasuistik der alten und der heutigen klinischen Ethik geht es um Fälle und die Umstände sind jeweils entscheidend für das, was richtig oder falsch ist.

In der klassischen Kasuistik dienten gewisse Fälle als „exempla", die veranschaulichen sollten, welche Maximen in einem gegebenen Ensemble von Umständen Geltung haben. Wenn gezeigt werden konnte, daß der gerade vorliegende Fall ähnlich bzw. anders als der Paradigmenfall liegt, galt eine Entscheidung oder Regel über falsch und richtig als mehr oder minder gesichert. Alles hing vom Zusammenspiel der Umstände und Maximen ab. Das Gleiche gilt für die klinische Ethik von heute. Die Entscheidung über Richtig oder Falsch in einem klinischen Fall gründet auf den Umständen und wird von einer Maxime oder Regel gerechtfertigt. Also erfreut sich die Kasuistik, die Voltaire und andere mit zynischer Kritik für alle Zeiten erledigt zu haben meinten, offenbar bester Gesundheit in der modernen medizinischen Ethik.

Die klinische Ethik hat weder die Zeit noch das Interesse noch die Bereitschaft, sich mit abstrakten Betrachtungen theoretisch-philosophischer Ethik zu befassen. Außerdem hat eine abstrakte Theorie bei Entscheidungen in der klinischen Praxis keinerlei Wert. Die Kasuistik dagegen konzentriert sich auf die Umstände eines Falls und gibt konkreten Leitsätzen den Vorzug. In der Klinik von heute besteht wie in der historischen Situation, in der sich die Kasuistik herausbildete, eine zwingende Notwendigkeit zu schnellen Entscheidungen und auch zur Rechtfertigung derselben. In der theologischen Kasuistik ging es um Gewissensentscheidungen, um Dilemmata spiritueller Art; in der klinischen Ethik geht es um Optionen in einem medizinischen Fall, der schnell abgeklärt und entschieden werden muß. Ganz bestimmte Fragen müssen in jedem Fall gestellt und beantwortet werden, und diese sind in den verschiedenen, hier vorgestellten Methoden der klinischen Ethik aufbereitet.

Amerikanische Methoden klinischer Ethik

Kurz nachdem die medizinische Ethik in das öffentliche Bewußtsein getreten war — in den späten 60er und 70er Jahren — hat David Thomasma an der University of Tennessee in Memphis ein Programm für die klinische Ethik vorgelegt. Sein Programm war eingebettet in die klinische Praxis und die Methode, die er für die ethischen Probleme entwickelt hat — entsprach ganz der Methode, nach der die Ärzte bei ihren medizinischen Entscheidungen vorzugehen pflegen. Thomasma „destillierte" den moralischen Entscheidungsprozeß zu

6 Schritten, die den Medizinern schon im Studium beigebracht wurden. Im
Lauf der Jahre hat er diese 6 Schritte etwas abgewandelt, aber im wesentlichen
sind es die folgenden geblieben (Thomasma 1978)[2]:

1. Beschreibe die medizinischen Fakten des Falls.
2. Beschreibe die Werte (Ziele, Interessen) aller am Fall Beteiligten (Ärzte, Patienten,
   Pflegepersonal, Krankenhausträger).
3. Bestimme die prinzipielle Wertekollision.
4. Bestimme die Vorgehensweisen, die so viele Werte wie möglich in diesem Fall schützen würden.
5. Wähle eine Handlungsweise.
6. Verteidige diese Handlungsweise.

Thomasma erläuterte seine Methode und seinen Standpunkt, daß Mediziner
in der ethischen Gedankenführung eigens ausgebildet werden müssen, in einem
Buch, das er zusammen mit Edmund Pellegrino verfaßt hat (Pellegrino u. Thomasma 1981). 1982 veröffentlichten Jonsen et al. einen kleinen Band über Medizinethik, der speziell für Ärzte in der Klinik gedacht ist. Sie komprimierten
Thomasmas 6 Schritte zu 4, packten aber viele komplizierte Überlegungen hinein. In Anerkenntnis der Tatsache, daß die Ärzte medizinische Entscheidungen
sehr wohl nach einer bestimmten Methode zu treffen pflegen – aber bei ethischen Entscheidungen unsicher sind, gehen die Autoren auf die Gründe für
dieses Unbehagen ein und versuchen dann, sie durch ein systematisches Vorgehen abzubauen. Ihre Methode besteht darin, den Ärzten eine „Checkliste" an
die Hand zu geben, um die Berücksichtigung aller relevanten Gesichtspunkte
sicherzustellen: Welche Fakten sind in dem vorliegenden Fall am wichtigsten?
Wie sollten die Fakten organisiert werden, um kritische Punkte herauszube-
kommen? Und wie sollten die verschiedenen ethischen Gesichtspunkte gewichtet werden? Die 4 Schritte sind folgende:

1. Medizinische Indikationen – die eigentliche Domäne des Arztes: Diagnose, Prognose, therapeutische Alternativen, klinische Strategie nach Abwägung von Risiko und
   Nutzen verschiedener Behandlungsverfahren und der Besonderheiten des Patienten.
2. Patientenwunsch – Patientenentscheidung nach den medizinischen Indikationen:
   Wie ist ein Konflikt zwischen 1 und 2 zu lösen: Kompletenzfragen; Hinwegsetzen
   über die Weigerung eines Patienten; was ist zu tun, wenn der Patient entscheidungs-
   unfähig ist und im Sterben liegt?
3. Die Frage der Lebensqualität – wenn Patienten nicht für sich selbst entscheiden
   können:
   Wenn ein Patient unfähig ist, selbst zu entscheiden, muß ein Stellvertreter sagen, ob
   die Behandlung mehr Gutes oder mehr Belastung bringt (z. B. lohnt die Operation,
   die Bestrahlung, die Diät usw.?). Wert wird gelegt auf typische menschliche Erfahrung, auf Bewußtheit, Beziehungen, Schmerzen, Lebensaufgaben. Eine Bewertung
   der Lebensqualität erfolgt nur, wenn der Patient selbst nicht entscheidungsfähig ist,
   wenn sein Wunsch unbekannt ist, wenn die medizinischen Erfolgsaussichten beschränkt sind, z. B. bei unweigerlich zum Tod führender Krankheit, bei Patienten in

---

[2] Diese Literaturangabe bezieht sich auf die überarbeitete Fassung, die Thomasma an
der Loyola Stritch School of Medicine verwendet.

dauerhafter Bewußtlosigkeit, bei Neugeborenen mit Mißbildungen, beim Fehlen von Vorschriften.
4. Äußere Faktoren – wenn die Entscheidung für andere von Belang ist:
Klinische Entscheidungen haben Auswirkungen über die Triade Arzt/Patient/Stellvertreter hinaus; man denke an die Familie, an deren Finanzkraft, an die Kosten überhaupt, an die Bedürfnisse von Lehre und Forschung in der Medizin, die Sicherheit und das Wohl der Gesellschaft. Diese Faktoren werden als letzte gewichtet und in Routineentscheidungen haben sie keine große Bedeutung.

Bei dieser Methode hat der Arzt nicht nur einen Leitfaden für die Berücksichtigung der hauptsächlichen Gesichtspunkte, sondern auch einen Ratgeber, wann der jeweilige Faktor einzuführen und wieviel Gewicht ihm beizumessen ist. Die 4 allgemeinen Gesichtspunkte sind relativ einfach, aber in jedem stecken viele verschiedene Elemente und Niveaus ethischer Reflexion. Ein von mir weiterentwickeltes Modell versucht, die verschiedenen Diskurselemente und -niveaus voneinander abzuheben und zu zeigen, wie bei der Entscheidungsfindung logischerweise von einem zum anderen vorzugehen ist (Drane 1988). Auch meine Methode hat 4 Hauptschritte:

1. Expositionsphase – Anleitung zur Identifikation des relevanten Faktenmaterials
– *Medizinische Faktoren:* Diagnose, Prognose, therapeutische Wahlmöglichkeiten, realistische Erfolgsaussichten, Behandlungseffektivität, Unsicherheiten aufgrund des Wissensstandes und der Erfahrung.
– *Ethische Faktoren:* Wer ist der Patient und was will er (oder sie)? Was sind die Interessen, Wünsche, Gefühle, Intuitionen und Optionen des Patienten, der Ärzte, des Pflegepersonals, der Krankenhausverwaltung, der Gesellschaft?
– *Sozioökonomische Faktoren:* vom Patienten, von dessen Familie, vom Krankenhaus, der Health Maintenance Organisation, der Versicherung, dem Staat oder der Gemeinde zu tragende Kosten.

2. Rationale Phase – Anleitung zur geistigen Aufarbeitung der relevanten Daten
– *Medizinethische Kategorien:* Fragenkomplexe, wie Einwilligung nach Aufklärung, Verweigerung einer Behandlung, Arztgeheimnis, medizinisches Experiment und Euthanasie schaffen eine generelle Taxonomie für die Organisation der Daten und verweisen auf die vorliegende wissenschaftliche Literatur. Die Sprache der medizinischen Ethik liefert das Instrumentarium für das Durchdenken des jeweiligen Falles.
– *Prinzipien und Maximen:* Wohltätigkeit, Selbstbestimmung, Achtung des anderen, Wahrheit, Treue, Unantastbarkeit des Lebens, Gerechtigkeit sind weithin anerkannte Richtlinien für die Überlegungen. Konkretere Anhaltspunkte sind in spezifischen Regeln gegeben: Nicht das Sterben verlängern, Schmerzen immer lindern, die Wünsche eines entscheidungsfähigen Patienten achten.

- *Juristische Entscheidungen und Standesregeln:* Paradigmatische Rechtsfälle sind aufschlußreich für andere Fälle, wie der Fall Quinlan. Standesregeln oder Berufskodizes, durch Erklärungen der Standesorganisation aktualisiert, sind ebenfalls eine gute Entscheidungshilfe.

3. Ermessensphase – der Schritt von den Fakten und der Reflexion zur Entscheidung
- *Rangordnung der Güter:* Wenn mehr als ein Gut oder Interesse realisierbar ist, müssen diese nach einer Prioritätenliste geordnet werden. Z. B. hat die Option eines entscheidungsfähigen Patienten Vorrang vor der des Arztes oder der Familie. Bei einer Epidemie haben die Interessen der Gesellschaft Vorrang über die des Einzelnen.
- *Rangordnung der Prinzipien:* Wenn Prinzipien kollidieren, werden sie nach der persönlichen Einstellung und Weltanschauung und dem Berufsethos des Arztes geordnet. Für einen Arzt ist Wohltätigkeit (Sorge für einen Patienten, Heilen, Lebensrettung, Linderung der Schmerzen) vorrangig. Andere Prinzipien werden zwar beachtet, haben aber niemals Vorrang.
- *Entscheidung:* Ein verantwortungsbewußter Arzt trifft seine Entscheidung mit so viel Klugheit und Umsicht, wie seine Persönlichkeitsentwicklung es zuläßt. Besondere Sorgfalt ist geboten, wenn eine Entscheidung über Leben oder Tod gefällt werden muß.

4. Öffentliche Phase – Vorbereitung auf die öffentliche Prüfung und Verteidigung der Entscheidung
- Annahmen explizit machen, sich selber klar werden über subjektive Faktoren und zugrundeliegende Überzeugungen.
- Wechselbeziehung feststellen zwischen Gründen und Gefühlen. Übereinstimmung anstreben unter Anwendung von Prinzipien, Maximen und Regeln.
- Organisation der Argumente für die öffentliche Diskussion: In einer pluralistischen Gesellschaft wird eine Ethik akzeptabel durch überzeugende Argumente.

Die Methoden von Thomasma, Siegler und Drane greifen die gleichen grundlegenden Punkte auf. Ihr Unterschied liegt im Grad der Deutlichkeit, mit der Schlüsselelemente abgehoben sind. Keiner würde gegen ein Element im Modell eines der anderen Einwände erheben. Jedes Modell versucht, ein systematisches Procedere zu bieten, an das sich alle Verantwortlichen in der Klinik halten können, ganz unabhängig von ihrem Glauben oder ihrer Weltanschauung (Brody 1981). Die Methoden unterscheiden sich nur in der Wahl der Begriffe, der Ordnung der Gesichtspunkte, in der Betonung der einzelnen Themen und in der zeitlichen Abfolge.

Eine europäisch-lateinamerikanische Methode

Hans-Martin Sass und Herbert Viefhues (Direktoren des Zentrums für Medizinische Ethik in Bochum sind die Autoren des *Bochumer Arbeitsbogens zur medizinethischen Praxis* (Sass u. Viefhues 1987). In seinem Vorwort zur spanischen Übersetzung dieses Arbeitsbogens befürwortet José A. Mainetti von der Universität La Plata, Argentinien, die darin vorgeschlagene Methode als eine gangbare Alternative zu den typisch US-amerikanischen Ansätzen, die nach seiner Meinung die nordamerikanische Kultur, Gesellschaft und Medizin widerspiegeln. Mainetti sieht in der nordamerikanischen Bioethik ein Abbild des Lebens in den USA, das durchtechnisiert, religionsfrei und pluralistisch ist.

Nach Mainettis Meinung bewegt sich aber seit jüngster Zeit die nordamerikanische medizinische Ethik in Richtung auf die europäische oder lateinamerikanische Betrachtungsweise zu (Mainetti 1988). Die Traditionen in der Medizin Europas und Lateinamerikas seien humanistischer und ihre medizinische Ethik sei nicht so stark mit deontologischen und utilitaristischen Theorien behaftet. Weil sie weniger formalistisch, theoriebestimmt und regelbeherrscht sei, kann sie zur Erneuerung der medizinischen Praxis beitragen.

Die europäische medizinische Ethik sei offener für Fragen der Moralität und weniger von Prinzipien beherrscht. Deshalb benötige sie ihre eigene Methode, die sich bewußt abhebt von jeglicher mechanistischen Strategie, die, von Experten angewandt, auf gesellschaftlich akzeptable Lösungen ausgeht. Mainetti findet eine solche Methode in dem Bochumer Arbeitsbogen von 1987, der wiederum 4 Stufen vorsieht, unterteilt in mehrere Schritte und in die Form von Fragen gekleidet (Sass u. Viefhues 1989, S. 371–375):

1. Feststellung der medizinisch-wissenschaftlichen Befunde: Welche Behandlung wäre optimal angesichts des medizinisch-wissenschaftlichen Befundes?
- *Allgemeine Überlegungen:* Diagnose, Prognose, Therapiealternativen. Erfolgsaussichten der vorgeschlagenen Therapiemöglichkeiten, Prognose ohne die vorgeschlagene Behandlung?
- *Spezielle Überlegungen:* Wie wirken sich die Behandlungsalternativen mit ihren Vorteilen wie Nachteilen in dem speziellen Fall aus?
- *Ärztliches Handeln:* Liegen adäquate Behandlungsvoraussetzungen vor, z. B. personelle? Team? technisch-apparative? Berücksichtigung des Standes der medizinischen Forschung und ärztlichen Erfahrung? Welche wichtigen Fakten sind unbekannt? Sind die benutzten medizinischen Schlüsselbegriffe hinreichend klar?

2. Feststellung der medizinethischen Befunde: Welche Behandlung wäre optimal angesichts des medizinischen Befundes?
- *Gesundheit und Wohlbefinden des Patienten:* Welche Beeinträchtigungen (körperlich, geistig, psychisch) können bei den alternativen Therapieweisen eintreten?
- Selbstbestimmung des Patienten: Welche Werte hat der Patient? Wie ist seine Einstellung z. B. zur Intensivmedizin? Ist er hinreichend aufgeklärt? Inwieweit kann der Wille des Patienten berücksichtigt werden oder muß stellvertretend für ihn entschieden werden?
- *Ärztliche Verantwortung:* Kann ein Konflikt zwischen Arzt, Patient, Pflegepersonal oder Familie gemildert oder beseitigt werden, ohne das Vertrau-

ensverhältnis zwischen Arzt und Patient, das Prinzip der Wahrhaftigkeit und Glaubwürdigkeit zu untergraben?
Sind die benutzten ethischen Schlüsselbegriffe und ihr Verhältnis zueinander hinreichend klar?

3. Behandlung des Falls: Welche Entscheidung ist in Anbetracht der obigen Erwägungen die beste?
– Welche Optionen bieten sich in Anbetracht der medizinischen Befunde an? Ist die Beiziehung eines Experten oder die Überweisung des Patienten erforderlich?
– Was sind die konkreten Verpflichtungen des Arztes, Patienten, des Pflegepersonals, der Familie bei der gewählten Behandlung?
– Gibt es Argumente gegen die Entscheidung? Wurde sie mit dem Patienten diskutiert? Hat er seine Zustimmung erteilt?

4. Zusätzliche Fragen zur ethischen Bewertung
– *Bei Fällen von langdauernder Behandlung:* Routinemäßige Überprüfung der Behandlung und ethischen Bewertung. Ist der Behandlungsplan flexibel? Werden bei infauster Prognose palliative Maßnahmen erwogen? Ist sichergestellt, daß hierbei der explizite oder mutmaßliche Wille des Patienten berücksichtigt wird?
– *Bei Fällen von erheblicher sozialer Relevanz:* Familiäre, emotionale, berufliche oder ökonomische Folgelasten:
Können diese Folgelasten vom Patienten, der Familie, der Solidargemeinschaft getragen werden? Wird die soziale Integration des Patienten, seine Lebensfreude und Persönlichkeitsentfaltung gefördert?
Welche Bedeutung hat die Beantwortung dieser Fragen für die medizinisch-wissenschaftliche und medizin-ethische Güterabwägung?
– *Bei Fällen therapeutischer oder nichttherapeutischer Forschung:* Inwiefern beeinflußt der Versuch die medizinisch-ethischen Aspekte? Wenn der Patient nicht vollständig aufgeklärt worden ist oder die Aufklärung nicht voll verstanden wurde, kann dann der Versuch gerechtfertigt werden? Wenn der Patient seine Zustimmung nicht erteilt hat, kann dann der Versuch gerechtfertigt werden? War das Auswahlverfahren des Patienten gerecht? Kann der Patient jederzeit von seiner Teilnahme zurücktreten?

Übereinstimmung und Unterschied

Es gibt viele Übereinstimmungen zwischen der europäisch-lateinamerikanischen Methode und der US-amerikanischen, aber doch auch typische Unterschiede. Die Prinzipien sind zwar gleich, aber die sittliche Autonomie des Einzelnen ist im Bochumer System weniger betont. Der Abschnitt z. B. über das Selbstbestimmungsrecht des Patienten ist aus der Sicht des Arztes geschrieben. In dem Arbeitsbogen wird gefragt, was dem Arzt über das Wertsystem des Patienten, dessen Einstellung, dessen Wissen und Verständnis bekannt ist. Dies führt zu der Frage: Wie weit kann der Patient in die Bewertung einbezogen werden oder inwieweit kann sie ihm ganz überlassen werden? Eine solche Formulierung wäre in einer US-amerikanischen Methode undenkbar, wo auf das Selbstbestimmungsrecht des Patienten größter Wert gelegt wird. Nach dem Bochumer Modell ist es in erster Linie Sache des Arztes, die Entscheidungen hinsichtlich der Behandlung zu treffen, wobei es ihm anheimgestellt ist, mit dem Patienten den Vorschlag zu besprechen und dann zu entscheiden, ob er dem Patientenwunsch folgt oder nicht. Der mindere Rang der Patientenautonomie gegenüber den Werten des Arztes wird auch sichtbar in dem Abschnitt über therapeutische und nichttherapeutische Forschung. Es wird gefragt, wie der Versuch zu rechtfertigen ist, wenn der Patient nicht aufgeklärt worden ist, oder seine Zustimmung zur Teilnahme nicht erteilt hat. In den USA wäre ein solches Verhalten ärztlicherseits moralisch und rechtlich nicht haltbar.

Der Bochumer Arbeitsbogen ist genauso formalistisch und technisch wie nordamerikanische Modelle, aber er weist dort nicht enthaltene Elemente auf. Deutlicher werden epistemologische Fragen gestellt: Welche wichtigen Fakten sind unbekannt? Sind die benutzten ethischen Schlüsselbegriffe und ihr Verhältnis zueinander hinreichend klar? Eine Unsicherheit oder Unkenntnis auf Seiten des Arztes überhaupt in Erwägung zu ziehen, ist nicht nordamerikanische Art. Schon von jungen Medizinern wird erwartet, daß sie sich den Habitus der Sicherheit und des Selbstvertrauens (man könnte auch von „Unfehlbarkeit" sprechen) aneignen. Allein der Gedanke, der Patient sollte auf Unsicherheiten oder Grenzen des Wissens oder der Technik aufmerksam gemacht werden, liegt den meisten nordamerikanischen Ärzten fern und würde gar als „Kunstfehler" erachtet werden.

Vier Methoden habe ich vorgeführt, wobei die erste, Thomasmas Modell, die größte Vereinfachung der kritischen Probleme darstellt. Siegler nennt zwar auch nur vier große Schritte, die aber jeweils viele Problemkomplexe enthalten. Drane schält einige dieser Probleme heraus und organisiert sie nach einem epistemologisch fortschreitenden Schema. Der Bochumer Arbeitsbogen enthält klinische, ethische und epistemologische Fragen und berücksichtigt zudem verschiedene klinische Voraussetzungen. Für eine Beurteilung der verschiedenen Modelle müßte man ihre Effektivität und Praktikabilität für die Ärzte in der Klinik testen: Wie gut sind die wirklich wichtigen Elemente aufbereitet? Wird der Entscheidungsträger für die kritischen Problemfelder sensibilisiert? Wird auf leicht übersehene Gesichtspunkte aufmerksam gemacht? Ist das Modell in der Praxis sinnvoll anwendbar? Ich persönlich sehe an jedem Modell Vorteile und Nachteile und meine, daß die Ärzte in der Klinik selbst entscheiden sollen, welches am besten funktioniert und wie das funktionsfähigste Modell noch verbessert werden kann.

Schlußbemerkung

Daß man auf unterschiedlichen Wegen zu moralischen Entscheidungen kommen kann, ist mehr als einsichtig. Die europäische und die lateinamerikanische Medizin ist humanistischer insofern, als die ärztliche Ausbildung immer noch philosophische, historische, anthropologische und neuerdings auch ethische

Aspekte der Heilkunst einbezieht. Vor einem solchen Hintergrund ist es einfacher, einen weniger technischen und mehr philosophisch ausgefeilten Zugang zu moralischen Problemen zu finden. Die nordamerikanische Medizin dagegen ist mehr klinisch-praktisch ausgerichtet und die Ärzte sind weniger aufgeschlossen für philosophische Fragen der Medizin. Ihre Stärke liegt mehr im Pragmatischen. Die ideale Methode wäre sowohl klinisch-praktisch als auch philosophisch ausgefeilt. Bei weiterer enger Zusammenarbeit zwischen nordamerikanischen, europäischen und lateinamerikanischen Ethikexperten könnten wir diesem Ideal näher kommen.

Literatur

Brody H (1981) Ethical decisions in medicine, 2nd edn. Little, Brown, Boston

Drane J (1988) Ethical workup guides clinical decision making. Health Progress (Manuskript)

Hobbes T (1965) Leviathan. In: Malesworth W (ed) The english works of Thomas Hobbes, vol II, III. Bohn London, pp 144–145

Jonsen AR, Toulmin SE (1988) The abuse of casuistry. Univ of California Press, Berkeley

Jonsen A, Siegler M, Winslade W (1982) Clinical ethics. MacMillan, New York

Mainetti JA (1988) Protocolo de Bochum para la práctica ético-médica. Medizinethische Materialien, Nr 2 b. Bochum

Mill JS (1968) Gesammelte Werke, Bd 1. Scientia, Aalen, S 145–146

Pellegrino E, Thomasma D (1981) A philosophical basis of medical ethics. Oxford Univ Press, New York

Sass HM, Viefhues H (1989) Bochumer Arbeitsbogen zur medizinethischen Praxis. In: Sass HM (Hrsg) Medizin und Ethik. Reclam, Stuttgart, S 371–375

Siegler M (1982) Decision-making strategy for clinical-ethical problems in medicine. Arch Intern Med 142:2178–2179

Thomas von Aquin, Summa Theologica, Frage 18, Artikel 3.

Thomasma D (1978) Training in medical ethics: an ethical workup. Form Med (hier die überarbeitete Fassung, die Thomasma an der Loyola Stritch School of Medicine verwenden; Manuskript)

Fachmedizin und Güterabwägung

Embryonenforschung in protestantischer Sicht

Hartwig von Schubert

Forschungsstätte der Evangelischen Studiengemeinschaft, Schmeilweg 5,
W-6900 Heidelberg, BRD

Embryonenschutz gegen Forschungsfreiheit

Die intensive Erforschung von menschlichen Embryonen ist ein ethisches Problem, da sie einerseits wertvolles therapeutisches Wissen liefern kann und andererseits unweigerlich mit der Schädigung oder gar Zerstörung der Embryonen verbunden ist. Wer oder was sind diese Embryonen, warum werden sie überhaupt zum Forschungsgegenstand? Die Embryonen sind mit dem Schicksal anderer Menschen offensichtlich eng verbunden. Irgend jemandem bedeuten sie etwas. Man kann einen Embryo aus seiner natürlichen biologischen Einbettung herauslösen, nicht aber aus seinem Lebenszusammenhang. Er ist der Embryo, der aus den Gameten dieses und keines anderen Paares gezeugt wurde. Schon wie die beiden Eltern zueinander stehen, wirkt sich erheblich auf die Stellung des Embryos in beider Lebensplanung aus. Dann ist er physiologisch und auch speziell genetisch einer bestimmten Gruppe von Menschen zugeordnet, für die er als wissenschaftliches Modell stehen kann, und er befindet sich in einem Entwicklungsstadium, das spezifische wissenschaftliche Erkenntniswünsche weckt, die ihrerseits wieder von Interessen geleitet werden, die sich aus den gesellschaftlichen Zusammenhängen und den Biographien von Wissenschaftlern ergeben. Und zwischen diesen Interessen kommt es zu Konflikten, bei denen von einigen die Freiheit der Forschung in therapeutischem Interesse und von anderen sowohl das Grundrecht auf Leben und körperliche Unversehrtheit, als auch die Menschenwürde und das allgemeine Persönlichkeitsrecht als bedroht angesehen werden.

Die Menschenwürde oder theologisch formuliert, die Gottesebenbildlichkeit ist der „Fluchtpunkt" der gesamten Diskussion um den Embryonenschutz. In der allgemeinen Diskussion bemühen sich viele Stimmen darum, zu beweisen, daß und inwiefern der Embryo vom Augenblick der Befruchtung an als Mensch zu gelten habe. Entscheidend ist dann die Debatte um den Lebensbeginn. Die meisten protestantischen Stellungnahmen wählen aber nicht diesen Zugang. Sowohl beim Thema Schwangerschaftsabbruch wie auch beim Thema Embryonenforschung bemühen sich viele evangelische Autoren, den situativen Zusammenhang des Geschehens mit in die anthropologischen und ethischen Überlegungen einfließen zu lassen. Die Lebensbeginndefinition wird dann in diesen Zusammenhang miteinbezogen. Ich nenne als Beispiel die 4 Tübinger

H.-M. Sass · H. Viefhues (Hrsg.)
Güterabwägung in der Medizin
© Springer-Verlag Berlin Heidelberg 1991

Theologen Jüngel, Käsemann, Moltmann und Rössler. Sie formulieren: „Menschliches Leben ist nur dann menschliches Leben, wenn und sofern es angenommenes Leben ist". Weil Annahme und Anerkennung für den Menschen so lebensnotwendig sind wie Atem, Ernährung und Durchblutung, können sich Aussagen über das Menschsein nicht auf den biologischen Bereich beschränken. Anthropologische Grundaussagen müssen emotionale und soziale Beziehungen einschließen. Die Forderung nach einer von diesem Beziehungszusammenhang isolierten und absoluten Selbstverwirklichung des Kindes weisen die Tübinger Theologen als biologistisch zurück und eine ebensolche Forderung der Mutter als liberalistisch. Beides wäre unchristlich − man kann sogar sagen: unmenschlich, denn: einer „Anthropologie der Annahme" entspricht eine „Ethik der Gemeinschaft" (Jüngel et al. 1972, S. 139 f.).

Es ist wichtig zu sehen, welche theologische Überlegung sich in diesem Ansatz verbirgt. Die Bestimmung zur Gottesebenbildlichkeit überwältigt den Menschen nicht, sondern verwirklicht sich in, mit und unter seinem Verhalten. Auch im Fall des Embryos heißt das, sie verwirklicht sich nicht ohne die „Annahme" eines anderen Menschen. Der Mensch ist nicht auf ein bestimmtes Ergebnis hin programmiert, auch nicht auf die „Menschenwürde". Menschenwürde ist kein Etikett, das man an Menschen heftet, sondern eine Wirklichkeit, die nur im Vollzug ihr Sein hat. Sie ist ein Appell, auch in einer noch so entstellten oder unanschaulichen Gestalt den Menschen zu entdecken und ihm zur Entfaltung seiner „Würde" zu verhelfen. Da es keine beziehungslose − biologistische − „Humanontogenese" gibt, sondern menschliche Entwicklung immer nur und zwar umfassend als Individuation *und* Sozialisation verstehbar ist, müssen bei der Frage, wer oder was als Mensch zu achten ist und auch bei der Frage, was „Achtung" im einzelnen heißt, beide Aspekte − also sowohl der biologische als auch der soziale in den weiteren Überlegungen gleichrangig beachtet werden.

Der Beziehungszusammenhang wird bei der Embryonenschutzdebatte außer vom Stichwort „Menschenwürde" auch noch vom Stichwort „Therapie" bestimmt. Beim Begriff therapeutischer Forschung unterscheidet man zwischen denen, denen die Ergebnisse von Experimenten zugute kommen und denen, an denen sie gewonnen werden. Zunächst zur ersten Gruppe: Nach dem Empfehlungen der Weltärztedeklaration von Helsinki/Tokio über Experimente an Menschen müssen *therapeutische Objekte* „eindeutig umschreibbar sein, d. h. die Schäden müssen nach kritisch geprüfter und allgemein anerkannter Auffassung eindeutig als *Übel*, als die Erfüllung wesentlicher Bedürfnisse des Menschen bedrohende Defekte oder Mängel eingestuft werden. Das therapeutische Objekt kann nicht die Gesellschaft ganz allgemein oder ihre Zukunft sein, sondern müssen eindeutig beschreibbare menschliche Subjekte der Gegenwart oder der sicher prognostizierbaren Zukunft sein" (zit. nach Weber 1969). Nun zur zweiten Gruppe: An wem darf experimentiert werden? Die Ärztedeklaration unterscheidet hier den therapeutischen vom nichttherapeutischen Versuch. Der therapeutische Versuch ist ein solcher, der zwar neu ist und riskant sein kann, aber nach wissenschaftlich belegbarer Voraussicht direkt der Entwicklung einer Therapie dient. Das muß nicht heißen, daß dieser Versuch schon gleich eine Hilfe für die Versuchsperson darstellen muß. Dies wäre dann nicht ein therapeutischer Versuch, sondern bereits ein Therapieversuch. Der nichttherapeutische Versuch dient nicht nur *nicht* dem Wohl der Versuchsperson; im Gegenteil, als Experiment stellt er ein offenes Risiko dar. Er dient zudem allein der wissenschaftlichen Erkenntnis, ohne daß eine Aussicht auf therapeutischen Nutzen besteht (Weber 1969, S. 30 f.). Sowohl therapeutische wie auch nichttherapeutische Versuche können also mit einem hohen Risiko für die Versuchsperson verbunden sein. Mit Einverständnis derselben können aber riskante Therapieversuche wie auch riskante therapeutische Versuche an Menschen vorgenommen werden. Riskante nichttherapeutische Versuche sind dagegen nur im Selbstversuch erlaubt. Die Kontroverse um die Embryonenforschung dreht sich nun um folgende Frage: Kann es nach diesen Grundsätzen verantwortet werden, einen Embryo zum Gegenstand riskanter therapeutischer oder nichttherapeutischer Versuche zu machen? Der Selbstversuch kommt bei der Embryonenforschung ebenso wie bei Forschungen an Kindern nicht infrage. Es gibt auch keine noch so schwere Not, die nach geltenden medizinethischen Standards riskante nichttherapeutische Versuche an Kindern oder Feten rechtfertigen würde. Soll dies auch für Embryonen gelten? Dann wären allfällige Risiken nur bei therapeutischer Embryonenforschung verantwortbar.

Es gibt unter diesen Gesichtspunkten 2 Grundfragen, die geklärt werden müssen. Welche Krankheiten werden als so gravierend angesehen werden, daß um ihrer Behebung oder Linderung willen Embryonen getötet werden sollen. Und welche Embryonen kommen für den Verbrauch für Forschungszwecke infrage?

Zunächst zur ersten Frage: Die Möglichkeit, daß der Lebensschutz für den Embryo mit therapeutischen Forschungszielen in Konflikt geraten kann, legt es nahe, diese Konfliktsituation mit einer anderen, ähnlichen Problematik zu vergleichen, nämlich mit der medizinischen Indikation, d. h. der Tötung eines Embryos im Interesse der Lebensrettung der Mutter. Die Voraussetzung hierfür ist, daß die Existenz des Embryos das Leben der Mutter aktiv und direkt bedroht; für sie also eine Gefährdung bedeutet, so daß man von einem Fall von Notwehr oder Nothilfe oder mit der medizinethischen Tradition von einer „Triage" sprechen kann. Wenn man bereit ist, zur Lebensrettung der Mutter einen Embryo zu töten, müßte man dann nicht bereit sein, einen lebenden Embryo zu sezieren, wenn dies der Lebensrettung von anderen Embryonen und Patienten dient. Wie könnte ein diesbezügliches Szenario aussehen? Ein entsprechendes Szenario wäre eine klinisch bezogene Forschung, die relativ schnell den Lebensbedingungen anderer Embryonen zugute kommt. Ein Szenario, das den Bezugsraum zeitlich und räumlich so erweitert, daß der Beziehungsbogen von der Grundlagenforschung zur klinischen Anwendung über einen weiten Abstand hinübergeschlagen werden müßte, wäre schon erheblich problematischer. Der gesellschaftliche Druck von Seiten der wie auch immer direkt oder indirekt Betroffenen könnte bei Gelingen dieser Überbrückung dennoch ähnlich hoch werden, wie im Fall der vom § 218 betroffenen Frauen. Wäre es nicht denkbar, daß hochgradig gefährdete Patientengruppen den Forschern ihre eigenen Embryonen anbieten? Würde es da nicht sehr schwer fallen, Einwände im Interesse des Lebensschutzes des Embryos durchzuhalten? Die Embryonenforschung paßt in beiden Szenarien nicht unter den Begriff der Triage, und zwar wegen der Fristigkeit des naturwissenschaftlich-technischen Zugangs zum Leben. Es handelt sich bei der Embryonenforschung allenfalls um einen indirekten Konflikt, sofern es nämlich mittelbar um die Herbeiführung der Bedingungen geht, die für Menschen lebensrettend sein können. Und zweitens sind in der Triage 2 Menschen in Not, während der Arzt nur einem helfen kann, bei der Embryonenforschung aber setzt der Forscher ein bisher völlig unversehrtes Leben aktiv aufs Spiel.

Einige Befürworter der Embryonenforschung nehmen die Abtreibung aus sozialer Indikation als Argument dafür, Embryonen für hochrangige therapeutische Zwecke zu opfern (Buchborn 1987). Wenn wir akzeptieren, daß die Not einer ungewollt schwanger gewordenen Frau ein Grund für eine Abtreibung sein kann, sind dann nicht umgekehrt Kinderlosigkeit und erbliche Schäden Krankheiten, die den Einsatz verbrauchender Embryonenforschung rechtfertigen? Die Frage zielt auf einen Vergleich der Not ungewollter Schwangerschaft mit der Not der Kinderlosigkeit sowie der Not verschiedener genetischer oder anderer Defekte. Im Blick auf die Kinderlosigkeit hieße das folgendes. Ein Paar muß sich fragen, ob es auch dann noch seinen Kinderwunsch reproduktionsmedizinisch erfüllen lassen will, wenn ihm klar wird, daß dies nur möglich geworden ist für den Preis verbrauchender Embryonenforschung. Und selbst wenn man sich heute mit diesem Wissen für eine In-vitro-Fertilisation entscheidet, weil ein Verzicht auch nichts daran ändern würde, daß in der Vergangenheit für die Entwicklung der In-vitro-Fertilisation Embryonen geopfert werden mußten, stellt sich die Frage, ob man durch die eigene Nachfrage *weitere* Embryonenexperimente zur *Verbesserung* der In-vitro-Fertilisation provozieren soll. Bei Kinderlosigkeit mag man den Krankheitscharakter noch infrage stellen, sicherlich nicht aber bei schweren genetischen Defekten oder bei Krebs. Es beansprucht – so weit ich sehe – niemand ein Recht auf verbrauchende Embryonenforschung für triviale Ziele, etwa für die Entwicklung von Kosmetika. Zwischen trivialen und schweren Störungen gibt es aber eine breite Skala: In Ausnahmefällen will z. B. der britische Warnock-Report die Testung von Pharmaka an Embryonen für zulässig erklären.

Nun zur zweiten Gründfrage: Sind wie oben behauptet tatsächlich alle Embryonen so unversehrt? Wie steht es mit den bei der In-vitro-Fertilisation noch nicht vermeidbaren „überzähligen" Embryonen? Wenn sich keine Frau findet, die ihnen zur Weiterentwicklung verhilft, kann ihnen sonst niemand den Lebensschutz gewähren. An eine Zwangsimplantation wird ja wohl nicht zu denken sein. Da sie also ohnehin sterben und in frühen Stadien mit großer Wahrscheinlichkeit noch nicht schmerzempfindlich sind, legt sich die Frage nahe, warum dann an ihnen nicht wenigstens noch im Interesse wichtiger therapeutischer Ziele geforscht werden soll. Auch hier wieder die Frage nach dem Beziehungszusammenhang: Das erste Embryonenexperiment fand 1969 statt mit der ersten In-vitro-Befruchtung einer menschlichen Eizelle. Vorläufer waren Tierembryonenexperimente. Bereits 1936 kam das erste in vitro gezeugte Kaninchen zur Welt! Die Entwicklung war also absehbar. Die menschlichen Embryonenexperimente waren zunächst angelegt als notwendige Voraussetzungen auf dem Weg zu einer Infertilitätstherapie. Die in-vitro „vorliegenden" Embryonen konnten den kinderlosen Frauen nicht sofort problemlos implantiert werden, sondern zur Entwicklung einer erfolgreichen Transfertechnik mußten erst die optimalen äußeren und auch „embryo-immanenten" Implantationsbedingungen erforscht werden. Es ist also klar, daß erst nach vielen vergeblichen Versuchen und d. h. nur unter Aufwendung vieler Embryonen die neuen Fertilisationstechniken entwickelt werden konnten. Überdies wurden und wenn sich der Stand der Technik inzwischen nicht geändert hat, so werden noch heute für die Implantation mehr Embryonen gewonnen als schließlich implantiert werden. Daher die sog. „überzähligen" Embryonen. Sie treten nicht naturwüchsig auf, sondern sie sind integraler Bestandteil einer bestimmten Infertilitätstherapie. Hat man also die nicht zur Implantation vorgesehenen Embryonen einmal im Reagenzglas, dann stellt sich natürlich die Frage, ob man die Indikation für derlei Verfahren auf die Infertilität beschränken soll. Das allgemeine Interesse an der Erforschung von Embryonen ist geweckt. Es erscheint mir wichtig, hier den Zirkel wahrzunehmen: Verbrauchende Embryonenforschung war die Voraussetzung für In-vitro-Fertilisation und Embryotransfer, nun soll die In-vitro-Fertilisation ihrerseits Ausgangspunkt und Begründungszusammenhang verbrauchender Embryonenforschung werden. Schließlich stellt sich die Frage, was passiert, wenn die Reproduktionsmedizin eines Tages keine oder nicht genug überzählige Embryonen abwirft: Hat man einmal die Embryonenforschung mit dem Argument der „verworfenen Embryonen" gebilligt und eingeführt, wird man dann bei Fehlen „verworfener Embryonen" und überhaupt bei Bedarf an Embryonen von ganz spezifischen Patientengruppen nicht darauf drängen, Embryonen extra zu Forschungszwecken herzustellen? Noch komplizierter wird die Frage bei einer bereits praktizierten Form der „Präimplantationsdiagnostik". Dabei werden einzelne Zellen des Embryonen abgespalten und für die Untersuchung verbraucht. Während der Totipotenzphase, also bis zum 4. Tag kann dem Embryo eine einzelne Zelle entfernt werden, ohne daß dies für seine weitere Entwicklung irgendwelche Folgen hätte. Die abgespaltene Zelle jedoch kann sich bei geeigneten Bedingungen wieder zu einem vollen Individuum entwickeln. Ist die Präimplantationsdiagnostik also überhaupt Embryonenforschung und nicht vielmehr Forschung an Embryonenteilen? Soweit zur Frage nach dem Embryo als Versuchsgegenstand.

Aus der Situationsanalyse ergeben sich nun für den indirekten Konflikt wie er bei der Embryonenforschung auftritt, verschiedene Handlungsalternativen. An erster Stelle stehen die Pläne invasiver medizinischer Forschung, die man unterlassen oder verfolgen kann. An zweiter Stelle stehen Verfahren zur Aufbewahrung von Embryonen, die zunächst im Rahmen der Infertilitätsbehandlung entwickelt wurden und die darüber hinaus die Frage aufwerfen, bis zu welchem Zeitpunkt der Embryonalentwicklung Forschungen an Embryonen vorgenommen werden sollen. In diesem Zusammenhang gehören auch die Alternativen im Umgang mit toten Embryonen. Drittens ist zu entscheiden, wer für die Durchführung und Kontrolle der gewählten Verfahren zuständig sein soll, und schließlich stellt sich für die, die Embryonenforschung für ethisch verwerflich halten, die Frage, ob sie andernorts gewonnene Ergebnisse der Embryonenforschung nutzen wollen.

Embryonenschutz und Nächstenliebe

In einem im Juli 1989 in Moskau verabschiedeten Dokument des Ökumenischen Weltrates der Kirchen wird das zentrale Problem der Embryonenforschung darin gesehen, ob und wie wir in dem lebenden Organismus, der aus der Vereinigung menschlicher Keimzellen hervorgeht, unseren Nächsten erkennen können (vgl. World Council of Churches 1989). Das Gleichnis vom barmherzigen Samariter ist eine Erzählung über mehrere Begegnungen, von denen eine als Verwirklichung des wahren Gottesdienstes erkannt wird. Der Begriff, der sich aus dieser Erzählung ableitet, ist der des Nächsten oder des Mitmenschen. In einem längeren Prozeß, der eigentlich im Interesse der gesamten Überlegungen im einzelnen dargelegt werden müßte, können diejenigen, die im Sinn jenes Gleichnisses „Menschlichkeit" erfahren haben, nun den Begriff des Menschen und der Menschenwürde in eine Diskussion über die ontologische Unterscheidung von Personen und Sachen im Sinne des Rechtes einführen. Vielleicht nur soviel zu den Grundlinien jenes Prozesses: Die religiöse Erfahrung schafft ein Vorverständnis, das wiederum in impliziten Axiomen mündet, die dann durch Definition rational festgeschrieben werden. Der rechtliche Begriff der Person wie auch jeder humanwissenschaftliche muß ja notwendig funktional eingeschränkt sein. Der humanwissenschaftliche Begriff beschreibt und der rechtliche sanktioniert bestimmte Funktionen. Ein theologischer Begriff vom Menschen geht aber von einem weiteren und zwar nicht funktionalen, sondern von einem relationalen Zusammenhang aus. Die Frage, woher man zu einem Begriff von Personalität, Individualität und Menschlichkeit kommt, kann in theologischer Perspektive nicht funktional bestimmt werden, weil es hierbei – aus theologischer Sicht – gerade keine zwingenden und kontrollierbaren Korrelationen gibt. Die Berufung aller Menschen zur Gemeinschaft mit Gott durch Jesus Christus ist ein „relationaler" Zusammenhang, in dem sich Brüder und Schwestern Jesu als solche überhaupt erst erkennen. Verwenden sie das Wort Mensch, so trägt dies Wort von nun an die Konnotationen dieser Erfahrung. So sehr die funktionale Festlegung humanwissenschaftlicher und juristischer Definitionen für eine rationale Verständigung unausweichlich ist, so sehr sollte doch die Erinnerung wach bleiben, aus welchen Erfahrungen diese Definition einst hervorgegangen sind und sie sollen anleiten, diese Erfahrungen wieder zu machen. Auf ewig sollen sie nicht festgelegt werden. Für den Fall, daß der Erfahrungshorizont, zu dem sie gehören, sich ändert, sollen sie flexibel bleiben, um gegebenenfalls aufgrund neuer Erfahrungen neu verfaßt werden zu können. Die Menschen sind ja nicht für die Menschenordnung, sondern die Menschenordnung ist für die Menschen gemacht und die sind – sub specie evangelii – zur Freiheit und zum Leben berufen. Da *Entwürfe* von Freiheit und Leben aber verläßlich sein und in konkrete Gestaltung münden sollen, werden neue wissenschaftliche oder rechtliche Bestimmungen ungeachtet aller

Vorläufigkeit dennoch für hier und jetzt den Charakter einer relationalen *Festlegung* haben müssen, um überprüfbar, kontrollierbar und operationalisierbar zu sein.

Die Konsequenzen aus diesem Ansatz bestehen darin, daß ontologische und ethische Aussagen nicht *monologisch* und *autoritativ* gesetzt, sondern *diskursiv* gesucht werden. Die „Wahrheit" wird in, mit und unter der Kommunikation erhofft und erarbeitet. Folgt man der Unterscheidung von „jetzt Dringlichem" und „bleibend Wichtigem" (Ritschl 1981), dann ergibt sich eine weitere Konsequenz für den Geltungsbereich ethischer und ontologischer Aussagen. Es muß nämlich zum einen in Hinsicht auf das, was die gesellschaftlichen Implikationen angeht, ein gesellschaftlicher, d. h. politischer und rechtlicher, Minimalkonsens gefunden werden. Darüber hinaus können dann auch Aussagen zur Lebensgestaltung gemacht werden können, die sich nur an diejenigen richten, „die mit Ernst Christen sein wollen". Gerade der relationale Ansatz erlaubt diese Unterscheidung, weil er ganz genau danach fragt, welche sozialen und auch ökologischen Implikationen ein ontologisches oder ein Handlungsmodell enthält.

Auf der ontologischen Ebene stellt sich die Frage, aufgrund welcher Beobachtungen oder ab wann in der Embryonalentwicklung überhaupt von *einer menschlichen Person* ein Unterschied zu menschlichen Körper- oder Keimzellen gesprochen werden kann. Traditionell bekannt ist die Frage nach dem Unterschied zwischen Mensch und Tier, hier aber lautet sie ähnlich wie in der Diskussion um Organtransplantationen: Wie läßt sich unterscheiden zwischen dem Menschen als Person und den arteigenen Stoffen, Zellen und Geweben, aus denen der Mensch besteht? Ist die Personalität in einem bestimmten Organ verankert oder im Genom oder in so etwas wie der Körpergrundgestalt? Wo ist der Sitz der Seele? Für die Griechen war es die Leber oder das Zwerchfell, für die Hebräer das Blut oder das Herz, für die Alchimisten die Körpersäfte; neuerdings werden uns die Nukleinsäuren vorgeschlagen.

Es geht um die Suche nach empirisch beobachtbaren Zäsuren in der Embryonalentwicklung, die dann ontologisch durch den Begriff der Person interpretiert werden müssen, wenn Kriterien für ethische Urteile geliefert werden sollen. Dabei sollte man sich darüber klar sein, daß bereits bei der Suche nach den Zäsuren ein Vorverständnis dessen, wonach man sucht, vorhanden sein muß und das ist eben jene Vorstellung von „Personalität", anhand derer man sich allererst an die Unterscheidung zwischen menschlicher Person und menschlichem Zellmaterial machen kann. Wir befinden uns in einem Zirkel. Es wird von der Erfahrung ausgegangen, daß nicht alles, was unter menschliches Zellmaterial gehört (Haare, Sekrete, Organe, etc.), als menschliche Person erscheint, daß aber andererseits keine Person ohne Leiblichkeit zu denken ist. Der aus der Erfahrung gewonnene Begriff von Personalität wird nun an die Embryonalentwicklung herangetragen, um biologische Entsprechungen zu finden, und wie man sehen kann nicht nur biologische. Die Frage lautet: Was macht das Personsein im Blick auf die Leiblichkeit aus?

Läßt man anders, als es der relationale Ansatz tut, zunächst einmal die Frage nach dem Vorverständnis außer acht und fragt direkt nach ontologisch

interpretierbaren Zäsuren der Embryonalentwicklung, so befindet man sich
mitten in der Tradition des Naturrechts. Das klassische ontologische Modell,
das hier genannt werden muß, ist das substanzmetaphysische. Aktuelles Beispiel dafür ist die römisch-katholische Instruktion der Kongregation für die
Glaubenslehre über die Achtung vor dem beginnenden menschlichen Leben
und die Würde der Fortpflanzung von 1987 (Kongregation für die Glaubenslehre 1987). Sie geht in ihrer Argumentation auf die aristotelische Beseelungs-
theorie zurück, die besagt, daß die Seele als eine besondere Form der Materie
erscheint und insofern substanziell Teil des beseelten Menschen ist. Neben diesem Typ gibt es noch weitere Typen metaphysischer Ontologie. Einer ist die
Metaphysik des neuzeitlichen Subjektivismus. Diese Ontologie besagt, daß es
in den Dingen selber keine eindeutig erkennbare Struktur gibt, der die rationale Erkenntnis folgen könnte, sondern daß die menschliche Vernunft in die Dinge eindringt und sie so „feststellt", wie es ihrer − also der Vernunft eigenen
− subjektiven Rationalität entspricht. Feststellungen von der Art der Definition des Menschen haben demnach nicht von so etwas wie dem angeblich natürlichen Erscheinungsbild des Menschen auszugehen, sondern von dem Er-
kenntnisvermögen des Menschen, der sich und andere zu erkennen behauptet
oder von seinem „erkenntnisleitenden Interesse". Dieses Interesse hat sich seinerseits an der subjektiven Rationalität zu messen, da diese das einzige ist, dessen sich der erkennende Mensch sicher sein kann. Schaut man sich Versuche
an, frühere Entwicklungsformen des Embryos als Präimplantationsprodukte
oder Präembryonen und damit als nichtmenschlich zu definieren, dann kann
man den Eindruck bekommen, daß diejenigen, die solche Unterscheidungen
treffen, schon längst wissen, daß sie auf jeden Fall Embryonenforschung betreiben wollen und deshalb den Embryo als nicht-menschlich bezeichnen.
Wenn dieser Eindruck stimmt, dann wäre dies ein Beispiel für eine Definition
des Embryos, die einem bestimmten Interesse am Embryo entsprechend ausge-
wählt wird.

Jede Behauptung substanzmetaphysischer Vorgaben könnte von einem sub-
jektivistischen Ansatz aus als Ideologie zurückgewiesen und daraufhin untersucht werden, ob und inwiefern sich in ihr eine rationale Struktur oder ein
kommunikatives Interesse verbirgt. Umgekehrt unterstellt der substanzmetaphysische Ansatz dem neuzeitlichen Subjektivismus gerne Hybris und sagt ihm
ein unausweichliches Ende im totalen Skeptizismus und Nihilismus voraus.
Aber vielleicht schließen sich beide Ansätze gegenseitig gar nicht aus. Man
sollte in beiden Fällen den Fehler vermeiden, sich zu sicher zu wähnen.

Die Pointe einer relationalen Ontologie besteht darin, daß sie keinen der beiden linearen metaphysischen Wege geht, sondern bewußt zirkulär verfährt: Sie
gibt auf die Welt- und Menschenbildfrage keine „harte", sondern allenfalls eine
sehr „weiche" Antwort, weil sie ihre Kriterien nicht über ein festes Bild, sondern über aus der Sicht eines Weltbildes sicherlich völlig partikulare Beziehungen entwickelt. Indem ein Christenmensch von den Beziehungen erzählt, in denen er lebt, erschließt sich ihm und anderen keine eherne Rationalität, wohl
aber eine ernstzunehmende Plausibilität, die sich aus der Erinnerung oder Erwartung ähnlicher Erfahrungen speist. Die daraus entstehende Ontologie hat

damit den Charakter einer immer wieder neu und anders zu erzählenden Geschichte und nicht den eines einmal fixierten Bildes. Er kann substantielle Ansätze ebenso ernst nehmen wie vom Subjekt her kommende und bildet sich gerade erst im Hin- und Hergehen zwischen beiden aus.

Dies kann an den Ausführungen evangelischer Theologen gezeigt werden. Aufgrund der theologischen Vorüberlegungen lassen sich die anstehenden 2 unterschiedlichen Zugänge, nämlich der „subjektmetaphysische" und der „substanzmetaphysische" miteinander verbinden. Dabei sehe ich keine andere Möglichkeit, als mit der Rechenschaft über die Subjektabhängigkeit zu beginnen und jegliche Aussagen über substanzmetaphysische Befunde daran anzuschließen. Da man den Zusatz metaphysisch auch gerne weglassen kann, ließe sich sagen: Der vom Subjekt her kommende Ansatz repräsentiert die Stimmen derer, die für sich selber sprechen können, der von der Substanz her kommende kann auch stellvertretend für die sprechen, die keine Stimme haben.

Repräsentativ für den evangelischen Zugang zu dieser Frage lassen sich einige Gedanken von Hübner anführen. Die Vereinigung der mütterlichen und väterlichen Keimzellen und ihres Erbgutes gilt für Hübner als *objektive* Bestimmung des Lebensbeginns. Dazu müsse nun das Argument von der *nicht, auch nicht biologisch quantifizierbaren* und unantastbaren Personalität und Würde des menschlichen Lebens treten. Hübner sieht die Notwendigkeit, die letztlich objektivierend oder subjektivierend nicht klärbare Frage nach dem Wesen des Menschen auch zukünftig ständig in Gestalt der Entfaltung der „Beziehungswirklichkeit menschlichen Lebens" wachzuhalten und weiterzuverfolgen. Er erweitert deutlich die Formel „Befruchtung gleich Lebensbeginn". Für ihn entspringt die spezifische Menschlichkeit aus „religiöser und zwischenmenschlicher Kommunikation". „Im weitesten Sinne . . . beginnt biographisch neues Leben dort, wo Mann und Frau einander so elementar bejahen, daß auch die mögliche Zeugung von Kindern verantwortet wird". Biologische Abläufe seien dann in diesen Zusammenhang eingebettet. Wird dieser Zusammenhang durch Not oder Schuld gestört, dann bedeute die Vergebung einen „Lebensbeginn", insofern durch sie neue Lebensgemeinschaft entstehe. Schließlich könne auch der Tod in der Perspektive des verheißenen ewigen Lebens als „Eingang in das Leben" bezeichnet werden. Leben müsse deshalb nicht um jeden Preis erhalten werden. Da die so skizzierte Grundeinstellung aber nicht allgemein vorausgesetzt werden könne, sei als Ergänzung auch eine „objektive Bestimmung des Lebensbeginns gesellschaftlich wichtig" (Hübner 1989). Und als in diesem Sinne „objektiver" Lebensbeginn gilt eben grob gesagt die Keimzellfusion.

Alle evangelischen Autoren problematisieren mehr oder weniger deutlich ähnlich wie die 4 Tübinger Theologen 1972 in der Schwangerschaftsdebatte die Fragestellung nach dem zeitlichen Beginn des Lebens. Sie wollen – wenn ich dies richtig verstehe – deutlich machen, daß zwar die biologische Entwicklung an einer Zeitskala darstellbar sei, nicht aber der Personstatus. Daß ein Mensch – theologisch formuliert – zum Gegenüber Gottes berufen ist, gilt nicht von einem bestimmten Zeitpunkt an, sondern „von Ewigkeit her". Was dann ontologisch den Personstatus des Embryos angeht, scheint mir deutlich, daß für die evangelischen diesbezüglichen Aussagen Begriffe wie Teilhabe oder Betroffenheit maßgeblich sind. Eibach (1986) und Honecker (1987) verwenden den Begriff der Teilhabe an der Menschlichkeit oder am Sein des Menschen.[1] Altner (1988, S. 85) spricht davon, daß die menschliche Existenz von Eingriffen in den Embryo betroffen ist. Fragt man, wie man Teilhabe oder Betroffenheit genauer zu verstehen hat, dann kommen Antworten aus 2 Richtungen: einmal spricht man vorwiegend von innewohnender, biologisch-leiblich manifester, also substantieller Potentialität zur Menschwerdung, zum andern leitet sich der Begriff „Mensch" wiederum ab von der Zugehörigkeit zu einem zwischenmenschlichen Beziehungszusammenhang.

Man kann an dieser Stelle einige Überlegungen anstellen, wie sich die Diskussion um den Lebensbeginn in der näheren Zukunft weiter entwickeln wird. Es ist zu vermuten, daß die Debatte auch um die Formel „Empfängnis gleich Lebensbeginn" schon deshalb nicht so bald zur Ruhe kommen wird, weil auch die Befruchtung in sich ein längerer Prozeß ist. Ganz am Anfang steht der Eintritt des Samens in die äußeren Sphären des Eis (Zona pellucida), der das Vorkernstadium einleitet. Dem folgt die Vereinigung der haploiden elterlichen Chromosomensätze zu einem neuen diploiden Chromosomensatz, der dann auch erst nach einer Weile den Stoffwechsel der neuen Zelle zu steuern beginnt. Wo will man hier also eine genaue Zäsur wahrnehmen? Die Prozesse sind so fließend und komplex und so stark ineinander verwoben, daß eine messerscharfe und punktuelle Scheidung unmöglich ist. Schon deshalb also können biologische Fakten allein den ethischen Diskurs nicht tragen. Gleichwohl behalten sie eine relative Bedeutung im ethischen Diskurs.

Wie steht es nun mit der Gewichtung der dem Embryonenschutz entgegenstehenden Notlagen? Oben in der Situationsbeschreibung lautete ein Argument: Wenn die Not einer ungewollt schwangeren Frau das Verfahren der Abtreibung zulassen kann, dann muß die Not bestimmter Patienten auch das Verfahren der Embryonenforschung rechtfertigen können. Beide Situationen seien also vergleichbar. Wie antworten evangelische Theologen und Kirchen auf dieses Argument? Eine schwerwiegende Konfliktsituation wie bei der Frage des Schwangerschaftsabbruchs, in der die „konkrete Bedrängnis einer Frau gegen das Lebensrecht des ungeborenen Kindes" abzuwägen sei, ist laut EKD bei der verbrauchenden Embryonenforschung nicht gegeben. Die EKD sieht zwar das Lebensrecht des Fetus durchaus als einer Abwägung zugänglich an, meint aber, bei der Embryonenforschung stehe nur „ein möglicher langfristiger therapeutischer Nutzeffekt gegen die Würde eines in der Entwicklung begriffenen menschlichen Wesens" (Evangelische Kirche in Deutschland 1986, S. 12). Sowohl Eibach und Altner, wie auch das EKD-Kirchenamt möchten die Diskussion um den Embryonenschutz und die um den § 218 auseinanderhalten. Eine Gleichsetzung der Notlagenindikation bei einer Schwangeren mit dem Anspruch auf Forschungsfreiheit durch einen Wissenschaftler hält Altner für „eine schlimme Heuchelei" (1988, S. 79). In der Diskussion sind also 3 Interes-

---

[1] Die EKD zitiert Eibach mit dieser Wendung zustimmend in ihrer Antwort auf den Gesetzentwurf des Bundesministers der Justiz (Evangelische Kirche in Deutschland 1986, S. 10).

senlagen zu unterscheiden: Wenn eine Frau vor der Frage eines Schwanger-schaftsabbruchs steht, geht es um eine gravierende Frage ihrer gesamten Le-bensplanung. Das ist im zweiten Fall des Reproduktionsmediziners, der Em-bryonenforschung betreiben will, nicht so; eher schon im dritten Fall, wenn es um Eltern geht, die auf eine verbesserte Unfruchtbarkeitsbehandlung warten. Sie möchten ihren Kinderwunsch erfüllen. Ob die Erfüllung des Kinderwun-sches ein legitimes therapeutisches Ziel ist, hängt laut Hübner von den Bedin-gungen des Einzelfalls ab. Es sei nicht zwingend, es könne aber sein, daß die Tatsache, auf natürlichem Wege keine Kinder bekommen zu können, eine Ein-buße ist, „die das Leben ernsthaft behindert" (Hübner 1986a, S. 130).

Hinsichtlich der Frage nach der Auswahl der Embryonen für Forschungs-zwecke plädiert der amerikanische Theologe Fletcher (1975) für eine prinzi-pielle Gleichstellung aller Embryonen. Eibach (1986) lehnt die Herstellung von Embryonen für Forschungszwecke ohnehin ab. Das gleiche gilt aber auch für den Verbrauch der überzähligen Embryonen. Sie treten nicht naturwüchsig auf, sondern werden bewußt in Kauf genommen, und so „dem Tode geweiht". Wollte man dies als Begründung für verbrauchende Forschung anführen, so hätte man mit demselben Recht während der NS-Zeit auch die Tötung von KZ-Häftlingen im Rahmen von Forschungsreihen rechtfertigen können, da diese ja auch „dem Tode geweiht" gewesen seien (Eibach 1986, S. 121 f.). Für Ho-necker (1987) ist die Frage des Verbleibs überzähliger Embryonen in jedem Fall problematisch. Er zählt auf: Kryokonservierung, spätere Implantation, Weg-schütten. Die Herstellung von Forschungsembryonen ist für ihn „rechtlich nicht zulässig". Deshalb bestehe die „Nötigung", die Entstehung überzähliger Embryonen möglichst zu verhindern. Gelänge dies nicht, so daß „zum Abster-ben verurteilte, ‚verworfene' Embryonen" vorhanden seien, so sei „analysieren-des Untersuchen", bei dem die Embryonen allerdings verbraucht würden, „nicht absolut verwerflich". „Eingriffe, aufgrund deren Embryonen sich weiter entwickeln sollen" hält Honecker allerdings für „sehr fragwürdig". Genauere Begründungen für diese Abstufung gibt er nicht.

Verbot der verbrauchenden Embryonenforschung mit oder ohne Ausnahmen

Mit den letzten Ausführungen habe ich bereits einige der konkreten Entschei-dungen evangelischer Theologen vorweggenommen. Alle protestantischen Stimmen im deutschsprachigen Bereich plädieren für ein Verbot der verbrau-chenden Embryonenforschung. Kontrovers ist unter ihnen nur, ob das Verbot absolut gelten soll oder ob für Forschung im Dienst hochrangiger therapeuti-scher Zwecke eine Ausnahme erlaubt werden soll. Folgt man den Vertretern des absoluten Lebensschutzes, dann kann man davon ausgehen, daß die Strategien zur Gewährleistung des Lebensschutzes naturwissenschaftlich einfach zu erfas-sen sind: Je geringer die Eingriffstiefe und je geringer die Störungen des Le-bensbereiches eines Embryos, desto geringer der Gefährdungsgrad. Die Hand-lungsanweisung lautet dann: Nein zu jeglicher Form von Embryonenforschung, zumal eine Eingrenzung auf Ausnahmebedingungen nicht möglich ist und deshalb nur auf die schiefe Ebene führt. Diese Auffassung ist vertreten in Äußerungen der Evangelischen Kirche in Deutschland, der Vereinigten Evangelisch-Lutherischen Kirche und der Theologen Altner und Eibach. Als Beispiel zitiere ich Altner. Er sieht im Streit um die Forschung an menschlichen Embryonen ein Exempel für „einen tiefgreifenden Wertwandel im Bewußtsein der Medizin, aber darüber hinaus auch aller anderen Lebenswissenschaften" (Altner 1988, S. 74) und „einen Rückfall hinter die internationalen Ärztedeklarationen früherer Jahre" (S. 81). Er fährt fort: „Im Sinne [nicht im Wortlaut!] der Deklarationen von Helsinki und Tokio wären nur Versuche mit menschlichen Embryonen zulässig, die unmittelbar und direkt zur Verhinderung oder Behebung einer Krankheit bei einem bestimmten Embryo führen würden. Alles andere führt ins Niemandsland einer unmenschlichen Embryonenverbrauchspraxis, wie hochrangig die Forschungsziele auch immer definiert seien" (S. 83 ff.). Altner hält demnach eine direkt klinisch bezogene Forschung im Sinne der Ärztedeklaration noch für akzeptabel, nicht aber Grundlagenforschung, über deren therapeutischen Nutzen erst nach einer längeren Dauer Aussagen gemacht werden können. Sein Fazit lautet dennoch: „Embryonen verbrauchende Experimente können auf keinen Fall, unter keinen Umständen gutgeheißen werden" (S. 83 ff.).

Welches Instrument halten die Befürworter absoluten Lebensschutzes für angemessen, den Lebensschutz für den Embryo durchzusetzen? Auf nationaler Ebene, z. B. in der Bundesrepublik Deutschland und der Schweiz, ist die Frage nach den hochrangigen therapeutischen Zielen inzwischen zu einer Frage an den Gesetzgeber geworden. Soll es ein eigenes Gesetz, und zwar ein strafrechtliches Verbot der Embryonenforschung geben oder nicht? Bereits 1972 plädierte Eibach für einen hohen Grad an Schutzwürdigkeit menschlichen Lebens von der Befruchtung an: „Eine ersatzlose Streichung des § 218 StGB könnte auch dem schrankenlosen Experimentieren mit Embryonen ... die Türe öffnen" (Eibach 1972, S. 152 ff.). In der überarbeiteten Fassung von 1983 hält Eibach den § 218 nicht mehr für den geeigneten Ort, an dem der Rechtsschutz für den Embryo festgelegt werden soll, weil der § 218 den Schutz des werdenden Lebens vom Bestehen der Schwangerschaft, also mit der Nidation definiert und nicht vom Bestehen des Embryos an (Eibach 1983, S. 46, 162 f.). Sein Fazit lautet deshalb: „Man sollte ... entsprechende Schutzbestimmungen gegen eigenmächtiges Experimentieren mit menschlichen Embryonen schaffen", mit anderen Worten ein eigenes Embryonenschutzgesetz (S. 177). Laut EKD-Handreichung von 1985 und VELKD-Bischofskonferenz von 1986 ist Embryonenforschung nicht vertretbar (Evangelische Kirche in Deutschland 1985). In einer vom Bundesminister der Justiz erbetenen Stellungnahme zum Diskussionsentwurf des BMJ für ein Embryonenschutzgesetz begrüßt das EKD-Kirchenamt, daß der Bundesjustizminister inzwischen einen Gesetzentwurf vorgelegt hat und lehnt jede verbrauchende Forschung an Embryonen kategorisch ab. Eine „wie immer modifizierte Freigabe von Experimenten" sei aus ethischen Gründen nicht vertretbar (Evangelische Kirche in Deutschland 1986, S. 12). Die EKD macht überdies aufmerksam auf die Rückfragen, die sich angesichts eines konsistenten Embryonenschutzes an die Verwendung von Nidationshemmern als Verhütungsmittel ergeben (S. 8 f.).

Die Mehrheit einer Arbeitsgruppe der Church of England (1985), des Board for Social Responsibility, hat sich für Embryonenforschung unter besonderen Bedingungen ausgesprochen, ebenso die Fédération Protestante de France (1987). Zu den Theologen, die Embryonenforschung im Interesse hochrangiger Ziele nicht absolut ausschließen wollen, gehören die evangelischen Theologen Fletcher, Honecker, Hübner, Ringeling und Ritschl. Ich zitiere Hübner und Ringeling. Hübner schreibt 1986: „Besonders wichtige Experimente an Embryonen sollten nur in Grenzfällen konkret therapiebezogen zugestanden werden" (1986, S. 130). Bei ihm gibt es also kein prinzipielles Nein zur Embryonenforschung, sondern einen strikten Vorbehalt ausschließlich für genau definierte und mit allen Verantwortlichen besprochene Therapiezwecke. Er äußerte sich in einem Lexikonartikel zum Lebensbeginn 1989 noch einmal etwas anders zur Embryonenforschung als 1986. Nach der Setzung des Lebensbeginns mit der Vereinigung der elterlichen Keimzellen und der Annahme der Personalität von Anfang an in Verbindung mit der Unantastbarkeit der Menschenwürde folgert Hübner: „Das impliziert das Verbot aller Experimente an menschlichen Embryonen." Gleichwohl läßt er die Frage zu, „welche Forschung wirklich als notwendig erachtet und als solche gerechtfertigt werden darf" (Hübner 1989). Hier liegt ein logischer Widerspruch, der aber das Dilemma des Embryonenschutzes bewußt anzeigen soll. Hübner will die Kontroverse zum jetzigen Zeitpunkt nicht zugunsten einer der beiden möglichen „logischen" Lösungen abschließen. Genauso wenig wie die Regelung in der Frage des Schwangerschaftsabbruchs zu einer konsistenten Lösung im Interesse des Lebensschutzgebots für Embryonen geführt hat, sondern dieses – u. a. mit Zustimmung der EKD – mit der jeweiligen Situation der betroffenen Frauen zu vermitteln sucht; ebenso will er die an Embryonenforschung gebundenen Therapieerwartungen betroffener Patientengruppen nicht von vornherein für irrelevant erklären (Hübner 1986, S. 130). Ringeling (1988) ist bereit, unterschiedliche Entwicklungsphasen der Embryonalentwicklung in einem ethischen Konfliktfall in einer Güterabwägung einzubeziehen. Konfliktfälle seien gegeben bei der Abwägung zwischen dem Leben des Fetus einerseits und „den Schutzansprüchen des vollausgebildeten Lebens der Mutter" sowie Forschungs- und Therapiezielen andererseits. „Menschliches Leben ist ein Kontinuum, das keine absoluten Werteinschnitte zuläßt; auch das entstehende Leben ist menschliches als potentiell personales Leben. Aber es gibt relative, wertbedeutsame Unterschiede, relativ nämlich zum voll ausgebildeten Menschenleben" (S. 96). Die von Ringeling genannten Konfliktsituationen erlauben keine Pauschallösungen des 14. oder 35. Tages, sondern erfordern dem Prinzip der Stellvertretung folgend „Einzelabwägung" und „Rechtfertigungspflicht für jede Manipulation entstehenden Lebens mit schädlichen Folgen für ebendieses Leben selbst" (S. 99).

Ich verstehe diese Gruppe so: Soll es erlaubt sein, das generelle Verbot der Embryonenforschung in bestimmten Einzelfällen aufzuheben? Wir können diese Frage grundsätzlich verneinen, wenn wir uns sofort mit den Opfern, also den Embryonen als „Spendern des Lebens" identifizieren. Dann sind alle wei-

teren Überlegungen überflüssig. Wir können uns aber auch mit den Nutznie-
ßern dieser verbrauchenden Embryonenforschung identifizieren, die ja auch
Opfer sind – nämlich die Opfer des Unterlassens der Forschung.

Wie ist praktisch vorzugehen, wenn man sich mit den Befürwortern einer
Ausnahmeregelung fragt, wie man Forscher in der Wahl der Forschungsmetho-
den und -ziele gesellschaftlich beeinflussen kann. Hierzu kenne ich bisher nur
wenige weiterführende Überlegungen in der evangelischen Ethik. Deshalb einige eigene Gedanken: Ich nenne noch einmal die Kriterien der Ärztedeklaration
von Helsinki/Tokio für den Begriff „therapeutisch": Es sind die Abwendung
eines eindeutig als solches anerkannten gesundheitlichen Übels und die präzise
Bestimmung eines therapeutischen Objektes. Man muß sodann genau unterscheiden, worauf sich der Begriff „hochrangig" bezieht. Zunächst hat er rein
medizinimmanente Bedeutung. Setzt man die therapeutische Qualität medizinischer Forschung undiskutiert voraus, dann ist ein bestimmtes Forschungsziel
desto „hochrangiger", je unerläßlicher es für den Fortschritt der Medizin ist.
Bezieht man aber den medizinischen Ansatz in die Kritik mit ein, dann ergibt
sich der Rang aus dem Maß des Leidens, dem es zu begegnen gilt. Die Forschung und Entwicklung eines neuen Kosmetikpräparates hätte dann einen
niedrigeren Rang als Forschungen im Interesse der Krebstherapie. Der Begriff
der therapeutischen Forschung ist insofern schillernd, als es bei längerfristigen
Versuchsreihen immer möglich ist, zu behaupten, daß sie in therapeutischer Intention angelegt werden. In den üblichen Genehmigungsverfahren wird deshalb verlangt, daß die angestrebten therapeutischen Wirkungen und die Wege,
wie sie erzielt werden sollen, wissenschaftlich vorausberechnet werden. Bei der
Embryonenforschung handelt es sich aber um einen Bereich, der insgesamt
noch eher Neuland ist, weil die für großzügigere Erschließung unerläßlichen
invasiven Untersuchungsmethoden auf die genannten ethischen Bedenken stoßen. Nur aufgrund bereits vorhandener Ergebnisse der Forschung lassen sich
aber Aussagen über den möglichen therapeutischen Nutzen machen. Zumindest die Anfangsphase einer offensiv beginnenden Embryonenforschung kann
also nicht anders als unter *nichttherapeutischer* Forschung firmieren. Diese ist
nur im Selbstversuch statthaft, was wiederum bei der Embryonenforschung
unmöglich ist. Auf jeden Fall hat die Frage der Embryonenforschung denselben Ausnahmecharakter, den auch der Selbstversuch hat, wenn er als Ausnahme vom Verbot nichttherapeutischer Forschung akzeptiert wird. Ganz selbstverständlich dürfte ja auch die Selbstversuchsklausel nicht sein. Das hieße
praktisch im Blick auf Ausnahmeregelungen, daß die Ärztedeklaration, die ja
nichts geringeres als eine weltweit Geltung beanspruchende Standesverpflich-
tung ist, im Blick auf die verbrauchende Embryonenforschung ergänzt werden
müßte. Meines Erachtens läuft dieser ganze Argumentationsstrang um die
Möglichkeiten von Ausnahmeregelungen darauf hinaus, am Tiermodell zu untersuchen, wie lange in etwa die Phase der nichttherapeutischen Grundlagenforschung andauern wird, bevor sie in therapeutisch klassifizierbare Forschung
mündet. Auch dies wirft bereits um der Tiere willen ethische Fragen auf. Und
selbst wenn diese Zeitspanne absehbar ist, kann erst eine ähnliche Vorlaufpha-
se nichttherapeutischer verbrauchender Forschung an menschlichen Embryo-

nen klären, ob die Embryonenforschung wirklich, wie Altner meinte, in ein „Niemandsland" führt oder in ein therapeutisches Szenario. Das Dilemma scheint unumgänglich: Ohne Angabe therapeutischer Ziele keine Embryonenforschung, ohne Freigabe nichttherapeutischer, verbrauchender Embryonenforschung keine Angabe therapeutischer Ziele. Selbst wenn die Embryonenforschung in der Bundesrepublik Deutschland verboten wird, wird man auch hier über kurz oder lang die Ergebnisse der entsprechenden Forschungen aus dem Ausland übernehmen, wie es ja schon bei der In-vitro-Fertilisation geschehen ist?

Literatur

Altner G (1988) Leben auf Bestellung. Das gefährliche Dilemma der Gentechnologie. Herder, Freiburg Basel Wien, S 85 f
Buchborn E (1987) Forschung – Mitteilungen der DFG 2:29
Church of England. Board for Social Responsibility of the General Synod of the Church of England (1985) Personal origins. The report of a working party on human fertilisation and embryology of the Board for Social Responsibility. CIO, London
Eibach U (1972) Wann und wie beginnt menschliches Leben? Die Bedeutung eines biologischen Problems für die theologisch-ethische Beurteilung des Schwangerschaftsabbruchs und die Anwendung von Nidationshemmern. Theol Beitr 3:152 ff
Eibach U (1983) Experimentierfeld: Werdendes Leben. Eine ethische Orientierung. Vandenhoeck & Ruprecht, Göttingen
Eibach U (1986) Gentechnik – der Griff nach dem Leben. Brockhaus, Wuppertal, S 121 f
Evangelische Kirche in Deutschland (1985) Von der Würde werdenden Lebens. Extrakorporale Befruchtung, Fremdschwangerschaft und genetische Beratung. Eine Handreichung der Evangelischen Kirche in Deutschland zur ethischen Urteilsbildung, EKD-Texte 11, S 3 f (vgl. epd Dokumentation 47/85; Hrsg: Kirchenamt im Auftrage des Rates der EKD Hannover)
Evangelische Kirche in Deutschland (1986) Stellungnahme der Evangelischen Kirche in Deutschland zum Diskussionsentwurf eines Gesetzes zum Schutz von Embryonen (mscr), S 10, 12
Fédération Protestante de France (1987) Biologie et éthique, éléments de réflexion. Autres Temps, Cahiers Christianis Soc 14:41–46/Istina 32:280–283
Fletcher JC (1975) Ethical options in fetal research. Clin Res 23:221
Honecker M (1987) Genetische Eingriffe und Reproduktionsmedizin aus der Sicht theologischer Anthropologie. Referat auf der Klausurtagung der Bischofskonferenz der VELKD in Goslar, 16. 3. 1986. ZThK 84:132 f
Hübner J (1986) Die neue Verantwortung für das Leben. Ethik im Zeitalter von Gentechnologie und Umweltkrise. Kaiser, München, S 130
Hübner J (1989) Lebensbeginn, ethisch (mscr)
Jüngel E, Käsemann E, Moltmann J, Rößler D (1972) Annahme oder Abtreibung. Thesen zur Diskussion über § 218 StGB. In: Baumann J (Hrsg) Das Abtreibungsverbot des § 218 StGB. Eine Vorschrift, die mehr schadet als nützt, 2 Aufl. Luchterhand, Darmstadt Neuwied
Kongregation für die Glaubenslehre (1987) Instruktion der Kongregation für die Glaubenslehre über die Achtung vor dem beginnenden Leben und die Würde der Fort-

pflanzung. Antworten auf einige aktuelle Fragen. In: Sekretariat der Deutschen Bischofskonferenz (Hrsg) Verlautbarungen des Apostolischen Stuhls, 74. Bonn, S 13 ff (ebenfalls erschienen unter dem Titel: Die Unantastbarkeit des menschlichen Lebens. Zu ethischen Fragen der Biomedizin. Instruktion der Kongregation für die Glaubenslehre; mit einem Kommentar von R Spaemann, 1987. Herder, Freiburg Basel Wien, S 22 ff)

Ringeling H (1988) Leben im Anspruch der Schöpfung. Beiträge zur Fundamental- und Lebensethik (Studien zur theologischen Ethik, 24). Universitätsverlag, Fribourg/ Herder, Freiburg i Br Wien, S 96 f, 99

Ritschl D (1981) Die Herausforderung von Kirche und Gesellschaft durch medizinisch-ethische Probleme. Ein Exposé zu einer Landkarte der medizinischen Ethik. Evangel Theol 6:229

Weber HR (1969) Experimente am Menschen. Studien des ökumenischen Rates der Kirchen, Nr 6. Genf

World Council of Churches (1989) Biotechnology: its challenges to the churches and the world. WCC Central Committee (mscr), Genf

Güterabwägung in der klinischen Pharmakologie

Wolfgang Wagner

Medizinischer Direktor der Duphar Pharma GmbH & Co. KG, Freundallee 19–23,
W-3000 Hannover, BRD

Einleitung

Die Ethik therapeutischer Entscheidungen und die Ethik der klinischen Forschung sind nicht grundsätzlich verschieden. Allerdings können graduelle Unterschiede gefordert werden: Bei einer „Forschungsbehandlung" haben ethische Güterabwägung und Aufklärung genauer und umfangreicher zu sein, als
bei einer alltäglichen Behandlungsentscheidung (Helmchen 1982). Diese These
ergibt sich aus dem begrenzten wissenschaftlichen Erkenntnisstand für Prüf-
präparate und den damit verbundenen Unwägbarkeiten bei der Risikoabschät-
zung. Besonders gilt dies für die Phasen 1 und 2 der klinischen Prüfung. Aus
der Sicht der forschenden pharmazeutischen Industrie ergeben sich Fragen,
Probleme und Unsicherheiten v. a. im Zusammenhang mit der institutionali-
sierten Güterabwägung durch Ethikkommissionen, mit der Aufklärung und
Einwilligung („informed consent") und mit dem Einsatz von Plazebo bei kontrollierten Doppelblindprüfungen.

Ethikkommissionen

Die Zahl der Länder, in denen im Rahmen der klinischen Forschung eine institutionalisierte ethische Güterabwägung verlangt wird, nimmt ständig zu. Gefordert werden fast ausschließlich Ethikkommissionen, obgleich auch andere
Verfahren vorstellbar sind, etwa das Modell des Bioethikgutachters oder die
Methode der unmittelbaren kollegialen Kontrolle. Ethikkommissionen für die
klinische Prüfung sind zu befürworten, sofern die folgenden Postulate erfüllt
werden können:

- Zusammensetzung, Arbeitsweise und Autorität von Ethikkommissionen
  sollen in allgemeinen Richtlinien geregelt werden.
- Die von der jeweiligen Ethikkommission ausgeübte Methode der Güterab-
  wägung soll nachvollziehbar sein und bekanntgegeben werden.
- Die Beratung einzelner Forschungsvorhaben soll in einem angemessenen
  Zeitraum erfolgen und darf nicht zu unvertretbaren Verzögerungen führen.
- Die Ethikkommissionen der Ärztekammern und medizinischen Fakultäten
  sollen ihre Voten grundsätzlich gegenseitig anerkennen.

H.-M. Sass · H. Viefhues (Hrsg.)
Güterabwägung in der Medizin
© Springer-Verlag Berlin Heidelberg 1991

- Die Anerkennung der Voten freier Ethikkommissionen soll angestrebt werden, sofern diese Erfahrung und Kompetenz nachweisen können.

Das Umfeld

Medizinethik ist als wissenschaftliche Disziplin in der Bundesrepublik Deutschland bis heute nur in Ansätzen entwickelt; in Hinsicht auf die Institutionalisierung sowie die Aus- und Weiterbildungsmöglichkeiten in den Methoden der angewandten Ethik ist im Vergleich zu den Vereinigten Staaten von Amerika ein Rückstand von 15 Jahren anzunehmen (Sass 1985). Der Etablierung von Medizinethik als solides akademisches Fach geht offenbar regelmäßig eine „Phase der engagierten Amateure" voraus. Viele Ärzte glauben aufgrund ihrer humanistisch geprägten Ausbildung auch in ethischen Belangen kompetent zu sein und übersehen dabei, daß Medizinethik als Form der angewandten ethischen Theorien eine wissenschaftliche Disziplin der Philosophie ist. Verbalisierung, Analyse und Bewertung ethischer Konflikte sowie die Handhabung der bewährten Methoden der Güterabwägung müssen erlernt und trainiert werden. Zudem werden die grundsätzlichen Diskussionen v. a. in den angelsächsischen Ländern geführt. Nach Beller gibt es in der Bundesrepublik derzeit „nicht mehr als 3 bis 4 Philosophen, die man als Ethiker bezeichnen kann" (Beller 1989).

Der standes- und arzneimittelrechtliche Rahmen

Die Grundlage für die Einbeziehung von Ethikkommissionen in klinische Prüfungen ergibt sich in der Bundesrepublik Deutschland aus dem Arzneimittelgesetz (AMG) mit seinen Ausführungsrichtlinien und der Musterberufsordnung (MBO) für die deutschen Ärzte in ihrer neuesten Fassung. Vor Beginn einer jeden klinischen Prüfung ist abzuwägen, ob die Bedeutung des angestrebten Ziels in angemessenem Verhältnis zu den möglichen Gefahren steht, denen die Personen ausgesetzt sind, an denen das Arzneimittel erprobt wird (§ 40 Abs. 1 Nr. 1 und § 41 Nr. 1 AMG; Nr. 1.4 der Grundsätze für die ordnungsgemäße Durchführung der klinischen Prüfung von Arzneimitteln (GCP); § 41 Abs. 1 Ziff. 1 Strahlenschutzverordnung). Maßstab für die Beurteilung sind die arzneimittelrechtlichen Bestimmungen zum Schutz des Menschen bei der klinischen Prüfung und die revidierte Deklaration von Helsinki/Tokio/Venedig; eine unabhängige und sachkundige Ethikkommission *soll* gehört werden (Nr. 1.3 GCP). Auch die ärztliche Berufsordnung enthielt diese „Soll-Vorschrift", bis sie auf dem 91. Deutschen Ärztetag im Mai 1988 in eine „Muß-Vorschrift" umgeändert wurde. Seither *muß* sich der Arzt vor der Durchführung klinischer Studien am Menschen durch eine bei der Ärztekammer oder bei einer medizinischen Fakultät gebildete Ethikkommission über die mit seinem Vorhaben verbundenen berufsethischen und berufsrechtlichen Fragen beraten lassen (§ 1 Abs. 4 MBO). Die Unterlassung der Konsultation einer Ethikkommission stellt

demnach einen Verstoß gegen die Berufsordnung dar und kann standesrechtlich sanktioniert werden. Allerdings wurde die Musterberufsordnung bisher
erst von 2 Landesärztekammern übernommen, so daß in einer Reihe von Bundesländern im Augenblick noch die „Soll-Vorschrift" gilt.

Zusammensetzung und Arbeitsweise

Die Einrichtung von Ethikkommissionen für die klinische Forschung folgt der
Entwicklung in den USA, wo das anfänglich bevorzugte Modell des „Peer-Re-
view" mittlerweile vom „Community-Modell" abgelöst wurde; hierbei gehören
auch *medizinische Laien* als Repräsentanten der allgemeinen Öffentlichkeit zu
den Mitgliedern. Die Öffnung der Kommissionen für Laienvertreter wird in der
Bundesrepublik Deutschland nur zögernd angenommen, obgleich reine ärztliche Kollegialorgane mittlerweile eine Ausnahme sein dürften. In der Berufsordnung für die deutschen Ärzte wird die Frage einer öffentlichen Kontrolle
nicht angesprochen. Zu prüfen sind die *berufsethischen* und *berufsrechtlichen*
Fragen. In den Grundsätzen für die ordnungsgemäße Durchführung der klinischen Prüfung von Arzneimitteln wird nur die *Unabhängigkeit* und *Sachkun-
de* der Kommission gefordert. Die Einbeziehung von Laien erleichtert nicht
nur die Beurteilung der Allgemeinverständlichkeit der Aufklärungsunterlagen,
sie entspricht auch dem Pluralismusgedanken und stellt einen wichtigen An-
satzpunkt dar, klinische Forschung gesellschaftlich konsensfähig zu machen.
Herxheimer (1988) fordert die Einbeziehung von wenigstens 2 Laien aus der
Allgemeinbevölkerung, da sich ein einzelnes Laienmitglied in einer Gruppe
von Fachleuten häufig gehemmt und isoliert fühle; darunter solle sich in jedem
Falle eine Frau befinden. Frauen sind in bundesdeutschen Ethikkommissionen
wenig repräsentiert.
    Die medizinische Nutzen-Risiko-Abschätzung als elementarer Bestandteil
der ethischen Risikoabwägung in der klinischen Prüfung erfordert ärztlichen
Sachverstand. Einer der Ärzte sollte klinischer Pharmakologe sein oder über
entsprechende Erfahrungen verfügen. Biometrische Expertise ist unabdingbar,
da die biostatistischen Merkmale des Studiendesigns eine Reihe ethischer Probleme bedingen können, wie Untersuchungen zum Stichprobenumfang, zum
Fehler zweiter Art und zur Powerkalkulation immer wieder belegen. Ein Jurist
mit Fachkenntnis im Arzneimittelrecht erscheint zur Prüfung der rechtlichen
Voraussetzungen unerläßlich; Recht und Ethik sind eng verwandt, beide geben
Verhaltensanweisungen, beide sind Normenwissenschaften, wenngleich sie sich
im Bereich der Entstehung und der Sanktionierung von Normen deutlich un
terscheiden. Zwar ist davor zu warnen, jede ethische Regel in Recht umzuset-
zen; ethische Regeln haben jedoch für das Recht Entwicklungsfunktion und,
wenn sie grundsätzlicher Natur sind, bisweilen Überwindungsfunktion
(Deutsch 1988).
    Wünschenswert wäre die Einbeziehung eines Bioethikspezialisten, der die
professionellen Methoden der Abwägung mittlerer ethischer Güter, wie sie die
angewandte Ethik für die Medizin entwickelt hat, beherrscht. Der Bioethikspe-

zialist könnte nicht nur wertvolle Kenntnisse in die Güterabwägung einbringen, sondern auch die selbsterzieherische Funktion der Kommission wesentlich fördern. In den USA und Kanada arbeiten derzeit etwa 250 hauptamtliche Bioethiker mit unterschiedlichem beruflichem Hintergrund, wie Philosophie, Theologie, Medizin, Recht oder Krankenpflege. Die National Institutes of Health beschäftigen bereits seit 1977 einen fest angestellten Bioethiker in der Forschungsklinik (Sass 1988). Hierzulande wären allerdings erst die Voraussetzungen für die Ausbildung solcher Spezialisten zu schaffen.

Schließlich ist die Mitwirkung potentieller Probanden oder Patienten als Vertreter der von der Forschung direkt betroffenen Versuchspersonen ein theoretisch interessanter Gesichtspunkt. In der Praxis dürfte er sich jedoch nur schwer verwirklichen lassen.

Die Arbeitsweise von Ethikkommissionen sollte in Form allgemeiner Richtlinien geregelt sein. Dies gilt sowohl für die jeweils ausgeübte Methode der Güterabwägung, die bekannt und nachvollziehbar sein sollte, als auch die Zeitabstände der Beratungen. Zu den meisten Güterabwägungsmodellen wurden Arbeitsbögen oder Checklisten entwickelt, in denen die vorrangigen „points to consider" zusammengefaßt sind. Dadurch wird die Kommissionsarbeit erleichtert und transparent. Jedes Forschungsvorhaben sollte in einem angemessenen Zeitraum bewertet werden, so daß keine unvertretbaren Verzögerungen in der Phase der Studienplanung auftreten. Zeitverluste sind wegen der derzeit zunehmenden Konvergenz begrenzender Einflußfaktoren für die forschende Pharmaindustrie in besonderem Maße unerträglich: Kürzere Patentschutzlaufzeiten bei längerer Entwicklungsdauer, Zulassungszeiten beim Bundesgesundheitsamt von derzeit 3−6 Jahren statt der arzneimittelrechtlich vorgeschriebenen 3−7 Monate, zunehmender und im Rahmen der Kostendämpfungsmaßnahmen des Gesundheitsreformgesetzes politisch geförderter generischer Wettbewerb, Festbetragsregelungen sowie regionale Beschränkungen der klinischen Prüfung durch einzelne Krankenhausträger beeinträchtigen die Pharmaforschung nachhaltig, die sich im Gegensatz zu anderen Hochtechnologiebereichen fast ausschließlich aus eigenen Ressourcen finanziert. Die überschießende Entwicklung privater kommerzieller Prüfinstitute für die klinische Auftragsforschung ist einer der Indikatoren für die Kompensationsbemühungen der pharmazeutischen Industrie.

Klinische Prüfungen zeichnen sich durch ein hohes Maß an organisatorischer Komplexität aus und werden durch nicht kalkulierbare Verzögerungen unnötig erschwert. Durch die neue Beschränkung der Zuständigkeit auf kammer- und fakultätengebundene Kommissionen ist zudem eine Überlastung dieser Einrichtungen zu befürchten. Wünschenswert wäre eine Selbstverpflichtung der Kommissionen, innerhalb einer angemessenen Regelzeit nach Antragseingang zu begutachten. Zur Kompensation des Zeitaufwandes sollten die ehrenamtlichen Mitglieder − analog den Mitgliedern der Zulassungskommissionen beim Bundesgesundheitsamt − für ihre Gutachtertätigkeit eine Aufwandsentschädigung erhalten. Die Möglichkeit, parallel arbeitende Kommissionen einzusetzen, sollte verstärkt genutzt werden.

Freie Kommissionen und Verfassungsrecht

Freie Ethikkommissionen werden wegen ihrer kommerziellen Natur vielfach kritisiert. Dennoch darf in Hinsicht auf die genannten Postulate die Satzung der „Freiburger Ethik-Kommission" (Graf et al. 1987), wohl der erfahrensten Einrichtung auf diesem Gebiet in Europa, als beispielhaft gelten. Dort wurden seit der Gründung im Jahr 1980 über 2000 Studien begutachtet. Mitglieder sind mindestens zwei Humanmediziner mit besonderen Kenntnissen in der klinischen Forschung und ein Jurist mit Befähigung zum Richteramt, sowie ein Pharmakologe, ein Theologe mit besonderen Kenntnissen auf dem Gebiet der Ethik und ein medizinischer Laie mit besonderem Engagement für die Besorgnisse und Belange der Probanden und Patienten (Art. 4). Die Arbeitsweise ist in eigenen Verfahrens- und Prüfungsrichtlinien definiert. Danach geschieht die Arbeit „in pragmatischer Prüfung und im Gespräch. Dabei werden medizinische und von den medizinischen Laien in juristischer, theologischer und philosophischer Hinsicht vorgetragene Gesichtspunkte der Prüfung gleichwertig und als Einheit verstanden und angewendet". Die Modalitäten der Vorbereitung und Durchführung der Begutachtung sowie der Versand und die Archivierung der Gutachten sind detailliert geregelt. Die Sitzungen finden in wöchentlichen Abständen statt. Über jede begutachtete Studie verlangt die Kommission einen zusammenfassenden Abschlußbericht, bei Laufzeiten von mehr als einem Jahr grundsätzlich einen zusammenfassenden Zwischenbericht. Diese Berichte werden besprochen und, falls erforderlich, schriftlich kommentiert. Bei Auftreten unvorhergesehener gravierender Nebenwirkungen muß der Vorsitzende sofort unterrichtet werden; nach Rücksprache mit den Kommissionsmitgliedern wird das Gespräch mit dem Leiter der Studie und dem pharmazeutischen Auftraggeber aufgenommen. In 3 Anhängen werden die für eine Begutachtung erforderlichen Unterlagen, die mindestens notwendigen Informationen im Studienprotokoll, sowie die mindestens erforderlichen Informationen in den Aufklärungsunterlagen beschrieben. Diese Hilfestellungen ersparen dem Prüfungsleiter unnötige Rückfragen und Nachreichungen.

Da die „Freiburger Ethik-Kommission" als freie Institution arbeitet, bestehen derzeit Unsicherheiten in bezug auf die Anerkennung ihrer Voten. Auch die juristischen Grundsatzfragen, ob die Regelung der Einbeziehung von Ethikkommissionen in die Forschung in der Zuständigkeit der ärztlichen Standesorganisation oder des Staates liegt, und ob der Ausschluß qualifizierter, erfahrener freier Kommissionen verfassungsrechtlich haltbar ist, bedürfen der Klärung. Ein führender deutscher Verfassungsexperte vertrat kürzlich in einem Rechtsgutachten die Ansicht, das derzeitige Regularium der Ausschließlichkeit der bei den Landesärztekammern und medizinischen Fakultäten gebildeten Ethikkommissionen sei verfassungswidrig. Es könne bis zu der erforderlichen gesetzgeberischen Regelung nur noch „unter der Voraussetzung angewendet werden, daß es näher zur Verfassung hinführt, also den Verfassungsverstoß erträglicher macht". Die Neuordnung müsse die Ausschließlichkeit lockern und auch freie Kommissionen zulassen, bestimmte Standards der Anerkennung, der Qualifikation, Erfahrung und Fachrichtung der Mitglieder, Verfahrensgrundsätze und Prüfungsrichtlinien vorschreiben, sowie eine Aussage über Art und Qualität der Aufsicht und der Aufsichtsorgane enthalten (Rupp 1988).

Autorität und Selbstverständnis

Ethikkommissionen für die klinische Prüfung haben in der Bundesrepublik Deutschland nach allgemeiner Auffassung *reine Beratungsaufgaben.* Sie sollen den Prüfungsleiter in Fragen der wissenschaftlichen Vertretbarkeit, der rechtlichen Zulässigkeit und der ethischen Legitimität unterstützen. Grundsätzlich besteht für den Prüfarzt keine rechtliche Verpflichtung zu konformem Verhalten mit den Empfehlungen der Kommission. Verstöße können über das Heilberufsgericht geahndet werden und ziehen in der Regel den Verlust des passiven Wahlrechts nach sich (Wartensleben 1989).

Eine arzneimittelrechtlich verankerte Entscheidungsautorität von Ethikkommissionen wäre aus mehreren Gründen abzulehnen. Zum einen würde über die ärztliche Autorität des Prüfungsleiters eine zweite Entscheidungsinstanz gestellt, mit einer Folge der Schwächung der Verantwortlichkeit des Arztes für sein Forschungsvorhaben. Die Beratung durch die Ethikkommission soll den Forscher ja gerade in die Lage versetzen, seine Verantwortung in besonders sorgfältiger Weise wahrzunehmen. Dieses Ziel ist durch eine beratende, gutachtende und konsensorientierte Arbeitsweise am besten zu erreichen. Nach Reich (1988) ist eine de facto vorhandene Autorität ethischer Komitees rundweg abzulehnen; allein die moralische Überzeugbarkeit könne die Autorität begründen. Dies sei nur durch die konkrete, behutsame und nachvollziehbare Präsentation ethischer Güterabwägungen möglich. Auch die American Hospital Association und die American Medical Association lehnen eine abschließende Kompetenz von Ethikkommissionen für konkrete Fälle ab, da eine solche rechtlich für das Komitee und die es einsetzende Institution bedenklich wäre und darüber hinaus unzweckmäßigerweise die Ebene der Verantwortungskompetenzen durch eine zusätzliche anreichern und die ärztliche Verantwortung im Einzelfall entweder auf bequeme Weise entlasten oder auf ärgerliche und konfliktreiche Weise beeinträchtigen und mit ihr in Konkurrenz treten würde (Sass 1988).

Zum anderen bestünde im Falle einer Entscheidungsautorität von Ethikkommissionen für die klinische Prüfung die Gefahr, die Entscheidungsbefugnis zum Zwecke der Forschungsbegrenzung und Forschungssteuerung einzusetzen. Damit würde auf Umwegen eine Bedarfsprüfung für neu zu entwickelnde Arzneimittel eingeführt. Im neuen Arzneimittelgesetz wird aber eine solche gerade vermieden. Ethikkommissionen erlangen in der klinischen Forschung nicht nur durch ihre indirekte verhaltenssteuernde Wirkung auf den Prüfungsleiter (wegen der Konflikte in der Folgenabschätzung bei nichtkonformem Handeln) eine faktische Entscheidungsautorität, sondern auch dann, wenn von ihrem positiven Votum die Bewilligung von Forschungsmitteln abhängt. Dies scheint kein seltener Fall zu sein, da eine Anzahl deutscher, ausländischer und internationaler Organisationen der Forschungsförderung obligatorisch die

Vorprüfung von Anträgen verlangen – genauso wie international renommierte Zeitschriften in wachsender Zahl die Vorprüfung eingereichter Manuskripte fordern (Fischer 1981). Das faktische Gewicht der Voten von Ethikkommissionen ist demnach – auch bei beratender Autorität – erheblich.

Wirksame, verträgliche und sichere Arzneimittel sind ohne klinische Prüfung nicht denkbar. Alternative Methoden des Erkenntnisgewinns stehen praktisch nicht zur Verfügung. Wie für andere Bereiche des Lebens und der Technik gilt auch hier, daß Fortschritt unter Ausschluß sämtlicher Risiken nicht möglich ist. Wie das aktuelle Beispiel der Immunschwächekrankheit Aids eindrucksvoll zeigt, braucht die Medizin in vielen Bereichen neuartige Arzneimittel.

Aber auch bekannte Pharmaka können verbessert werden. Die klinische Pharmakologie tut gut daran, mit einem weitgefaßten Fortschrittsbegriff zu arbeiten; auch ein Mittel mit besserer Verträglichkeit oder größerer Sicherheit bei gleicher Wirksamkeit stellt einen Fortschritt für die Pharmakotherapie dar. Diese Gegebenheiten sollten sich im Selbstverständnis von Ethikkommissionen widerspiegeln. Eine forschungsbegrenzende Grundhaltung auf der Basis eines engen Fortschrittsbegriffes ginge mit der Gefahr der Innovationshemmung einher, die niemandem dient, v. a. nicht den zukünftigen Patienten, denen neue und bessere Behandlungsmöglichkeiten länger als nötig oder gänzlich vorenthalten blieben. Gerade in unserem Land, in dem nicht selten eine Ethik der Technikkritik vorgetragen wird, darf dieser Gesichtspunkt nicht vernachlässigt werden. Es bleibt zu hoffen, daß sich bei den Ethikkommissionen auf breiter Ebene das Selbstverständnis entwickelt, daß die vorrangige Aufgabe in einer Integration ethischer Güterabwägungen in den Fortschritt der Arzneimittelforschung besteht und daß dieses Ziel am besten auf dem Wege einer diskursiven, aber konsensorientierten Beratung des Forschers erreicht werden kann.

Die Suche nach Letztbegründungen der Forschung sollte keine primäre Aufgabe einer Ethikkommission in der klinischen Pharmakologie sein. Für die Legitimation von Arzneimittelforschung sind 2 unterschiedliche Ausgangspunkte vorstellbar. Der erste ist die Forderung, daß jeder neue Versuch sich zu legitimieren habe; neue Versuche sollten demnach nicht stattfinden, es sei denn, besondere Gründe können dafür geltend gemacht werden. Diese Einstellung wird von dem Gebot der prinzipiellen Risikovermeidung getragen. Der zweite Ausgangspunkt ist die Forderung, daß das Verbot eines Versuchs sich legitimieren muß, daß also der Versuch dann zugelassen ist, wenn nicht bestimmte Gründe gegen ihn sprechen. Für eine Ethikkommission in der klinischen Prüfung ist nach Rössler dieser Ausgangspunkt sachgemäß. Forschung selbst ist ein Gebot ärztlicher Ethik, Forschungsfreiheit grundgesetzlich garantiert. Erkenntnisgewinn dürfe nicht nur als persönliches Interesse des einzelnen Wissenschaftlers betrachtet werden, er habe vielmehr seinen Platz im Zusammenhang der Lebenspraxis im Ganzen (Rössler 1986a).

Gegenseitige Anerkennung der Voten

Die deutschen Landesärztekammern haben zwar Absichtserklärungen abgegeben, die eine gegenseitige Anerkennung von Voten der einzelnen Ethikkommissionen vorsehen. Regelungen existieren jedoch noch nicht (Wartensleben 1989). Für bundesweit angelegte multizentrische Studien ergibt sich hieraus nicht nur die Gefahr erheblicher Zeitverzögerungen im Studienverlauf, sondern v. a. ein schwierig zu lösendes Dilemma für den ärztlichen Leiter der Prüfung. Soll der negativen Entscheidung Priorität eingeräumt und das gesamte Projekt abgebrochen werden? Ist es vertretbar, ein Bundesland auszusparen und die Studie in den übrigen Bundesländern fortzuführen? Oder wäre ein Schiedsverfahren bei einer „ethischen Oberinstanz" hilfreich? Wer aber sollte „die Ethik der Ethikkommissionen" kontrollieren? Welche berufsrechtlichen Folgen wären mit den einzelnen Optionen verbunden? Multi-Center-Studien sind eine entscheidende Methode des Erkenntnisgewinns im Rahmen der breiten klinischen Anwendung in der späten Phase 3. Die rasche Lösung dieser Probleme erscheint vordringlich und sollte auch erreichbar sein, wenn die Kommissionen einer gemeinsam getragenen Richtlinie über ihre Arbeitsweise folgen. Auf das Problem der Anerkennung der Voten freier Ethikkommissionen wurde bereits hingewiesen. Solche Einrichtungen könnten die „offiziellen" Kommissionen wirksam entlasten.

Möglichkeiten und Grenzen

Die Kontrolle ethischer Normen ist komplexer und schwieriger als die Kontrolle technischer Normen. Eine Begleitung klinisch-pharmakologischer Forschung durch ethische Komitees hat ihren Sinn darin, als vertrauensbildende Maßnahme therapeutische Forschung für die Öffentlichkeit und die beteiligten Probanden oder Patienten durchsichtiger zu gestalten. Die ethischen Belange einer Studie werden damit aus der Ebene subjektiver Erwägungen des Forschers herausgehoben und in einen größeren, objektiveren Zusammenhang gestellt. Das Votum der Kommission repräsentiert einen höheren Grad der ethischen Legitimation, als die private Reflexion des Forschers. Ein Abbau des öffentlichen Mißtrauens und die Entwicklung von Verständnis für Ziele und Methoden der Therapieforschung sind erwünschte Folgen (Rössler 1986b). Auch die Sensibilisierung des einzelnen Forschers für ethische Fragen und deren Umsetzung im Forschungsplan ist von Vorteil.

Die Ethikkommission kann zwar im Sinne einer „aufgabenorientierten Art der Kontrolle" den Forschungsplan begutachten; die Durchführung der Untersuchung selbst entzieht sich jedoch ihrem direkten Zugriff. Hier hat die *unmittelbare kollegiale Kontrolle* (Helmchen u. Müller-Oerlinghausen 1978) als wechselseitige Verpflichtung unter den Ärzten selbst einzusetzen. Gerade für den Patienten und Probanden ist die ethische Kompetenz des ärztlichen Forschers von höherer Bedeutung als eine institutionalisierte Kontrolle. Weitere Möglichkeiten der Kontrolle jenseits der Zuständigkeit von Ethikkommissionen sind die Darstellung und Diskussion der Forschungsergebnisse in der wissenschaftlichen Gemeinschaft und der Öffentlichkeit. Nur durch das Zusammenwirken der Arbeit von Ethikkommissionen mit den Möglichkeiten kollegialer Kontrolle sowie der Diskussion in der wissenschaftlichen und allgemeinen Öffentlichkeit kann das Anliegen der Forschungsethik und die Einsicht, daß therapeutischer Fortschritt notwendig, jedoch ohne jegliches Risiko undenkbar ist, allen beteiligten Patienten und Probanden sowie den verschiedenen Gruppierungen unserer Gesellschaft bewußter werden. Damit ist in der klinischen Pharmakologie ein Grundstein für die Entstehung von ethischem Konsens gelegt.

Informed consent

Der arzneimittelrechtliche Rahmen

Die klinische Prüfung darf in der Bundesrepublik Deutschland grundsätzlich erst nach Aufklärung über Wesen, Bedeutung und Tragweite der Studie und nur mit Einwilligung der Probanden (schriftlich) oder Patienten (schriftlich oder mündlich in Gegenwart eines Zeugen) begonnen werden (§ 40 Abs. 1 Nr. 2 und Abs. 2, § 41 Nr. 6 und 7 AMG; Nr. 3.3 GCP; § 41 Abs. 4 Strahlenschutzverordnung; Nr. 5 des Beschlusses zur Überwachung der klinischen Prüfung von Arzneimitteln des Ausschusses Arzneimittel-, Apotheken- und Giftwesen der AGLMB). Bei Probanden oder Patienten, die geschäftsunfähig oder in ihrer Geschäftsfähigkeit beschränkt sind, müssen besondere Vorschriften beachtet werden (§ 40 Abs. 2; § 41 Nr. 2 – 6 AMG). Personen, die aufgrund gerichtlicher oder behördlicher Anordnung in einer Anstalt verwahrt sind, dürfen nicht in klinische Prüfungen einbezogen werden (§ 40 Abs. 1 Nr. 3 AMG). Auch Minderjährige dürfen in eine klinische Prüfung einbezogen werden, sofern das Prüfarzneimittel zum Erkennen oder zum Verhüten von Krankheiten bei Minderjährigen bestimmt ist, die Anwendung des Arzneimittels nach den Erkenntnissen der medizinischen Wissenschaft angezeigt ist, um bei dem Minderjährigen Krankheiten zu erkennen oder ihn vor Krankheiten zu schützen und sofern die klinische Prüfung an Erwachsenen nach dem wissenschaftlichen Erkenntnisstand keine ausreichenden Prüfergebnisse erwarten läßt. Für die Einwilligung gelten besondere Regeln (§ 40 Abs. 4 AMG).

Kritik der Bezeichnung

„Informed consent" ist eine unglückliche Bezeichnung. Sie wird meist als „informierte Einwilligung" oder „freie Einwilligung nach Aufklärung" übersetzt. Gemeint ist aber die *einsichtige Einwilligung*. Einsicht ist eine aktive Leistung des Probanden oder Patienten, sie setzt Verständnis voraus. Wissen allein muß weder mit Verständnis, noch mit Einsicht verbunden sein. Die Vermittlung von Informationen erfüllt den Anspruch des „informed consent" nicht. Sie müssen aufgenommen, verstanden und verarbeitet werden, so daß die Einsicht resultiert, die Teilnahme an der Studie sei die richtige Entscheidung im Rahmen des persönlichen Lebensgefüges. Erst diese Einsicht kann eine freie Willensentscheidung begründen. Ein Aufklärungsformblatt vermittelt nur Wissen und die Unterschrift auf einer Einwilligungserklärung läßt offen, ob das Wissen verstanden worden ist. Sie befriedigt den formaljuristischen, jedoch nicht den ethischen Anspruch an den „informed consent". Nicht die Unterschrift des Patienten oder Probanden, sondern der den Aufklärungsdialog leitende Arzt gewährleistet eine valide Einwilligungserklärung. Aus ethischer (nicht aber juristischer) Sicht ideal ist die Methode der „Selbstbestimmungsaufklärung" (Kleinsorge u. Steichele 1981), bei der die Versuchsperson den Aufklärungsumfang mitbestimmt.

Aufklärung, Verständnis und Einsicht

Sowohl Aufklärung als auch Einwilligung sind in der klinischen Pharmakologie problematische Kriterien. Besondere Schwierigkeiten stellen sich dabei in der klinischen Psychopharmakologie. Auf der einen Seite besteht ein psychiatriespezifisches Methodenproblem darin, daß die therapeutische Wirkung mehr als in anderen medizinischen Disziplinen an die Person sowohl des Therapeuten als auch des Patienten gebunden ist (Helmchen u. Müller-Oerlinghausen 1975). Auf der anderen Seite ist bei vielen psychiatrischen Patienten, etwa mit deliranten oder demenziellen Zuständen, mit starker Angst oder Erregung, Aggressivität, Suizidalität oder Abhängigkeit von einer Einschränkung des Verständnisses und der Einsichtfähigkeit auszugehen. Zudem kann die Belastbarkeit des psychiatrischen Patienten begrenzt sein. So erscheint es unethisch, bei Angstpatienten im Rahmen von Anxiolytikaprüfungen die Angst durch ausführliche Aufklärung über Risiken zu steigern oder eine Einwilligung von Patienten mit gehemmter Depression erlangen zu wollen, mit der Gefahr, Schuldgefühle auszulösen oder zu steigern (Helmchen 1982; Loftus u. Fries 1979). Die Berücksichtigung solcher Überlegungen in Form eines Verzichts auf die Aufklärung mag im Einzelfall notwendig sein; das Arzneimittelgesetz gestattet in besonders schweren Fällen den Verzicht auf Aufklärung und Einwilligung, wenn dadurch der Behandlungserfolg gefährdet würde und ein entgegenstehender Wille des Kranken nicht erkennbar ist („therapeutisches Privileg", § 41 Nr. 7 AMG). In der Rechtsprechung wird ein generelles „therapeutisches Privileg" abgelehnt. Danach kann in Ausnahmefällen der Aufklärungsumfang zwar eingeschränkt werden, die Aufklärungspflicht entfällt jedoch keineswegs gänzlich. Eine Beunruhigung oder eine depressive Beeinträchtigung der Gemütslage durch das Aufklärungsgespräch reicht als Begründung nicht aus. Vielmehr muß die Gefahr einer erheblichen Beeinträchtigung der Gesundheit, der Psyche oder des Heilerfolges bestehen, um das „therapeutische Privileg" zu begründen (Ehlers 1987). Die Beurteilung ist für jeden Patienten gesondert vorzunehmen.

Allgemeingültige Empfehlungen für die Aufklärung vor klinisch-pharmakologischen Untersuchungen sind wegen der Verschiedenheit der einzelnen Personen und Fragestellungen nicht sinnvoll; einige Hinweise zur Art der Aufklärung erscheinen jedoch wichtig: zum einen konnte in einer Studie an gesunden Probanden gezeigt werden, daß kurze und präzise Angaben besser verstanden werden und die Bereitschaft zur Mitarbeit erhöhen (Epstein u. Lasagna 1969). Eine Überfrachtung mit Informationen ist zu vermeiden. Die von Weissauer für die Chirurgie und Anästhesie empfohlene *Stufenaufklärung* stellt auch für die klinische Pharmakologie ein interessantes Modell dar: Ärztliche Aufklärung wird nicht als Totalaufklärung, sondern als Selektion von Fakten verstanden, die für eine verständige Person von Bedeutung sind. Als erste Stufe erhält der Patient oder Proband in einem kurzgefaßten Merkblatt in laienverständlicher Sprache alle Informationen über die geplante Untersuchung und deren Risiken, die nach ärztlicher Erfahrung für ihn von Bedeutung sind. Das Merkblatt weist darauf hin, daß als zweite Stufe ein Aufklärungsgespräch folgt, das der individuellen Aufklärung dienen soll und in dem die Gelegenheit besteht, alle persönlich interessierenden Fragen zu stellen, die im Merkblatt nicht aufgeführt sind, z. B. die Fragen nach den seltenen Risiken. Ziel der Stufenaufklärung ist, dem Patienten oder Probanden im Sinne einer „Selbstbestimmungsaufklärung" zu ermöglichen, den Umfang der Aufklärung entscheidend mitzubestimmen. Er soll alles erfahren, was er wissen will; er soll aber nicht zur forensischen Absicherung mit Fakten konfrontiert werden, die ihm bei seiner Entscheidungsfindung nicht weiterhelfen (Weißauer 1980; Herrmann u. Wagner 1984). Wichtig ist schließlich, dem Patienten oder Probanden genügend Überlegungszeit einzuräumen. In Rechtsprechung und Literatur werden Überlegungsfristen von 1 – 3 Tagen gefordert (Ehlers 1987).

Vertrauen und Einwilligung

Die Forderung nach freier Einwilligung geht von dem Konzept der autonomen Handlung aus. Eine völlig autonome Handlung kann es jedoch nicht geben. Dies gilt im besonderen Maße für die Entscheidung zur Teilnahme an einer klinischen Prüfung. Rössler wies darauf hin, daß weder Aufklärung noch Einwilligung die Konstitution der Arzt-Patient-Beziehung als „akzeptierte Abhängigkeit" verändern könne (Rössler 1978). Selbst wenn man diese Annahme nicht teilt, ist anzuerkennen, daß die Kriterien der autonomen Handlung nur jeweils bis zu einem bestimmten Grad erfüllt sein können. Die *Intentionalität*, das *Verstehen*, das *Fehlen beeinflussender Faktoren* und (ggf.) die *Authentizität* der Entscheidung (Faden u. Beauchamp 1986) sind im Aufklärungsdialog sorgfältig zu prüfen. Die zentrale Frage ist nicht, *ob* die Einwilligung autonom ist, sondern *wie* autonom sie ist. Die Beurteilung ist eine ärztliche Leistung und bleibt subjektiv. Sie kann weder an Nichtärzte delegiert noch durch Formblätter getroffen werden. Die einsichtige Einwilligung setzt die Bereitschaft zum einfühlsamen Gespräch voraus. Das dadurch begründete Vertrauen auf die Integrität, Fachkompetenz und das Fürsorgeangebot des Arztes ist der Kernpunkt für die Zustimmung, an einer klinischen Prüfung teilzunehmen.

Rickels betont, daß die meisten Patienten auch durch die Aufführung aller nur denkbarer Risiken nicht davon abzuschrecken seien, an Untersuchungen teilzunehmen, und dies mit dem Vertrauensverhältnis zum Prüfungsleiter begründen (Rickels 1978). Er verweist in diesem Zusammenhang auch auf ein klassisches Experiment der Sozialpsychologie: Mitte der 60er Jahre erteilten Orne und Evans Probanden den Befehl, ihre Hände in eine Kiste zu halten, in der sich Schlangen befänden. Alle Versuchspersonen hielten die Hände in die Kiste. Nach ihren Motiven befragt, gaben sie an, daß sie sicher waren, daß ihnen nichts passieren könnte, da das Forschungsprojekt von kompetenten Wissenschaftlern geleitet würde (Orne u. Evans 1965).

Risiken jenseits der Aufklärungsmöglichkeiten

Bei klinischen Prüfungen wird jedem Studienteilnehmer aus ethischen Erwägungen zugesichert, daß er seine Einwilligung jederzeit, auch ohne Angabe von Gründen, zurückziehen und aus der Studie ausscheiden kann, ohne daß ihm dadurch irgendwelche Nachteile entstehen. Diese Regel wird dann kritisch, wenn das plötzliche Absetzen des Prüfarzneimittels zu Absetz- oder Reboundphänomenen führt. Für Studien mit Präparaten, bei denen dies bekannt oder zu erwarten ist, wie etwa mit Betarezeptorenblockern in der Indikation Hypertonie, kann eine entsprechende Ausschleichregelung in der Patienteninformation vorgesehen und begründet werden. Erhebliche Schwierigkeiten ergeben sich jedoch im Rahmen der Phase-1-Prüfung, wenn solche Effekte erstmals beobachtet werden, ohne daß Prüfungsleiter und Proband darauf vorbereitet sind. Die Akzeptanz der Notwendigkeit einer weiteren, ausschleichenden Einnahme des verursachenden Prüfarzneimittels wird beim Probanden äußerst gering sein, v. a. wenn es sich um quälende Symptome wie Alpträume, Halluzinationen oder Angstzustände handelt. Bei den hochspezifischen, selektiv in einzelne Neurotransmittersysteme eingreifenden Psychopharmaka der neuesten Generation kommen gelegentlich solche Phänomene vor, ohne daß sich der geringste Anhalt dafür in der pharmakologisch-toxikologischen Dokumentation findet. Der Prüfungsleiter kann ein solches Risiko auch bei größter Sorgfalt nicht antizipieren.

Wie dieses Beispiel zeigt, können bei der Erstanwendung von Prüfsubstanzen in der Phase 1 unerwartete Risiken auftreten, die sich dem „informed consent" entziehen. Eine allgemeine „Duldungserklärung" nicht näher bezeichneter potentieller Risiken dürfte zudem − analog der Rechtsprechung bei operativen Eingriffen − juristisch unwirksam sein (Ehlers 1987). Jede empirische Forschungsrichtung trägt dieses Problem systemimmanent in sich. Von daher gilt es im Prinzip für das gesamte Gebiet der klinischen Pharmakologie.

Anspruch und Wirklichkeit

Die Methode des „informed consent" wird vorrangig mit der Förderung individueller Selbstbestimmung und dem Schutz des Probanden oder Patienten begründet. Weitere wichtige Aufgaben wurden von Capron (1974) beschrieben: Das Vermeiden von Betrug und Zwang, die Ermutigung des Arztes zu größtmöglicher Gewissenhaftigkeit, die Förderung rationaler Entscheidungen und die Einbeziehung der Öffentlichkeit, indem Autonomie als grundlegender sozialer Wert betont und die biomedizinische Forschung kontrolliert werden. Der Anspruch kann nur erfüllt werden, wenn die im Rahmen der Aufklärung vermittelte Information verstanden und wenigstens für die Dauer der Untersuchung erinnert wird. Sind diese Bedingungen nicht erfüllt, ist die Gültigkeit der Einwilligungserklärung aus ethischer, aber auch aus rechtlicher Sicht anzuzweifeln. Retrospektive Überprüfungen dieser Kriterien haben jedoch ernüchternde Ergebnisse zutage gefördert. Ehlers (1987) analysierte im Rahmen der Studie „Patientenaufklärung in Deutschland" die Effizienz von 108 präoperativen Aufklärungen anhand eines umfangreichen Erhebungsbogens. Das Wissen der Patienten entsprach bereits 4 h nach dem Aufklärungsgespräch in keinem einzigen Fall den Anforderungen der Rechtsprechung an eine wirksame Einwilligung. Dabei wurden nur 7% des erreichten Wissens durch die Aufklärungstechnik bestimmt. Bei Hinzunahme der unveränderlichen patientenspezifischen Merkmale wie Intelligenz und Ausbildung konnten 16% erklärt werden. Der Autor folgert, der Arzt habe keinerlei Möglichkeiten, selbst bei „idealer" Aufklärung, dem Patienten ein Wissen zu vermitteln, das ausreicht, die Einwilligung im Sinne der Rechtsprechung wirksam werden zu lassen.

In einer Vergleichsstudie zwischen Normal- und Idealaufklärung kommt Kraft (1984) zu ähnlich besorgniserregenden Ergebnissen. Unabhängig vom Inhalt der Aufklärung und von der Zeitspanne zwischen Aufklärung und Befragung hatten die Patienten meist mehr als die Hälfte der erhaltenen Informationen in kürzester Zeit vergessen. Die „ideal" aufgeklärten Patienten konnten 3 Tage nach dem Eingriff 45%, die in der „üblichen" Form aufgeklärten Patienten nur 27% der vermittelten Informationen wiedergeben. Auch diese Untersuchung zeigt den begrenzten Einfluß der Aufklärungstechnik.

Die Repräsentativität dieser Ergebnisse für die Situation der klinischen Prüfung mag bezweifelt werden. Die Auswertung der kontrollierten Prüfung eines Antirheumatikums durch Hassar u. Weintraub (1976) weist jedoch in die gleiche Richtung. Nach 6 Wochen konnten sich zwei Drittel der Patienten nicht mehr erinnern, ob und über welche Risiken sie aufgeklärt worden waren. Sogar die Gefahr des Auftretens von Magengeschwüren hatten sie vergessen. Einige wenige dieser Patienten, die vorwiegend der sozialen oberen Mittelklasse angehörten, glaubten, sich zu erinnern, daß ihnen die Untersuchung helfen würde, und sie waren stolz auf das Opfer, das sie gebracht hatten.

Da gesicherte empirische Forschungsergebnisse fehlen, kann nur spekuliert werden, wie sich diese Defizite erklären. Die Phänomene der *selektiven Informationsaufnahme* sowie der bewußten und unbewußten *Verdrängung* unangenehmer Fakten bedürften vorrangig einer systematischen Untersuchung. Eine naheliegende Einflußgröße stellt die *Motivation* zur Teilnahme an einer klinischen Prüfung dar. Eine gute Tradition größerer Pharmakonzerne ist, die Phase-1-Prüfung an Mitarbeitern des Unternehmens durchzuführen. In diesem Falle, sowie bei universitären Projekten mit Studenten im Rahmen von Dissertationsarbeiten, dürften Solidarität und wissenschaftliches Interesse ausschlaggebend sein. In kommerziellen Prüfinstitutionen wird bei der Mehrzahl der gesunden Probanden das Honorar der motivierende Faktor sein, getragen vom Vertrauen auf die Unschädlichkeit der Prüfmedikation. Der Patient gründet seine Entscheidung zur Teilnahme an einer Therapiestudie jedoch v. a. auf den potentiellen therapeutischen Nutzen, die relative Unschädlichkeit sowie die Solidarität mit dem behandelnden Arzt, die ein solides Vertrauensverhältnis voraussetzt. Unterschiedliche Auswirkungen auf die Risikobereitschaft und damit den Aufklärungsbedarf sind anzunehmen. Zu klären wäre auch, ob die Defizite den Wunsch der Patienten nach einer Begrenzung der Aufklärungsinhalte widerspiegeln und somit Ausdruck der (ethisch zu fordernden) Selbstbestimmung des Aufklärungsumfangs sind.

Die Forderung einer generellen „Totalaufklärung" ist als praxisfremde Norm mit dem Selbstbestimmungsrecht des Patienten unvereinbar. Sie charakterisiert einen „unheilvollen Weg in die defensive Medizin" (Wachsmuth u. Schreiber 1981). Der Konflikt zwischen Ethik und Recht belastet die klinische Forschung. Ob er, wie verschiedentlich vorgeschlagen, durch eine Einschränkung der Aufklärungspflicht gelöst werden kann und ob eine solche juristisch möglich ist, bleibt abzuwarten. Der klinische Forscher muß einstweilen mit dieser Kluft zwischen Anspruch und Wirklichkeit leben.

Plazebokontrolle

Während der Einsatz von Plazebo in der Phase-1-Prüfung am gesunden Probanden ohne Schwierigkeiten zu legitimieren ist, bringt er im Rahmen doppelblinder Therapiestudien 2 verschiedene Konflikte mit sich. Zum einen wird dem Patienten die wirksame, oder besser die wirksamere Therapie vorenthalten. Zum anderen führt die Aufklärung über Plazebo das methodische Konzept der kontrollierten Doppelblindprüfung ad absurdum. Gerade die Unkenntnis von Arzt und Patient ist Voraussetzung für den Ausschluß subjektiver Voreingenommenheit, auf dem die Rationale der blinden Untersuchungsanordnung beruht (Martini 1947).

Zur Legitimation der Plazebokontrolle

Die Unverzichtbarkeit plazebokontrollierter Studien für den Nachweis der Wirksamkeit, Verträglichkeit und Sicherheit von Arzneimitteln wird am nachdrücklichsten von den Zulassungsbehörden, allen voran der Food and Drug Administration (FDA) der USA postuliert. So hält etwa der FDA-Mitarbeiter Leber die Plazebokontrolle für ein unverzichtbares Werkzeug:

Placebo controls are our surest protection against fads and fashions that come and go in pharmacology, against the reckless claims of therapeutic enthusiasts, and, most important, against our own mistaken beliefs and prejudices (Leber 1986).

Bis vor kurzem verlangte die FDA Plazebokontrollen auch dann, wenn sie nach klinisch-pharmakologischem Verständnis unnötig waren; so wurden für ein Antiarrhythmikum, das in 80–90% der Fälle nach i. v. Injektion innerhalb von 30–120 s mit EKG-Nachweis wirksam war, Kontrollgruppen mit Kochsalzlösung gefordert (Kleinsorge 1986).

Kliniker und klinische Pharmakologen halten die plazebokontrollierte Doppelblindanordnung in der Regel mangels methodischer Alternative ebenso für unverzichtbar, differenzieren dabei jedoch meist sorgsam nach Indikation und Fragestellung. Für die Psychiatrie, in der Plazebo ein besonderes Problem darstellt, stellt Heimann fest, daß der notwendige Fortschritt auf diesem Gebiet an empirische Vergleichsuntersuchungen, an die Doppelblindstudie und den plazebokontrollierten Versuch gebunden sei. Plazebokontrollen seien jedoch nur dort notwendig, wo die psychopathologische Beobachtungsebene relativ unbestimmt, unspezifisch und schwierig zu beurteilen sei und wo keine eindeutig wirksamen Medikamente bekannt sind, etwa in der Psychogeriatrie. Schließlich seien sie dort zu fordern, wo der Verdacht eines Fehlers zweiter Ordnung bestehe; daß nämlich doch ein Wirksamkeitsunterschied zu Ungunsten des weniger Nebenwirkungen verursachenden Präparates vorliege (Heimann 1986). Weber (1986) appelliert aus der Sicht der klinischen Pharmakologie an eine frühzeitige Einplanung plazebokontrollierter Studien in die Forschungsstrategien, um zu vermeiden, daß der Zeitraum, der für solche Studien genutzt werden kann, verstreicht, ohne daß die Frage der therapeutischen Wirksamkeit des Prüfarzneimittels eindeutig beantwortet ist.

Aus juristischer Sicht werden die Grenzen deutlich enger gezogen. Nach Schreiber sind Plazebokontrollen dann zulässig, wenn eine Plazebotherapie indiziert erscheint; dies könne in der Psychiatrie, insbesondere in der Psychopharmakaforschung – seltener freilich sonst – möglich sein. Geringfügige Belastungen der Patienten durch die Zuweisung zur Plazebogruppe dürften hingenommen werden, nicht aber erhebliche Schmerzen und Angstzustände. Durch Aufklärung und Einwilligung könne der Bereich der Zulässigkeit nicht wesentlich darüber hinaus erweitert werden (Schreiber 1986).

Die Patienten in plazebokontrollierten Studien schließlich hoffen in der Mehrzahl, nicht das Plazebo, sondern das Prüfarzneimittel zu erhalten (Byington et al. 1985). Das Plazebo „gefällt" den Patienten also nicht.

Wirksamkeit und Verträglichkeit

Ein Plazebo ist kein Nichts. Das Vertrauen des Patienten auf die Heilkraft der ärztlichen Handlung verbindet sich mit dem Glauben an das verabreichte Präparat und führt sowohl zu Wirkungen wie auch zu unerwünschten Nebenwirkungen. Bei der klinischen Prüfung von Antidepressiva werden auf diese Weise i. allg. in der Plazebogruppe therapeutische Ansprechraten von 40% erzielt, gegenüber 50–70% in den Verumgruppen. Auch unerwünschte Arzneiwirkungen werden häufig berichtet (Wagner et al. 1986). Plazebo ist auch eine Arznei. Müller-Oerlinghausen weist darauf hin, daß auch in der therapeutischen Praxis

oft mit „Plazebo" gearbeitet werde. Neben der Verabreichung einer pharmako-
logisch inerten Substanz müssen nämlich sowohl die Behandlung mit abseits
der Schulmedizin liegenden Medikamenten, als auch die nach allgemeinklini-
schen Standards unterdosierte Gabe wirksamer Arzneimittel als Plazebotherapie aufgefaßt werden (Müller-Oerlinghausen 1986). Damit stelle sich das eigentliche Plazeboproblem auch als Frage, wie über kontrollierte Therapiestudien aufgeklärt werden soll.

Konfliktverschärfung durch Aufklärung

Wenngleich bei neurotischen, psychosomatischen und depressiven Syndromen
die Erfolgsquote mit Plazebo bei 40% liegt und die Erfolgschancen in der
Verumgruppe nur 10–30% besser sind, so bleibt doch ein Teil der Patienten
in der Plazebogruppe benachteiligt. Auch der Arzt gerät in der Doppelblindstudie in die ungewohnte Lage, nicht zu wissen, was er dem einzelnen Patienten
verabreicht. Erst in einem größeren Zusammenhang, mit Blick auf den therapeutischen Fortschritt und auf eine rationale, wirtschaftliche Verschreibungs-
praxis erhält die plazebokontrollierte Studie für den Arzt eine sozialethische
Rechtfertigung. Für den Patienten ist die Situation ähnlich kompliziert. Er
kommt mit einer Erwartungshaltung auf Heilung oder Linderung zum Arzt;
dieser erklärt ihm nun sehr komplizierte Sachverhalte, die zu seinem Leiden
keine direkte Beziehung haben und er versucht, ihn für ein abstraktes Ziel zu
gewinnen, das sich nur auf der höheren Ebene des therapeutischen Fortschritts
für die Grundgesamtheit aller Betroffenen mit derselben Erkrankung rechtfertigt. Zudem kann sich der Patient einen Arzt nicht vorstellen, der nicht weiß,
was er im Einzelfall verordnet (Heimann 1986).

Die normativ geforderte totale Aufklärung des Patienten über eine plazebokontrollierte Prüfung stellt nicht nur die Versuchsanordnung selbst in Frage,
belastet nicht nur das Arzt-Patient-Verhältnis und führt nicht nur zu einer Ver-
fälschung der therapeutischen Situation, sie bedingt überdies eine methodisch
unerwünschte Patientenselektion. Leichter Erkrankte sind eher fähig, das abstrakte Prüfungsziel zu verstehen und in den Versuch einzuwilligen, und nur
die intelligenteren Personen finden sich schließlich bereit, daran teilzunehmen.
Damit verlieren die Forschungsergebnisse ihre Repräsentativität für schwer erkrankte Patienten, für die der Fortschritt am bedeutendsten wäre (Heimann
1986). Empirische Grundlagenforschung über die Zusammenhänge zwischen
Einwilligung und Wirksamkeit im Rahmen plazebokontrollierter Doppelblindstudien wären dringend erforderlich, um diese Konflikte zu reduzieren.

Konfliktreduktion durch Studienplanung und Abbruchkriterien

Möglichkeiten, die ethischen Probleme der Plazebokontrolle zu vermindern,
liegen – zumindest theoretisch – in der Gestaltung der Versuchsanordnung.
Maier u. Benkert (1986) haben am Beispiel der Prüfung von Antidepressiva 4

unterschiedliche Studiendesigns in Hinsicht auf eine ethische Konfliktreduktion überprüft.

Das Modell der *Niedrigdosis* von Prüf- oder Standardarzneimittel als Plazeboersatz sowie die Methode der *Diskontinuationsstudie*, bei der Patienten nach einer plazebofreien Phase erst dann Plazebo erhalten, wenn dies aufgrund der geringeren Intensität der depressiven Verstimmung besser zu rechtfertigen ist; sie vermögen die ethischen Bedenken jedoch kaum aufzulösen. Vielversprechend erscheint der Ersatz von Pilotstudien durch Doppelblindstudien mit *maximal 20%* der Patienten *unter Plazebotherapie*; Vorteile dieses Designs sind die höhere Chance für jeden Patienten, mit einem Präparat behandelt zu werden, das in vorklinischen Studien ein antidepressives Profil zeigte, sowie die Verringerung von Beobachtungsfehlern, die in offenen Pilotstudien häufiger vorkommen. Ebenfalls vielversprechend, aber nur begrenzt anwendbar, ist das Modell der *Einzelfallstudien* mit dem Ziel, die Anzahl der Patienten, die mit Plazebo behandelt werden, möglichst gering zu halten sowie jedem Patienten in getrennten Zeitabschnitten im Rahmen eines Cross-over-Designs und eines Doppelblinddesigns Plazebo und die Prüfsubstanz zu verabreichen. Bei diesem Versuchsplan wird also keinem Patienten die Behandlung mit einem Prüfarzneimittel verweigert. Zur Abschwächung der Nachteile des Cross-over-Abschnitts sind Wash-out-Phasen zwischenzuschalten und die Umsetzzeitpunkte zu randomisieren. Da die geprüften Hypothesen zunächst für einen einzelnen Patienten gelten, ist ihre Generalisierung biostatistisch zu rechtfertigen. Hierzu sind mehrere Einzelfallstudien mit gleichem Design erforderlich. Einzelfallstudien eignen sich am besten für Patienten mit chronischen Syndromen. Bei allen Versuchsanordnungen sollen die Abbruchkriterien so gestaltet werden, daß bei einer wesentlichen Verschlechterung unter der Therapie die Studie für diesen Patienten beendet wird.

Zur Einheit von Denken, Reden und Handeln

Die meisten Richtlinien, die von Experten oder Expertengremien für die klinische Prüfung von Psychopharmaka veröffentlicht wurden, empfehlen in den Indikationen Depression und Angst mehr oder weniger stringent die Durchführung plazebokontrollierter Doppelblindstudien im Rahmen des Wirksamkeitsnachweises. So heißt es etwa im Abschlußbericht einer Konsensuskonferenz über die Methoden der klinischen Prüfung von Antidepressiva (Angst et al. 1989, S. 3–7):

A placebo-controlled parallel group trial is jugded by many experts to be the design of choice, to test the efficacy of a new antidepressant... The problem therefore arises that in mild depression it may not be possible to demonstrate the difference in efficacy between placebo and standard antidepressants. However, placebo-controlled studies are useful in establishing unequivocal efficacy in moderate and severe depression.

Solche Empfehlungen – wenngleich vorsichtig und sorgfältig abwägend formuliert – bleiben nicht ohne Auswirkung auf die Zulassungspraxis der Bun-

desoberbehörden. Die pharmazeutische Industrie stößt jedoch oftmals auf erhebliche Schwierigkeiten, wenn sie versucht, entsprechend diesen Empfehlungen plazebokontrollierte Studien bei mittelgradiger und schwerer Depression
zu organisieren. Damit wird ein Grundstein für den „Forschungstourismus"
gelegt: man weicht mit bestimmten Studien in bestimmte Länder aus, um die
Ergebnisse dann auch in den „harten Ländern" vorlegen zu können. Solche Situationen erinnern an das ethische Gebot der Einheit von Denken, Reden und
Handeln. Pellegrino und Thomasma (1988) haben es in ihr ärztliches Gelöbnis
für die nachhippokratische Ära aufgenommen:

To practice what I preach, teach, and believe and, thus, to embody the foregoing principles in my professional life.

Exkurs

Arzt und Versuchsperson: Beziehungsmodelle für die klinische Pharmakologie

Die Art und Ausgestaltung der Beziehung zwischen Arzt und Versuchsperson
sind für das zuverlässige Einhalten der Regeln des Prüfprotokolls und die Konfliktreduktion im Rahmen klinisch-pharmakologischer Studien von grundlegender Bedeutung. Qualität und Quantität der menschlichen Interaktion werden damit zum Fundament für den Erfolg oder Mißerfolg des Forschungsvorhabens. Für die zeitlich und inhaltlich definierte Situation der klinischen Prüfung sind als Kommunikationsrahmen 4 Beziehungsmodelle vorstellbar: das
hippokratische Modell, das Vertragsmodell, das Partnerschaftsmodell (Wolff
1989) und das Modell des „gemäßigten Paternalismus". Mischformen zwischen
verschiedenen Modellen und fließende Übergänge im Studienverlauf kommen
vor.

Das *hippokratische Modell* kann als reiner Paternalismus mit dem ethischen
Leitprinzip der Fürsorge („beneficence") charakterisiert werden. Der Proband
oder Patient vertraut sich dem Arzt passiv an und überläßt diesem alle wichtigen Abwägungen und Entscheidungen. Der Grundgedanke des „informed consent" ist mit diesem Modell nicht kompatibel. Deshalb erscheint es für die klinische Forschung prinzipiell ungeeignet. Eine theoretische Ausnahme ist der
vollständige Aufklärungsverzicht durch die Versuchsperson, eine praktische
Ausnahme die Inanspruchnahme des „therapeutischen Privilegs" durch den
ärztlichen Prüfungsleiter.

Beim *Vertragsmodell* treten Forscher und Versuchsperson im Sinne eines
Dienstleistungsabkommens zueinander in Beziehung. Interessen und Pflichten
beider Parteien werden in einer Abmachung geregelt; die volle Autonomie der
Versuchsperson ist Vertragsbestandteil. In der Phase-1-Prüfung am gesunden
Probanden dürfte dieses Modell häufig vorkommen; besonders dann, wenn die
Aufwandsentschädigung den hauptsächlichen Motivationsfaktor zur Teilnah-
me an einer Studie darstellt. Bestimmen Solidarität oder wissenschaftliches

Interesse die Motivation des Probanden, sind Übergänge zum Partnerschafts-modell möglich.

Beim *Partnerschaftsmodell* versteht sich der Forscher als fachlich und ethisch kompetenter Berater, die Versuchsperson als aktiver, selbstverantwortli-cher Mitarbeiter. Im Mittelpunkt der Beziehung steht die gemeinsame Verant-wortung für das Erreichen der Studienziele. Wegen seiner Konsensorientierung stellt das Partnerschaftsmodell eine ideale Beziehungsform für die klinische Pharmakologie dar. In der Praxis wird es nur erreichbar sein, wenn die Fähig-keit und der Wille zur intensiven Kommunikation vorhanden sind und die Wertvorstellungen von Arzt und Versuchsperson in Einklang zu bringen sind.

Im Rahmen der Bemühung, Fürsorge als zentrales Prinzip einer Ethik für die Heilberufe zu restaurieren, schlugen Pellegrino u. Thomasma (1988) kürz-lich das Modell eines *gemäßigten Paternalismus* vor. Das Wohl des Patienten solle ärztliche Handlungsmaxime sein; Fürsorge sei jedoch so zu interpretie-ren, daß sie die Autonomie des Patienten nicht ausschließe. Auf die Situation des gesunden freiwilligen Probanden in der Phase 1 ist dieses Beziehungsmo-dell wegen des Fehlens eines therapeutischen Nutzens nicht anwendbar. Im ge-samten Bereich der klinischen Prüfung am Patienten entspricht es jedoch in erstaunlichem Ausmaße der Wirklichkeit. Vielleicht besteht die ärztliche Kunst in der klinischen Pharmakologie nicht zuletzt darin, die verschiedenen Model-le der Beziehung und deren Mischformen so einzusetzen und zu gestalten, daß sie dem jeweiligen Patienten oder Probanden als Individuum in seiner subjekti-ven Wirklichkeit gerecht werden.

Literatur

Angst J et al. (1989) Consensus Conference on the Methodology of Clinical Trials of Antidepressants, Zurich, March 1988: Report of the Consensus Committee. Pharma-copsychiatr 22:3−7

Beller FK (1981) Ethik: Wenn Entscheidungen wie Dominosteine fallen. Editorial Gyne 2:1−3

Byington RP, Curb D, Mattson ME (1985) Assessment of doubleblindness at the con-clusion of the β-blocker heart attack trial. JAMA 253:1733−1736

Capron A (1974) Informed concent in catastrophic disease and treatment. Univ Penn-sylv Law Rev 123:364−376

Deutsch E (1988) Ethik und Recht in der Medizin. Zur Tätigkeit der Ethik-Kommis-sionen. Niedersächs Ärztebl 3:21−23

Ehlers APF (1987) Die ärztliche Aufklärung vor medizinischen Eingriffen. Bestands-aufnahme und Kritik. Heymann, Köln Berlin Bonn München

Epstein LC, Lasagna L (1969) Obtaining informed consent. Form or substance. Arch Int Med 123:682−688

Faden RR, Beauchamp TL (1986) A history and theory of informed consent. Oxford Univ Press, New York, S 235−273

Fischer FW (1981) Ethikkommissionen aus der Sicht der Deutschen Forschungsgemein-schaft. Medizinische Ethik-Kommissionen − Aspekte und Aufgaben. Schriften der Vereinigung der Freunde der Medizinischen Fakultät der Westfälischen Wilhelms-Universität zu Münster 4:79−87

Graf H-P, Common H, Haering R, Herrmann M, Heymann D von, Schlecht F, Zimmermann A (1987) Freiburger Ethik-Kommission. Pharm Ind 49/2:125–128

Hassar M, Weintraub M (1976) „Uninformed" consent and the healthy volunteer: an analysis of patient volunteers in a clinical trial of a new anti-inflammatory drug. Clin Pharmacol Ther 20:379–386

Heimann H (1986) Das Problem der Patientenaufklärung bei plazebokontrollierten Therapieversuchen in der Psychiatrie. In: Hippius H, Überla K, Laakmann G, Hasford J (Hrsg) Das Plazebo-Problem. Fischer, Stuttgart New York, S 117–123

Helmchen H (1982) Probleme der Therapieforschung in der Psychiatrie. Nervenarzt 53:377–384

Helmchen H, Müller-Oerlinghausen B (1975) The inherent paradox of clinical trials in psychiatry. J Med Ethics 1:167–173

Helmchen H, Müller-Oerlinghausen B (1978) Möglichkeiten kollegialer Kontrolle. In: Helmchen H, Müller-Oerlinghausen B (Hrsg) Psychiatrische Therapieforschung. Ethische und juristische Probleme. Springer, Berlin Heidelberg New York, S 113–118

Herrmann WM, Wagner W (1984) Ethische Grundlagen und Probleme der Klinischen Pharmakologie. In: Kuemmerle HP (Hrsg) Klinische Pharmakologie. Ecomed Landsberg II-1.4: 1–8

Herxheimer A (1988) The rights of the patient in clinical research. Lancet II: 1128–1130

Kleinsorge H (1986) Diskussionsbeitrag. In: Hippius H, Überla K, Laakmann G, Hasford J (Hrsg) Das Plazebo-Problem. Fischer, Stuttgart New York, S 19–20

Kleinsorge H, Steichele C (1981) Arzneimittelinformation und Patientenaufklärung. Perimed, Erlangen

Kraft P (1984) Was bleibt von der „idealen" Patientenaufklärung? Fortschr Med 15:90–91

Leber P (1986) The placebo control in clinical trials (a view from the FDA). Psychopharmacol Bull 22:30–32

Loftus EF, Fries JF (1979) Informed consent may be hazardous to health. Science 204:11

Maier W, Benkert O (1986) Plazeboeinsatz bei Antidepressiva-Prüfungen. In: Hippius H, Überla K, Laakmann G, Hasford J (Hrsg) Das Plazebo-Problem. Fischer, Stuttgart New York, S 133–150

Martini P (1947) Methodenlehre der therapeutisch-klinischen Forschung. Springer, Berlin Göttingen Heidelberg

Müller-Oerlinghausen B (1986) Anwendung von Plazebo in der ärztlichen Praxis. In: Hippius H, Überla K, Laakmann G, Hasford J (Hrsg) Das Plazebo-Problem. Fischer, Stuttgart New York, S 87–92

Orne MT, Evans FJ (1965) Social control in the psychological experiment: antisocial behavior and hypnosis. J Pers Soc Psychol 1:189–200

Pellegrino ED, Thomasma DC (1988) For the patients' good. The restoration of beneficence in health care. Oxford Univ Press, New York Oxford

Reich WT (1988) Zit. aus Sass H-M (Hrsg) Bioethik in den USA. Methoden, Themen, Positionen. Springer, Berlin Heidelberg New York Tokyo

Rickels K (1978) Die Bedeutung von lokalen Gutachterkommissionen (Institutional Review Boards) für den Schutz der Versuchsperson. In: Helmchen H, Müller-Oerlinghausen B (Hrsg) Psychiatrische Therapieforschung. Ethische und juristische Probleme. Springer, Berlin Heidelberg New York, S 94–112

Rössler D (1978) Psychiatrie und Menschenwürde. Anmerkungen zur Funktion ärztlicher Ethik. In: Helmchen H, Müller-Oerlinghausen B (Hrsg) Psychiatrische Therapieforschung. Ethische und juristische Probleme. Springer, Berlin Heidelberg New York, S 121–125

Rössler D (1986a) Ethische Aspekte der Klinischen Arzneimittel-Prüfung. In: Dölle W, Müller-Oerlinghausen B, Schwabe U (Hrsg) Grundlagen der Arzneimitteltherapie. Entwicklung, Beurteilung und Anwendung. Bibliographisches Institut, Wissenschaftsverlag, Mannheim Wien Zürich, S 58–66

Rössler D (1986b) Humanexperimente am Gesunden und Kranken aus ethischer Sicht. In: Fülgraff GM (Hrsg) Klinisch-pharmakologisches Kolloquium II, Titisee. Clinical Research Foundation, Freiburg, S 11–23

Rupp HH (1988) Verfassungsrechtliche Probleme der Ausschließlichkeit der bei den Landesärztekammern und medizinischen Fakultäten gebildeten Ethik-Kommissionen. Rechtsgutachten: Mainz, S 51–58

Sass H-M (1985) Medizinethik in den USA. MMW 127/34:779–801

Sass H-M (1988) Ethikkommissionen und andere Beratungsformen. In: Sass H-M (Hrsg) Bioethik in den USA. Methoden, Themen, Positionen. Springer, Berlin Heidelberg New York Tokyo, S 72–89

Schreiber H-L (1986) Rechtliche Grenzen für die Zulässigkeit der Plazebo-Anwendung. In: Hippius H, Überla K, Laakmann G, Hasford J (Hrsg) Das Plazebo-Problem. Fischer, Stuttgart New York, S 11–18

Wachsmuth W, Schreiber H-L (1981) Der unheilvolle Weg in die defensive Medizin. Arzt Krankenh 2:75–78

Wagner W, Cimander K, Schnitker J, Koch H-F (1986) Influence of concomitant psychotropic medication on the efficacy and tolerance of fluvoxamine. In: Hippius H, Matussek N (eds) Differential therapy of depression: possibilities and limitations. Karger, Basel, pp 34–56

Wartenselben H (1989) Zit. aus „Erfahrungen mit Ethik-Kommissionen". Neue Ärztl 47:3

Weber E (1986) Vorteile des Plazebo-Versuchs. In: Hippius H, Überla K, Laakmann G, Hasford J (Hrsg) Das Plazebo-Problem. Fischer, Stuttgart New York, S 83–85

Weißauer W (1980) Die Problematik der ärztlichen Aufklärungspflicht. Arzt Krankenh 5:7–9

Wolff HP (1989) Arzt und Patient. Bochumer Medizinethische Materialien, Bd 23. Zentrum für Medizinische Ethik, Bochum

Güterabwägung in der klinischen Forschung

Martin Pfeiffer

Bayer AG, PH Forschungszentrum, Aprather Weg 18, W-5600 Wuppertal, BRD

Einleitung

Klinische Forschung ist gekennzeichnet durch einen unmittelbaren und direkten Bezug zur Klinik. Dieses Wort bedeutet einmal eine „Anstalt zur Behandlung bettlägeriger Patienten und zum gleichzeitigen Unterricht am Krankenbett". Zum anderen stellt es eine schon fast jargonmäßig zu nennende Bezeichnung für „die gesamte Symptomenkonstellation und den Verlauf einer Krankheit dar" (Psychrembel). Welcher Sinn mit dem Wort Klinik auch jeweils ausgedrückt werden soll, er wird immer geradewegs auf den Patienten und seine Krankheit hinweisen. Und so ist in der Tat die klinische Forschung ganz und gar ziel- und zweckgebunden: Ihre Ergebnisse werden immer daran gemessen, welche Verbesserungen sie für die Behandlung und/oder Vermeidung von Krankheiten bringen. Insofern kann der in der klinischen Forschung Tätige nie die „grenzenlose (?) Freiheit der Wissenschaft" für sich beanspruchen, wie dies mit anderen „reinen" Wissenschaften Beschäftigte tun können. Der Gegenstand seines Bemühens ist nicht eine abstrakte Krankheit, sondern der kranke Mensch. Dieser läßt den klinischen Forscher sehr viel schneller und auch unmittelbarer an Grenzen stoßen. Das Identifizieren und dann auch das Respektieren dieser Grenzen kennzeichnet die dem klinischen Forscher ureigene Verantwortlichkeit.

Für die klinische Forschung in der pharmazeutischen Industrie bestehen grundsätzlich dieselben Ziele und auch Grenzen wie für eine klinische Forschung, die an andere Institutionen gebunden ist. Daran ändert auch der „selbstverständliche" Umstand nichts, daß eine industriegebundene Forschung auch immer wirtschaftliche Gesichtspunkte berücksichtigen muß. Es ist auch evident, daß derartige Aspekte in Forschungsentscheidungen einfließen müssen. Sie tun dies v. a. in der Prioritätenfestsetzung. Sie tun dies *nicht* in der Identifizierung und Respektierung der angesprochenen Grenzen. Ich kann dies für das Unternehmen, in dem ich arbeite, und für den Bereich, den ich zu verantworten habe, mit der gebotenen Bestimmtheit feststellen.

Im Gegenteil, es wird in der Industrie der Güterabwägung höchste Priorität beigemessen. Dementsprechend wird sie institutionalisiert. Dies entspringt der Erkenntnis, daß bei der großen Zahl der in diesem Bereich Tätigen die permanente Gefahr besteht, nur jeweils Teilbereiche zu überschauen und dabei die

H.-M. Sass · H. Viefhues (Hrsg.)
Güterabwägung in der Medizin
© Springer-Verlag Berlin Heidelberg 1991

Richtung der Gesamtentwicklung zu ignorieren. In dem Entwicklungsplan zu einem klinischen Forschungsprojekt obligatorisch vorgeschriebenen Prüf- und Entscheidungsgremien müssen an festgesetzten Entscheidungspunkten eine „Güterabwägung" vornehmen, um eine – verbindliche – Entscheidung über „Halt" oder „Weiter" zu treffen.

Im folgenden werden zunächst einige Begriffsbestimmungen vorgenommen. Sodann werden die Instrumente und Institutionen für eine Güterabwägung kurz vorgestellt. Deren Nutzen und Wertigkeit zu bestimmen, soll der Diskussion vorbehalten bleiben.

Was will die klinische Forschung?

Die klinische Forschung entdeckt und entwickelt Mittel und Methoden, die dazu bestimmt sind, die Gesundheit eines menschlichen Individuums wiederherzustellen und/oder zu erhalten. Sie ist somit eine gerichtete, teleologische Forschung, die sich zunächst an einem ganz konkreten Objekt, nämlich dem kranken Menschen – und nicht an der Krankheit oder einem isolierten Krankheitsmodell – orientiert. Sie ist – sensu strictu – keine Grundlagenwissenschaft, die allgemein biologische Verhaltens- und Reaktionsweisen erforschen und beschreiben will, obschon sie die an dem Individuum gewonnenen Erkenntnisse auf die Gesamtheit der in offensichtlich gleicher Weise Erkrankten übertragen will. Sie bedient sich hierzu der Mittel der angewandten Mathematik, wie sie von der Statistik, der Biometrie und auch der Epidemiologie zur Verfügung gestellt werden. Hierin liegt eine – wenn nicht die entscheidende – Sollbruchstelle in den Erkenntnissen, die aus der klinischen Forschung gewonnen worden sind. Die an den erkrankten Einzelindividuen gewonnenen Erkenntnisse werden mit generell akzeptierten mathematischen Methoden so formuliert, daß sie universell anwendbar sind. Die Erfahrungen aus dem täglichen Umgang mit derart gewonnen Erkenntnissen belegen, daß diese „universelle Anwendbarkeit" in der Regel zutrifft, aber dennoch nicht obligat ist. Dies darf nicht zu überzogener Kritik mit dem Ziel eines Zurücks zur ausschließlichen „gewöhnlichen, naiven Erfahrung" (Martini), zum persönlichen Eindruck und zur Glorifizierung der Einzelbeobachtung führen. In Ermangelung besserer Wege müssen wir diese systemimmanenten „Schwachstellen" akzeptieren. Ihre genaue Kenntnis hilft uns, Brüche in unseren Erkenntnisschlüssen und überzogene Generalisierung zu vermeiden.

Auf eine weitere mit der klinischen Forschung verbundene Problematik soll kurz eingegangen werden. Diese liegt in dem Begriff „Gesundheit", deren Erhaltung und/oder Wiederherstellung Gegenstand der klinischen Forschung ist. Gemäß einer Definition der Weltgesundheitsorganisation (WHO 1946) ist Gesundheit ein Zustand des völligen körperlichen, geistigen, seelischen und sozialen Wohlbefindens. Wenn man diese sehr weitreichende Definition reduziert auf „das subjektive Empfinden des Fehlens von körperlichen, geistigen und seelischen Störungen", so müßte auch ein körperlicher Zustand als „gesund" bezeichnet werden, der durch eine subjektiv nicht empfundene, derzeit allein labormäßig erfaßbare Stoffwechselstörung gekennzeichnet ist. Beispielhaft seien auf die Fettstoffwechselstörungen vom Typ der Hypercholesterinämie verwiesen. Epidemiologische Studien belegen offensichtlich, daß eine von dem Patienten nicht als Störung seines Befindens empfundene Erhöhung des Blutcholesterinspiegels auf ein bestimmtes Maß nach Jahren zu einer erhöhten Herzinfarktrate führt im Vergleich zu Patienten, bei denen der Cholesterinspiegel prophylaktisch medikamentös gesenkt wurde. Sind diese Patienten krank, weil ein Laborwert erhöht ist? Oder wird hier Gesundheit schon dadurch erhalten, weil eine Gesundheitsstörung vermieden werden soll, die vielleicht garnicht eintreten wird? Eine Güterabwägung in der klinischen Forschung wird sich zukünftig auch um derartige Fragen kümmern müssen.

Welche Güter gilt es abzuwägen?

Die Güter, die es in der klinischen Forschung abzuwägen gilt, sind die Arten der Behandlung, die einem Kranken zuteil wird, und die Maßnahmen, die bei Gesunden zur Erhaltung der Gesundheit eingesetzt werden. Die Arten solcher Behandlungen umfassen alle therapeutischen Maßnahmen – wie die Arzneimittelgabe, die chirurgischen Eingriffe, die physikalische Therapie, die Psychotherapie, die Diätetik, die Balneologie – um die wichtigsten anerkannten Behandlungsprinzipien zu nennen. Da die Gabe von Arzneimitteln die am häufigsten angewandte Behandlungsmaßnahme ist, steht dieses Therapieprinzip im Mittelpunkt der klinischen Forschung, zumindest was die Zahl der Einzelprojekte betrifft. Davon unabhängig aber überprüft die klinische Forschung mit identischer Methodik ebenso den Stellenwert aller anderen Behandlungsprinzipien, besonders dann, wenn diese neue Indikationen beanspruchen. Welches sind nun die Kriterien, mit denen Behandlungsmaßnahmen bewertet werden, die „Meßlatten", mit denen sie gemessen werden? Sie müssen in zweierlei Hinsicht überprüft werden:

– Wie groß ist der Nutzen, den sie dem Empfänger bringen?
– Wie groß ist der Schaden, den sie dem Empfänger bringen können?

Die beiden Fragen nach dem Nutzen und dem Schaden, den eine Behandlungsmaßnahme bringen könnte, sind die beiden Kardinalfragen in der klinischen Forschung. Sie sind untrennbar miteinander verbunden. Die Frage nach dem Nutzen beinhaltet automatisch die Frage nach der potentiellen oder tatsächlichen Schadensmöglichkeit. Die Bewertung einer Behandlungsmaßnahme nur nach seinem Nutzen ist nicht möglich. Jedes Therapieprinzip, das für sich eine generelle Verbindlichkeit in einer bestimmten Indikation beansprucht, muß seine Nutzen- und Schadensseite offenbaren. Die konkrete Bewertung, die „Güterabwägung", hat außer diesen beiden Seiten noch die Schwere der zu behandelnden Krankheit sowie die möglicherweise vorhandenen therapeutischen Alternativen zu berücksichtigen. Die „therapeutische Alternative" umfaßt hierbei nicht nur solche aus der gleichen Therapiegruppe, sondern auch gänzlich andere Therapieprinzipien. So wird sich ein neu entwickeltes medikamentöses Behandlungsprinzip gegen eine bestimmte Krankheit nicht nur mit den zur Behandlung eben dieser Erkrankung bereits vorhandenen Arzneimitteln messen, sondern ggf. auch mit völlig anderen, gegen diese Krankheit gerichteten Therapieprinzipien. Wie sich in der Praxis Behandlungsregime durch eine solche Güterabwägung auf breitester Front in relativ kurzer Zeit ändern, soll ein Beispiel demonstrieren: Die Behandlung des chronisch rückfälligen Zwölffingerdarmgeschwüres war über Jahrzehnte eine klassische Indikation für einen chirurgischen Eingriff am Magen. Mitte der 70er Jahre wurden in die Therapie die sog. H_2-Antagonisten eingeführt. Binnen kürzester Zeit wurde das chronische Ulcus duodeni nicht mehr operativ, sondern konservativ-medikamentös behandelt. Sowohl die Nutzen- als auch die Schadenbewertung sprachen für die Arzneimittelbehandlung und gegen die Operation. Die klinische Forschung konnte dies mit dem Instrument der kontrollierten Studie in „Maß und Zahl" zeigen.

Diese Form der Güterabwägung nach Nutzen und möglichem Schaden wird mittlerweile für die pharmazeutische Industrie von der zuständigen Bundesaufsichtsbehörde, dem Bundesgesundheitsamt, verlangt. Es wird in diesem Zusammenhang von dem „Nutzen-Risiko-Verhältnis" gesprochen. Eine derartige Nutzen-Risiko-Bewertung für Arzneimittel muß nicht nur in den Zulassungsunterlagen und den periodisch abzuliefernden Erfahrungsberichten vorgenommen werden, sondern auch zu jeder Meldung über Berichte unerwünschter Arzneimittelnebenwirkungen. Diese Bewertung muß alle über den Einzelfall bekanntgewordenen Informationen berücksichtigen.

Welche Erkenntnisquellen stehen zur Güterabwägung zur Verfügung?

Die in der klinischen Forschung Tätigen schöpfen für ihre Güterabwägung aus folgenden 3 Quellen:

1) der individuellen ärztlichen Erfahrung als der Summe der persönlich erlebten Einzelbeobachtungen;
2) den allgemeinen und speziellen Erkenntnissen der Grundlagenwissenschaften zu diesem Projekt (z. B. Chemie, Toxikologie, Pharmakologie);
3) den Erkenntnissen aus den klinischen Studien (offen, kontrolliert, epidemiologisch) als dem spezifischen Instrument der klinischen Forschung.

Die – kontrollierte – klinische Studie ist gemäß Definition der WHO ein sorgfältig und ethisch geplanter Versuch mit dem Ziel präzis formulierte Fragen zu beantworten. Sie ist sicherlich kein einfach zu gebrauchendes Instrument. Die Vielzahl wegen Planungs- und Durchführungsfehler gescheiterter klinischer Studien belegt dies. Dennoch ist sie unverzichtbar: Es gibt kein besseres Mittel, um die Lücken, die sich aus dem Mangel an Grundlagenkenntnissen ergeben, aufzufüllen. Überdies schreibt der Gesetzgeber vor, daß bei der Nutzen-Risiko-Analyse „wissenschaftliche Erkenntnisse" zu berücksichtigen sind: hierunter fallen auch Erkenntnisse, die wir der Wissenschaft der Statistik und Biometrie verdanken. Die Erkenntnisse aus den Grundlagenwissenschaften sowie den klinischen Studien lassen eine Bewertung nach „Maß und Zahl" zu. Der Nutzen läßt sich in dem Prozentsatz der erfolgreich behandelten Patienten ablesen. Die Rate der dokumentierten Nebenwirkungen spiegelt das Schadenspotential wider. Damit sind die Aufgaben der Bewertung oder der Güterabwägung aber noch nicht erfüllt. Woran mißt sich die Aussage „erfolgreich behandelt"? Sind die berichteten Nebenwirkungen nach Art und Häufigkeit tolerabel im Hinblick auf die Schwere der behandelten Erkrankung und der bestehenden therapeutischen Alternativen?

Die Bewertung dieser Bereiche mit Hilfe von Maß und Zahl ist nur beschränkt möglich. Hier ist letztendlich *die* entscheidende Güterabwägung vorzunehmen, die in letzter Konsequenz nur durch eine von individueller Erfahrung und Lauterkeit getragenen Verantwortlichkeit erfolgen kann.

Generell scheint m. E. die eigentliche Güterabwägung in der klinischen Forschung darin zu liegen, zu erkennen, welche der 3 Erkenntnisquellen (persönliche Erfahrung, Erkenntnisse der Grundlagenwissenschaften, Erkenntnisse aus klinischer Studie) im jeweiligen Einzelfall entscheidungsweisend ist. Idealerweise führen alle 3 Erkenntnisquellen zu einem identischen Ergebnis. Nicht selten jedoch sind die Resultate different. Für den individuellen Fall kommt es hier sehr zur persönlichen Güterabwägung, die sich auf die Frage reduzieren läßt: Welcher Erkenntnisquelle und damit auch welcher Erkenntnismethode gebe ich den Vorzug oder muß ich den Vorzug geben?

Im Falle eines größeren Projektes in der klinischen Forschung setzt hier der intensive Dialog aller Beteiligten ein. Dieser muß mit hoher Wahrscheinlichkeit – zumindest zeitweise – kontrovers geführt werden, wird aber dennoch in einem Konsens enden. Die in dieser Übereinstimmung durchgeführte Güterabwägung sollte von allen getragen werden können.

Wie ist die Güterabwägung organisiert?

Die eben angesprochene Situation, daß nämlich ein Abwägungskonflikt durch differente Aussagen der Erkenntnisquellen entsteht, sollte sich zumindest bei größeren Entwicklungsprojekten der klinischen Forschung möglichst garnicht stellen. Wenn an den jeweiligen Entscheidungspunkten eine korrekte, die zu dieser Zeit zur Verfügung stehende Erkenntnisse voll in Rechnung stellende Güterabwägung vorgenommen worden ist, dann sollte sich die anstehende Entscheidung über das „Halt" oder „Weiter" (vielleicht auch das „Zurück") aus der aktuellen Situation heraus als eine gleichsam konsequente und in sich schlüssige Entwicklung zeigen. Werden solche Entscheidungspunkte ohne Güterabwägung übergangen, so bleiben vielleicht zu diesem Zeitpunkt bereits erkennbare Tendenzen – etwa in der Risikoentwicklung – unbemerkt. Durch den weiteren Lauf der Dinge können diese erkennbar gewesenen Tendenzen gleichsam wieder „in der Versenkung" verschwinden und so vorerst unbemerkt bleiben. Dieser „Versenkungsprozeß" pflegt sich um so mehr zu beschleunigen, je rascher sich das Entwicklungsprojekt seinem Ziel nähert, das von allen Beteiligten lang ersehnt und heiß erwartet worden ist: In dieser Situation sind die

Sinne nicht mehr geschärft, Risiken wahrzunehmen, die eine Gefährdung des Forschungsprojektes darstellen, ja sogar ein Erreichen des erstrebten Zieles verhindern könnten. Aber irgendwann tauchen die damals erkennbaren Tendenzen als harte Realität – und dies mit unmittelbarer Wucht und zu dem denkbar ungünstigsten Zeitpunkt – auf. Jetzt lösen sie – weil aus der Entwicklung nicht mehr unmittelbar erklärbar – die beschriebenen harten Abwägungskonflikte aus: Das jetzt deutlich gewordene Risiko bewertet die individuelle Erfahrung als eines, das direkt durch das Forschungsprojekt – etwa ein Arzneimittel – bedingt ist. Die Erkenntnisse aus der klinischen Forschung jedoch scheinen diesen Schluß nicht zuzulassen – dies schon allein deshalb, weil die Fülle der Daten immens und damit unüberschaubar geworden ist. Lassen sich solche fatalen Entwicklungen vermeiden?

Diese Frage zu bejahen wäre vermessen und völlig unangebracht: Es hieße nichts anderes als den prinzipiell fehlbaren Menschen in den Status der absoluten Unfehlbarkeit zu katapultieren. Gerade *weil* wir um unsere Mängel wissen, sind wir verpflichtet uns darauf einzustellen. Deren Kompensation – da die Eliminierung nicht möglich ist – erfolgt durch konsequente Anwendung des Prinzips der Selbstkontrolle, ergänzt – wo nötig – durch Kontrolle von außen. Die konsequente Anwendung wird zumindest formal erreicht durch eine Institutionalisierung der Selbstkontrolle – man kann auch Güterabwägung sagen. Dieses Fixieren oder in „eine Form gießen" der Güterabwägung geschieht überall da, wo mit Risiken gerechnet werden muß. Für die forschende pharmazeutische Industrie bedeutet dies, daß „Güterabwägungspositionen" ein Arzneimittel „lebenslang" begleiten, dies vom Beginn der intensiveren präklinischen Entwicklung an bis hin zu dem Zeitpunkt, an dem es aus welchen Gründen auch immer aus dem Markt genommen wird. Für die präklinische und klinische Entwicklung eines Arzneimittelstoffs (also bis zum Beginn der Marktausbietung) werden Güterabwägungen an bestimmten Entscheidungspunkten vorgenommen (vgl. Abb. 1).

Diese Entscheidungspunkte fallen in der Regel mit sog. „Meilensteinen" zusammen. Diese Meilensteine sind im wesentlichen durch Vorgaben von Zulas-

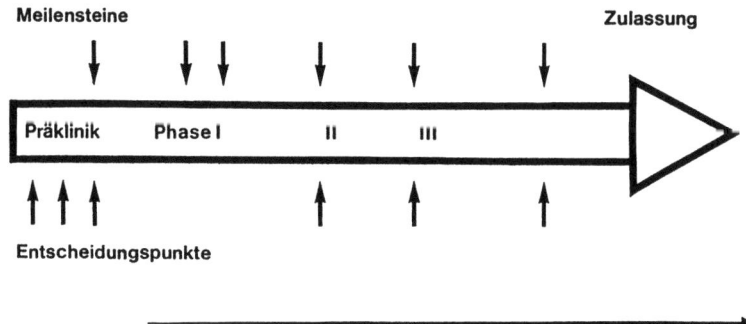

Abb. 1   Arzneimittelsicherheit

sungsbehörden (z. B. Einreichung von Unterlagen zur Prüferlaubnis oder Zulassung) oder aber durch das Erreichen von neuen Prüfphasen (z. B. Eintritt in die Phase 2 als Beginn der klinischen Prüfung am Patienten) vorgegeben. Das Zusammenlegen von Meilensteinen und Entscheidungspunkten ergibt sich einmal zwanglos aus der Sache, bringt aber zum anderen auch einige handfeste organisatorische Vorteile. An den Entscheidungspunkten werden formale Beschlüsse über den weiteren Fortschritt eines Projektes gefaßt. An dieser Beschlußfassung sind alle Entscheidungsträger derjenigen Abteilungen und Funktionseinheiten beteiligt, die in diesem Projekt involviert sind. Die Arbeit dieses naturgemäß großen Kreises wird vorbereitet durch „Bewertungsgruppen". Deren Mitgliederzahl ist wesentlich kleiner. In diesen Gruppen konzentriert sich sowohl das der jeweiligen Entwicklungsphase entsprechende „knowhow" als auch immer der ärztlich-medizinische Sachverstand, damit der direkte Bezug zur Klinik mit all deren Belangen und Bedürfnissen in dieser Angelegenheit gewahrt bleibt. Diese Bewertungsgruppen können somit zur Güterabwägung aus den zuvor beschriebenen Erkenntnisquellen schöpfen; der Zugang zu ihnen ist ungehindert. Die Beratungen und Vorgehensempfehlungen werden ebenso wie alle anderen in dieser Sache getätigten Beschlüsse in Protokolle gefaßt und damit nachprüfbar dokumentiert.

Nach der Zulassung wird das Arzneimittel hinsichtlich der möglichen Risiken von einer eigens für derartige Belange zuständigen Abteilung „Arzneimittelsicherheit" überwacht. Dies geschieht unabhängig von der noch immer notwendigen klinisch-wissenschaftlichen Produktbetreuung, die u. a. für die Weiterentwicklung der Substanz verantwortlich ist. Dies kann sich z. B. auf das Erschließen neuer Indikationsbereiche oder zusätzlicher Patientengruppen erstrecken.

Die Unabhängigkeit der Arzneimittelsicherheit von derart nötigen Aktivitäten schlägt sich in der organisatorischen Positionierung dieser Abteilung innerhalb des Unternehmens nieder. Damit werden auch Vorstellungen umgesetzt, die der Gesetzgeber mit der Schaffung des „Stufenplanbeauftragten" im Auge gehabt hat: Dieser vom pharmazeutischen Unternehmer zu benennende Arzt ist persönlich verantwortlich für die Erfüllung der Meldepflicht von Nebenwirkungsberichten, die er weiterhin nach den Worten des Gesetzes „bewerten" muß (dies ist praktizierte Güterabwägung!). Im Falle von Risiken ist er darüber hinaus für Koordination der in diesem Zusammenhang fällig werdenden Maßnahmen zuständig. Die bei Nebenwirkungsberichten vorgeschriebene Bewertung setzt eine schnelle Zugriffsmöglichkeit auf die innerhalb des Unternehmens vorhandenen Erkenntnisse voraus, damit die Güterabwägung sachgerecht erfolgen kann. Bei Risiken mit weitreichenden Konsequenzen ist ein Notfallgremium institutionalisiert, das mit weitreichenden und schnell umsetzbaren Entscheidungsbefugnissen ausgestattet ist. Verfahrensweisen in derartigen „Alarmfällen" sind in einer verbindlichen schriftlichen Handlungsanweisung niedergelegt.

Die hier kurz skizzierten Organisationsformen der Güterabwägung stellen natürlich nicht die Güterabwägung selbst dar. Diese „Institutionen" sind aber ein wesentlicher Garant dafür, daß Güterabwägung überhaupt stattfinden *kann* und daß sie tatsächlich stattfindet. Obschon dadurch die Qualität der Güterabwägung unbeeinflußt bleibt, wird dennoch die ständige Verpflichtung, in diesem Feld tätig zu werden, die Sinne schärfen und empfindsam machen. Dies hilft, die Güterabwägung in Verantwortlichkeit vorzunehmen.

Sachverzeichnis